James Mann

Psychotherapie in 12 Stunden

VV

James Mann

Psychotherapie in 12 Stunden

Zeitbegrenzung als therapeutisches Instrument

Walter-Verlag Olten und Freiburg im Breisgau

Der Titel der Originalausgabe lautet
«Time-Limited Psychotherapy»
Erschienen bei Harvard University Press, Cambridge
© 1973 The President and Fellows of Harvard College

Die Übersetzung besorgte
Barbara Strehlow

Alle Rechte der deutschen Ausgabe vorbehalten
© Walter-Verlag AG, Olten 1978
Gesamtherstellung in den grafischen Betrieben des Walter-Verlags
Printed in Switzerland

ISBN 3-530-54420-5

Für Ida,
Ehefrau und Mutter, die immer Zeit für uns alle hatte.

Inhalt

Vorwort

Im Frühjahr 1964 trafen sich der Vorsitzende der Abteilung für Psychiatrie an der medizinischen Fakultät und dem medizinischen Zentrum der Universität Boston, der Direktor der Psychiatrischen Klinik der Abteilung für Psychiatrie und ich als Direktor der fachärztlichen Ausbildung, um eine Lösung für ein wohlbekanntes Problem zu finden. Die Warteliste für eine Behandlung an unserer Psychiatrischen Klinik wurde im selben Maß länger, wie die Nachfrage nach Behandlung in einem ununterbrochenen Strom nicht abriß. Und es war, wie üblich, ausgeschlossen, die Anzahl des behandelnden Personals, das bereits in der Klinik arbeitete, zu vergrößern. Es gab noch einen anderen Aspekt des Problems, auch dieser wohlbekannt. Eine große Anzahl der Klinikpatienten befand sich in Langzeit-Psychotherapie, so daß langsam, aber sicher die Therapeuten immer weniger aufnahmefähig wurden für neue Patienten. Einige Jahre zuvor war dasselbe Problem zeitweilig durch die Einrichtung einer Abendklinik entschärft worden. Dort konnten chronische, ambulante schizophrene Patienten mit langfristiger Medikamentenbehandlung und andere Patienten, bei denen die Behandlung vorwiegend in der Verabreichung von Medikamenten bestand, kurz zur Festsetzung ihrer Medikamente gesehen werden und zugleich auch die Unterstützung bekommen, die sich aus regelmäßigen Besuchen ergibt.
Wir wußten, daß die einzig mögliche Lösung eine sein würde, die an der Anzahl der Patienten, die jeder Therapeut behandeln konnte, einiges veränderte. Wie lang auch immer die Liste der Patienten in Langzeit-Psychotherapie auf dem Dienstplan eines jeden Therapeuten sein mochte, die Zahl der so Behandelten blieb im Vergleich zu denen, die Behandlung suchten, strikt beschränkt. Die Liste der Langzeit-Psychotherapien enthielt vier Kategorien von Patienten: 1. Solche, bei denen eine solche Behandlung sowohl angezeigt war als auch gut durchgeführt wurde. 2. Solche, für die eine Langzeit-Behandlung als beste Verordnung fragwürdig war und bei denen die Behandlung

Jahr für Jahr mitzuwandern schien. 3. Patienten in Langzeit-Behandlung, die sich so abhängig gemacht hatten von der Beziehung zu ihrem Therapeuten, daß sie dadurch jede Möglichkeit einer voraussichtlichen Beendigung vereitelten. 4. Die Gruppe von Patienten, die von einem Psychiater in Facharztausbildung zum anderen, von einem Medizinstudenten zum nächsten überwiesen wurden, wenn deren jeweilige Zuweisung zur Klinik zu Ende ging. Sie hatten eine Beziehung zur Institution entwickelt (Übertragung auf die Klinik und das medizinische Zentrum), so daß sie sich hartnäckig anklammerten und in keiner Weise an einer Trennung mitarbeiteten.

Mir schien es auf der Hand zu liegen, daß bei den gegebenen Möglichkeiten und Hilfsmitteln die einzig durchführbare Lösung im Erarbeiten eines Programms zur Kurzzeit-Behandlung läge. Das sollte gerade durch seine Besonderheit der wohlgemeinten Sabotage entgegenwirken, die sich unausweichlich dann ergibt, wenn die Dauer der Behandlung offenbleibt. Es war schon lange meine Überzeugung, daß Langzeit-Psychotherapie mit ungenügend oder ungenau definierten Behandlungszielen zu einer ständigen Erweiterung und Diffusion des Inhaltes führt. Das schafft beim Therapeuten ein wachsendes Gefühl der Unsicherheit, wozu er da ist. Während das auf den Patienten gleichermaßen zutreffen mag, vergrößert es jedenfalls mit Sicherheit seine Abhängigkeit vom Therapeuten. Das Resultat ist, daß Patient und Therapeut sich allmählich gegenseitig brauchen, so daß es unmöglich erscheint, den Fall zu einem Abschluß zu bringen. Da der Therapeut für die Behandlung verantwortlich ist, liegt das Problem übermäßig langer Behandlung beim Therapeuten und nicht beim Patienten. Es ist eine ganz natürliche Konsequenz der psychiatrischen Ausbildungsprogramme, daß die jungen Therapeuten ständig hohen Dosen schwerer Psychopathologie ausgesetzt sind. Es ist daher meine Überzeugung, daß diese Tatsache dem Anfänger sozusagen die periphere Sichtweise verstellt, das heißt, er ist nicht mehr fähig, die starken Anteile im Patienten, den er vor sich hat, zu würdigen. Er neigt dazu, sehr wenig Zutrauen in die Fähigkeit und Motivation seines Patienten zu entwickeln, und glaubt kaum, daß er sich selber helfen kann. Es ist dann nur ein kleiner Schritt bis zu der Überzeugung des Therapeuten, daß kein Patient ohne seine angestrengte und unendliche Aufmerksamkeit überleben kann.

Ich schlug deshalb die Einrichtung eines Programms vor, nach dem die Verordnung für jeden Patienten, der zur Klinik kam, zeitlich begrenzte Psychotherapie sein sollte – außer in solchen Fällen, in denen eine klare Indikation für eine Langzeit-Psychotherapie herausgearbeitet werden konnte und in Fällen, in denen eine andere Therapie als Psychotherapie angezeigt war. Ich schlug weiter vor, daß das Angebot zeitlich begrenzter Psychotherapie insgesamt zwölf Behandlungsstunden umfassen sollte. Sowohl Verteilung als auch Dauer der Besuche sollten dem angepaßt werden, was wir nach bestem Wissen als die Bedürfnisse des Patienten erkannt hatten. In keinem Fall sollten jedoch zwölf Stunden überschritten werden.

Dieser Behandlungsplan wurde als eine administrative Entscheidung durchgesetzt, die mit Beginn des neuen Ausbildungsjahres für die Fachärzte im Juli 1964 in Kraft treten sollte. Administrative Entscheidungen dieser Art erregen schon an sich intensiven Widerstand. Wenn die Entscheidung die Auflösung einiger ehrwürdiger Traditionen und bequem eingerichteter Praktiken des behandelnden Personals mit sich bringt, dann kann man um so mehr Beunruhigung erwarten. Und wenn die neue Methode dann auch noch auf die Notwendigkeit hinweist, in jedem Fall sehr schnell sowohl einen Fokus als auch eine innere Einstellung zur Beendigung herauszuarbeiten, dann überrascht einen ein Wirbel der Reaktionen und Emotionen nicht mehr.

Es ist mir klar, daß die Frage der Zeit schon lange einen bestimmten Teil meines Interesses an meiner Arbeit mit Analysepatienten beschäftigt hat. Es begann mit dem Gefühl, daß der Psychoanalytiker die Analyse und die Beziehung zum Patienten so gestalten sollte, daß das Abhängigkeitsgefühl des Patienten möglichst gering gehalten wird. Das Unbewußte des Patienten bringt genug von solch einem Bedürfnis mit in die Analyse, auch ohne daß es in der Realität noch weiter genährt werden muß. Abhängigkeit zu nähren ist ganz etwas anderes, als warm und menschlich zu sein. Übermäßige Abhängigkeit erhöht die Erwartungen und Forderungen des Patienten nach mehr Zeit des Analytikers, nach größerer Anzahl und längerer Dauer der Stunden und am meisten nach Fortdauer der Beziehung. Dann gab es Patienten, die mir ein Verständnis für eine äußerst scharfe Deckerinnerung nahebrachten, eine Erinnerung an einen Schauplatz von merkwürdig leuchtendem, grellem Sonnenlicht, das ich einfach die goldene Sonnenlichterinnerung genannt habe. Ich konnte nun allmählich die Kritik verstehen, die ich schon lange angesichts übermäßig langer Analysen gespürt hatte. Ich bin skeptisch gegenüber Analysen, die ununterbrochen länger als fünf Jahre andauern. Es kommt ein Punkt in der Behandlung von Patienten, ob nun in Psychoanalyse oder in Psychotherapie, wo die Zeit nicht mehr auf der Seite des Therapeuten ist, sofern es um die Möglichkeit geht, dem Patienten zu weiteren Veränderungen zu verhelfen. Es ist ein Punkt, an dem die Zeit weit mehr der Sache des Patienten nach infantiler Befriedigung dient. Patienten in Psychoanalyse und Patienten in Psychotherapie sind in ihren Problemen und Konflikten nicht unähnlich. Psychoanalyse ist durch die Natur des Prozesses in der Anzahl der Patienten eingeschränkter, die auf diese Weise behandelt werden können. Aber alles, was wir über seelische Funktionen und menschliches Verhalten wissen, stammt aus der Psychoanalyse. Was sie lehrt, ist gleichermaßen anwendbar in jeder Form von Psychotherapie. Deshalb ist das, was ich von Psychoanalysepatienten gelernt habe, relevant für mein Verständnis und die Durchführung jeder Art von Psychotherapie, obwohl die Ziele der Psychoanalyse sich beträchtlich von denen der Langzeit-Psychotherapie und gewaltig von denen jeder Kurztherapie unterscheiden. Es hat mich gereizt zu durchdenken, was nach meinem psychoanalytischen Verständnis spezifisch und nutzbringend in den Dienst einer Kurzzeit-Psychotherapie gestellt werden könnte, was diese Kurzform wirklich therapeutisch, nützlich und anwendbar machen würde, ohne verschwommen kurz oder mißverständlich lang zu werden.

Unsere Therapeuten hatten keine *Zeit* für mehr Patienten; Patienten befanden sich in Langzeit-Psychotherapie für eine zu lange *Zeit*. Wenn die Zeit also von entscheidender Bedeutung ist, dann wäre ein Programm für zeitlich begrenzte Psychotherapie angebracht. Weil jedoch ein Programm für zeitliche Begrenzung immer noch einen Freiheitsspielraum im Gebrauch der Zeit gewährt, lautete der Vorschlag, *Zeit* zum Thema zu machen, indem genau definiert wird, wie lange die Behandlung dauern wird – nicht mehr oder weniger zwölf Behandlungsstunden, sondern ganz genau zwölf Behandlungsstunden. Wenn dann also eine Anzahl von Patienten in zwölf Behandlungsstunden behandelt werden sollte, die ein- oder zweimal pro Woche angeboten werden würden (im Unterschied zu anderen Weisen der Zeitverteilung), hätten wir die Zeitvariable ziemlich fest in der Hand. Wir könnten dann die Gelegenheit wahrnehmen, die Bedeutung der Zeit in der Behandlung von Patienten so wie nie zuvor zu studieren.

Es ist wohl kaum angebracht für einen Kliniker, einen gewagten und herausfordernden Behandlungsplan vorzuschlagen und dann die Ausführung der Aufgabe anderen zu überlassen. Ich entschloß mich,

einen Patienten in zwölf Sitzungen zu behandeln. Darüber hinaus beschloß ich, zu Lehr- und Lernzwecken, die gleichzeitig den Ärzten in Fachausbildung an der Klinik als auch mir helfen würden, den Widerstand diesem Behandlungskonzept gegenüber zu vermindern, die Behandlung hinter einem Einwegspiegel durchzuführen und die Auszubildenden beobachten und zuhören zu lassen. Das wurde im September 1964 als Seminar eingerichtet. Eine kurze Besprechung ging jeder Behandlungssitzung voraus, und wir diskutierten die vorangegangene Sitzung. Eine längere Besprechung fand statt, sobald der Patient gegangen war. Hier konnten alle an der Besprechung teilnehmen und überlegen, was verbal und nichtverbal passiert war. Es wurde eine Art Konsens hergestellt über die Bedeutung dessen, was zwischen dem Patienten und mir vorgegangen war. Vor diesem Seminar hatte ich ein Schema ausgearbeitet, um ein Zentralthema im ersten Interview herauszuschälen und um ein Behandlungsbündnis zu schließen, in dem der Patient gleich zu Beginn genau gesagt bekam, wann die Behandlung enden würde. Im Seminar konnten wir studieren, was in den Behandlungssitzungen im Kontext dieses sehr spezifischen und unzweideutigen Behandlungsbündnisses vom Anfang bis zum Ende geschah. Dadurch, daß dieses Seminar jedes Jahr mit einem andern Patientypen und unter Beobachtung der Ärzte in Fachausbildung, entweder hinter der Einwegscheibe oder über Fernsehmonitoren, wiederholt wurde, und dadurch, daß ich Patienten privat in dieser Weise behandelt habe sowie durch jahrelange Supervision von Ärzten in ihrer Arbeit mit Patienten, konnte ich genügend Daten sammeln, um zu einem Verständnis der Elemente zu gelangen, die mit dieser Behandlungsmethode verknüpft sind. Die unbewußten Prozesse sind klar geworden, und ein einleuchtendes Grundprinzip für das ganze Vorgehen konnte formuliert werden.
Ich habe mich nicht bemüht, meine klinischen Beobachtungen mit Zahlen oder Statistiken zu untermauern. Die Darlegung meines Behandlungsmodells ist ausreichend deutlich und präzise, um anderen an jeder beliebigen psychiatrischen Klinik zu gestatten, es auszuprobieren. Wenn es andere dazu anregt, Forschungsanordnungen zu entwerfen, um seine Gültigkeit nachzuweisen, dann sind meine Bemühungen in der Behandlung und im Schreiben ausreichend belohnt. Aus solchen Bemühungen heraus ist es meine Überzeugung, daß viel mehr Patienten als bisher eine erfolgreiche Behandlung zugänglich sein wird.

Ich möchte meinen Dank allen Ärzten in psychiatrischer Facharzt-ausbildung aussprechen, deren Fälle ich supervisiert habe und von denen ich so viel gelernt habe, daß es meine eigene Erfahrung erweitert hat. Ich habe besonders Dr. Robert Goldman, Dr. Ellen Bassuk und Dr. Lawrence Lifson zu danken, die mich mit klinischen Vignetten versorgt haben. Dr. Minishima Maru hat das Manuskript gelesen und äußerst hilfreiche Hinweise gegeben. Insbesondere danke ich dem Commonwealth Fund, der diese Arbeit durch einen Zuschuß möglich gemacht hat, der mich während der Zeit des Schreibens von Lehrverpflichtungen und administrativen Aufgaben befreit hat.

TEIL I

Das Modell

1

Zeit: bewußt und unbewußt

Die Verklammerung von Zeit und Realität ist unlösbar. Wir können uns von der Zeit nur loslösen, indem wir Realität aufheben oder von Realität nur, indem wir den Sinn für Zeit aufheben. Kategorische Zeit wird mit Uhren und Kalendern gemessen; existentielle Zeit ist die Zeit, die erlebt und in der gelebt statt beobachtet wird. «Jeder Augenblick ist die Frucht von vierzigtausend Jahren. Die Tage, an Minuten ermessen, sind Fliegen, die sich totsummen. Jeder Augenblick ist ein Fenster, das auf alle Zeiten hinausweist.»[1] Thomas Wolfe ist nur ein Nachzügler unter den großen Schriftstellern in der Geschichte, deren Bewußtsein von der Vergänglichkeit des Lebens ein Feingefühl für die Bedeutung der Zeit umschloß. Augustin nannte jemandes Gegenwart die Erinnerung an Vergangenes und die Erwartung von Kommendem. Diese Definition des existentiellen Jetzt braucht keine Deutung. In der Psychoanalyse spiegeln die genetische und die adaptive Sichtweise diese Zeitdimensionen wider. A.D. Weisman hebt hervor, daß «die genetische Darstellung (emotionaler Entwicklung) sich zur Vergangenheit verhält wie die adaptive zur Zukunft – die genetische Sichtweise ist nur eine Art, wiederkehrende Themen innerhalb der emotionalen Entwicklung zu erkennen und zu vergleichen»[2]. Zeit und die subjektive Bedeutung von Zeit sind daher untrennbare Elemente in jeder Lebensgeschichte, und alles bedeutende menschliche Verhalten ist für immer mit Zeit verknüpft.
Schecter, der die Entwicklung des Zeitkonzeptes in einer normalen Gruppe von Kindern zwischen drei und sechs Jahren erforscht hat, hat herausgefunden, daß äußere Faktoren bei der Bildung des Zeitsinnes in dem Moment zunehmend wichtig wurden, in dem sie die Uhrzeit kennenlernten. Vor diesem Alter, sicher mit vielen indivi-

---

[1] Wolfe, Th.: Schau heimwärts, Engel. Hamburg: Rowohlt 1958, 9.
[2] Weisman, A.D.: The Existential Core of Psychoanalysis. Boston: Little, Brown 1965.

17

duellen Abweichungen, wurde der Tagesrhythmus (das Konzept von einem Tag als einer Einheit von vierundzwanzig Stunden) im Hinblick auf unmittelbare *persönliche* Erfahrungen beschrieben. Sie schließen zunächst physiologische Vorgänge wie Darmtätigkeit, Schlafen und Essen ein, später Faktoren wie zwischenmenschliche und spielende Betätigungen. Jahreszeiten mit ihren ungeheuren und oft unvorhergesehenen Schwankungen wurden von den Kindern nur ungenügend verstanden. Die Schlußfolgerung der Beobachter war, daß die Entstehung eines Zeitkonzeptes bei Kindern das Ergebnis einer Wechselwirkung ist. Auf der einen Seite steht das Kind mit seinen persönlichen Erfahrungen und seinen eigenen rhythmischen Bedürfnissen, auf der anderen Seite eine Außenwelt mit äußeren physikalischen Kräften (Licht, Dunkelheit, Kälte) und mit bedeutsamen Erwachsenen, wobei beide Seiten ihre je eigenen rhythmischen Muster haben. Die Wissenschaftler behaupten, daß ein Sinn für Vergangenheit, Gegenwart und Zukunft sich an eine Folge von Hunger, Fütterung und Befriedigung anschließt, die eine angemessene Mutter-Kind-Beziehung sowie die Befriedigung physischer Bedürfnisse notwendig voraussetzt[3].

Fisher und Fisher haben eine Studie über den Einfluß der Elternfiguren auf die Wahrnehmung von Zeit angefertigt. Sie fanden einen schlüssigen Beweis dafür, daß der Zeitsinn ihrer Probanden desto übertriebener war, je mehr sie unbewußt den gleichgeschlechtlichen Elternteil oder beide Eltern als übermäßig beherrschend erlebt hatten. Dazu kommt eine vielsagende Entdeckung. Am meisten bestimmt die unbewußte Vorstellung des Individuums vom gleichgeschlechtlichen Elternteil, wie stark diese Beziehung seine eigene Zeitwahrnehmung beeinflußt[4]. Also erweisen sich die gefühlshaften Determinanten eines Zeitsinnes als unausweichlich bezogen auf die frühen Pflegepersonen. Die Entwicklung eines Realitätssinnes ist natürlich völlig eingebettet in dieselbe Folge der Ereignisse. Daß die beobachteten Kinder einen frühen Zeitsinn auf orale und anale Vorgänge bezogen, einhergehend mit einem Nirvana-ähnlichen Zustand der Seligkeit (Schlaf), überrascht nicht.

[3] Schecter, D. E., M. Symonds, I. Bernstein: The Development of the Concept of Time in Children. Journal of Nervous and Mental Deseases, 121. 1955: 301.
[4] Fisher, S., R. L. Fisher: Unconcious Conceptions of Parental Figures as a Factor Influencing Perception of Time. Journal of Personality, 21. 1953: 496.

Wir sollten also nicht erstaunt sein, daß der spätere Erwerb realen Zeitsinns mit den Erfahrungen und Symbolen und den Phantasien der Vergangenheit beladen bleibt. In der Art, wie Volkskunst oft unbewußte Konflikte und Bedeutungen enthüllt, ist begrenzte Zeit als Vater Zeit mit Bart und Sense dargestellt; grenzenlose Zeit, Unsterblichkeit ist ausnahmslos in der Figur einer Frau verkörpert. Zeit vertritt immer das Realitätsprinzip, und die Zeit, aufzuwachen, ist immer mit dem Vater verknüpft. Im Unterschied dazu sind die Merkmale des Lustprinzips, des Primärprozesses und der Zeitlosigkeit auf die Mutter bezogen. Die Ambivalenz im Hinblick auf Zeit ist in unseren Bildern der endlichen Zeit als Vater Zeit und der Unsterblichkeit als Frau veranschaulicht[5].

Die Vergangenheit setzt ihr reges Dasein im Unbewußten zu jedem Zeitpunkt im Jetzt eines persönlichen Lebens fort. Zeit und die unbewußten Bedeutungen von Zeit sind die ständigen Begleiterscheinungen des Jetzt, und jeder Moment des Jetzt ist eine unteilbare Verschmelzung von Vergangenheit, Gegenwart und Zukunft. Die zeitlose Beschaffenheit des Unbewußten ist von Freud und den Generationen von Analytikern nach ihm herausgearbeitet worden. Scott stellt die Frage, ob die Zeitlosigkeit des Unbewußten nicht eher eine Funktion omnipotenter Phantasien ist als die des Unbewußten selbst[6]. Es mag sehr schwierig sein und vielleicht ist es unnötig, beides zu trennen. In der «Neuen Folge der Vorlesungen zur Einführung in die Psychoanalyse» bemerkt Freud: «Es gibt im Es nichts, was man der Negation gleichstellen könnte, auch nimmt man mit Überraschung die Ausnahme von dem Satz der Philosophen wahr, daß Raum und Zeit notwendige Formen unserer seelischen Akte seien. Im Es findet sich nichts, was der Zeitvorstellung entspricht; keine Anerkennung eines zeitlichen Ablaufs und, was höchst merkwürdig ist und seiner Würdigung im philosophischen Denken wartet, keine Veränderung des seelischen Vorgangs durch den Zeitablauf.»[7]

Die psychologische Bedeutung der Zeit ist in einiger Ausführlichkeit in dem wunderbaren Aufsatz von Marie Bonaparte «Zeit und das

[5] Lewin, B.D.: Phobic Symptoms and Dream Interpretation. Psychoanalytic Quarterly, 21. 1952: 295.
[6] Scott, C.M.: Some Psycho-dynamic Aspects of Disturbed Perception of Time. British Journal of Medical Psychology, 21. 1948: 111.
[7] Freud, S.: Die Zerlegung der psychischen Persönlichkeit. In: Gesammelte Werke Bd. XV, S. 80. Frankfurt: Fischer 1947–1968.

Unbewußte»[8], herausgearbeitet worden, veröffentlicht vor über 30 Jahren. Sie konzentriert sich auf den Begriff des «Paradieses» der Kindheit, der sehr weit verbreitet, wenn nicht poetisch ist, obwohl sich die meisten mit wenig Anstrengung an die Qual des Kleinseins erinnern können und an die brennende Ungeduld, erwachsen zu werden. Sie beschreibt eine Fähigkeit des Gedächtnisses, die jener Welt der Kindheit eine Sicht und ein Gefühl goldenen Sonnenlichtes verleiht, das überaus leuchtend und unwirklich ist. Sie schreibt das nicht nur dem Vergessen vieler Kindheitsereignisse zu, sondern mehr noch dem tatsächlichen Erlebnis endloser Zeit oder Zeitlosigkeit in der Welt der Kindheit. Es ist durchaus nicht ungewöhnlich, von Patienten in der Analyse eine Beschreibung eben dieser tief eindrücklichen Erinnerung zu hören, und sie erweist sich immer als bezogen auf engen Körperkontakt mit der Mutter. Zwei meiner eigenen Analysepatienten bezogen den sonnigen Staat Kalifornien in eine solche Phantasie ein, obwohl keiner von ihnen dort geboren worden war. Ein anderer benutzte das Bild leuchtendweißer Wolle, die sich eng anschmiegte. Die Sehnsucht nach dem, was einst war, bleibt kraftvoll lebendig.

Bonaparte beobachtet, daß im Jugendalter sich das Leben grenzenlos auszudehnen scheint und der Tod scheinbar nicht existiert. Dieses Zeitkonzept steht der bemerkenswerten Entwicklung von Intellekt und Realitätssinn gegenüber, die für das Jugendalter kennzeichnend ist. Daher kommen Jugendliche in einen schmerzlichen Konflikt, weil sie wissen, daß ihnen nur begrenzte Zeit zur Verfügung steht, um gewisse Lebensentscheidungen zu treffen. Die kennzeichnende Ambivalenz in dieser Entwicklungsphase wird verschärft durch die Beschäftigung mit Zeit. «Wir zerstören Zeit von dem Augenblick an, in dem wir beginnen, sie zu benutzen..., denn indem wir unsere Zeit leben, sterben wir an ihr.»[9]

Obwohl es keine wirksamen Mittel gibt, gegen die Zeit anzukämpfen, versuchen wir es dennoch. Bonaparte beschreibt fünf Situationen, in denen das Lustprinzip vorherrscht und Zeit aufgehoben werden kann: 1. Träume, in denen wir die Illusionen der Kindheit bewahren und Zeit besiegen, indem wir uns versenken in die unendliche Zeit der Kindheit. 2. Tagträume, in denen Märchenphantasien von Allmacht

---

[8] Bonaparte, M.: Time and the Unconscious. International Journal of Psychoanalysis, 21. 1940: 427.
[9] Bonaparte, M.: a. a. O.

vorherrschen und Zeit und Wirklichkeit überwunden sind. 3. Der Rausch der Liebe, der mit seiner bemerkenswerten Überschätzung des geliebten Objekts es dem Liebenden gestattet, die Zeitgrenzen zu überschreiten, ewige Liebe zu geloben und von der Wirklichkeit keine Notiz zu nehmen. 4. Alkohol- oder Drogenrausch, der dazu dient, die Wirklichkeit zu entschärfen oder auszulöschen und der dem Lustprinzip die volle Herrschaft erlaubt. Bonaparte war damals schon in der Lage aufzuzeigen, daß Rauschgiftdrogen wie Heroin und Marihuana den Zeitsinn vermindern oder ausschalten und daß die Hochstimmung, die die Drogen hervorrufen, von der Flucht aus der Einengung und der Vergänglichkeit der Zeit herrührt. Sorgfältig überprüfte Versuche zur Auswirkung von Marihuana heben heutzutage die Veränderungen des Zeitsinnes als eine Hauptwirkung hervor. 5. Zustände mystischer Verzückung, die den Rauschzuständen bei Drogensüchtigen und Liebenden nicht unähnlich sind. In allen dreien, vor allem aber in mystischen Zuständen, werden subjektive Gefühle von Ewigkeit projiziert, und ihnen wird eine objektive Existenz zuerkannt, die die Zeit wirksam besiegt.

Wenn man den Zeitsinn ausschalten kann, kann man ebenso die letzte Trennung vermeiden, die die Zeit mit sich bringt – den Tod. In einer Epoche erhöhter Entfremdung und Trennung des einen vom anderen, wie sie heutzutage besteht, lindern Drogen, die den Zeitsinn verlangsamen oder anhalten, den Schmerz der Einsamkeit jetzt und die Drohung des völligen Alleinseins in der Zukunft. Zum Beispiel war ein unverheirateter Mann mit einer mächtig ambivalenten Bindung an seine Mutter, die in einer anderen Stadt wohnte, während seiner Analyse bei einem befreundeten Ehepaar zum Weihnachtsessen eingeladen. Alle nahmen vor dem Essen Marihuana und kamen in Hochstimmung. Er bemerkte, daß er für die ganze Gesellschaft und alles übrige immer noch warmherzige und angenehme Gefühle hatte. Die Zeit jedoch schien außerordentlich verlängert, «es schien alles wie für immer, die Zeit dehnte sich unglaublich aus». Er beschrieb die Frau des gastgebenden Paares als sehr fürsorglich, sehr fraulich, als gute Köchin und fügte hinzu, daß sie «wie eine Generation außer der Reihe erschien». Damit meinte er, daß das Essen, das sie zubereitet hatte, eines war, das seine Mutter gemacht hätte. Also bestand die Wirkung der Droge darin, einen Sinn für das Immerwährende, die Ewigkeit hervorzurufen, die verknüpft ist mit der Aufnahme guter Dinge von der Mutter.

Baba Ram Dass, der einmal unter dem Namen Alpert ein Kollege Learys im Gebrauch von Rauschdrogen als einer neuen Religion war, erreicht nun dasselbe Ziel ohne Drogengebrauch. Er zitiert die Dritte Erhabene Wahrheit von Buddha, wo er sagt, daß man Bindung und Verlangen aufgeben und mit Geburten, Tod und Leiden ein Ende machen muß.

Du beendest alles, was dich festhält.
Wenn ich nicht gebunden bin an diesen
bestimmten Zeit-Raum-Ort, dann kann ich mein Bewußtsein befreien
von meinem Körper und ich kann
mit allem eins werden.
Ich kann verschmelzen mit
der Göttlichen Mutter[10].

Der Zeitsinn kann dem Ich als eine bedeutende Rückversicherung seines eigenen Daseins dienen, während die Vergangenheit, die Erinnerungen, ebenso vom Ich dazu benutzt werden können, die Illusion einer Zeitlosigkeit zu schaffen[11]. Da die Wahrnehmung von Zeit immer eine Konfrontation mit der Wirklichkeit und ihren Begrenzungen ist, kann das Gedächtnis als Mittel eingesetzt werden, jedes vergangene Geschehen zu einem Ereignis des Jetzt zu machen. Dadurch wird die Zeit zu einem Nichts herabgesetzt, und der Sinn für magische Allmacht bekommt neue Nahrung[12]. Das Vergehen der Zeit versinnbildlicht die Zeit der Trennung. Beobachtung der Mondphasen und anderer Erscheinungen sind auf diese Angst gegründet. «Zeitlosigkeit ist die Vorstellung, in der Mutter und Kind ohne Ende verbunden sind. Der Kalender ist letztlich die Vergegenständlichung der Trennungsangst.»[13] Die bemerkenswerte Ambivalenz der Zeit gegenüber kann man in den gängigen Vorstellungen von der Zeit als Lehrer, als Heiler, als Freund wiederfinden.

All diese Umstände sind ein klarer Beweis dafür, daß ein Sinn für Zeitlosigkeit dem Unbewußten aller Menschen innewohnt. Ein sogar noch bemerkenswerterer Ausdruck dafür ist die Tatsache, daß niemand sich selber alt werden *fühlt*. Angesichts einer guten Gesundheit

[10] Baba Ram Dass: Remember Be Now Here. New York: Crown Publishers 1971, 38.
[11] Cohn, F.S.: Time and the Ego. Psychoanalytic Quarterly, 26. 1957: 168.
[12] Meerloo, J.: Father Time. Psychiatric Quarterly, 24. 1950: 657.
[13] Bergler, E., G. Roheim: Psychology of Time Perception. Psychoanalytic Quarterly, 26. 1946: 190.

spüren wir das Herannahen des Alters nicht, wir nehmen allerdings die Auswirkungen des Alterungsprozesses wahr, und wir sind uns *innerlich* bewußt, älter geworden zu sein. Das Streben nach Zeitlosigkeit, nach Ewigkeit, wird durch die üblichen Darstellungen der Zeit als eines alten Mannes mit einer Sense oder des Todes als eines grinsenden Skeletts mit einer Sense drastisch hervorgehoben. Wir versuchen, der Zerstörung zu entkommen, indem wir Zeit vermeiden. Winnicott betrachtet die depressive Position als ein normales Stadium innerhalb einer gesunden Kindheitsentwicklung, wenn ein Kind im Zeitraum der Entwöhnung beginnen kann, Dinge aufzugeben, Dinge wegzuwerfen. Er fügt hinzu, daß bedeutsamerweise diese normale depressive Position von einer Entwicklung eines Zeitsinnes abhängig ist, der Voraussetzung für das Verständnis des Unterschiedes zwischen Tatsache und Vorstellung ist. Bei einem Individuum, das dieses normale Entwicklungsstadium erreicht hat, sind die zukünftigen Reaktionen auf Verlust Schmerz und Trauer. Wenn es in der depressiven Position ein gewisses Maß an Versagen gibt, dann führt Verlust zu Depression. Weiter ist eine wohlgegründete depressive Position begleitet von Introjektionen persönlicher Bereicherung und Festigung sowie Erinnerungen an gute Erfahrungen und geliebte Objekte. Sie gestatten es, Verluste ohne übermäßige Unterstützung von außen zu überstehen[14].

In den vergangenen Jahren hat sich die Aufmerksamkeit mehr denn je auf den sterbenden Patienten gerichtet – auf die Fragen, was in seinen Gedanken und Gefühlen vor sich geht, was in den Gedanken und Gefühlen von Familie und Betreuern vor sich geht und wie die Wechselwirkung zwischen beiden Seiten, die mit der allerletzten Zeitbegrenzung konfrontiert sind, ein Sterben mit mehr oder weniger Würde und Gelassenheit gestattet. Eissler war einer der ersten, die sich in ausgedehnten Untersuchungen dem Vorgang des Sterbens zugewandt haben. Da Tod und Zeit in unserer subjektiven Erfahrung unauslöschlich verbunden sind, ist Eisslers Berücksichtigung der Zeit durchaus angebracht. Während die physikalische Zeit auf einen winzigen Punkt zusammenschrumpft, auf einen Augenblick, der auf der Uhr zu beobachten ist, dehnt sich psychologische Zeit im Unterschied dazu

---

[14] Winnicott, D. W.: Die depressive Position in der normalen emotionalen Entwicklung. In: Von der Kinderheilkunde zur Psychoanalyse, 270ff. München: Kindler 1976.

aus oder zieht sich zusammen – in Übereinstimmung mit dem Alter, der Stimmung und anderen Faktoren, die Weisman erwähnt (qualitative Schwankungen im Realitätssinn, Zyklen zwischenmenschlicher Aktivitäten, Unterbrechung der Wahrnehmung und wechselweise Ausdehnung und Zusammenziehung von libidinösen Feldern)[15]. Für das Kind kann der nächste Tag empfunden werden als irgendwann in entfernter Zukunft liegend, wohingegen ein Erwachsener die nächste Woche als unmittelbar gegenwärtig erleben kann. Für alte Menschen gibt es keine Erfahrungen zukünftiger Zeit, außer wenn eine Ich-Abwehr die Verleugnung des Endes der Zeit ermöglicht.

Eissler und Winnicott messen beide der Entwicklung des Zeitsinnes eine entscheidende Einwirkung auf die Persönlichkeitsentwicklung zu. Da ist kein Widerspruch, denn Winnicott betrachtet die Entwicklung des Zeitsinnes als einen notwendigen Bestandteil der Fähigkeit, die wiederholt zu bewältigenden Verluste eines Lebens zu meistern. Eissler weist ebenso richtig darauf hin, daß die untrennbare Einheit von Wirklichkeit und Zeitsinn für immer das zeitlose Paradies des Menschen aufhebt. Die Anerkennung der Zeit in ihrer ausdrücklichen Bedeutung zieht das Wissen um den Tod in seiner ausdrücklichen Bedeutung nach sich[16].

Eissler glaubt, «daß die Gesellschaft durch ihre Einwirkung auf den seelischen Bereich, auf jemandes Einstellung seinem Körper gegenüber, auf die Auffassung vom Tode und in noch vielerlei Weise der Zeiterfahrung einen prägenden Stempel aufdrückt»[17]. Sicherlich liegt das fünfzehn Jahre nach Eisslers Bemerkung um so deutlicher auf der Hand. Wir leben in einer Epoche, in der die Zeit zerstört ist oder, im Erlebnis der Menschen, zumindest zerstört zu sein scheint. Wir messen tiefgreifenden sozialen Wandel nicht mehr in Generationen, sondern in Jahrzehnten oder weniger. Die Eroberung von Raum und Zeit durch Satellitenübermittlung und die unmittelbare Verfügbarkeit visueller Ereignisse über die ganze Erde und sogar über unseren Planeten hinaus pressen Erfahrung und Bedeutung von Zeit in eine ständig schrumpfende Form. Die Zeit scheint schneller vorüberzueilen, als wir verstehen können.

---

[15] Eissler, K.: The Psychiatrist and the Dying Patient. New York: International Universities Press 1955. Weisman, A.D.: The Existential Core of Psychoanalysis. Boston: Little, Brown 1965, 90.

[16] Eissler, K.: a.a.O, 266.

[17] Eissler, K.: a.a.O, 282.

24

Alle Mittel der Nachrichtenverbreitung sind heute von atemberaubender Geschwindigkeit; alle Fahrzeuge bewegen sich schneller; Wandel vollzieht sich rasch. Es ergibt sich ein Gefühl der Unbeständigkeit, der Schwankungen und der ungezügelten Geschwindigkeit. Das spiegelt sich in einem hochgespannten Zeitempfinden wider, so daß die Begrenzung der Zeit allgegenwärtig und gleichermaßen tyrannisch erscheint. Zeitlich begrenzte Psychotherapie ist besonders in einer Situation angebracht, in der die Zeit einen ständigen Druck auf alle und zu jeder Zeit ausübt. Wir kommen um das Gefühl nicht herum, daß jeder von uns *zuwenig* Zeit zur Verfügung hat für das, was er tun möchte oder von dem er denkt, daß er es tun möchte. Je unausweichlicher die vorübereilende Zeit uns das Ende persönlicher Zeit – Tod – aufdrängt, desto unannehmbarer wird der Tod. Wir verlangen von der Medizin, den Tod selber aufzuheben. Wir fordern sofortige Änderung und sofortige Heilung. Wir versuchen, den sichtbaren Auswirkungen der rasch verrinnenden Zeit auszuweichen. So erklärt sich das ungeheure Kaufinteresse älterer Leute an junger Mode, an unermeßlichem Aufgebot von Kosmetikartikeln, die weite Verbreitung von Schönheitsoperationen und die Beliebtheit von Haartönungen und Perücken bei Männern und Frauen. Der soziale Ausdruck sinnloser Versuche, die Zeit anzuhalten, ist z. B. in der Neuauflage eines Sears & Roebuck-Kataloges zu sehen, der vor über 50 Jahren erschien und heute ein Bestseller geworden ist. Diese Art der Nostalgie spiegelt auf der tiefsten Schicht den Wunsch wider, zur Vergangenheit zurückzukehren, Vergangenheit zum Jetzt zu machen und damit kindliche Allmacht und zugleich Zeitlosigkeit wiederherzustellen. «In allen menschlichen Herzen gibt es ein Grauen vor der Zeit.»[18] Alle Kurzformen von Psychotherapie, ob deren Therapeuten es nun wissen oder nicht, beleben das Grauen vor der Zeit noch einmal. Was immer auch für Unterschiede zwischen den verschiedenen Kurztherapieformen und ihren Befürwortern herrschen mögen, allen gemeinsam ist die offensichtliche und deutliche Begrenzung der *Zeit*. Der Einfluß unbewußter seelischer Vorgänge auf die Entwicklung wie auf das tägliche Leben des jeweiligen Patienten ist ein für allemal ins Bewußtsein gerückt. Trotzdem wird jedoch der subjektiven wie objektiven Bedeutung der Zeit für beide, Patient und Therapeut, keine oder bestenfalls höchst beiläufige Beachtung geschenkt.

18 Bonaparte, M.: a.a.O.

Von allen Pionieren der Psychoanalyse und Psychotherapie hat nur Otto Rank die Aufmerksamkeit auf einen bestimmten Aspekt der Zeit gelenkt und ihn in der Behandlung seiner Patienten nutzbar gemacht. Er meinte, der Patient sei sich immer bewußt, daß die Behandlung eines Tages enden muß und daß der Patient darüber hinaus in jeder einzelnen Behandlungsstunde im kleinen seine ursprüngliche «Mutter-Fixierung» wiederholt und die Trennung dieser Fixierung, bis er endlich in der Lage ist, sie zu beherrschen und zu beenden. Wenn es Rank gelang, die Mutter-Fixierung des Patienten durch Analyse der Übertragung zu überwinden, «dann ist eine feste Frist gesetzt für die Analyse, innerhalb deren Zeitspanne der Patient automatisch die erneute Trennung von der Mutter-(Ersatz-)Figur in der Form einer Nachbildung seiner eigenen Geburt wiederholt»[19]. Er fügt in einer Fußnote hinzu, daß Patienten eine «Tragezeit» und also eine Beendigungszeit von sieben bis zehn Monaten wählen und daß in der Tat diese Wahl auf die eigene Geburt des Patienten hinweist. Insofern Rank glaubte, daß das Geburtstrauma im Zentrum aller späteren menschlichen Entwicklung und Erfahrung stehe, war sein Zugang höchst eigentümlich. Nur eine sehr kleine Gruppe von Therapeuten benutzt und verbreitet seine Gedanken auch weiterhin. Außerdem ist sein Konzept der Zeit begrenzt, wenn auch äußerst wichtig im Hinblick auf die Schwierigkeiten und Verwicklungen im Beendigungsprozeß sowohl einer Psychoanalyse wie jeder Psychotherapie.
Die klare Zeitbegrenzung als unveränderliche Größe von Beginn der Behandlung an und die Folge unbewußter dynamischer Geschehnisse, die sich daraus ergeben, dienen nicht nur als Leitlinie in der Behandlung des Patienten. Sie können auch ein Mittel darstellen, um die Bedeutung und die Auswirkungen von Zeit zu untersuchen und aufeinander abzustimmen, so daß zumindest in mancher Hinsicht das Grauen vor der Zeit verringert oder getilgt wird. Keine der Kurzformen von Psychotherapie ist bisher die Behandlung seelischer Störungen von diesem Standpunkt her angegangen. Eines der kritischen Probleme im humanen Umgang mit sterbenden Patienten ist die Leugnung des Todes durch alle Betreuer, seien es diejenigen, die von Berufs wegen mit ihm zu tun haben, seien es die Familie, die Verwandten oder die Freunde. Man kann sich die Unfähigkeit, der Zeit eine zentrale Bedeutung in den Kurzformen von Psychotherapie beizule-

[19] Rank, O.: The Trauma of Birth. New York: Harcourt Brace Co. 1929.

26

gen, nur so erklären, daß die Therapeuten selber nur zu gern das Grauen vor der Zeit verleugnen möchten. Da es ein Jetzt nur in existentieller Zeit gibt, ist das, was immer der Patient an Leid vorbringt, fest verknüpft mit bleibenden Ereignissen seines inneren Lebens, die sich bis in die entfernteste Vergangenheit ausdehnen und bis in eine vorhersehbare Zukunft. Sie werden als *Jetzt* empfunden. Nicht alle Ereignisse, die sich in der Vergangenheit ereignet haben, sind notwendigerweise wichtig. Nur solche, die die Zeit überdauert haben und die wiederum untrennbar sind von Zeit, haben Gewicht. Jede Psychotherapie, die zeitlich begrenzt ist, schürt erneut den bei jedem Menschen schwelenden Konflikt zwischen Zeitlosigkeit, unendlicher Zeit, Unsterblichkeit und den Allmachtsphantasien der Kindheit auf der einen, und Zeit, endlicher Zeit, Realität und Tod auf der anderen Seite[20]. Die Wünsche des Unbewußten sind zeitlos und laufen denn auch prompt einem Hilfsangebot zuwider, dessen Zeit begrenzt ist. Daher wendet sich jede zeitlich begrenzte Psychotherapie an die Zeit des Kindes und die des Erwachsenen. Zumindest erheben sich dadurch mächtige widerstreitende Reaktionen, Widersprüche und vor allem widerstreitende Erwartungen. Je größer die Unklarheit ist in bezug auf die Dauer der Behandlung, desto größer ist der Einfluß kindhafter Zeit auf unbewußte Wünsche und Erwartungen. Je größer die Klarheit in bezug auf die Behandlungsdauer ist, desto schneller und angemessener wird kindhafte Zeit der Wirklichkeit gegenübergestellt und kann die Arbeit getan werden.

In jeder dynamischen Psychotherapie werden die ruhelosen Wächter der Zeit aufgerüttelt. Das ist unvermeidbar. Bisher neigten wir dazu, dem wenig Beachtung zu schenken, bis sich das Behandlungsende als Thema erhebt. An dieser Stelle lassen beide, Patient und Therapeut, alle möglichen Unklarheiten und Widerstände im Hinblick auf den Schluß eindringen. Wenn wir Psychotherapie mit begrenzter Zeitdauer betreiben, dann ist es klug, dort zu beginnen, wo der Patient ist. So-

---

[20] Für Kinder und Jugendliche ist es eine Qual, wie langsam die Zeit verstreicht, da es offenbar biologische und psychologische Befriedigungen aufschiebt. «Wenn ich groß bin und tun kann, was ich will, eine Frau haben, andere beherrschen kann» – das sind all die Vergnügen des Erwachsenseins, die eine illusionäre, aber leuchtende Zukunft in Freiheit ausmalen. Wenn die Erwachsenen älter werden, erkennen sie die Befriedigungen im Leben in ihrer Vergänglichkeit, und das rasche Verrinnen der Zeit ist nur allzu real. Wenn man sich jetzt wünscht, daß die Zeit vergehen möge, bedeutet das, Alter, Krankheit und den Tod herbeizuwünschen.

bald er nämlich erfährt, daß der Zeitaufwand für Hilfe begrenzt ist, ist er aktiv den magischen zeitlosen Allmachtsphantasien der Kindheit unterworfen, und seine Erwartungen in bezug auf die Behandlung ergeben sich daraus, wie er sie jetzt erlebt. Auf der Grundlage dieses Verständnisses von einem wirklich-unwirklichen, bewußt-unbewußten *Jetzt* gehen wir nun über zu einer Betrachtung der Behandlung selbst.

2

Das Behandlungsbündnis
und die Behandlungsleitlinien

Das Behandlungsbündnis bei dieser Methode zeitlich begrenzter Psychotherapie spiegelt einen genau erforschten, strukturierten Zugang wider, der auf psychoanalytischen Erkenntnissen seelischer Vorgänge beruht. Er ist darauf zugeschnitten, das Element Zeit auszunutzen und im Dienste des Patienten fruchtbar zu machen. Zeit an sich ist stillschweigend in jeder Form von Kurzzeittherapie inbegriffen und wird doch unentwegt in der Vorstellung von Patienten und Therapeuten und auch in der psychiatrischen Literatur vermieden.

Die Unfähigkeit, der Zeit, diesem Grauen in allen menschlichen Herzen, volle Anerkennung zu zollen, hat alle Bemühungen vereitelt, eine gründliche Methodologie einer Kurzzeittherapie zu bilden. Die natürliche Folge war ein wachsender Verlaß auf Eklektizismus – indem man alles aufgriff, was human und hilfreich zu sein schien. Der nächste Schritt in der Entwicklung kann nur die Behauptung sein, Kurzzeittherapie erfordere lediglich gesunden Menschenverstand. Daraufhin werden sich aber in Wirklichkeit nur Blindheit und Unkenntnis seelischer Vorgänge durchsetzen[1].

Das Fehlen einer angemessenen Methodologie auf dem Gebiet der Kurzzeittherapie ist von Wolberg getadelt worden: «Wir wenden dieselben Taktiken an, die wir bei längerer Behandlung nützlich finden, nämlich entspanntes Zuhören, warten, bis sich die Beziehung aufbaut und sich in Bereiche der Übertragung hineinbewegt, sich erwartungsvoll gedulden, bis der Patient die Motivation zur Selbstregulierung gewinnt und Abtragen von Schichten des Widerstandes, um an die Schätze des Unbewußten zu gelangen.»[2] Trotz dieser scharfen Kritik geht Wolberg nicht weiter und entwirft keinerlei Methodologie. Statt

[1] Aldrich, C. K.: Brief Psychotherapy: A Repraisal of Some Theoretical Assumptions. American Journal of Psychiatry, 125. 1968: 5–37.
[2] Wolberg, L. R.: The Technique of Short-Term Psychotherapy. In: Wolberg, L. R. (Hrsg.): Short-Term Psychotherapy. New York: Grune and Stratton 1965, 128.

dessen fordert er Therapeuten auf, vom traditionellen, quasi psychoanalytischen Standpunkt aus eine Reihe von Kompromissen einzugehen, die es ihnen ermöglichen, begrenzte Behandlungsziele, größere
Aktivität und größere Anpassungsfähigkeit zu entwickeln und auch
bereitwillig eine echt eklektische Methode einzusetzen. Nur im Hinblick auf das eigentliche Behandlungsende schenkt er der Zeit ausdrücklich einige Beachtung, und auch da entledigt er sich des Themas
so beiläufig, daß er den Leser ermuntert, dem Ganzen nicht mehr als
diese geringe Aufmerksamkeit zu widmen: «Die Beendigung wird
ohne Widerrede hingenommen, wenn der Patient über den Sachverhalt informiert wird und ihm zugestimmt hat, daß er so lange in Therapie bleiben wird, als es für notwendig erachtet wird.»[3] Es wird nicht
deutlich, wer denn erachtet – Patient, Therapeut oder beide. Semrad
und seine Kollegen geben die Notwendigkeit einer Methodologie zu,
wenn sie darauf hinweisen, daß ein einfühlsames und planvolles Vorgehen beim Patienten zu einer kürzeren Behandlungsdauer beiträgt.
Zeit oder die Dauer der Behandlung wird jedoch nicht erwähnt[4].
Viele Kliniker haben die spezifischen Gesichtspunkte des Problems
Zeit erkannt und zu würdigen gewußt. Aber alle haben davor haltge-
macht, es als Knotenpunkt für die Bildung einer Methodologie zu erkennen. Alexander, der einzige Autor in Wolbergs Standardwerk
über Kurzzeit-Psychotherapie, der überhaupt auf die Bedeutung von
Zeit verweist, stellt fest, daß die Verlängerung der Behandlung immer
der Neurose dient, da kein Patient je dem Ursprung und der Beschaffenheit seiner Konflikte begegnen möchte (sich selbst begegnen, wie
er ist). Deshalb prägt er seinen Patienten ein, daß man so schnell wie
möglich auf eine Beendigung der Behandlung drängen werde. Alexander bemerkt: «Natürlich sind wir keine Zauberer, aber unsere Absicht ist, eine Therapie so kurz wie möglich zu machen.» Sein Gebrauch des Wortes *Zauberer* schließt ein, daß er die Erwartungen und
Phantasien der Patienten kennt, besonders in einer Kurzzeit-Behandlung. Aber trotzdem drängt er nicht auf ihre spezifische Nutzung[5].
In ausgedehnten Erfahrungen mit kurzzeitiger dynamischer Psychotherapie hat Sifneos eine variable Zeitbegrenzung eingeführt, die sich

[3] Wolberg, L. R.: a. a. O., 189.
[4] Semrad, E. V., W. A. Binstock, B. White: Brief Psychotherapy. American Journal of
Psychotherapy, 20. 1966: 576–596.
[5] Alexander, F. In: Wolberg, L. R. (Hrsg.): Short-Term Psychotherapy. New York:
Grune and Stratton 1965.

auf symptomatische Besserung gründet. Er spricht von Beendigung, sobald der Patient symptomfrei ist und besser in Beziehungen leben und arbeiten kann[6].

Ein anderes Standardwerk ist «Kurzpsychotherapie und Notfall-Psychotherapie» von Bellak und Small. Ihre Definition lautet, daß Kurztherapie «in einer kurzen Zeitspanne von einer bis zu sechs therapeutischen Sitzungen mit üblicher Dauer (45–60 Minuten) geleistet werden muß»[7]. In der Praxis scheint es einige Verwirrung oder nur ungenaue Definitionen bei den Begriffen Notfall-Psychotherapie, Krisenintervention und Kurztherapie zu geben. Die Begrenzung von einer bis zu sechs Sitzungen scheint den Therapeuten eher zu leiten als jeder andere wohldurchdachte Aspekt des dynamischen Behandlungsprozesses. In einer Klinik, die auf sofortige psychiatrische Hilfeleistung eingerichtet sein muß, mag eine solche Anordnung eine realistische Anpassung an die Drucksituation sein. Zeit, eine unmittelbare Assoziation zu *Notfall* und *kurz*, wird lediglich in ihrer kategorischen, nicht in ihrer existentiellen Bedeutung verstanden und genutzt.

In seiner Studie über die psychotherapeutische Beziehung betont Frank, daß es die Unklarheit der Situation sei, die für die Beteiligung des Patienten bürgt und für seine Bereitwilligkeit, sich beeinflussen zu lassen. Das Paradigma hierbei ist: «Ich weiß, was dir fehlt, aber du mußt es selber herausfinden, damit dir geholfen wird.» Er kritisiert den unbestimmten Endpunkt und das beständige Streben des Patienten, bis er geheilt ist, ohne daß es einen Anhaltspunkt der Heilung zu erstreben gäbe. Er vermerkt, daß die nachgiebige Haltung des Therapeuten die Unklarheit erhöht und auf diese Weise dazu beiträgt, den Patienten eines Zieles zu berauben. Frank behauptet weiter, «es deutet einiges darauf hin, daß das Tempo der Besserung beim Patienten von seiner Kenntnis beeinflußt sein kann, wie lange die Behandlung dauern wird» und daß «es einige experimentelle Beweise dafür gibt, daß Patienten rascher ansprechen, wenn sie im voraus wissen, daß die Therapie zeitlich begrenzt ist»[8].

Man wird sofort bemerken, daß in dem Behandlungsrahmen, der hier

[6] Sifneos, P. E.: Short-Term, Anxiety-Provoking Psychotherapy: An Emotional Problem-Solving Technique. Seminars in Psychiatry I, Nr. 4. November 1969.

[7] Bellak, L., L. Small: Kurzpsychotherapie und Notfall-Psychotherapie. Frankfurt: Suhrkamp 1972.

[8] Frank, J.: The Dynamics of the Psychotherapeutic Relationship. Psychiatry, 22. 1959: 17.

beschrieben wird, das geringstmögliche Ausmaß an Unklarheit herrscht. Zeit, dieses höchst bedeutsame Element, wird ganz bewußt eingesetzt, um bestimmte Ziele zum Nutzen des Patienten zu erreichen. Was Frank, wie viele andere, ausläßt, sind zwei kritische Gründe, die zur Unklarheit in der Psychotherapie beitragen. Einer ist, daß das Problem Zeit in seiner Bedeutung als Trennung, Verlust und Tod ebenso wesentlich ist in der Gefühlswelt des Therapeuten wie in der des Patienten. Der andere Grund, der sich aus dem ersten ergibt, wird in der merkwürdigen Unsicherheit der Therapeuten offenkundig, ob sie in einer so kurzen Zeitspanne helfen können.

Die Studie von Meyer und seinen Mitarbeitern kommt dem Ziel sehr nahe, schwenkt dann aber sehr schroff um. Ihren Patienten wurde mündlich und schriftlich vor dem therapeutischen Erstgespräch mitgeteilt, daß die Behandlung auf zehn wöchentliche Sprechstunden beschränkt sein würde. Das Ziel dieser Studie war jedoch lediglich, die Merkmale derjenigen Patienten, die die Behandlung beendeten, mit denen, die vorher ausschieden, zu vergleichen. Es war den beteiligten Therapeuten freigestellt, ihre Patienten so zu behandeln wie in jeder anderen psychotherapeutischen Situation, «außer, daß sie sich in Auswirkung der zeitlich begrenzten Situation diesem oder jenem Zwang und Druck ausgesetzt empfanden»[9]. Fleck, der die Studie diskutiert, erwähnt die Möglichkeit, daß im Gegensatz zur üblichen Behandlung mit offenem Ende die strikte Beschränkung auf zehn Sitzungen die Wirkung eines Rezeptes habe und wie Dosierung und Anzahl von Tabletten sei. Darauf mag der überraschend hohe Prozentsatz bei niedrigsten sozioökonomischen Gruppen zurückzuführen sein, der die zehn Sitzungen beendet hat.

Die klare Zeitbegrenzung ist in jedem Fall gleichbleibend und umfaßt alles in allem zwölf Behandlungsstunden. Die Wahl von zwölf Behandlungsstunden ist ein wenig willkürlich getroffen worden. Vielleicht wären zehn oder vierzehn ebensogut gewesen. Eine lange Erfahrung in der Psychotherapie hat nahegelegt, daß zwölf Sitzungen für den Therapeuten ausreichend sein können, um mit dem Patienten einiges an Arbeit zu erledigen. Ausschlaggebend war für einen Anfang, daß eine willkürliche Wahl getroffen werden mußte, um die Bedeutung der Zeit in einer Kurzpsychotherapie zu erforschen. Indem

[9] Meyer, E. et al.: Contractually Time-Limited Psychotherapy in an Out-Patient Psychosomatic Clinic. American Journal of Psychiatry, 124. 1967, Suppl.: 4.

man alle Patienten in den Rahmen ein und derselben Vorgehensweise einspannt, wird es möglich, für den Verlauf und das Ergebnis ein beträchtliches Maß an Übereinstimmung und Verläßlichkeit zu veranschlagen. Man kann sowohl die Arbeit eines einzelnen Therapeuten untersuchen als auch die mehrerer Therapeuten miteinander vergleichen. Die verhältnismäßige Gleichförmigkeit des Schemas macht die Folge stattfindender dynamischer Geschehnisse deutlicher sichtbar und ermöglicht einen Vergleich mit solchen, die bei anderen Patienten auftreten.

Es spricht auch vieles dafür, einen Behandlungsplan zu unterstützen, der allen beteiligten Therapeuten gestattet, ihre Aufmerksamkeit auf dieselbe Sache zu richten – nämlich auf die Beziehung zwischen persönlichen Problemen und Verhältnissen auf der einen Seite und ziemlich gleichbleibenden Arbeitsbedingungen auf der anderen. Die Wechselwirkung kann leichter erforscht werden; es mag auch sein, daß die Ausarbeitung der Ziele und die Auswahl der Patienten für solch eine Behandlung besser abgeklärt sind. Die Erfahrung hat gezeigt, daß zwölf Behandlungsstunden unter Umständen die erforderliche Mindestzeit sind, um eine Reihe von dynamischen Geschehnissen sich entwickeln und gedeihen zu lassen, um sie der Diskussion, der Untersuchung und der Auflösung zugänglich zu machen. Andere Psychotherapeuten und Forscher, die den psychotherapeutischen Prozeß untersuchen, können sich diese Methode zu eigen machen und sie wiederholen und prüfen, sofern Prüfung und Wiederholung auf diesem Gebiete möglich sind.

Gewisse Maßnahmen und Entscheidungen gehen natürlich dem formalen Behandlungsbündnis voraus. Erstens gibt es das übliche Eingangs- oder Beratungsgespräch. Es kann sich über zwei oder mehr Sitzungen erstrecken, damit abgeklärt werden kann, was der Patient sucht. Anhand der erhaltenen Angaben kann der zentrale Konflikt, der zu dem gegenwärtigen Beschwerdebild führt, formuliert werden. Die Formulierung des zentralen Konfliktes kann, braucht aber nicht mit dem bewußten Motiv des Patienten für sein Hilfebegehren zusammenfallen. Der Patient ist sich im allgemeinen seines Leidens sehr bewußt, und er findet meistens irgendeinen Grund oder Gründe, die er dafür verantwortlich macht. Aber wir müssen seine eigenen Gründe für seine Beschwerden nicht notwendigerweise für die wichtigsten halten. In Wahrheit mag es sein, daß seine Gründe sehr wenig mit dem tatsächlichen seelischen Zustand zu tun haben. Zum Beispiel kann ein Patient ängstlich oder deprimiert sein und in erbitterter Auseinandersetzung mit dem Ehepartner leben. Der Patient kann ein paar präzise Vorstellungen über die Beziehung zum Ehepartner vorbringen und nahelegen, daß die gegenwärtigen Symptome in dieser Beziehung ihren Ursprung haben. Wir können ihm darin zustimmen, daß seine zeitliche Verbindung zutrifft, wir können ihm darin zustimmen, daß die leidvolle Beziehung zwischen Patient und Ehepartner ein Grund ist, der die Ereignisse heraufbeschwört. Wir können jedoch ebensogut schlußfolgern, daß die gegenwärtige Störung unmittelbarer auf eine unerledigte Trauerarbeit im Hinblick auf eine frühere bedeutsame Bezugsperson bezogen ist.

Ausgehend von den anamnestischen Angaben, versuchen wir, das gegenwärtige zentrale Thema auf wichtige Quellen in der Vergangenheit zu beziehen. Das ermöglicht es uns, weitere unbewußte Determinanten des gegenwärtigen fokalen Konfliktes im Zuge der Behandlung auszusondern, ohne uns in einer nicht zu bewältigenden Flut von Material zu verlieren. Dann beurteilen wir den allgemeinen psychischen Zustand des Patienten und stellen eine vorläufige Diagnose. Beim nächsten Schritt geht es darum, zu bestimmen, wie die zwölf Behandlungsgespräche entsprechend unserer bestmöglichen Einschätzung der Bedürfnisse des Patienten verteilt werden sollen. Einem chronisch schizophrenen Patienten, der sich zwar gerade an der Grenze aufrechterhält, aber eben aufrechterhält, kann über eine aktuelle Schwierigkeit mit wöchentlichen halbstündigen Kontakten über einen Zeitraum von vierundzwanzig Wochen hinweggeholfen werden, in einem Fall z.B. mit wöchentlichen fünfzehnminütigen Sprechzeiten über achtundvierzig Wochen hinweg. Wie zu erwarten ist, bekommt die Mehrzahl der Patienten in der zeitlich begrenzten Psychotherapie zwölf Wochen lang eine Behandlungszeit von einmal fünfundvierzig bis sechzig Minuten. Man kann von zwölf Behandlungsstunden sprechen, wenn geplant ist, daß der Patient für jedes Gespräch sechzig Minuten Zeit bekommt. Wenn aber der Therapeut nur fünfundvierzig oder fünfzig Minuten für eine Zusammenkunft erübrigen kann, dann ist die Bezeichnung «Sitzungen», «Gespräche» oder «Zusammenkünfte» vorzuziehen. Das mag als zwanghaftes Beharren auf Wortwörtlichkeit erscheinen, wenn jedoch die Bedeutung der Zeit der Hebel sein soll, der den Patienten motiviert und vorwärtsbringt, dann gibt es genügend Vermengung von Phantasie und Wirklichkeit, auch ohne daß man noch zusätzlich unnötige Verwirrung hereinbringt, indem man eine Zusammenkunft von weniger als sechzig Minuten eine Stunde nennt.

Die Angaben, die hier gemacht werden, stammen in erster Linie aus meiner eigenen Arbeit mit Patienten. Sie werden gestützt durch das Material, das ich bei der Supervision von auszubildenden Psychiatern während ihrer Behandlung einer großen Anzahl von Patienten erhalten habe. Die meisten dieser Patienten wurden einmal in der Woche fünfundvierzig bis fünfzig Minuten behandelt. In einigen Fällen wurden die zwölf Zusammenkünfte innerhalb von sieben oder acht Wochen abgeschlossen, wenn der Patient mehr als einmal wöchentlich bestellt wurde. Dieses Vorgehen war dann erforderlich, wenn Patienten oder die Therapeuten selbst innerhalb einer geographischen Gegend nur begrenzte Zeit erübrigen konnten.

Wenn diese Entscheidungen gefallen sind, wird dem Patienten vom Therapeuten mitgeteilt, daß es nach gebührender Erwägung aller verfügbaren Daten den Anschein habe, die zentrale Schwierigkeit des Patienten sei von einer bestimmten Art, wobei er auch noch hinzufügt, welcher Art sie seiner Meinung nach ist. Wenn er das tut, hat der Therapeut den Patienten nicht nur über seine Diagnose aufgeklärt, sondern auch gleichzeitig über das Ziel der anstehenden gemeinsamen Arbeit.

Bei der Auswahl eines Patienten für zeitlich begrenzte Psychotherapie aufgrund der (des) Aufnahmegespräche(s) wird stillschweigend vorausgesetzt, daß sich der Patient weder in einem Zustand akuter Dekompensation (akuter psychotischer Reaktion) befindet noch durch schwere Depression unfähig ist, sich auf therapeutische Arbeit einzulassen. Der Hauptbestandteil der vorliegenden Arbeit stammt aus der Behandlung von Patienten, die, obwohl sie in vielen Fällen ernste und stark behindernde Beschwerden hatten, dennoch genügend Ich-Stärke besaßen, um über ein Behandlungsbündnis verhandeln zu können und einen Behandlungsplan auf sich zu nehmen.

Wie soll man bei der Auswahl eines zentralen, genetisch oder adaptiv wichtigen Kernproblems verfahren? Ein klares Verständnis psychoanalytischer Konzepte unbewußter Determinanten von Gedanken, Gefühlen und Handlungen und ihrer Beziehung zu Reifungsphasen der Persönlichkeitsentwicklung und zur Entwicklung von Strukturelementen (Es, Überich und Ich) ist eine Voraussetzung für die Würdigung der Ausdrucksweisen eines innerpsychischen Konfliktes. Im allgemeinen ist die Formulierung des Kernproblems dann geeignet, dem Patienten unmittelbar zu nützen, wenn sie in Begriffe des Gefühls und der Fehlanpassung gekleidet ist. Eine derart gewählte Formulierung neigt dann oft dazu, die Hauptschwierigkeit des Patienten sehr weit zu fassen. Obwohl das am Anfang unklar und unspezifisch erscheinen mag, wird sich für Patient und Therapeut eine rasch zunehmende Klarheit und Spezifikation des Hauptproblems ergeben. Das wirksamste Mittel, den Patienten in den Behandlungsplan einzubeziehen, besteht darin, ein zentrales, genetisch und adaptiv wichtiges Kernproblem auszuwählen, folglich eines, das im Laufe der Zeit immer wiederkehrt. Ein genaues Studium der Geschichte des Patienten wird einen schwachen roten Faden erkennen lassen, der in der Vergangenheit beginnt und in der Gegenwart wirksam bleibt, der sowohl den Ursprung als auch die Anpassungsbemühung kennzeichnet, die durch den Ursprung geboten war. Aber in der Anpassung ist immer Widerstand enthalten. Das heißt, daß der Patient Methoden ersonnen hat, frühe Schwierigkeiten zu meistern. Ein wichtiger Teil dieser Bewältigung ist die Errichtung psychischer Widerstände, die dem Bewußtsein die Ursprünge des Problems fernhalten und auch den Schmerz, der damals erlitten wurde.

In der Praxis kann deshalb die Entscheidung darüber wichtig sein, ob man das Hauptthema im Hinblick auf seine genetischen Quellen oder deren adaptive Erscheinungsformen formuliert. In jedem Falle können wir sicher erwarten, daß der Patient seine charakteristischen Widerstände aufbietet, wenn er mit einem Zentralthema konfrontiert wird. Das Verständnis des Wesens von Konflikt und Widerstand und der Wichtigkeit des letzteren für die Aufrechterhaltung der Unversehrtheit der Person gestattet eine dritte Art des Zuganges, die den Widerstand nicht verstärkt, sondern die Motivation des Patienten zur Heilung erhöht. Das führt wiederum zu einer unmittelbaren Anteilnahme am Behandlungsverlauf.

Der dritte Zugang besteht in der Formulierung einer allgemeinen Feststellung, in der der Therapeut sein Verständnis dafür zeigt, was der Patient gegenwärtig und chronisch durchlitten hat. Dieses Leiden erkennt das Bewußte des Patienten als einen annehmbaren Teil seiner menschlichen Verfassung an und bedarf keiner Verleugnung. Darüber hinaus ist es ein Leiden, das gewissermaßen das Gefühl mit sich bringt, von einer herzlosen Welt ungerecht behandelt worden zu sein. Die Geschichte des Patienten hat diesen Gefühlszustand bestärkt. Die Formulierung des Kernproblems in Begriffen seines eigenen chronischen Leidens bringt den Patienten dem Therapeuten unmittelbar näher. Er hat das Gefühl, sich bei einem einfühlsamen Helfer zu befinden. Die Nähe, die er spürt, fördert effektiv ein beschleunigtes therapeutisches Bündnis.

Die Formulierung des zentralen Themas in solchen gefühlsgetönten Begriffen macht jeden Versuch des Patienten oder auch des Therapeuten unmöglich, die Situation zu intellektualisieren oder ein Bewußtwerden und die Nähe des Therapeuten abzuwehren. Der Patient kann nicht anders als wünschen, sich weiter in eine solch vielversprechende Beziehung hineinzubegeben. Also reagiert er bereitwillig auf die übrige Behandlungsgestaltung und setzt die vorhersehbare Reihe dynamischer Geschehnisse in Bewegung. Dann wird sich der Patient angeregt fühlen, im Laufe der nächsten vier oder fünf Sitzungen vom allgemeinen zentralen Thema zu spezifisch genetischen und adaptiven Themen vorzudringen. Die genetischen und adaptiven Themen werden in dem bestehenden affektiven Klima fortlaufend weiterbearbeitet, und die therapeutische Erfahrung wird die gesamten zwölf Sitzungen hindurch auf einer hohen, lebendigen, emotionalen Ebene verbleiben.

Da ist z. B. eine 33jährige Frau, ledig und ziemlich einsam in der Stadt. Sie befindet sich sozusagen an einem toten Punkt, obwohl sie beachtliche Begabung und eine gründliche Ausbildung auf einem bestimmten Gebiet hat. Sie würde gern heiraten, eine Familie haben und die sinnvolle Laufbahn einschlagen, für die sie sich vorbereitet hatte. Sie hat nichts von alledem. Ein Studium ihrer Geschichte deckt auf, daß ihr Leben eine einschneidende Änderung erfuhr, als sie dreizehn Jahre alt war und ihr Vater plötzlich starb. Man konnte die Auswirkung dieses Verlustes klar nachzeichnen und auch die Anpassungsversuche, die unternommen wurden, um seine Auswirkungen im Laufe der nächsten zwanzig Jahre zu überwinden. Das zentrale Thema hätte in der Weise formuliert werden können, daß sie nie über den Verlust ihres Vaters hinweggekommen sei und daß die verschiedenen Versuche, ihn zu bewältigen, zu ihrem gegenwärtigen Zustand geführt haben. Obwohl die Patientin sich im diagnostischen Erstgespräch als lächelnde, recht charmante, nicht depressive Frau eingeführt hatte, wurde ihr Zentralthema in folgender Weise formuliert: «Aus all dem, was Sie mir sagen, entnehme ich, daß das größte Problem, dem Sie sich zur Zeit gegenüber sehen, die sehr tiefe Enttäuschung über sich selber ist, daß Sie sich so, wie Sie sind, zu diesem Zeitpunkt Ihres Lebens vorfinden.» Ihre unmittelbare Zustimmung wurde zuerst durch ein depressives Schweigen und dann durch ihre ausdrückliche Bereitschaft ausgedrückt, daran weiterzuarbeiten.

Bei der Patientin, deren Fall im einzelnen dargestellt werden wird, wurde das Zentralthema so formuliert, daß der Patientin gesagt wurde, sie «leide an einem ständigen Gefühl nagender Unzufriedenheit, Ärger und Reizbarkeit». Sie wandte sich rasch von dieser annehmbaren Verallgemeinerung ihres Leidens ab und hin zu den Anpassungsbemühungen, die im Laufe dieser Zeit alles für sie getan hatten, außer sie vor einer Vielzahl verschobener und schmerzlicher Symptome zu bewahren.

Ein höchst dramatischer Gefühlszustand und die Diagnose irgendeines Fehlverhaltens werden in nur sehr wenigen Fällen ohne weiteres aufgedeckt. Auch wenn jeder Patient um Hilfe nachsucht, bringt er doch ein Aufgebot an Widerständen mit, die genau darauf angelegt sind, seinem Bewußtsein fernzuhalten, was er fühlt, was er sich wünscht, welches Verhalten fehlangepaßt ist und was er mit einem bestimmten Verhalten erreicht oder zu erreichen versucht hat. Es gibt viele Abwandlungen des Obengenannten. Manche Patienten werden wissen, wie sie fühlen, aber werden keine bewußte Kenntnis der Quelle ihres Gefühls haben; anderen kann ihr Fehlverhalten bewußt sein, aber sie erkennen nicht, daß sie womöglich tief depressiv sind usw. ...

Die Aufgabe, das Zentralthema auszuwählen, muß daher von der Fähigkeit des Therapeuten als Interviewer abhängen. Dort hauptsächlich beweist er seine Vertrautheit mit der Rolle und den Äußerungen unbewußter Gedanken, Gefühle und Phantasien des Patienten. Während freie Assoziation die Methode der Wahl ist, um Informationen zu erhalten, die jenseits des Bewußten liegen, ist sie wohl kaum anwendbar in einer Kurztherapie. Der Pionier, der psychoanalytische Grundsätze und Techniken erforscht und auch für eine Kurztherapie bearbeitet hat, war Felix Deutsch. In seinen zwei Hauptwerken hat Deutsch seine «assoziative Anamnese» und seine Ausschnitt- oder zielgerichtete Therapie umrissen und anhand von ausgedehnten klinischen Beispielen verdeutlicht [10]. Die assoziative Anamnese basierte auf dem Konzept der freien Assoziation, war aber dadurch begrenzt,

[10] Deutsch, F.: Applied Psychoanalysis. New York: Grune and Stratton 1949: 5. Deutsch, F., W. E. Murphy: The Clinical Interview. New York: International Universities Press 1955, II.

daß der Interviewer seine Aufmerksamkeit auf bestimmte Worte richtete, auf das Verhalten, das die Worte begleitete und den bestimmten Augenblick während des Interviews, in dem das Wort und/oder das Verhalten auftauchte. Die Worte drückten zumeist ein Gefühl aus – Kränkung, Furcht, Wut, Enttäuschung usw. ... Sein Ziel war, dem Patienten bewußtzumachen, welche Gefühle und Phantasien in seiner Vorstellung in bezug auf ein bestimmtes Symptom und allein dieses Symptom existierten (daher zielgerichtet). Deutschs spezielles Interesse lag im Studium psychosomatischer Zustandsbilder, so daß die Besserung des bestimmten psychosomatischen Symptoms als das Ziel bezeichnet werden konnte, auf das sich die Bemühungen richteten. Der Patient weiß natürlich, daß er körperlich leidet, und ist auf die Beseitigung desselben Symptoms aus, auf das sich das Interesse des Therapeuten richtet.

Die Grundsätze, die von Deutsch in seiner assoziativen Anamnese aufgestellt worden sind, sind gleichermaßen auch anwendbar, um im Laufe eines Interviews auf ein Zentralthema zu kommen, obwohl wir in der allgemeinen klinischen Praxis weniger wahrscheinlich mit einem klar umrissenen psychosomatischen Symptom zu tun haben werden. Seine Arbeit bleibt jedoch ein ausgezeichneter Leitfaden, um Informationen über den (sogar dem Patienten selbst) verborgenen Gefühlszustand und das Verhalten eines Patienten zu erhalten. Die Informationen kann der Kliniker dann in Bezug setzen zu den bewußten Gründen des Patienten, die ihn zum Arzt gebracht haben. Die Beziehung zwischen beiden gründet einen genetisch-adaptiven Zusammenhang, ein umfassendes Jetzt, das dann dem Patienten als das Zentralthema, die Diagnose, die gemeinsame Behandlungsarbeit dargelegt werden kann.

«Ihre Hauptschwierigkeit ist Ihr Gefühl der Unzulänglichkeit und der chronischen Depression als Folge Ihres Bedürfnisses, Menschen, die Ihnen wichtig sind, gleichzeitig herauszufordern und zu besänftigen» – das ist die Formulierung des Zentralthemas bei einer jungen Frau, die ihren Vater zu Beginn der Adoleszenz verloren hatte. Sie war einziges Kind und lebte bei ihrer verwitweten Mutter. Das Verhältnis zwischen dem bedeutsamen Verlust in der Adoleszenz und ihrer gegenwärtigen Funktionsstörung wurde in der Formulierung des Zentralthemas hergestellt.

Ein 31jähriger verheirateter Mann hatte in steter Anstrengung einige Universitätsveranstaltungen belegt, um einen Abschluß am College zu erreichen. Der Grund, weshalb er um Hilfe bat, war seine verzehrende Angst zu versagen und, als Begleiterscheinung, seine Leistungsschwierigkeiten. In seiner Geschichte fand sich ein Alkoholiker als Vater, der eines Tages erhängt aufgefunden wurde; eine Mutter, die durch chronische Arthritis verkrüppelt war; ein ein Monat alter Sohn, der vor fünf Jahren tot in seinem Bettchen gefunden wurde; ein Chef, dem er sehr nahestand und der sehr plötzlich vor einem Jahr an akuter Leukämie starb, und die ständige Angst, daß ihm sein Arbeitsplatz gekündigt würde. Das Zentralthema für die zwölf Behandlungssitzungen wurde ihm gegenüber so ausgedrückt: «Weil es in Ihrem Leben eine Reihe von plötzlichen und sehr schmerzlichen Vorfällen gegeben hat, erscheinen die Dinge immer unsicher, und Sie sind aufs äußerste beunruhigt, weil Sie kaum erwarten, daß irgend etwas je gut gehen kann. Immer sind die Dinge unsicher für Sie.» Wieder wird eine klare Beziehung hergestellt zwischen dem drastischen Verlust tragender Objekte und der Erwartung, daß es in Gegenwart und Zukunft ebenso sein werde.

Eine 22jährige Studentin stellte niedergeschlagen fest, ihr Hauptproblem sei, daß sie sich «total beschissen» fühle. Ausreichende anamnestische Angaben wurden eingeholt, um die Formulierung des Zentralthemas zu stützen, das in ihrem Wunsch bestand, «nicht von so vielen Leuten verletzt zu werden». Am Anfang des Behandlungsverlaufes wurde das in der Frage verdeutlicht «Wie kam es dazu, daß Sie so gering von sich denken?»

Da das Zentralthema vom Therapeuten bestimmt wird, sollte dem Patienten immer gesagt werden, daß Patient und Therapeut gemeinsam erkennen werden, sollte sich im Verlaufe der Behandlung die ursprüngliche Diagnose des Therapeuten als falsch herausstellen, und daß sie dementsprechend ihren Kurs ändern werden.

Im Verlauf dieser Verhandlungen informiert der Therapeut den Patienten darüber, daß ihm zwölf Behandlungssitzungen zur Verfügung stehen, um am zentralen Problem zu arbeiten, und daß nach bestem Ermessen des Therapeuten die Zeit am besten genutzt wird in, beispielsweise, wöchentlichen 45minütigen Treffen. Er sollte hinzufügen, daß unvorhergesehene Unterbrechungen eintreten können infolge von Krankheit, schlechtem Wetter o.ä., daß aber dadurch die gesamte Behandlungszeit, die dem Patienten angeboten wird, nicht vermindert wird. Endlich wird die Zeit für jeden einzelnen Termin angegeben sowie auch das *genaue* Datum des letzten oder zwölften Ter-

40

mins. Ich ziehe meinen Terminkalender offen zu Rate, so daß der Patient Zeuge wird, welche Rolle er bei der Festlegung des genauen Datums für das abschließende Gespräch spielt. Diese Gewohnheit wurde aufgrund der Annahme eingeführt, daß Patienten sich um so heftiger gegen die wachsende Einsicht in die Realität wehren, daß die Zeit dem Ende zugeht, wenn sie nicht mit realer Zeit, dem Kalender, konfrontiert werden. Das trifft sich mit der Beobachtung von Bergler und Roheim, «der Kalender ist eine endgültige Vergegenständlichung der Trennungsangst»[11]. Der Gebrauch des Kalenders bei der Verabredung des Behandlungsbündnisses dient als Anreiz und als Verstärkung der unbewußten Phantasien und Widerstände in bezug auf die Bedeutung der Zeit. Im allgemeinen wird die Sitzung, in der diese Verhandlungen geführt werden, als die erste der zwölf betrachtet, es sei denn, die Behandlungsvereinbarungen haben die gesamte Zeit des Termins beansprucht.

Zuletzt wird der Patient um seine Zustimmung zu allen Einzelheiten des Behandlungsvorschlags gebeten. Es ist ungewöhnlich für einen Patienten, diesen sorgfältig zusammengestellten Plan zurückzuweisen. Warum das so ist, wird später erläutert. Patienten fragen oft, ob wirklich irgend etwas für sie getan werden kann in einer so kurzen Zeit, und das ist sicher eine vernünftige Frage. Die Antwort des Therapeuten wird von seinem Verständnis bestimmt, daß die Frage zumindest drei Quellen entspringt – der unbewußten Sehnsucht nach kindhafter Zeit, die mit Ewigkeit verknüpft ist; erwachsener, realistischer Wahrnehmung begrenzter Kalenderzeit und der ungeheuer beschleunigten Zeit des gegenwärtigen historischen Zeitalters, das wesentlich zur Sorge des Patienten über die Flüchtigkeit der Zeit beiträgt und daß so wenig davon für ihn da ist. Die angemessene Antwort auf die Frage des Patienten ist also ein ruhiges und aufrichtig zuversichtliches «Ja».

Es ist eine angemessene Antwort, weil sie mehr noch als alles andere einer erwachsenen Selbstachtung Rechnung trägt, die, wie beeinträchtigt sie auch immer sein mag, eine gewisse, befriedigende Arbeitsleistung von einem selbst fordert. Sie ist auch angemessen, weil sie bestätigend die unbewußte Forderung nach Befriedigung infantiler Phantasien anspricht. Der Patient, der vor uns sitzt, spricht immer

[11] Bergler, E., G. Roheim: Psychology of Time Perception. Psychoanalytic Quarterly, 15. 1949: 190–206.

in einer «Vielzahl von Zungen», und wir sind wohlberaten, wenn wir bei der Formulierung unserer Antworten soviel wie möglich von den vielschichtigen Botschaften wissen.

Der folgende Dialog ergab sich, als einem Patienten ein typisches Behandlungsbündnis angeboten worden war:

P.: Angenommen, ich rede mir nur ein, daß es mir besser geht?
A.: Sollte das geschehen, wäre es nützlich für Sie, wenn Sie mich das wissen ließen. (Die Antwort legt dem Patienten nahe, daß es in seiner Verantwortung liegt, sich selbst dadurch zu helfen, daß er es dem Arzt mitteilt.)
P.: Angenommen, es geht mir am Ende besser – wird es andauern?
A.: Das ist bezeichnend für Ihre Furcht, von vornherein zu versagen und für Ihre Bereitschaft dazu. Sie hätten gern eine hieb- und stichfeste Garantie und die kann ich Ihnen nicht geben. (Diese Antwort gründete sich auf Material der Anamnese des Patienten einschließlich seiner Beweggründe, weshalb er zum Arzt kam. Nachdem er in der Antwort auf seine erste Frage die Verantwortung für sich selbst übertragen bekommen hatte, stellt er nun prompt eine andere Forderung, die nicht erfüllt wird. Wieder richtete ich meine Antwort an den erwachsenen Anteil des Patienten.)
P.: Warum geben Sie mir nur so kurze Zeit?
A.: Weil Sie nur so viel brauchen. (Diese Antwort umfaßt die vorangegangenen Fragen, die sich um sein Selbstwertgefühl drehen, sowie um des Patienten bewußte und unbewußte Erwartung an die Behandlung. Die unbewußte Phantasie ist, daß er eine Ewigkeit zur Verfügung haben wird, um seine infantilen Wünsche nach Befriedigung kraft der Omnipotenz des Arztes zu erfüllen. Die Omnipotenz hört er aus der zuversichtlichen Bemerkung heraus, daß die Arbeit in der verordneten Kürze der Zeit getan werden kann.)

Der Widerstand und die in der Frage enthaltene Forderung sowie lauernde Zweifel werden durch eine positive Antwort wirksam gehandhabt. Das sind die Einzelheiten der Behandlungsleitlinien.

Der Therapeut hat den Patienten um seine Zustimmung zum Behandlungsplan gebeten. Der Patient hat seine Gründe, nichts dagegen einzuwenden. Daß diese Gründe hauptsächlich unbewußt sind, ändert nichts an seiner verbalen Annahme der Verantwortung für den Fortgang. Wir wissen, daß in jedem Fall, in dem ein Therapeut seine Hilfe anbietet, die unbewußten Phantasien über den Ausgang wenig oder nichts zu tun haben müssen mit den Realitäten des Behandlungsbündnisses. Der Patient hat bewußt die Freiheit, nein zu sagen und es abzulehnen, unter solchen Bedingungen fortzufahren. Unbewußt ist er weit davon entfernt, frei zu sein, aber, wie gesagt, diese Bedingung gilt unabhängig von der Haltung des Therapeuten. Es ist die Pflicht des Therapeuten, dem Patienten die klare Gelegenheit zu geben,

Zweifel anzumelden, den Vorschlag anzunehmen oder abzulehnen. Irgendeine Art von Behandlungsbündnis wird in allen Fällen getroffen, in denen Patient und Therapeut sich über eine Hilfsmaßnahme für den Patienten einigen. Man regelt normalerweise, an welchem Tag und zu welcher Stunde man sich trifft, setzt die Höhe der Zahlung fest und umschreibt die Art der Störung beim Patienten. In seltenen Ausnahmen wird irgendeine Zeitgrenze gesetzt. Das geschieht in solchen Fällen, wo Therapeut oder Patient zeitlich begrenzt in einem Dienstbereich, in der Klinik oder in der geographischen Gegend bleiben. Da so viel Dienst in der Psychiatrischen Klinik von angehenden Psychiatern, Medizinstudenten und Studenten der Sozialarbeit usw. geleistet wird, ist die Dauer der Behandlung meistens einfach durch die Dauer der Dienstverpflichtung der betreffenden Fachkraft in einem bestimmten Bereich bestimmt. Sogar in solchen Fällen, wo das Behandlungsbündnis eine Zeitgrenze einschließt, bleibt die Behandlungsdauer mehr oder weniger unklar, weil eine gewisse Unsicherheit unweigerlich entweder direkt oder indirekt vom Therapeuten vermittelt wird. Die übliche Situation ist die, daß eine gewisse Anzahl von Stunden angeboten wird mit dem Vorbehalt eines «wir werden dann sehen».

Das Behandlungsbündnis, das hier beschrieben wird, zielt darauf ab, sich die bewußten und unbewußten Erwartungen des Patienten zunutze zu machen, wenn er zu einem Psychotherapeuten kommt, Erwartungen, die nur um so üppiger blühen, wenn der Therapeut Arzt ist. Aus dem Durcheinander von Gedanken, Gefühlen, Symptomen und Vorfällen, die der Patient vorbringt, zieht der Therapeut das heraus, was nach seinem Urteil das Hauptanliegen ist, und macht die bewährte Rolle des Arztes geltend, indem er dem Patienten sagt, was es ist, das ihm Beschwerden macht[12]. Dann weiß der Patient, daß das formulierte zentrale Thema sowohl die Diagnose als auch die gemeinsame Behandlungsarbeit ist. Der Therapeut *verschreibt* dann eine *genaue* Zeiteinheit, in dem hier dargestellten Modell zwölf Wochen lang eine Stunde pro Woche, und mit dem Kalender in der Hand kündigt er das Datum der letzten Stunde an. Der Patient wird aufgefordert,

[12] Dieselbe Rolle wird auch von Sozialarbeitern, Psychologen und anderen in therapeutischer Funktion eingenommen. Sie sind aber etwas im Nachteil in bezug auf die Erwartungen des Patienten wegen der den Ärzten über Jahrhunderte zugeschriebenen Rolle als Lebenserhalter und Lebensretter.

das vorgeschlagene Bündnis zu überprüfen, zu diskutieren und es anzunehmen oder abzulehnen. Der Therapeut schwächt absichtlich die Allmachtserwartungen des Patienten ab (schließt sie aber nicht ganz aus), indem er hinzufügt, daß, sollte für beide deutlich werden, daß das Hauptproblem falsch ausgewählt wurde, sie die Freiheit haben, es fallenzulassen, um sich dem passenderen Thema zuzuwenden.

Die Unklarheit in dieser Form des Behandlungsbündnisses ist gering. Wenn diese Leitlinien befolgt werden, wird das Ausbleiben einer Zustimmung des Patienten eine höchst seltene Angelegenheit sein. Nebenbei wird die Abbruchsrate, die in den meisten Kliniken gewöhnlich übermäßig hoch ist, drastisch gesenkt werden. Therapeuten neigen oft zu einer Unterschätzung der Hilfsmittel, die den meisten Leuten zur Verfügung stehen, um etwas für sich selber zu tun, wenn ihnen ein bescheidenes Ausmaß an Hilfe zuteil wird.

3

Einige grundlegende, allgemeine Konfliktsituationen

Wenn man die zentrale Rolle der strengen Zeitbegrenzung bedenkt und die Bedeutung der Zeit, die in dieser Art eines Behandlungsrahmens in ein scharfes Licht gerückt wird, dann sollte man nicht allzu überrascht sein, daß eine kleine Anzahl von klar umschriebenen und begrenzten menschlichen Grundkonflikten zutage tritt. Sie sind unabhängig, aber eng verknüpft mit dem, was immer das Hauptanliegen oder der Brennpunkt der Behandlungsstunden sein mag.
Es ist der Vorschlag gemacht worden, diese Form der zeitlich begrenzten Psychotherapie in Begriffen der Entwicklung und Auflösung einer Modell-Neurose zu verstehen[1]. Obwohl dieses Modell alle wichtigen psychoanalytischen Konzepte enthält, die im Mittelpunkt des dynamischen Verständnisses und der Behandlung von Neurosen stehen, ist die wiederkehrende Lebenskrise von Trennung-Individuation die wesentliche Grundlage, auf der die Behandlung beruht. Viele Forscher haben die Tatsache wiederholter Trennungskrisen im Laufe eines Lebens hervorgehoben und den Einfluß frühester Trennungskrisen auf die Art und Weise, in der spätere, ähnliche Trennungskrisen bewältigt werden, beschrieben. In diesem Zusammenhang ragt Mahlers Arbeit heraus. Winnicotts Formulierung der depressiven Position als eines normalen und notwendigen Entwicklungsprozesses während der Entwöhnungsphase ist aufs engste verknüpft mit einer Entwicklung des Zeitsinnes und ist insgesamt ein entscheidender Faktor im Hinblick auf das spätere Auftauchen von Kummer und Trauer oder Depression angesichts eines Verlustes. Während bestimmte wiederkehrende und unverkennbare Arten von Verlust im Laufe eines Lebens von der Geburt bis zum Tode als einigermaßen allgemeingültig beschrieben worden sind (Entwöhnung, ödipale Phase, Pubertät,

[1] Diesen Vorschlag und seine Ausarbeitung verdanke ich Mrs. Paula Bram, einer fortgeschrittenen Studentin in psychiatrischer Ausbildung am Medical College von Pennsylvania (ehemals Woman's College von Pennsylvania). Ich bin ihr sehr dankbar.

Ausbildung oder Arbeit, Heirat, Geburt von Kindern, Menopause, Alter usw.), ist anzunehmen, daß es eine fast unbegrenzte Anzahl von Erfahrungen im Leben gibt, die die Verlusterfahrung und die Angst, die mit der Krise der Trennung-Individuation verbunden ist, immer aufs neue belebt. Verlust von Geld, Macht, Arbeit, Verlust von anderem geschätztem materiellem Besitztum, von Selbstwertgefühl und vielem anderen von vielleicht mehr unterschwelliger Art, ist scheinbar die ziemlich konstante Begleiterscheinung eines Lebenslaufes. Natürlich ist die völlige Bewältigung dieser Grundangst jenseits dessen, was ein Sterblicher je erreichen kann. Alle Menschen bleiben lebenslang anfällig. In dieser zeitlich begrenzten Psychotherapie wird die Bewältigung von Trennungsangst zum Muster für die Bewältigung anderer neurotischer Ängste, wenn auch in einer etwas abgeänderten Form. Mißlingt die Bewältigung dieser Grundangst, dann beeinflußt sie notwendigerweise sowohl den zukünftigen Lebenslauf des betreffenden Menschen als auch die Mittel der Anpassung, derer er sich mehr oder minder erfolgreich bedient. Letztlich bleiben die Konflikte die gleichen für jeden und für alle Patienten, obwohl die Erscheinungsweise der Grundkonflikte entsprechend dem sozialen, ökonomischen und kulturellen Hintergrund des Patienten sich unterschiedlich gestalten mag. Die grundlegenden, allgemeinen Konfliktsituationen sind:

1. Unabhängigkeit gegen Abhängigkeit
2. Aktivität gegen Passivität
3. Angemessenes Selbstwertgefühl gegen vermindertes oder verlorengegangenes Selbstwertgefühl
4. Ungelöste oder verzögerte Trauer

Die Phase der Trennung-Individuation schließt die Reifungs- und Entwicklungsprozesse während der Zeitspanne von etwa drei Monaten bis zum dritten Lebensjahr ein. Während dieser Phase unterscheidet das Kind zwischen einer inneren Vorstellung von sich selbst und der seiner Mutter. Die einigermaßen geglückte Unterscheidung zwischen Selbst und Liebesobjekt geht einher mit einem leidlich gut entwickelten Realitätssinn. Die Phase der Trennung-Individuation bestimmt auf direktem Wege die Ich-Entwicklung. Die Wechselbeziehung zwischen Trennung-Individuation, Entwicklung des Realitätssinnes und der Verlauf der Ich-Entwicklung entscheidet darüber, ob die Anpassungsweisen, die sich als Mittel der Bewältigung von Beziehungen zu anderen herausbilden, angemessen sind oder nicht. Ich habe bereits erwähnt, daß die Trennungsangst sich bis zu einem gewissen Grad bis ins Erwachsenenalter hinein fortsetzt. Das schmerzliche Gefühl der Angst wird unzählige Male an unzähligen Orten wiederholt. Gründe für die Auslösung der Trennungsangst können, müssen aber überhaupt keinen Bezug zu bestimmten Situationen in der Realität haben. Dennoch kann eine Situation die Wiederbelebung einer alten Angst auslösen, in der die gequälten, zwiespältigen Gefühle dem Liebesobjekt gegenüber vorherrschen. Der Echtheitsstempel für die Trennungsangst besteht in der Ambivalenz, die ursprünglich in der Mutter-Kind-Beziehung erfahren wurde. Die Beschaffenheit jener frühen Beziehung drängt sich anderen Situationen auf und verfremdet sie dann, wenn sie die Bedeutung von Trennung für den einzelnen Menschen bekommen. So kommt es, daß unrealistische Elemente rasch viele Situationen vergiften, so daß deplazierte Gefühle, Gedanken und Verhaltensweisen in die Gegenwart gelangen, wo sie tatsächlich längst ihre Bedeutung verloren haben.

Die Bewältigung der Krise um Trennung-Individuation bestimmt unmittelbar, wieweit die Konflikte zwischen Unabhängig–Abhängig und Aktiv–Passiv gemeistert werden. In ähnlicher Weise wird ein angemessenes oder unangemessenes Selbst-Bild davon direkt beeinflußt. Selbstverständlich veranschaulicht die Krise der Trennung-Individuation seine Wirkung am dramatischsten, obgleich nicht notwendigerweise am pathologischsten, in der besonderen Reaktion auf wirklichen Verlust, wie sie bei ungelösten oder verzögerten Trauerreaktionen beobachtet wird.

Aus den vielen komplizierten Entwicklungsprozessen formt sich eine zentrale unbewußte Aussage über das Selbst und bleibt lebenslang für die Person bestehen. Die Aussage ist eine Feststellung darüber, wie sehr ein Mensch andere braucht, um zu existieren. Der befriedigendste Zustand ist, wenn ein Mensch andere braucht und sich an anderen freut und sich gern mit anderen einläßt, aber, wenn er anderer beraubt ist, sie aufgeben und trotzdem andere finden kann. Er erleidet Trauer beim Verlust eines Objektes, und sie hält an – oder auch nicht –, bis er ein anderes Objekt gefunden hat. Der am wenigsten befriedigende Zustand ist, wenn ein Mensch meint, unmöglich ohne die ständige und andauernde Gegenwart einer stützenden anderen Person leben zu können. Sowohl seine Identität als Person als auch die Befriedigung seines Gefühlslebens sind dann völlig abhängig von einem anderen. Offensichtlich spiegelt ein solcher Zustand eine sehr ernstlich gestörte frühe Mutter-Kind-Beziehung, in der die allmächtige Mutter-

Kind-Einheit nie aufgelöst und aufgegeben wurde. Die Anfälligkeit für Trennungsangst ist in solchen Fällen äußerst hoch, und Objektverlust kann und führt tatsächlich auch zu psychotischen Reaktionen bei diesen Menschen. In solchen Fällen kann Psychose als ein verzweifelter, letzter Versuch angesehen werden, das überwältigende Gefühl der Hilflosigkeit und Nichtigkeit zu überwinden, um in etwa ein Gefühl des Lebendigseins aufrechtzuerhalten. Das richtige Erkennen eines solchen Menschen in Aufnahme- oder Beratungsgesprächen führt zu der notwendigen Frage, ob zeitlich begrenzte Psychotherapie hilfreich sein oder ob sie sogar verschlechternd wirken kann.

Jeder der vier grundlegenden, allgemeinen Konflikte spricht eine unterschiedliche Fähigkeit an, wie Verlust zu ertragen und erfolgreich zu bewältigen ist. Sie sind auch so eng miteinander verbunden, daß es nicht überraschen kann, wenn alle vier im Verlaufe der Behandlung klar erkennbar auftauchen. Unweigerlich wird die Beendigungsphase der Behandlung einen der vier ans Licht bringen. Bei jenen Patienten, deren Endphase in der zeitlich begrenzten Psychotherapie gekennzeichnet ist durch das Auftauchen des Konfliktes zwischen Unabhängig–Abhängig oder Aktivität–Passivität, wird die Heftigkeit der erlebten Angst mäßig bis schwer sein. Das hängt davon ab, wieviel Autonomie in der frühen Entwicklungsphase der Trennung-Individuation erreicht worden ist. Bei der Gruppe von Patienten, die an vermindertem oder verlorengegangenem Selbstwertgefühl leiden, findet man meistens, daß die Autonomie durch die Bedeutung verhindert wurde, die ein realer Verlust für den Patienten hatte (wie der Tod eines Elternteiles während der Kindheit oder während der frühen oder mittleren Adoleszenz) oder ein Verlust, der im Inneren des Patienten erlebt wurde, ohne daß es einen realen Verlust oder auch nur einen drohenden Verlust gegeben hätte. In der vierten Gruppe (ungelöste oder verzögerte Trauer) fördert die Endphase der Psychotherapie die Angst zutage, die in Verbindung zu einem realen Verlust steht. Er ist zu gegebener Zeit nicht betrauert worden. Das Versäumnis, über den tatsächlichen Verlust eines Menschen zu gegebener Zeit zu trauern, sagt viel über die Heftigkeit ambivalenter Gefühle für den Verlorenen aus. Es sagt auch viel über das Selbst aus, nämlich daß Verdrängung und Verleugnung massiv eingesetzt werden, um alle schmerzlichen Gefühle und Phantasien aus dem Bewußtsein zu verbannen. Das bewußte Hilfebedürfnis des Patienten kann Monate oder öfter sogar Jahre nach dem Tod des geliebten Menschen durch bewußte Erinnerung an den

Verlorenen oder, was sehr viel wahrscheinlicher ist, durch ein akutes Ereignis im gegenwärtigen Leben des Patienten heraufbeschworen werden. Ein solches Ereignis kann beispielsweise der Verlust des Ehepartners, eines Kindes, Freundes oder eines anderen Angehörigen durch Tod sein. Es kann aber auch die verblüffende Reaktion zum Jahrestag sein, wenn der Patient dasselbe Alter erreicht, das der Angehörige bei seinem Tod hatte. Ebenso häufig wird man in dieser Gruppe den früheren, unbetrauerten Verlust dann ans Licht treten sehen, wenn der Patient in einer aktuellen Konfliktsituation das Gefühl bekommt, vom Verlust bloß bedroht zu sein, statt einen realen Verlust zu erleben.

Eigentlich drücken die vier allgemeinen Konfliktsituationen aus, wie Menschen im allgemeinen Verlust erleben. Die Auswirkungen von Verlust sind vielfältig in der Persönlichkeitsentwicklung, können aber operational begrifflich so gefaßt werden, daß sie aus Gefühlen und Vorstellungen über das Selbst bestehen, die ein befriedigenderes Funktionieren des Selbst untergraben. Es ist, als ob jeder einzelne das Gefühl hat, er hätte eigentlich noch mehr von jenem tragenden Objekt gebraucht, als er es verlor. Wenn er nur in der Lage wäre, in der Zeit zurückzugehen, um mit jenem Objekt die Beziehung neu zu bestimmen, damit er das gewinnen könnte, was er vorher nicht gehabt hat! Bei näherer Überlegung mag man nun klarer verstehen, warum so oft ein nur bescheidenes Ausmaß an Hilfe bereitliegende, aber ungenutzte Reserven rasch auf den Plan rufen kann, um eine weiterhin befriedigende Autonomie zu erreichen.

Die Konflikte zwischen Unabhängigkeit–Abhängigkeit und zwischen Aktivität–Passivität, in vielerlei Hinsicht eng miteinander verknüpft, können auf der Basis dessen auseinandergehalten werden, was den regressiven Sog beim Patienten ausmacht oder was der Patient als regressiv befürchtet und zu vermeiden trachtet. Wie stark und inwiefern also sind die gegenwärtigen Wünsche des Patienten in seiner realen Welt von der beharrlichen Sehnsucht nach den abhängigen oder passiven Genüssen der frühen Kindheit beeinflußt? Und die nächste Frage hieße, wie stark und inwiefern überhaupt lehnt es der Patient ab, Passivität oder Abhängigkeit zu genießen, die im Erwachsenenleben ihren Stellenwert haben? Der Konflikt zwischen Unabhängigkeit–Abhängigkeit dreht sich darum: Fühlt man sich einigermaßen wohl mit sich selber? Kann man sich einigermaßen selbst tragen? Ist man deshalb einigermaßen frei von übertriebenen Ansprüchen an andere, was die eigene Befriedigung angeht? Oder ist man sich unsicher angesichts der eigenen Fähigkeit, sich auch nur einigermaßen selber zu tragen, und muß man daher übermäßige Ansprüche an andere stellen, wenn es um die eigene Befriedigung geht? Der Konflikt zwischen Aktivität–Passivität dreht sich darum: Wieweit wird eine innere Freiheit – oder Mangel daran – empfunden, die eigenen Wünsche oder Ziele oder Bedürfnisse mit angemessener Aggressivität zu verfolgen? Oder zieht man es vor oder sieht man sich genötigt, darauf zu bauen, daß einem andere die Bedürfnisse und Wünsche erfüllen?

Es ist klar, daß die Bedeutungsebenen von Verlust in den Konflikten zwischen Unabhängigkeit–Abhängigkeit und zwischen Aktivität–Passivität alle Ebenen der psychosexuellen Entwicklung durchdringen. Verlust von Liebe und narzißtischer Versorgung, der aus der ursprünglichen Mutter-Kind-Beziehung herrührt, Verlust, wie er sich in Kastrationsphantasien symbolisiert, und Verlust, wie er sich aus der Entfremdung vom Überich mit seinen schroffen und/oder drohenden Forderungen ergibt, wird in den Gedanken, Gefühlen, Phantasien und im Verhalten dieser Patienten manifest werden. In allen vier Grundkonflikten läßt der Verlust eines tragenden Objektes die Angst wieder aufleben, die ihren Ursprung in der Entwicklungsperiode der Trennung-Individuation hatte.

Die heftigste und menschlichste aller Reaktionen ereignet sich angesichts eines Verlustes. Die spezielle Zeitbegrenzung und der Rahmen des Behandlungsbündnisses schaffen in dieser Form der Behandlung einen klar abgegrenzten Anfang, eine deutliche Mitte und ein unausweichliches Ende. Der Anfang stellt dem Patienten den goldenen Schimmer der Einheit mit der Mutter wieder her, den Zustand vor der Trennung, endlose Zeit. Die Mitte bringt die Enttäuschung mit sich, daß eine Beziehung, die einst völlig unambivalent war, nun noch einmal ambivalent wird. Und das Ende führt die unvermeidbare, strenge Realität ein, daß das, was verloren wurde, aufgegeben werden muß. Im Kampf, das Objekt noch einmal aufzugeben, und diesmal ohne selbstzerstörerische Wut oder Haß oder Verzweiflung oder Schuld, erkennt man im Kern beides: sowohl die Mittel der Anpassung, die vom Patienten über Jahre hinweg benutzt wurden, um sich gegen die ambivalenten Gefühle zu schützen, als auch die grundlegende Konfliktsituation.

Es liegt in der Natur zeitlich begrenzter Psychotherapie, daß der einzige Verlust, um den es hier gehen kann und soll, der Objektverlust ist.

Eine Linie zieht sich von einem Punkt der Ewigkeit in entfernter Vergangenheit bis hin zu einem Punkt, der ein Ende in der Gegenwart kennzeichnet. Indem man vermeidet, sich mit anderen Varianten von Verlust zu befassen, die in der Behandlung auch auftreten, hat man, wie man später noch sehen wird, ein Mittel, um einer ausgedehnten Regression vorzubeugen. Jeder der vier Grundkonflikte stellt eine dauernde Anstrengung dar, eine unmögliche Realität am Leben zu erhalten – nämlich die der Unsterblichkeit. Unter den großen Plagen, die die Menschheit bedrängen, muß die Plage der Ambivalenz, die keinen verschont, den ersten Platz erhalten. Ihretwegen klammert sich jeder an eine unmögliche Phantasie, die eine Befriedigung in der Gegenwart einschränkt oder verhindert. Mit ihrer Hilfe schürt jeder die unterschiedlich starken Spannungen zu tragenden Objekten seines Erwachsenenlebens. Der Mutterboden für das Wachstum der Ambivalenz liegt in der Wachstums- und Entwicklungsperiode der Individuation-Trennung. Die Struktur und das Grundprinzip dieser Methode zeitlich begrenzter Therapie richtet sich an den Patienten und veranlaßt ihn, sich seinerseits auf die Wurzel des Übels zu besinnen. Die Behandlung kann den Umfang und die Einflußmöglichkeit des Übels vermindern und lindern, aber ausrotten kann sie es nicht. Wahrscheinlich kann nichts, was dem Menschen zurzeit bekannt ist, das überhaupt leisten.

Es sollte jedoch nicht angenommen werden, alle Patienten wären gleich. Jeder Patient hat seine eigenen, spezifischen Lebenserfahrungen, die sich von denen anderer Menschen unterscheiden. Jeder ist aus ihnen hervorgegangen mit seinen eigenen unbewußten Phantasien und Widerständen, die ihn als einzigartige Persönlichkeit kennzeichnen. In der Behandlung müssen wir uns einstimmen auf die besondere Wellenlänge des Patienten, so daß wir *ihn* so verstehen, wie er ist, und nicht, wie man ihn vielleicht in einer im voraus bestimmten Kategorie eingeordnet hat. Die enge Anlehnung an dieses Verständnis ermöglicht es dem Therapeuten, zusammen mit dem Patienten sowohl die grundlegenden allgemeinen Konflikte anzugehen als auch die Gefühle, die durch sie hervorgerufen werden, und das nach Maßgabe des Patienten selbst – d. h. im Lichte der eigenen, höchst detaillierten Erfahrung des Patienten. Es ist eine Erfahrung, die man mit anderen nur aufgrund eines entsprechenden Erlebnisses im Leben teilen kann. Die Einzelheiten und die Erfahrung dieses Ereignisses eignet sich jeder Mensch auf unterschiedliche Art und Weise an.

4

Die Reihenfolge
dynamischer Geschehnisse

Das bedeutendste dynamische Element im Behandlungsbündnis liegt in der genauen Verordnung der Zeit. Philips und Johnston bemerken, «wichtig ist, daß die Gesprächsreihe einen Anfang, ein Ende und andere erkennbare Züge trägt». Ihr Hauptgewicht bei der Behandlung von Kindern liegt darauf, sicherzustellen, daß «die Behandlungserfahrung selbst eine Struktur hat»[1].

Eine zeitliche Begrenzung ist eines der Elemente in der Struktur. In seiner bewundernswerten Studie über Kurztherapie bezieht sich Malan auf diesen Aspekt der Therapie, die ja schließlich mit dem Adjektiv «kurz» angekündigt ist. «Die Technik, die wir schließlich entwikkelten, um dem Patienten die Grenzen der Behandlung nahezubringen, bestand darin, daß wir ihm zu Beginn etwa folgendes sagten: ‹Ich stelle mir vor, daß wir ein paar Monate lang eine Behandlung mit einer Wochenstunde ansetzen und sehen, wie weit wir kommen. Gegen Ende dieser Zeit ziehen wir eine Bilanz, wie die Dinge dann stehen; wenn es aber so aussieht, daß Sie doch mehr brauchen, müssen wir Sie zu einer längeren Behandlung überweisen. Wenn wir das Gefühl haben, daß wir weit genug gekommen sind, hören wir mit den *regelmäßigen* Behandlungsstunden auf. Das bedeutet aber nicht, daß Sie dann überhaupt nicht mehr kommen sollen – wir können durchaus noch eine gelegentliche Stunde vereinbaren, wenn Sie das Gefühl haben, daß Sie noch Hilfe brauchen.›»[2]

Philips und Johnston haben ihre Patienten auf einen Block von zehn Sitzungen beschränkt, obwohl bei manchen Gelegenheiten eine oder mehrere Sitzungen angehängt wurden, ebenso wie sich in anderen Fällen eine ganz neue Serie oder eine unbegrenzte Behandlung anschloß. Sie sehen die zeitliche Begrenzung nur als eines in einer An-

[1] Philips, E. L., M. S. H. Johnston: Theoretical and Clinical Aspects of Short-Term Parent-Child Psychotherapy. Psychiatry, 17. 1954: 267.
[2] Malan, D. H.: Psychoanalytische Kurztherapie. Bern: Huber und Stuttgart: Klett 1965, 270.

zahl von einschränkenden, strukturierenden Mitteln, und sie richten ihre Aufmerksamkeit nicht auf die Bedeutung von Zeit. Das ist schade, denn Zeit ist womöglich sogar noch bedeutender, wenn man ein Kind-Eltern-Paar behandelt. In diesem Zusammenhang greift Proskauer, erheblich später, die Bedeutung der Zeit selbst für den kindlichen Patienten auf, indem er das Beendigungs-Trennungs-Problem hervorhebt[3]. Malans Behandlungsplan drückt ein großes Maß an leichter Flexibilität aus, aber er leistet zugleich einer größeren Unklarheit in bezug auf die Zeit Vorschub und verzichtet damit auf den Gebrauch der Zeit als einer mächtig motivierenden Kraft in der Behandlung. Oberman nimmt im wesentlichen dieselbe Position wie Malan bei Patienten ein, die als «borderline» diagnostiziert wurden. Das liegt aber mehr in der Natur eines Spezialfalles, der im Kapitel über die Auswahl der Patienten zur Sprache kommen wird[4].

Ich habe es immer so gehalten, daß ich keine Zugeständnisse in bezug auf die zeitliche Begrenzung gemacht habe. Ich habe im Zuge der Behandlung für die Zeit danach in keinerlei Weise eine weitere Behandlung nahegelegt. Dadurch ist es möglich gewesen, die Bedeutung eines Anfanges, einer Mitte und eines Endes zu verstärken und zu klären. Ein Hauptproblem in vielen Fällen von Langzeittherapie und eines, das unglücklicherweise nur allzu oft über die Langzeitigkeit oder Unendlichkeit der Psychotherapie entscheidet, ist eben genau dieses Problem, an ein Ende zu kommen. Nur allzu oft kommt eine Langzeittherapie zu einem allmählichen Stillstand, der nicht bearbeitet wurde. Das geschieht dann, wenn der Patient oder der Therapeut umzieht und die Stadt verläßt, wenn jemand in einen anderen Dienstbereich versetzt wird, wenn die Behandlungsstunden ungünstig liegen oder wenn sich zwischen Patient und Therapeut eine chronisch ausweglose Situation entwickelt hat. Das bezieht sich auf eine unverstandene und ungelöste Übertragung-Gegenübertragungssituation. Dieses Problem ist auch in vielen Kurztherapien verbreitet[5].

[3] Proskauer, S.: Some Technical Issues in Time-Limited Psychotherapy with Children. Journal of the American Academy of Child Psychiatry 8, Nr. 1. 1969.
[4] Oberman, E.: The Use of Time-Limited Relationship Therapy with Borderline Patients. Smith College Studies in Social Work. Februar 1969.
[5] Ich möchte nicht behaupten, daß nur zeitlich begrenzte Psychotherapie einem Patienten helfen kann. Das ist offenbar nicht so. Ich behaupte aber, daß wir mehr Patienten eine länger andauernde, bessere Hilfe anbieten können, wenn wir die Bedeutung und die Wirksamkeit einer klaren Zeitgrenze verstehen. Darüber hinaus fördert

Patienten, die einen Psychiater aufsuchen, sind auf das Schlimmste gefaßt. Die klare Definition des zentralen Problems oder des Fokus wird mit Erleichterung wahrgenommen. Die Verordnung der Zeit kommt dem unbewußten Wunsch entgegen, die Behandlung möge kindliche Phantasien erfüllen, und sie schafft paradoxerweise sowohl einen zwingenden Optimismus als auch ein pessimistisches Gefühl und vorweggenommene Enttäuschung. Die zeitliche Begrenzung ist nicht nur das Rezept, sondern auch das Medikament. Die spezielle Zeitgrenze birgt eine Botschaft für das ewig Kindliche im Unbewußten und für den Realitätssinn und den realen Zeitsinn im Bewußten des Erwachsenen. Daher wird der ungeduldige Optimismus des Kindes im Unbewußten gedämpft durch sein Gegenteil, den Pessimismus des Erwachsenen. Der Widerspruch zwischen beiden stellt kein Problem für den menschlichen Geist dar, in dem Widersprüche ohne weiteres Seite an Seite bestehen können, ohne sich gegenseitig zu beeinträchtigen.

Zugleich harmonieren Grad und Intensität des Verhältnisses zum Therapeuten, ebenfalls begrenzt durch die Zeit, mit den widerstrebenden Wünschen des Patienten nach Nähe und nach Abstand. Das kann im Sinne der widerstrebenden Wünsche verstanden werden, die man bei jedem finden kann, der bei einem anderen Hilfe sucht, ganz besonders, wenn das emotionale und/oder das physische Wohlbefinden auf dem Spiele steht. Die Situation erzeugt prompt den immerwährenden Konflikt zwischen dem Wunsch, abhängig zu sein, versorgt zu werden, von Verantwortung befreit und befriedigt zu sein, und dem Wunsch, das eigene Selbst, Autonomie, Unabhängigkeit und Selbstachtung aufrechtzuerhalten. Die feststehende Zeitgrenze wird zu einem geeigneten Kompromiß und wird auch als solcher erfahren, indem der Patient aufgefordert wird, abhängig zu sein, aber nicht für sehr lange.

Die ganze Wirkung besteht darin, die ursprüngliche Ambivalenz, die bei frühen wichtigen Objekten erlebt wurde, in aller Schärfe zu reproduzieren. Wenn der Therapeut recht hat in seiner Wahl des Behandlungsfokus, dann bewirkt er auch eine Reaktion beim Patienten, die sich nicht nur auf die gegenwärtige Belastung bezieht, sondern auch auf die Belastung, die genetisch von Wichtigkeit ist. Für die meisten

eine klare Zeitgrenze den Prozeß und die Struktur so wirkungsvoll, daß Therapeuten zu jeder Zeit und an jedem Ort die Methode überprüfen können.

Patienten ist eine Krise im allgemeinen eine Verschlimmerung einer lebenslangen Konfliktsituation, die sich anscheinend zu verschiedenen Zeiten auf verschiedene Weise zu entladen sucht. Das Behandlungsbündnis legt ohne weiteres nahe, *daß* für den Patienten in der bereitgestellten Zeit etwas getan werden kann. Die Vorstellung von dem, *was* alles getan werden kann, reicht unzweifelhaft über den Wunsch nach Erleichterung im gegenwärtigen Konfliktzustand hinaus und erweckt wiederum unbewußte Erwartung nach kindlicher Erfüllung. Wenn man das Datum des Endes von Anfang an weiß, erhöht das die Angst vor Verlust ebenso wie die Widerstände gegen Verlust. Der Endtermin wird schnell verdrängt, und das Aufleben der Widerstände gegen eine Trennung und/oder einen Verlust fördert viel vom Wesen des gegenwärtigen zentralen Problems zutage, seine vergangene Geschichte und die Mittel, die angewandt wurden, um es zu bewältigen. Die klare Begrenzung der Zeit, die Auswahl eines Fokus, der vielleicht bewußt ist (unter vielen anderen, die bewußt sind), der aber im Unbewußten des Patienten besonders mächtig wirksam ist, das Vertrauen des Therapeuten, daß etwas erreicht werden wird in einer so kurzen Zeitspanne, und das *Wissen* um das Datum der Beendigung – all das dient dazu, vergangene Objekte, vergangene Phantasien und vergangene Konflikte in der Weise eines Teleskops ineinander zu verschieben bis zu dem Punkt, an dem der Therapeut sehr schnell zu einem äußerst positiven Übertragungsobjekt wird. Die Einzelheiten des Behandlungsbündnisses schließen die verschiedenen dynamischen Kräfte, die das emotionale Leben des Patienten durchströmen, zusammen, so daß ein Behandlungsrahmen geschaffen worden ist, der sich ganz auf die Bedeutung des Jetzt für den Patienten einstellt.
Wenn unter diesen Umständen der Therapeut jeder Anstrengung des Patienten widersteht, ihn von dem vereinbarten Untersuchungsfeld abzubringen, wird der Bereich der Regression und der Übertragung begrenzt bleiben. Der einzige Fokus, das heißt der gegenwärtige Zustand des Patienten, in dem es ihm nicht gelingt, in seiner gegenwärtigen Begegnung mit der Welt ohne Konflikt oder schmerzlich erlebte Ängste zu handeln, und die Beschränkung der Zeit bewirken eine wohlorganisierte, definierte und begrenzte Regression rückwärts durch die existentielle Zeit. Die Regression wird aber auch gleichzeitig gemildert durch den ungeheuren Druck nach vorn auf das reale Ende der Zeit hin. Regression nimmt im Blick auf den amorphen «goldenen Sonnenschein» aus den Anfängen des Patienten zu und

nimmt im Blick auf die Konfrontation mit einem bewußten Ende ab. Vereinigung und Trennung werden zu den Hauptpolen der Behandlung und vermindern damit die Intensität aller anderen phasenspezifischen Konflikte und der Ängste, die daran geknüpft sind. Als Ergebnis dieser dynamischen Geschehnisse wird man in der Regel während der ersten drei oder vier Zusammenkünfte eine schnelle Besserung der Symptome beim Patienten beobachten. Der Anfang der Therapie kann nun vor allem verstanden werden als ein Aufwallen unbewußter magischer Erwartungen, daß lange zurückliegende Enttäuschungen jetzt vergolten werden und daß sich jetzt all das zum Guten wendet, was schon lange hätte gut sein sollen. Der warme, lebenserhaltende goldene Sonnenschein der ewigen Vereinigung wird wiederhergestellt werden – und im Unbewußten ist er bereits wiederhergestellt. Für den Patienten ist es wirklich ein buchstäblich neuer Anfang, wenn er seinen Therapeuten wissen läßt, daß seine Beschwerden sich vermindert haben oder sogar gänzlich verschwunden sind. Im Verständnis zeitlich begrenzter Psychotherapie ist das eine Erklärung für den Prozeß der sogenannten Übertragungsheilung[6].

In dieser raschen Mobilisierung positiver Übertragung kann man die Dynamik der Übertragungsheilung innerhalb der ersten drei oder vier der zwölf Sitzungen beobachten. Im wesentlichen ist die Ambivalenz, die in der Beziehung zu frühen bedeutsamen Personen erlebt wurde, zeitweilig in der Erwartung ungeheurer Erfüllung und Erleichterung aufgehoben. Während dieser positiven Phase erfährt der Therapeut viel über wichtige Aspekte des gegenwärtigen Problems, über Anpassungsmanöver und die genetische Wurzel des Hauptpro-

---

[6] Übertragungsheilungen sollten nicht unterschätzt werden, da wir wissen, daß sie manche Patienten über einen beträchtlichen Zeitraum hinweg stützen können. Psychiater sollten sich jedoch in ihrem Eifer zurückhalten, «die Heilung» oder jeden Patienten «zu heilen» als Ziel zu setzen. Die Definition von Heilung ist nicht nur völlig unmöglich; da alle neurotischen und psychotischen Zustände bei Erwachsenen Manifestationen einer chronischen Disfunktion sind, ist die Frage viel wichtiger: Heißt es nicht zu viel von uns verlangen, wenn wir immer nur weitreichende und tiefgreifende Persönlichkeitsveränderungen als einziges Kriterium unserer Wirksamkeit ansehen? Wie in anderen Bereichen der Medizin haben wir Grund genug, uns mit einer Reihe von fünf Jahre andauernder «Heilung» und sogar mit der Reihe von ein, zwei oder drei Jahre andauernder Besserung zufriedenzugeben, die wir unter Anwendung bestmöglicher Mittel erreichen können. Das ist ein Aspekt in der Arbeit des Therapeuten, wo eine selbst auferlegte Beschränkung der therapeutischen Omnipotenz für Patient und Therapeut von unschätzbarem Wert sein kann.

blems. Inmitten dieses positiven Zustandes wird der Patient dazu neigen, viele anamnestische Angaben und geheime Gefühle und Phantasien preiszugeben. Der Therapeut wird versucht sein, die eine oder andere faszinierende Route, die ihm die Daten weisen, einzuschlagen und zu erforschen. Das ist wohl auch der Punkt, an dem viele Psychotherapien verschiedener Ausrichtung höchst verworren werden und die Behandlungsziele zunehmend verschwimmen. Der Therapeut muß in der Beschränkung seiner Aufmerksamkeit auf das Zentralthema standhaft bleiben und nur die Daten benutzen, die sich auf dieses Thema beziehen. Seine Beharrlichkeit dient nicht nur dazu, Assoziationen ans Licht zu fördern, die sich direkt auf das Zentralthema beziehen, sondern sie schränkt auch zunehmend den Strom der positiven Übertragung ein. Auf diese Weise wird die Tendenz zur Regression ebenfalls begrenzt, denn der Patient wird dazu gebracht, seine Aufmerksamkeit und seinen Affekt auf einen begrenzten Lebensausschnitt zu lenken.

Wenn der Therapeut dabei bleibt, sich ausschließlich um das Hauptproblem zu kümmern, dann beginnt die anfängliche Begeisterung des Patienten zu schwinden. Er möchte über vieles sprechen, er hat viele Probleme zu lösen, und er ist bereit dazu, während er unter dem Einfluß der anfänglichen Phantasien Fortschritte macht. Da der Therapeut es unterläßt, mit ihm mitzugehen, wird der Patient mehr und mehr in Richtung der ursprünglichen ambivalenten Beziehungen gedrängt, die von jeher sein Gefühlsleben bestimmt haben und nur zeitweilig in der anfänglichen, positiven «goldenen Glanzphase» der Behandlung aufgehoben waren. Jetzt zeichnen sich die ersten Enttäuschungen ab. Sie werden im allgemeinen durch eine Wiederkehr der Symptome oder durch Probleme oder durch Pessimismus im Blick auf das Behandlungsziel angezeigt.

Symptome, Charakterzüge und Lebensgewohnheiten, die dazu gedient haben, sich gegen das Bewußtwerden des Konfliktes, der im zentralen Thema enthalten ist, zu verwahren, kommen wieder zum Vorschein oder erfahren eine neue Stärkung «in vivo». Zu diesem Zeitpunkt sind wahrscheinlich sechs oder sieben der zwölf Sitzungen abgehalten worden, und die «Flitterwochen» sind vorbei. Tatsächlich ist die Mitte der Behandlung erreicht. Das Charakteristikum jedes Scheitelpunktes ist es, daß jeder weitere Schritt, wie klein auch immer, bedeutet, daß es kein Zurück mehr gibt. Im Falle der zeitlich begrenzten Psychotherapie muß der Patient zu einer Schlußfolgerung gelangen, der er sich nicht stellen mag. Die Konfrontation, die er vermeiden muß und die er auch aktiv zu vermeiden trachtet, ist genau die, die er früher in seinem Leben erlitten hat, und zwar *Trennung ohne Ablösung von einer bedeutenden, ambivalent erlebten Person.* Zeitsinn und Realität sind Mitverschwörer bei der Wiederholung eines existentiellen Traumas beim Patienten.

Also wird der Widerstand um das siebte oder achte Treffen herum, zusätzlich zu schützenden Symptomen, Charakterzügen und Lebensgewohnheiten in der Form von Zuspätkommen, von Abwesenheit oder von allgemein unterschwelliger, jedoch leicht erkennbarer negativer Übertragung, in Erscheinung treten. Die Endphase zeichnet sich ab und wird das letzte Drittel der zwölf Zusammenkünfte umfassen[7]. Das vorweggenommene pessimistische Gefühl sowie die Enttäuschung, die, wie beschrieben, in der Phase des Behandlungsbündnisses aufgewühlt wurden, bestehen in der Erinnerung des Patienten an ein ähnliches Ende früher in seinem Leben. Das Bedürfnis des Patienten, die Trennung und das Ende abzuwehren und zu verleugnen, stellt sich regelmäßig in der raschen Verdrängung des Endtermins und/oder der Anzahl der ihm noch verbleibenden Sitzungen ein. In den meisten Fällen wird der Scheitelpunkt der Behandlung erreicht, und er geht vorüber, ohne daß wörtlich davon Notiz genommen wird. Statt dessen werden Abwehrreaktionen in Gang gesetzt. Um diese These zu prüfen, habe ich in meinen eigenen Fällen darauf geachtet, ungefähr beim siebten oder achten Treffen ganz vorsichtig oder fast beiläufig zu fragen, wie viele Sitzungen uns noch blieben. Wiederholt ist die Antwort ein hastiges «Ich weiß nicht» gewesen. Wenn ich auf eine weitere Antwort gedrängt habe, dann hat jeder Patient zwei Antworten gegeben – «noch vier oder fünf» zum Beispiel –, von denen eine genau richtig war. Wenn die zwölf Sitzungen durch eine Abwesenheit des Therapeuten unterbrochen waren, dann wird der Patient wahrscheinlich um so mehr in seiner Unsicherheit bestärkt werden. Die letzten drei oder vier der zwölf Sitzungen müssen sich dringend mit der Reaktion des Patienten auf die Beendigung befassen. In dieser

---

[7] Eine Anfangsphase kann man nicht streng begrenzen auf die Sitzungen eins bis vier, auch kann man die Sitzungen fünf bis acht nicht als die mittlere Phase und neun bis zwölf nicht als die Endphase bezeichnen. Es gibt Unterschiede, Schattierungen und wechselseitige Überschneidungen. Da jedoch insgesamt die Zeit, die dem Patienten für Verzögerungstaktiken zur Verfügung steht, so strikt begrenzt ist, gleichen sich die drei Phasen häufig in bemerkenswerter Weise.

Endphase wird die endgültige Ablösungsarbeit geleistet werden, und sie wird notwendigerweise ein Verständnis all der hochkonzentrierten und intensiv erlebten dynamischen Geschehnisse einschließen, die ihr vorangegangen sind. Man wird sich mit Trauer, Kummer, Wut und Schuld mit ihren Begleiterscheinungen in der Phantasie und im Verhalten befassen müssen. Der genetische Ursprung dieser Affekte lebt bei der enttäuschenden Beendigung und der Trennung vom Therapeuten, den er so stark besetzt hat, erneut auf. Der Therapeut muß all diese Gefühle und Phantasien mit dem Patienten gemeinsam untersuchen und auch das Verhalten beobachten, das sich daraus im Lichte des zentralen Problems ableitet, das den Patienten in seinen gegenwärtigen Lebensumständen um Hilfe nachsuchen ließ.

Der Prozeß der Beendigung in dieser zeitlich begrenzten Vorgehensweise ist mit heftigen Affekten geladen. Überwiegend ist er für den Therapeuten ebenso schwierig wie für den Patienten. Die Dynamik eines Anfangs, einer Mitte und eines Endes hat auch beim Therapeuten einen Widerhall. Die Intensität der zeitlich begrenzten Beziehung erweckt beim Therapeuten nicht nur Zweifel, wieweit er dem Patienten überhaupt helfen kann, sondern sie setzt ihn auch seinen eigenen unbewußten Konflikten aus. Das heißt, der Therapeut sieht sich genauso der *Möglichkeit* einer Trennung ohne Ablösung gegenüber – eine Tatsache, von der man mit Sicherheit annehmen kann, daß sie sich in der Vergangenheit eines jeden Therapeuten, ja in der Lebensgeschichte eines jeden Menschen ereignet hat. Unter diesen Umständen wird Widerstand des Therapeuten gegenüber der Beendigung nicht unerwartet sein. Es ist die Unfähigkeit, den Prozeß der Trennung und Beendigung ohne Umschweife und mutig anzugehen, die zumeist für die Unbeendbarkeit vieler Langzeit-Psychotherapien verantwortlich ist. Es kommt ebenso häufig vor, daß sogar in jenen Fällen von Langzeit-Psychotherapie oder Psychoanalyse, in denen das Ende der Behandlung auf Übereinkunft beruht, die schmerzliche Phase der Beendigung-Trennung mangelhaft durchgearbeitet wird und von Vollständigkeit weit entfernt ist. Wahrscheinlich scheitern Therapeuten jeglicher Ausrichtung bis zu einem gewissen Grade an diesem Punkt. Dieser Punkt wird hier nicht deshalb so betont, um anklagend mit dem Finger auf sie zu zeigen, sondern vielmehr, um die Allgemeingültigkeit eines Problems zu unterstreichen, dem Therapeuten ihre unverminderte Aufmerksamkeit widmen müssen. Darüber hinaus liegt es in der Natur dieser zeitlich begrenzten Psychotherapie, die eigene Beunruhigung des Therapeuten angesichts des Problems Beendigung-Trennung noch zu verschärfen und zu akzentuieren. Die Verstecke und Gelegenheiten zur Verschleppung und zur Leugnung sind einfach geringer. Es kann nicht nur bloßer Zufall sein, daß ausdrückliche Bezugnahmen auf Zeit und auf die Bedeutung der Zeit lediglich durch ihre Abwesenheit in der Literatur über alle Formen von Kurztherapie hervortreten.

Widerstand des Therapeuten wird nicht nur daran sichtbar, daß er die Reaktionen des Patienten auf die herannahende Beendigung übergeht, sondern auch daran, wie er dem Widerstand des Patienten begegnet. Eine sehr gängige Erfahrung ist zum Beispiel die, daß der Patient ängstlich darüber Auskunft wünscht, was geschehen wird, wenn die Behandlung abgeschlossen sein wird und er sich dann auf schwankendem Boden wie eh und je fühlt, womöglich noch schlimmer. Der Therapeut kann auf verschiedene Weise antworten: so, daß die Mitteilung für den Patienten mitschwingt, die Beendigung mit der zwölften Stunde sei nicht so ganz ernst zu nehmen. Die Antwort «Wir werden sehen» wird häufig gegeben und teilt dem Patienten deutlich mit, daß seine Unsicherheit geteilt wird und daß eine Verlängerung der Therapie unter Umständen noch zur Debatte steht.

Es ist unbedingt die Pflicht des Therapeuten, sich unmittelbar mit der Reaktion auf die Beendigung mit all ihren schmerzlichen Aspekten und Affekten zu befassen, wenn er dem Patienten zu einem lebendiggefühlshaften Verständnis der zum gegenwärtigen Zeitpunkt unangemessenen Äußerung seines frühen unbewußten Konfliktes verhelfen will. Mehr noch, eine aktive und angemessene Handhabung der Beendigung wird dem Patienten gestatten, den Therapeuten als Ersatz oder Stellvertreter für das frühere ambivalente Objekt zu internalisieren. *Dieses Mal wird die Internalisierung positiver sein (niemals ganz positiv), weniger wutgeladen und weniger schuldbeladen, und sie macht dadurch die Trennung zu einem echten Reifungsmoment.* Zorn, Wut, Schuld und ihre Begleiterscheinungen, Hoffnungslosigkeit und Furcht – mächtige Faktoren, die eine positive Verinnerlichung und eine reife Trennung verhindern – dürfen gerade in dieser Phase zeitlich begrenzter Therapie nicht übergangen werden.

Die Erfahrung zeigt, daß man von der zeitlich begrenzten Psychotherapie nicht erwarten kann, daß sie die genannten Elemente voll zur Entfaltung bringt, wie man es etwa in Langzeit-Therapien oder in einer Psychoanalyse antrifft oder zumindest möglicherweise finden kann. Das kann als logische Konsequenz dessen verstanden werden, daß der Patient in einer Weise behandelt wird, die das Feld der Regression in der Übertragung einschränkt. Weil die Widerstände insgesamt nicht geschwächt sind und weil die Ich-Abwehr wieder instandgesetzt wird, die charakteristischerweise zum Einsatz kommt, um den dargestellten unbewußten Konflikt im Unbewußten zu halten, neigt der offene Ausdruck von Zorn und Wut dazu, sich in Grenzen zu halten. Beides ist jedoch vorhanden. Verspätung oder Fehlen sind schon erwähnt worden. Reizbarkeit, Ärger, Verdrossenheit und Depression sind beobachtbar. Versprecher sind verräterisch, ebenso wie Einzelheiten des Verhaltens außerhalb der Behandlungssituation. Die Träume des Patienten können insbesondere die abgewehrten mächtigen Zorngefühle enthüllen. Veränderungen in der Kleidung und im Gesicht des Patienten können überdeutliche Fingerzeige sein. Die Enttäuschung über den Gang der Dinge kann sich direkt ausdrücken. Der folgende Auszug stellt die ersten paar Minuten aus der zehnten Sitzung mit einem jungen Patienten dar:

P.: Tja, es ist heute recht schön draußen.
A.: Ja. Sie waren zu Hause?
P.: Ja. Ich habe viel geschlafen und viel gegessen.
A.: Es ist schön zu Hause.
P.: Besonders physisch. Mein Bett zu Hause ist viel besser als das in meiner Wohnung, und ich habe wie ein Klotz geschlafen.
A.: Das riecht auch besser, nicht?
P.: Mmmm. Ich habe etwas erlebt auf dem Weg hierher. Ich bin bei der Schule vorbeigefahren – ich hatte einiges in meinem Büro zu erledigen –, und als ich aus meinem Wagen steige, sehe ich diesen Mann die Straße entlang kommen. Du liebe Zeit, ich mußte einen möglichst großen Bogen um ihn machen. Er ist ein bedeutender Arzt und außerdem ein John-Birch-Anhänger*. Er sagte: «Ich hab' Sie lange nicht gesehen.» Und ich sagte: «Das stimmt.» Da sagte er: «Was ist mit Ihnen los gewesen?» Da dachte ich: «Was ist mit dir los gewesen, du Knilch?» – ich habe es nur gedacht und habe mich empfohlen und bin gegangen. Das war ein Kerl, dem ich nun wirklich nicht gern begegnet bin.
A.: Sie beide gehören derselben Kirche an?
P.: Ja. Das ist so einer von den Kerlen. Mannomann, gehen Sie mir bloß weg mit dem. Ich hatte Angst, ich würde etwas sagen, was wirklich geschmacklos wäre. Er ist jemand mit einer feinen Ausbildung, akademische Ausbildung und all solche Sachen, aber er ist völlig auf dem Holzweg, einfach völlig...
A.: Wieso? Was haben Sie gegen ihn?

* John Birch Society, eine rechtsradikale Organisation (Anmerkung des Übersetzers).

P.: Er ist einer der Förderer meines Bruders, und er zieht herum und hält Reden für die Birch-Leute, und ich steh' auf der Gegenseite. Was die John-Birch-Gesellschaft so vertritt – kein Platz für Demokratie. Er treibt die Extreme so auf die Spitze. Jedenfalls, er war auf dem Weg zur Klinik, also wird er wohl Hilfe bekommen.

A.: Was für Hilfe?

P.: Psychiatrische Hilfe.

A.: Sind Sie ein Befürworter von psychiatrischer Hilfe?

P.: Lassen Sie mich eine umfassende Frage stellen.

A.: Sie möchten sich langsam drücken?

Wenn man auch sagen könnte, daß es verständlich ist, wenn ein Patient zu Beginn eines Gespräches ein Ereignis berichtet, das sich unmittelbar vor der Begegnung mit dem Therapeuten ereignet hat, bleibt die Tatsache, daß der Patient – jeder Patient – eine unbegrenzte Anzahl von Eindrücken, Gedanken und Gefühlen aussondert und aus dem Bedürfnis und dem Druck der emotionalen Situation heraus genötigt ist, das auszusprechen und das auszuwählen, was für ihn von dringendem Interesse ist. Er schützt sich in charakteristischer Weise vor einem offenen, direkten Ausdruck seines Gefühls. In diesem Beispiel naht sich das Ende der Behandlung. Der Patient sagt, daß er zu Hause war, wo ihm gewisse grundlegende Befriedigungen, Essen und Unterkunft, zur Verfügung stehen. Dann muß er von seiner Begegnung mit dem gebildeten Arzt und John-Birch-Knilch erzählen, der vor Demokratie keinen Respekt hat. Die Bedeutung im Hinblick auf die Behandlungssituation erfordert keine weitere Erläuterung. Auf gar keinen Fall ist es ein ungewöhnliches Beispiel oder ein Ausnahmefall für die verdeckten, zornigen Gefühle, die sich einstellen, wenn die Beendigung naht.

In jedem Fall kann man reichlich Beweismaterial für die zornigen Gefühle finden, die durch das Ende erneut heraufbeschworen werden. Eine Schlußphase, die abläuft, ohne dem Zorn möglichst viel Beachtung zu schenken (und mehr statt weniger ist ausnahmslos möglich), führt zu einem Ende, das fast bis in die letzte Einzelheit jene Trennung wiederholt, die der Patient schon früher mit einer für ihn bedeutsamen Person erlebt hat. In diesem Zusammenhang mag hilfreich sein, was dem Patienten in manchen Fällen am Schluß des letzten Gespräches gesagt worden ist. Ich habe erklärt, daß er vielleicht manchmal mir gegenüber Zorn empfinden wird oder daß er vielleicht ein allgemeines Zorngefühl erlebt, unabhängig von irgendeiner Person oder einer Vorstellung, und daß auch dieser Zorn sehr wohl zu

Gefühlen mir gegenüber gehören kann. Ich präge ihm ein, daß er nicht überrascht oder schuldbewußt zu sein braucht, falls das geschehen sollte, und daß er in der Lage sein wird, für sich weiter darüber nachzudenken, was es im Lichte unserer Gespräche bedeutet.

Eine Zusammenfassung der zwölf Zusammenkünfte mit einem Patienten soll die verschiedenen, soeben beschriebenen und diskutierten Gesichtspunkte hervorheben.

Der Patient, ein Student in den Zwanzigern und in höherem Semester, hatte eine angenehme und gewinnende Erscheinung. Als Klage brachte er seinen Konflikt vor, das elterliche Haus zu verlassen und in eine eigene Wohnung zu ziehen. Die Sache hatte ihn so in Anspruch genommen, daß es zu wachsender Depression und Angst geführt hatte und von Konzentrationsschwierigkeiten bei seiner Arbeit begleitet war. Der Prozeß der Trennung von seiner fundamentalistischen, protestantischen Familie hatte begonnen, als er junger Student war und anfing, die religiösen Überzeugungen seiner Familie in Frage zu stellen, und er sich selbst den Luxus eines gelegentlichen Bieres als aktive Manifestation seines Aufstandes gegönnt hatte. Er beschrieb seinen Vater als schwaches, untaugliches Familienmitglied, das von der stark religiösen Mutter und von einem älteren Bruder beherrscht wurde, der ebenfalls zu Hause lebte und mit der religiösen Arbeit beruflich direkt verbunden war. Eine Aufnahmediagnose stellte eine zwanghafte Persönlichkeit und eine einfache Fehlanpassung an die Erfordernisse des Erwachsenenlebens fest, und es wurde zeitlich begrenzte Psychotherapie empfohlen.

Im ersten therapeutischen Gespräch wurden die Klagen des Patienten und sein Hintergrund erfragt. In diesem Moment wurde die bewußte Klage des Patienten als das Zentralthema der zwölf Behandlungsstunden angenommen. Ihm wurde gesagt, daß sein Hauptproblem der Konflikt sei, seine Familie zu verlassen, und daß wir daran arbeiten würden; daß er zwölf Wochen lang einmal wöchentlich einen Termin habe (45 Minuten für jede Sitzung); daß die Behandlung in einer Woche unterbrochen werden würde, weil ich nicht da sein könnte und daß seine Behandlung am 18. Dezember enden würde. Er wurde um Zustimmung zu diesem Vorschlag gebeten, und er gab bereitwillig sein Einverständnis. In der verbleibenden Zeit des ersten der zwölf Gespräche wurde seine Ambivalenz seiner Mutter gegenüber überdeutlich, seine Enttäuschung mit seinem bedeutungslosen Vater und seine noch stärkere Ambivalenz seinem Bruder gegenüber. Am Ende des Gespräches bemerkte er, daß er plane, im Laufe der kommenden Woche aus dem Haus auszuziehen.

Die genaue Aufnahmediagnose einer einfachen Fehlanpassung an die Erfordernisse des Erwachsenenlebens machte die Auswahl eines anderen zentralen Themas unnötig, denn seine geschilderte Klage betraf in der Tat den Auslöser seines gegenwärtigen Elends. Die zusätzliche Diagnose einer zwanghaften Persönlichkeit machte mir jedoch sogleich klar, daß der Konflikt, sein Zuhause zu verlassen, eng verknüpft war mit den verschiedenen Spielarten von Starrheit und Angst, die dieser Form von Neurose eigen sind. Darüber hinaus stellte der familiäre Hintergrund praktisch selbst die Diagnose. Der springende Punkt ist, daß wirksamer Gebrauch der zeitlich begrenzten Therapie eher dazu dienen würde, dem Patienten die Sicht seines Problems genauer zu klären und zu umreißen, als lediglich die simple Tatsache zu beleuchten, daß er Hilfe brauchte, um seine Familie zu verlassen. Es ist wahrscheinlich, daß eine Reihe von unterstützenden Maßnahmen diesen Ausgang sichergestellt hätten, ohne den Patienten einer tieferen Erforschung seiner selbst zu unterwerfen. Wir wollen jedoch sehen, was geschah.

Der größte Teil der zweiten Sitzung war der Erörterung seines Erlebnisses einer politischen Kundgebung gewidmet. Seine Gedanken zu diesem Thema bewegten sich zunächst in einer neutralen Haltung der Kundgebung gegenüber, führten ihn immer weiter, und dann kam er schließlich zu ganz persönlichen Anschauungen über «Fanatiker». Mit diesem Fortschreiten wuchs seine Angst. Er konnte politische und religiöse Fanatiker verstehen, aber sie konnten ihn nicht verstehen. Er ging dazu über, von seinen Eltern zu sprechen, den Schwierigkeiten einer allmählichen und unwiderruflichen Trennung von ihnen und von seinem Bruder, ihrem Fürsprecher. Es stellte sich heraus, daß er noch nicht umgezogen war, weil die Wohnung noch nicht fertig war. Er gestand sein Unbehagen wegen des Umzugs ein, wegen der neuen Mitbewohner, die er um deren Freundinnen beneidete. Die Behandlungsstruktur hatte bereits Themen ins Blickfeld gerückt, die wichtiger waren als das unmittelbare Thema des Weggehens von zu Hause. Religiöse und politische Starrheit waren ein Feld polarisierter Konflikte bei ihm selbst; das andere ist bereits in seinem Neid auf seine weitaus leichtlebigeren Mitbewohner angedeutet.

Bei der dritten Zusammenkunft hatte der Patient eine Erkältung, die er sich beim Umzug in die Wohnung zugezogen hatte; er war deutlich niedergedrückt. Er machte sich Gedanken darüber, ob er wegen seines Weggehens von zu Hause untreu sei. Er war beunruhigt über das Verhalten seiner Mitbewohner und ihrer Besucherinnen. Er meinte, daß es vielleicht besser sei, wenn er nach Hause zurückkehren würde. Ich unterstützte ihn in seinem Zug zur Unabhängigkeit, indem ich mit ihm das Thema der Selbstachtung erörterte, die auf dem Spiel stünde, wenn er seinen Umzug nicht meistern würde. Wir sprachen über seinen Schmerz, erwachsen zu werden und sich mit der Familie auseinanderzuleben im Kontrast zu seiner Sehnsucht nach den sicheren und bequemen äußeren Annehmlichkeiten des elterlichen Heims. An diesem Punkt stand nicht mehr das Abwägen des Für und Wider eines Fortgehens von zu Hause zur Debatte; er hatte bereits die Initiative ergriffen und litt nun an Schuld- und Verlustgefühlen, die eine solche Handlung begleiten, was für einen Menschen mit dieser Persönlichkeitsstruktur nur natürlich ist. Deshalb war eine unmittelbar unterstützende Haltung angezeigt.

In der vierten Sitzung wurde sein Versuch durchkreuzt, eine weitere Besprechung des gegenwärtigen Problems und zentralen Themas zu umgehen. Er brachte nämlich das Problem seines Stotterns zur Sprache (das mehr als einmal zur Sprache gebracht wurde, obwohl es ganz offenkundig nie ein Symptom von Bedeutung war). Er wurde aber ermuntert, mit der vorangegangenen Diskussion fortzufahren. Er sprach dann von seinen Einschlafschwierigkeiten und wie er sich selber half, indem er warme Milch trank. Er hatte Schwierigkeiten mit einem seiner Mitbewohner und suchte offenbar Mitleid. Statt dessen wurde ihm gesagt, daß das Anpassungsproblem an eine neue Umgebung und an die Leute darin ein Teil des Lebens sei, so wie es nun einmal ist, und er wurde dazu ermuntert, sich ihm zu stellen.

In diesem Gespräch zeigen sich die Abhängigkeitsbedürfnisse des Patienten. Sie werden in seiner Gewohnheit, warme Milch zu trinken und Mitleid zu suchen, sehr anschaulich. Sie spiegeln sich vor allem in seinem Bestreben, nicht nur vom zentralen Thema wegzukommen, sondern überhaupt ein ganz anderes Problem aufzuwerfen. Stottern ist ein wichtiges Symptom und oftmals einer tiefgehenden und weitreichenden Untersuchung wert. Wenn wir jedoch erkennen, daß die Einführung des Problems an dieser Stelle einfach ein weiterer Ausdruck seines Abhängigkeitskonfliktes ist (Stottern als Derivat eines oralen Konfliktes), dann wissen wir, daß wir auf der richtigen Spur bleiben, wenn wir darauf bestehen, daß wir von dem vereinbarten

Zentralthema nicht abweichen werden. Anstatt orale Ersatzbefriedigungen über Mitleid und Rückversicherung zu erhalten, wird er in die Richtung seiner Erwachsenenwünsche gelenkt. Ihm wird im wesentlichen gesagt, daß man es mit solchen Schwierigkeiten einfach aufzunehmen habe. Der Therapeut vermittelt zugleich eine Haltung des Zutrauens in den Patienten durch die selbstverständliche Art, in der er eine realistische Lebenswahrheit mitteilt.

Offene Übertragung tritt im fünften Gespräch auf. Er eröffnet es, indem er einen Ring bewundert, den ich trage, und dann beschreibt er das gute Verhältnis, das er zu einem Juden hatte. Zu dem hatte er einmal gesagt: «Mann, du bist wirklich ein Mann.» (Der Patient hatte zu Recht angenommen, daß ich Jude bin und mein Name ist natürlich Mann.) Beim Mannsein erhob sich die Frage nach seinem Trinken und dem Genuß der vergnüglichen Aspekte des Universitätslebens. Typisch war, wie seine mechanische, psychisch determinierte Art des Denkens zutage trat und wie seine Gedanken fast als Handlungen erlebt wurden. Wir erörterten die Möglichkeit einer gemäßigten Mittellage und daß extreme Gefühle oft das Vorhandensein entgegengesetzter Wünsche anzeigen. Er beschrieb dann einen Pfarrer, der alle Einzelheiten eines pornographischen Buches kannte, das er angriff.

Offenbar war die Antwort des Therapeuten auf die oralen Abhängigkeitswünsche des Patienten im vierten Gespräch richtig. Der Patient reagierte schnell, indem er zeigte, daß er eine positive Übertragungsfigur gefunden hatte, ein neues Vater-Bruder-Bild oder vielleicht die günstigere Seite seiner ständigen Ambivalenz im Hinblick auf beide, Vater und Bruder.

Beim Gespräch in der Mitte der Behandlung, dem sechsten, erzählte er, wie er sich zunehmend gegen seinen Bruder behaupten könne. Er meint, daß sein Bruder ein Heuchler sei, weil er nicht in die Tat umsetzt, was er bei fundamentalistischen Freunden predigt. Auf die Freiheiten, die er sich in Gedanken und Gefühlen dem Bruder gegenüber herausgenommen hatte, folgte Angst. Sie war im Laufe der Woche zwischen den Gesprächen so stark geworden, daß er erwogen hatte, mich anzurufen. Es besteht geringer Zweifel daran, daß er angerufen hätte, hätte ich eine weniger feste, mehr mütterliche und weniger zuversichtliche Haltung in bezug auf die Konflikte und Wünsche des Patienten eingenommen.

Beim siebten Treffen überlegte er, ob der Begriff der Sklavengesinnung auf ihn zutreffe. Gott bedeutete viel Gutes, aber er war nicht willens, einen Gott zu akzeptieren, der Gehorsam forderte. Das führte zu einer Konfrontation mit den Gefühlen seinem Bruder gegenüber, den er als bösen, rachsüchtigen, zerstörerischen Gott empfand. Er bekannte sich zu seinem lang gehegten Gefühl, daß sein Bruder Gott sei. Wir waren in der Lage, die Erfahrungen und gemischten Gefühle des Patienten seinem Bruder gegenüber zu klären. Sie kreisten einerseits um den Bruder als den vorgezogenen Sohn, während er selber ein dikker, nicht allzu begabter Schüler war, und andererseits um die Rolle des Bruders als sein Beschützer und Held. Das führte zur Klärung der Rolle seines Bruders, der ihm eher Vater war als sein wirklicher Vater. Er erinnerte sich, wie seine Mutter und sein Bruder sich gegenseitig Gedichte vorlasen und den Vater zur Seite stießen, weil «er eben nicht mithalten konnte».

Da nun die Mitte der Behandlung überschritten war, wurde deutlich, daß die Ambivalenz, die dem Bruder gegenüber zum Ausdruck kam, sich direkt und genauso auf den Therapeuten bezog. Der Zustand einer verhältnismäßig rein positiven Übertragung war in diesem Falle sehr kurzlebig. Das kann im Lichte der Phantasie verstanden werden, der man sich völlig verschreibt und von der man lebt, der Phantasie vom Bruder-Therapeuten als einem Gott, der mit aller Macht großer Liebe und großen Hasses, überwältigend Gutem und überwältigend Bösem ausgestattet ist. Die Haltung, die der Therapeut im Hinblick auf das zentrale Thema und seine Entstehung einnahm, sowie seine Weigerung, das Kindliche im Patienten zu unterstützen, ließen erwarten, daß der Patient auf ihn reagieren würde, als wäre auch er Gott. Als die Behandlung sich dem Ende zuneigte, drängten sich Übertragungsphantasien nach vorn. In der achten Sitzung sprach er davon, daß er erwarte, es werde ihm in der Behandlung etwas Großes geschehen. Dem stand die beginnende Wahrnehmung entgegen, daß in Wirklichkeit nichts Großes geschehen würde. Das eröffnete die angrenzenden Bereiche von Angemessenheit gegen Unangemessenheit; seine Strebungen gegen seine inneren Erwartungen; seine kindlichen Bedürfnisse, etwas zu bekommen, gegen seine Angst, etwas zu bedürfen. All das schuf Überdruß in seinen Beziehungen zu anderen. Wiederum traten Extreme auf. So sann er darauf, ein weltberühmter Professor zu werden, während er gleichzeitig Zweifel hatte, ob er überhaupt zu irgend etwas fähig sei. Ich erinnerte ihn daran, daß wir eine Woche überspringen würden, und er fügte schnell hinzu, daß er für die Woche sowieso etwas anderes vorhabe.

In der nächsten Sitzung, der neunten, war er niedergedrückt und litt unter wiedergekehrten Magen-Darm-Beschwerden. Er hatte seinen Mitbewohnern erzählt, daß er in Behandlung sei. Einer von ihnen bemerkte, daß zwölf Wochen ihm schrecklich kurz erschienen und was geschehen solle, wenn «du über dich nichts weißt nach zwölf Wochen»? Er gestand, daß er immer noch auf den großen Durchbruch warte. Er fühlte sich schon etwas verlassen und dachte darüber nach, mit wem er nach dem Ende der Behandlung sprechen könnte. Ich erwiderte, daß er es vielleicht nicht nötig hätte, mit jemandem in gleicher Weise zu sprechen, und er sagte, daß er auf Teufel-komm-raus versuche, auf eigenen Füßen zu stehen, daß er es aber sehr schwer finde. Ich bemerkte, daß er in der Behandlung sehr hart gearbeitet habe und daß er zweifellos große Erwartungen gehegt habe, die nun verblaßten, wo das Ende herannahe. Ich ermutigte ihn, sein Gefühl betreffs Aufgeben der Behandlung noch zu prüfen.

Er kam beim zehnten Treffen gleich zum Thema und gestand seine Angst, die er vor der Beendigung hatte. Er sprach in einer etwas abfälligen Weise über Ärzte, die psychiatrische Hilfe brauchen, aber er verleugnete jedes Gefühl von Zorn. Er machte eine Bemerkung darüber, daß er nicht das «Werkzeug» besitze, um mit dem Leben fertig zu werden, und als ich ihm versicherte, daß er doch das Werkzeug habe, fragte er sich, ob sein «Schlüssel» eine «Büchse der Pandora» öffnen könnte. Das Thema der Strebungen wurde in abgeleiteten und ethischen Begriffen mit einer Erörterung der Moralität einer Selbstbehauptung in der Gesellschaft fortgesetzt. Es wurde darüber in Begriffen der aktiven und passiven Strebungen gesprochen.

Die Assoziationen des Patienten markieren deutlich seinen Fortschritt von den kindlichen Wünschen nach passiver Befriedigung hin zu seiner Sorge um seine Rolle als Mann in einer heterosexuellen Welt. In denselben Assoziationen läßt er Ambivalenz in seiner Beziehung zu Frauen erkennen mit seiner Sorge, daß sein «Werkzeug» unbekannte Gefahren auslösen könnte, wenn es in eine Frau eindringen würde. Dieses Verständnis seiner unbewußten Konflikte wird auf der Ebene seiner Einstellungen im Hinblick auf seinen ethischen und moralischen Bezugsrahmen gehandhabt.

Beim elften Treffen machte er den Anfang mit der Frage, ob es mir gut gegangen sei, eine Frage, die sich völlig aus seiner eigenen Voreingenommenheit ergab, denn es gab nichts in der Anordnung oder bei mir, das solch eine Frage gerechtfertigt hätte. Er fügte hinzu, daß er nicht gut geschlafen habe und fuhr dann fort, über einen bestimmten Abendmahlsgottesdienst zu berichten, den er zum erstenmal besucht und sehr genossen hatte. Im Gegensatz zu dem Gottesdienst, den er gewöhnlich besuchte, wo die Oblate in den Wein getunkt wird, hatte bei diesem Gottesdienst jeder von dem allgemeinen Kelch getrunken. Er hatte in dieser besonderen Form des Abendmahles mehr Anregung und innere Stärkung gefunden. Die Frage nach meinem Wohlbefinden wurde direkt angesprochen, und es tauchte eine offene Ambivalenz in bezug auf den Besuch bei mir auf. Er wußte, daß er sehr bald die Behandlung würde verlassen müssen, aber er leugnete jetzt jegliches Gefühl des Verlassenseins. Zum erstenmal gab er mir nicht die Hand beim Abschied.

Das zufällige Zusammentreffen, wenn es zufällig war, von einer Teilnahme an einer anderen Form des Abendmahlsgottesdienstes und dem herannahenden Behandlungsende ist bemerkenswert. Angesichts der Trennung sucht und findet er eine symbolische Vereinigung von weitreichender Bedeutung und Unterstützung in Form eines Gottesdienstes, in dem alle sich zusammenschließen und alle teilhaben an dem einen Kelch. Er hatte die Gewohnheit des Handgebens selber eingeführt. Wenn er jetzt mit dieser Gewohnheit bricht, ist das ein gutes Beispiel für mögliche Verhaltensänderungen, die eine Reaktion auf die Beendigung signalisieren.

Zum zwölften und letzten Treffen kam er zu spät. Er sagte, daß er im Verkehr aufgehalten worden sei und daß «dieses Haus so unzugänglich» sei. Er erzählte von der Frau eines Freundes, die gerade ein Stück schrieb, in dem er, der Patient, die Hauptrolle spielte. Das Stück handelte von Marionetten und ihrer Beziehung zu dem Großen Manipulator. (Er hatte Schwierigkeiten, die Anfangssilbe des Wortes «Manipulator» auszusprechen.) Er spielte die Rolle einer Marionette, die davonkommt. Er sprach dann von seinem Respekt mir gegenüber, den er für seinen Vater nie empfunden hatte. «Sie machen es einem leicht. Sie haben sich selbst nicht eingebracht. Ich weiß noch nicht einmal etwas über Sie.» Er sagte weiter, daß er in vielerlei Hinsicht wahrnehmungsfähiger geworden sei und daß er sich schmerzlich dessen bewußt sei, daß er nicht mehr Antworten habe als zu dem Zeitpunkt, als er die Behandlung begonnen hatte. Es ist ihm bewußt geworden, daß er in einer Art und Weise wird fortfahren müssen, die das Nächstliegende anpackt, obwohl das schwieriger ist. Er sprach von einem Buch, das er gelesen hatte und das sich mit der Philosophie eines Lebens in Verlassenheit befaßt. Er ermahnt sich selbst, keine Angst vor dem Leben zu haben, hat sie aber dennoch. Ich mache ihn wieder aufmerksam auf seine Art, das Leben in Extremen zu sehen – überhaupt keine Furcht oder Entsetzen. Er erzählte von sich aus, daß er in der vergangenen Woche versucht habe, Zigarren zu rauchen. (Ich rauche Zigarren und rauche meistens eine in der Stunde mit ihm.) Er machte eine Bemerkung über die Ähnlichkeit zwischen dem Behandlungsende und dem Semesterbeginn. Bei der Semestereröffnung hält ein «muffiger alter Mann» eine Rede. Er sprach wieder von Manipulation, und wieder stolperte er über die erste Silbe. Diesmal konnte er die Verbindung zu meinem Namen ziehen und fügte hinzu, daß er beim Auszug aus der Welt seiner Eltern die «Fäden» von ihnen an mich weitergegeben habe. Nun muß er jemanden anderes finden. Er erzählte, daß in dem Stück die Marionette sich losreißt und stirbt, da sie nicht fähig ist, selbständig zu existieren. Er gab zu, daß der schwache Punkt in dem Stück darin lag, daß es sich in Extremen bewegte. Ich stimmte ihm zu, daß der Mensch nicht für sich selbst leben kann, daß er dennoch unabhängig sein kann in dem, was ihm wichtig ist. Der Patient meinte, daß eine Bemerkung wie «Gute Arbeit, alter Junge» für diese Gelegenheit eigentlich angebracht sei. Ich fragte mich laut, ob solch eine Bemerkung auch anzeige, daß das Schiff am Sinken sei. Er sagte, daß er vor zwei Wochen aufgefordert worden sei, sein Gefühl des Verlassenseins zu bedenken, und daß er solch ein Gefühl tatsächlich habe. Dennoch versicherte er mir, daß er genauso auch eine vernünftige Haltung mir gegenüber habe. Am Ende der Sitzung sagte ich ihm, daß er nicht gezwungen sei, die Situation angenehm zu finden, und daß er nicht übermäßig besorgt zu sein brauche über das Irrationale, das er in sich selber gespürt habe, und daß es, in Ergänzung zu einem vernünftigen Ansatz, wichtig sei, auch mit dem Unvernünftigen in sich auf gutem Fuße zu stehen.

Die vermischte Übertragung wird hier klar ausgedrückt. Ich wurde schnell sowohl zum Repräsentanten eines unfähigen Vaters («ein muffiger alter Mann») und des früheren, idealisierten starken Vaters, dessen Platz sein älterer Bruder eingenommen hat. Zerrissen von seiner Identifikation mit diesen beiden sehr verschiedenen Männern, wird er zum Opfer seiner Ambivalenz in all seinen Lebensbezügen.

Seine Ambivalenz in der Übertragung wird sehr schnell durch die Behandlungsbedingungen verstärkt. Zur gleichen Zeit wird die Regression durch das hartnäckige Festhalten am vereinbarten Behandlungsfokus genau auf die Liebe und die Furcht vor dem Vater-Bruder beschränkt, auf den Wunsch und die Furcht, wie er zu sein, auf den Wunsch, das Instrument der Männlichkeit zu erhalten, und die Furcht, ein zerstörerischer Mann zu sein. Soweit das festgestellt werden konnte, kämpfte er mit genau denselben Sorgen und Problemen außerhalb der Behandlungssituation, ohne in schädlicher Weise mit ihnen umzugehen. Im Laufe der Behandlung reagierte er intellektuell, emotional und körperlich. Meine Bemühungen richteten sich darauf, ihm zu einer Synthese von Einsicht, Emotion und Vernunft zu verhelfen, um ihn unabhängig zu machen. Während des Behandlungsverlaufes ließ er erkennen, daß er auch Anteile seines Therapeuten verinnerlicht hatte, die sowohl konstruktive Bilder wichtiger Personen der Vergangenheit verkörperten, als auch die weniger wünschenswerten Bilder dieser frühen Personen ersetzten. Das wurde durch Verminderung der intensiven Ambivalenz, die von der Vergangenheit noch herüberreichte, ermöglicht. Daher konnte die Trennung mit einer einigermaßen gelungenen Auflösung der Ambivalenz stattfinden. Beides ist untrennbar – d. h., das Durcharbeiten der Reaktionen auf die Trennung muß zu einer Verminderung der Ambivalenz führen und zu einer erhöhten Fähigkeit, ein Objekt, das als gut erfahren wird, zu verinnerlichen.

Dieser Patient wurde zu Nachfolgegesprächen drei und sechs Monate nach dem Behandlungsende bestellt. Drei Monate später war er gelassen und guter Dinge. Er war frei von Magenbeschwerden und hatte tatsächlich neun Pfund zugenommen. Er hatte eine Anstellung bekommen als Lektor an einem örtlichen College und plante eine Auslandsreise für den Sommer. Darüber hinaus waren seine Pläne für sich selbst unklar. Er bemühte sich deutlich um weitere Behandlung und fragte, ob es möglich sei, daß sein Stottern (immer noch kaum bemerkbar) sich sekundär aus Hirnschädigungen entwickelt haben könnte. Ihm wurde gesagt, daß Sprachtherapie sein Männlichkeitsgefühl weder verstärken noch abschwächen könne. Er deutete dann an, daß er bei Frauen langsam mehr Sicherheit gewinne.

Sechs Monate nach der Beendigung war der Patient bedrückt. Das Studienjahr war vorüber, und seine Zukunft blieb nach wie vor ungewiß. Voller Vorwurf sagte er, daß er noch lange nicht genügend Hilfe bekommen habe. Er wollte wieder zu Hause wohnen, sobald die Schule wieder anfangen würde. Offensichtlich war das ein erneuter und direkter Versuch, die Wiederaufnahme der Behandlung zu erzwingen. Einige der sachbezogenen Angaben, die im Laufe der zwölf Sitzungen zusammengetragen worden waren, wurden kurz mit ihm noch einmal gesichtet. Sein Hilferuf wurde zwar anerkannt, er mußte aber doch eingestehen, daß seine Bitte um Hilfe wenig mit seiner gegenwärtigen Lebenssituation zu tun hatte, in der er als erwachsener Mensch seinen eigenen Weg gehen und seine eigenen Entscheidungen durchaus treffen konnte.

Eineinhalb Jahre nach dem Abschluß der zwölf Interviews antwortete der Patient auf eine schriftliche Anfrage über seinen gegenwärtigen Zustand. Er schrieb einen langen, durchdachten Brief. Er entschuldigte sich für die verzögerte Antwort auf meinen Brief und erklärte, daß er einen vollen Lehrauftrag an einem örtlichen College gehabt habe, daß er eine Anzahl Graduiertenseminare belegt und sich auf seine mündliche Doktorprüfung vorbereitet habe. Er schrieb «Ich bin sicher, Sie erinnern sich an das hektische, aber notwendige Chaos der letzten paar Monate Ihres Graduiertenstudiums, und ich weiß, daß Sie den Grund, warum ich verspätet an Sie schreibe, verstehen werden.» Dieses Bruchstück läßt die anhaltende Internalisierung und die Identifikation mit dem «Mann» in mir erkennen. Er erinnerte sich daran, daß er die Beendigung mit dem (Semester-)Beginn verglichen hatte, und fragte sich, was er eigentlich begonnen hatte. Er hatte seine mündlichen Prüfungen für seine Doktorprüfung begonnen, hat die Frau getroffen und gewonnen, die er bald heiraten würde und hatte fortlaufend vieles von dem, was in den Behandlungssitzungen erörtert worden war, gesichtet und überdacht. «Ein großer Teil meiner Behinderung in der Vergangenheit ist, daß ich immer gelehrt wurde, letztgültige Lösungen seien durch den Glauben zu erreichen – Versagen bedeutete nicht Gottes Schuld, sondern Mangel an Glauben – der Prozeß wird wiederholt und in zunehmendem Maße durch das Gefühl der persönlichen Wertlosigkeit begleitet.» Er schließt mit der Feststellung, daß er das Gefühl hat, er habe innerlich Türen geöffnet, so daß er in größerer Flexibilität statt im Geiste seiner fundamentalistischen Herkunft leben kann.

Einige Bemerkungen über das Verfahren der Nachfolgegespräche sind angebracht. Gemäß dem Grundprinzip des Behandlungsplanes wird das Vorhaben, den Patienten zu irgendeiner Zeit während der zwölf Sitzungen darüber zu unterrichten, daß wir ihn zu einem künftigen Zeitpunkt, bestimmt oder unbestimmt, sehen möchten, die Arbeit der Beendigungsphase völlig zunichte machen. Er wird dann das Gefühl haben, daß das Ende nicht wirklich das Ende ist, sondern lediglich eine Unterbrechung. Unbewußte Phantasien über Wiedervereinigung und Erfüllung werden noch einmal überhand nehmen. Dementsprechend bleibt nur eine Methode für die Nachfolgeuntersuchung übrig, nämlich, den Patienten für die zwölf Sitzungen vollkommen in der Überzeugung zu belassen, daß das tatsächlich das Ende ist. Drei Monate, sechs Monate oder ein Jahr danach habe ich den Patienten einfach telefonisch oder brieflich benachrichtigen und ihm eine Einladung mit einem Termin schicken lassen, er möge kommen und mit mir darüber sprechen, wie die Dinge gelaufen seien. Der Kontakt wird von jemand anderem als mir aufgenommen, damit die Wahrscheinlichkeit einer willfährigen Antwort geringer ist. Es wird nicht der Anspruch erhoben, dies sei eine ideale Form der Nachfolgeuntersuchung bei Patienten. Sie verhindert aber in der Tat, daß die Wirkung der zwölf Sitzungen verdorben wird, und bleibt so ein wichtiges Kontrollelement.

Aufs Ganze gesehen, kann man daher die ersten Interviews als einen Zeitraum betrachten, in dem sich eine deutlich erkennbare und machtvoll erlebte Objektbeziehung entwickelt. In der mittleren Phase wird der Ambivalenz gestattet, wieder aufzutauchen. Das verleiht dann dem Streben nach der früheren, engeren, primitiveren Verschmelzung Nachdruck, bringt aber auch den Prozeß einer Trennung-Individuation mit größerer Autonomie voran. In der Beendigungsphase wird verlangt, die Trennung zu meistern. Mit ihrer Bewältigung geht ein umfassenderes Gefühl der Autonomie und ein gleichzeitiger Zuwachs an Selbstwertgefühl einher. Die folgerichtige Steigerung des Ich, nun auch noch verstärkt durch die nützliche Internalisierung des Therapeuten, dient dazu, die Angst immer mehr zu verringern. Man kann sagen, daß sich die Wirkung wellenartig fortsetzt, indem andere selbstzerstörerische Vorstellungen und Widerstände, die sich allzu stark behindernd auf jede erfolgreiche Leistung auswirken, in ihrer Intensität geschwächt werden. Die genaue Zeitgrenze und das zentrale Thema werden zum Vehikel, durch das sich die entscheidende Reihenfolge dynamischer Geschehen entwickelt und einer Lösung zugänglich wird.

Ein Vergleich zeigt, daß Alexanders «korrektive emotionale Erfahrung» völlig unzureichend ist. Das Herzstück seiner Methode liegt in dem bewußt eingegangenen Rollenspiel vom Therapeuten, um dem Patienten eine neue Erfahrung und ein neues Modell der Identifikation zu verschaffen. Der Erfolg hängt ganz vom Scharfsinn des Therapeuten ab, die passende Rolle zu erfassen, und auch von seiner Begabung, in etwa wie ein Schauspieler zu agieren, um eine Rolle zu vermitteln, die vielleicht seiner wahren Natur sehr widerstrebt. Genauer gesagt, es gab keinen Versuch, eine sorgfältig durchdachte Struktur aufzubauen, die von der Zeit in ihrer übermächtigen Bedeutung als treibende Kraft auf ein spezifisches Behandlungsziel hin Gebrauch machte.

In zahlreichen Therapieformen, die sich doch alle durch die Kürze der Zeit auszeichnen, findet die Zeit keineswegs detaillierte Beachtung. Letztlich ist das ein indirekter, aber zwingender Beweis dafür, daß diese Therapien von den Krisen um Trennung-Individuation einfach keine Notiz genommen haben – vielleicht deshalb, weil solche Krisen in der Lebenserfahrung der Therapeuten nur allzu leicht ein schrilles Echo finden. Man muß erkennen, daß Patient und Therapeut mit einer gemeinsamen Aufgabe befaßt sind und daß es unter diesen Umständen in der Verantwortung des Therapeuten liegt, eben das zu bestimmen und in die Behandlung einzubringen, was das Herzstück dieser Aufgabe ist, damit man sich damit auseinandersetzt, statt ihm auszuweichen.

5

Der Therapeut als Beteiligter

In Amerika (und nicht nur dort) herrscht gegenwärtig eine anti-intellektuelle Atmosphäre – eine Atmosphäre, die durch die Vielzahl der Probleme geschürt wird, die unsere Gesellschaft bedrängen, und durch die Schwierigkeit, auch nur für einige der Probleme eine angemessene Lösung zu finden. Es kann daher nicht überraschen, daß diese anti-intellektuelle Gesinnung in der Psychiatrie und den ihr verwandten Disziplinen besonders verbreitet ist, da sie mit zwischenmenschlichen Problemen zu tun haben. Psychiater und andere Therapeuten stehen unter großem Druck, «human» zu sein, menschlich, spontan, freigiebiger, weniger klinisch – ja aufzugeben, was sie wissen, und sich der übrigen Menschheit zuzugesellen. In der Vergangenheit haben Moralisten Freud wegen der Bedeutung verdammt, die er der Sexualität im Leben beigemessen hat. Heute verdammt ihn die Frauenbewegung und macht ihn für den Beitrag zur Versklavung der Frauen und für die Gefühlsbarrieren verantwortlich, die unter uns existieren. Die anti-intellektuelle Forderung findet ihren schlimmsten Ausdruck in dem Scheinargument, daß das Heil in der uneingeschränkten Erfüllung affektiver Bedürfnisse liege und in der gewaltsamen Aufhebung aller Gefühlshemmungen. Das sind die Hauptziele der sogenannten Encounter-Gruppen, Sensitivity-Gruppen, Berührungsgruppen, Nacktgruppen usw. Jede dieser Gruppen leugnet Vernunft, Vergangenheit sowie Ursache und Wirkung und verneint die unterschwelligen Erscheinungen, Stärken und Anfälligkeiten psychischer Widerstände. Gefühl, sagen sie, ist der einzig gültige Ausdruck der Menschlichkeit eines jeden, und also werden auch die Psychiater aufgefordert, sich mit dem Rest der Menschheit zusammenzutun, als gäbe es keinen Raum für die Verbindung von Vernunft und Gefühl.
Die verschiedenen Spielarten der Psychotherapie leiten sich von verschiedenen klinischen und theoretischen Überlegungen ab. Zeitlich begrenzte Psychotherapie erfordert Flexibilität, Aktivität, Bezie-

hungsfähigkeit und Spontaneität, all das geschult durch ein psycho-analytisch abgeleitetes Begriffsmodell, das vom Therapeuten ver-langt, daß er sich selbst kennt, weiß, was er tut, und weiß, wie es um den Patienten steht. Die Befriedigung des Therapeuten darf allein daher kommen, daß seinem Patienten geholfen wird, und nicht aus der Befriedigung seiner persönlichen emotionalen Bedürfnisse, ge-liebt oder gemocht oder bewundert zu werden. Er hat kein Recht, bei anderen seine eigenen Probleme durchzuspielen, in wiederholten Versuchen, Antworten für sich selbst zu finden. *Primum non nocere* hat noch eine zusätzliche Bedeutung in der Psychiatrie, d. h., der Patient muß von den Problemen des Therapeuten verschont bleiben. Da ist kein Platz für Freizügigkeit, ungezügelte Spontaneität oder den Ersatz des gesunden Menschenverstandes für wissenschaftliche Kenntnis und vernünftige Handlungen, die sich daraus ableiten. Das schließt in keiner Weise Wärme, menschliche Anteilnahme und das Interesse an jedem Patienten als einem Mitmenschen aus. Es wird nicht behauptet, daß Vernunft und allein die Vernunft oder Wissen-schaft und die Wissenschaft allein an sich maßgebend sein können in einer menschlichen Beziehung, sei sie nun persönlich oder therapeu-tisch.

Das Klischee des Psychoanalytikers, der völlig passiv ist in seiner Ar-beit, hat uns lange begleitet. In Karikaturen läßt er ein gelegentliches, gutturales «hm-mm» hören. In beträchtlichem Ausmaß haben Psychi-ater in Langzeittherapien unabsichtlich diese Haltung angenommen und sind dem Stereotyp in ihrer Unkenntnis der psychoanalytischen Methode verhaftet geblieben. Der Vergleich des Analytikers mit einer leeren Projektionsfläche war in der frühen Entwicklung der Psycho-analyse ein wichtiges Konzept (eines, das heutzutage von keinem Analytiker in seiner Arbeit mehr ernstgenommen wird). Es wird aber vielleicht von Nichtanalytikern als selbstgewählte Schutzmaßnahme beibehalten. Tatsache ist jedoch, daß die meisten Analytiker weit davon entfernt sind, sich in ihrer Arbeit passiv zu verhalten. Es gibt Grenzen für die Wirksamkeit von Aktivität, wie es genauso Grenzen für die Wirksamkeit von Passivität gibt. Ein großer Teil der Unklar-heit in der Langzeit-Psychotherapie ergibt sich aus dem Vorverständ-nis, daß Passivität und Untätigkeit angemessene Standpunkte in sich selbst seien. Man kann Frank nur zustimmen, daß die Passivität des Therapeuten den Patienten eines Zieles beraubt für die Gefühle, die er in die Behandlung einbringt und die im Verlaufe der Behandlung noch stärker in Bewegung geraten. Daraus folgt jedoch nicht, daß ungehinderte Aktivität des Therapeuten nützlich für den Patienten sei.

Es ist wesentlich, zwischen zwei Arten aktiver Beteiligung zu unterscheiden. In der einen bestimmt der Therapeut, bewußt oder unbewußt, den Patienten in seiner Lebensführung. In der anderen versteht es der Therapeut zwar, seine Kunst bei der Entschlüsselung der Bedeutung von Gefühlen, Worten, Verhalten und Konflikten des Patienten einzusetzen. Darüber hinaus ist er aber auch noch in der Weise beteiligt, daß er solche Werte und Einstellungen verstärkt und unterstützt, die dem Patienten *bereits eigen* sind.

Der Prozeß zeitlich begrenzter Psychotherapie hängt in einem großen Maße deutlich von der Aktivität des Therapeuten ab. Die Begrenzung der Zeit, die der Therapeut ausgesprochen hat, auf die er sich verpflichtet hat und die er einhält, zwingt ihn an sich schon zur Aktivität. Beide Parteien, Therapeut und Patient, wissen, daß die Zeit kurz ist. Es ist nicht ratsam, geduldig auf die langsame Entwicklung der unterschiedlichen Abschnitte im Gefühlsleben des Patienten zu warten. Es ist noch nicht einmal genug Zeit, alle Aspekte des zentralen Themas oder Fokus sich entwickeln zu lassen. Die Auswahl eines Fokus und das Festhalten an ihm sind Mittel, mit der Zeit an sich sparsam umzugehen. Da diese Leitlinien sich auf ein Ineinanderschieben der Vergangenheit und der Gegenwart berufen, legt die Kürzung der Zeit nahe, daß der Therapeut ebenfalls zügiger vorgehen kann. Das Grundprinzip seiner Aktivität im allgemeinen ist der sich rasch fortbewegende Verlauf dynamischer, im Gang befindlicher Geschehnisse. Wenn der Therapeut versäumt, aktiv an der Behandlung teilzunehmen, dann werden die Geschehnisse an ihm vorübergehen, Unklarheit in bezug sowohl auf den Verlauf als auch auf die Ziele wird sich breitmachen, und was als zeitlich begrenzte Psychotherapie begonnen hatte, wird weitschweifige, ungenaue Langzeittherapie werden. Der Therapeut kann ermessen, ob er sich gebührend beteiligt, wenn er sich nach jeder Behandlungssitzung rückblickend vergegenwärtigt, wieweit es ihm gelungen ist, die Aufmerksamkeit direkt auf das Hauptthema zu konzentrieren. Wenn das Hauptthema indirekt angesprochen ist, muß er sich fragen, wie er mit solchem Material umgehen kann, das sich ausnahmslos auf das Hauptthema bezieht, obwohl es aus der Vergangenheit des Patienten stammt.

Die weitere Beteiligung des Therapeuten in zeitlich begrenzter Psychotherapie kann im Lichte der grundlegenden Arbeit von Bibring[1] betrachtet werden. Er beschreibt eine Reihe von therapeutischen Prinzipien und Vorgehensweisen, die in jeder psychotherapeutischen Methode anwendbar sind, unabhängig von Ideologien oder theoretischen Systemen. Nach Bibring gibt es fünf grundlegende Techniken:

1. *Suggestion* wird gebraucht, um beim Patienten irrationale Glaubenseinstellungen auszulösen. Obwohl das befremdlich oder verwirrend erscheinen mag, bedeutet es lediglich, daß der Patient, der sich selbst in der Gegenwart des für ihn maßgeblichen Therapeuten als abhängig erfährt (die gefühlshafte Erfahrung, die die Arzt-Patient-Beziehung kennzeichnet), unmittelbar anfällig dafür ist, Gedanken, Impulse, Gefühle und Handlungen des Therapeuten für sich selber zu übernehmen. Sie sind irrational, insofern sie den unbewußten magischen Erwartungen und Wünschen des Patienten entstammen. Der Therapeut kann aus der Bereitschaft des Patienten Nutzen ziehen, das zu tun, wovon er meint, daß es der Therapeut von ihm erwartet, und er kann den Patienten anregen, gewisse Veränderungen in seinem Leben vorzunehmen.

2. *Abreagieren* ermöglicht es dem Patienten, seine Spannung durch emotionelle Abfuhr zu verringern. Bibring weist auf etwas hin, was weithin unerkannt bleibt, nämlich, daß die Abfuhr der Emotion dem Patienten die Möglichkeit bietet, seine Beschwerden bestätigt zu finden, und daß sie daher mehr einbringt, als bloß eine rasche Heilung zu bewirken oder auch nur den Hauptanteil an der Heilung darzustellen.

3. *Manipulation* bietet sich am leichtesten für Mißverständnis und Mißbrauch an. Weder ist Führung noch Ratschlag gemeint. Statt dessen meint Manipulation «Einfluß durch Erfahrung». Zum Beispiel erwartet der Patient von der Autorität, daß sie ihm sagt, was er zu tun hat. Aber der Therapeut sagt ihm, daß er die Freiheit hat, das zu tun, was ihm beliebt, oder daß der abhängige Patient Verantwortung für sich selbst übernehmen muß. Manipulation schließt eine Anzahl heilender Wirkkräfte ein, die unter der allgemeinen Überschrift des «Lernens durch Erfahrung» gefaßt werden können. Bis zu einem gewissen Grade gibt es eine Ähnlichkeit

[1] Bibring, E.: Psychoanalysis and the Dynamic Psychotherapies. Journal of the American Psychoanalytic Association 2. 1954: 745.

zwischen diesem Konzept und Alexanders korrektiver emotionaler Erfahrung, jedoch ohne das Rollenspiel der letzteren. Als Ergebnis dessen, wie er die charakteristischen Weisen des Patienten versteht, mit anderen in Kontakt zu kommen, weigert sich der Therapeut absichtlich, der «tonangebende Mann» in der Wechselbeziehung zu sein. Er versetzt den Patienten dagegen in eine Lage, in der er *lernen* kann, daß seine ihm eigentümliche Reaktion unangemessen, unnötig und selbstzerstörerisch ist.

4. *Klärung.* Alle Patienten haben die Fähigkeit zu einer hochgradigen Selbstbewußtheit, wenn der Therapeut erkennt, daß eine Menge wichtiger Gefühle, Gedanken und Schlußfolgerungen im Vorbewußten des Patienten verstreut liegen. Der aufmerksam zuhörende Therapeut hört Bruchstücke wichtiger Daten und macht genauso wichtige Verhaltensbeobachtungen an verschiedenen Stellen des Interviews, die zeitlich auseinander liegen. Der Patient, verwickelt in einem emotional hochgespannten Arbeitsprozeß, kann sie nicht im Kopf behalten. Der Therapeut behält sie jedoch im Kopf, bringt wichtige Teile zusammen und hält sie dem Patienten als einheitliches Konzept vor Augen. Der Patient erkennt unmittelbar die Bedeutung und den Wert der Erklärung und nimmt sie ohne Widerstand an. Der therapeutische Effekt besteht in der Ablösung des Ich durch größere Selbstbewußtheit, die eine realistischere Kenntnis des Selbst und der Umgebung mit sich bringt.

5. *Deutung.* In scharfem Gegensatz zur Klärung zielt die Deutung «auf Veränderungen im Ich und indirekt auf Veränderungen anderer funktionaler Systeme der Persönlichkeit, die es gestatten, unbewußte Konflikte ins Bewußtsein zu heben, so daß kausale Determinanten der verschiedenen Störungen verändert oder beseitigt werden». Eine Deutung bringt eigentlich das ins Bewußtsein des Patienten, was ihm überhaupt nicht bewußt war. Klärung und Deutung gemeinsam bringen Einsicht hervor.

Bibring bemerkt, daß die Methode, die angewandt wird, um Material vom Patienten zu bekommen, den Umfang und die Qualität des produzierten Materials bestimmt. Das Festhalten an einem zentralen Thema weist sehr deutlich auf die Richtigkeit dieser Feststellung hin und unterstützt meine These, daß solch ein Festhalten das Feld der Regression in der Übertragung begrenzen wird.

Zusätzlich zu den fünf Grundtechniken fügt Bibring vier therapeutische Prozesse hinzu:

1. die Produktion von Material
2. die Nutzbarmachung des Materials, hauptsächlich durch den Therapeuten
3. die Aufnahme dieser Nutzbarmachung durch den Patienten
4. die Vorgänge der erneuten Orientierung und Wiederanpassung

Sie werden auch als deutlich erkennbare Bestandteile im Behandlungsprozeß vermerkt werden. Das anhaltende und wiederholte Ausprobieren und Lernen im Prozeß der erneuten Orientierung und Wiederanpassung, von dem Bibring spricht, wird in der zeitlich begrenzten Therapie im letzten Drittel der Behandlungsgespräche erreicht.

Wenn der Therapeut eine Psychotherapie vornimmt, in der die Zeit strikt begrenzt ist, muß er mit einer optimistischen Einstellung zu seiner Fähigkeit beginnen, in einer solch kurzen Zeit helfen zu können, und ebenso zu der Fähigkeit des Patienten, aus seiner Hilfe Nutzen zu ziehen. Sicherlich ist Optimismus eine Form der Suggestion, da er sich dem Patienten sehr schnell mitteilt. Tatsächlich gibt es den Patienten selten, der nicht im stillen im Gesicht und im Verhalten des Therapeuten nach Hinweisen seines Optimismus forscht. Man ist sich dessen bei Patienten der Inneren Medizin und der Chirurgie sehr deutlich bewußt. Es ist weniger auffällig, aber ebenso übermächtig bei Patienten in der Psychiatrie vorhanden. In der Langzeit-Psychotherapie oder in der Psychoanalyse hat der Therapeut Zeit, dem Patienten seine Unsicherheit oder sogar seinen Pessimismus bei der Vereinbarung des Behandlungsrahmens anzudeuten. Behandlung kann sogar mit Zustimmung beider eine Probebehandlung sein. In zeitlich begrenzter Psychotherapie hat man nicht Zeit genug für Probebehandlungen, für eine Form von «Wir werden sehen». Wenn wir von der Voraussetzung ausgehen, daß wir einem Patienten helfen können, wenn wir unsere Ziele und unseren Ehrgeiz sorgfältig begrenzen und wenn wir die Behandlungsmethode, die wir anwenden, verstehen, dann ist nur noch eine weitere Voraussetzung erforderlich. Man muß überzeugt sein, daß, ein Geringes an Hilfe vorausgesetzt, alle Menschen emotionelle, intellektuelle und adaptive Vorzüge haben, die sie in einigermaßen befriedigende Bahnen lenken können. Es ist unbedingt erforderlich, daß wir richtig einschätzen, wie bescheiden unsere Behandlungsziele sind, und daß wir anerkennen, was ein Patient für sich selber tun kann. Vom Therapeuten wird keine naiv-zuversichtliche Haltung erwartet. Er sollte vielmehr eine Einstellung nahelegen und beim Patienten eine Haltung herbeiführen, die es ihm gestattet, mit einer Aufgabe zu beginnen, die er tatsächlich auch vollenden kann. Die Bezeichnung *Patient* heißt noch lange nicht, daß die Anpassungsfähigkeiten verschwunden sind. Sie können dann verschwinden, wenn der Therapeut bewußt über sie hinweggeht oder sie an den Rand drängt. Die optimistische Einstellung des Therapeuten wird wie von selbst gedeihen, sofern er jeden Schritt auf dem Wege in seiner unbewußten Bedeutung für den Patienten versteht.

Nachdem der Behandlungsvorschlag völlig ausgearbeitet worden war, fragte eine Patientin nach Medikamenten. Über Jahre hindurch hatte sie verschiedene, ziemlich starke Psychopharmaka zur Beruhigung und Dämpfung ihrer Angst eingenommen, die ihr von verschiedenen nicht psychiatrisch ausgebildeten Ärzten verschrieben worden waren. Ich fragte, ob sie meinte, sie könne bis zu unserem nächsten Treffen in einer Woche auf sie verzichten. Sie verneinte und fürchtete eine übermäßige Verstärkung ihrer Angstgefühle. An dieser Stelle wiederholte ich die Bedingungen des Behandlungsbündnisses einschließlich des zentralen Themas. Sie fragte plötzlich: «Glauben Sie wirklich, mir könnte in einer so kurzen Zeit geholfen werden?» Ihre Antwort auf meine bestätigende Erwiderung war: «In dem Fall kann ich jedenfalls für eine Woche darauf verzichten.» Tatsächlich hat sie keine weiteren Medikamente im Verlaufe ihrer Behandlung mehr eingenommen.

Optimismus ist etwas anderes als unkritischer Glaube seitens des Therapeuten hinsichtlich seiner Wirksamkeit und kann zugleich kalkulierten Vorteil ziehen aus den unbewußten magischen Bedürfnissen und Wünschen des Patienten. In jeder Arzt-Patienten-Beziehung schreiben Patienten ihren Ärzten ein gewisses Ausmaß an Allmacht zu. Je größer das Zutrauen zu dem Arzt (wir sagen dann, daß der Patient seinem Arzt mehr *glaubt*), desto höhere Erwartungen auf Erleichterung heftet der Patient an magische Hoffnungen auf die Heilkraft des Arztes. Einige Ärzte, Psychiater eingeschlossen, nutzen diese Art blinden Vertrauens aus, indem sie sich selbst als allwissend und allmächtig darstellen. Wenn sie diese Selbstdarstellung mit einem angemessen aggressiven, zuversichtlichen, Verantwortung übernehmenden Persönlichkeitsstil verbinden, können sie sehr häufig rasche Erleichterung beim Patienten herbeiführen. Im allgemeinen können weder Arzt noch Patient die «Heilung» erklären. Aber der Patient hat kein Bedürfnis, über sein Vertrauen zum Arzt hinaus weiterzusuchen, und der Arzt wagt es nicht, das Wesen seines Erfolges zu erforschen, damit er sich selbst nicht ruiniert.

In jeder anfänglichen Begegnung zwischen Patient und Arzt bestimmt die Geschicklichkeit, in der mit den Ängsten des Patienten umgegangen wird, das Ausmaß, in dem magische Erwartungen gesteigert werden. Der Einfluß des Verhaltens dem Kranken gegenüber, ob nun am Krankenbett oder im Sprechzimmer, ist allgemeine und anerkannte Erfahrung. In zeitlich begrenzter Psychotherapie ist der Optimismus beim Therapeuten zunächst auf sein Verständnis gestützt, daß die speziellen Einzelheiten der Behandlung, die dem Patienten angeboten wird, in der Tat die unbewußten magischen Erwartungen des Patienten anregen. Hinzu kommt, daß sich daraus die Abfolge der dynamischen Geschehnisse ergibt, die er dann benutzen wird, um dem Patienten zu helfen, mit den unmittelbaren *und den genetischen Quellen* des gegenwärtigen zentralen Problems zurechtzukommen. Wenn sie sorgfältig durchgeführt wird, endet diese Art der Psychotherapie damit, daß der Patient weniger auf magische Erfüllung und mehr auf seine eigenen realistischen Vorzüge und Fähigkeiten vertraut.

Die Aktivität des Therapeuten beginnt deshalb damit, daß er das zentrale Thema klar diagnostiziert, es dem Patienten vorstellt, das Behandlungsbündnis vorschlägt und mit seinem Optimismus und seiner Überzeugung begleitet, daß er und der Patient die Arbeit, die sie sich vorgenommen haben, erfolgreich durchführen können.

In der Anfangsphase neigt der Patient bei rascher Entwicklung der positiven Übertragung dazu, viele Einzelheiten seiner gegenwärtigen und vergangenen Erfahrungen, die sich auf das zentrale Thema beziehen, von sich zu geben. Die Aktivität des Therapeuten wird sich eher darum drehen, den Patienten beim zentralen Thema zu halten. Er wird freimütig Fragen stellen, um die zum Fokus gehörigen Daten herauszuarbeiten, und er wird Klärungen anbieten. Klärungen gegenwärtiger und vergangener Erfahrung in bezug auf das Denken, das Gefühl und das Verhalten des Patienten haben die Aufgabe, Informationsstücke zusammenzubringen, die sowohl im Inneren als auch in dem, was der Patient sagt, verstreut liegen. Es ist Information, die ihm bekannt ist und die er bereitwillig anerkennt, wenn sie vom Therapeuten in feste Form gegeben und zusammengetragen wird. Das steht im Gegensatz zu Deutungen, die daraus bestehen, dem Patienten bewußtzumachen, was ihm gänzlich unbewußt war, gänzlich außerhalb seiner bewußten Wahrnehmung liegt und von ihm nicht anerkannt wird als etwas, das zum Inhalt seiner eigenen Gedankenwelt gehört. Klärungen treffen selten auf Widerstand, während Deutungen es in der Regel tun.

Auf einem solchen Schauplatz hoher Erwartungen in einer Atmosphäre, in der der Patient sich ungeheuer verstanden fühlt, ist es nicht überraschend, daß auch ein erhebliches Maß an Abreagieren stattfinden kann. Mag sein, daß das in der Natur von Tränen oder eines Gefühlsausbruches liegt, der eine Art Selbstrechtfertigung ausdrückt. Statt gegen irgend jemanden gerichtet zu sein, sind die auftauchenden, hochgespannten Gefühle eher so, daß sie den Therapeuten Anteil nehmen lassen an lange verschlossenen Empfindungen des Patienten über sich selbst. Der Therapeut wird viel Information zum späteren Gebrauch erhalten und sollte mitfühlend Anteil nehmen an der weiteren Klärung der Daten und der Gefühle, die zum Ausdruck kommen. Das Klischee des Therapeuten als ein nichtreagierender, leerer Projektionsschirm sollte ebenso ad acta gelegt werden. Seine Aktivität besteht darin, natürlich, aber bescheiden seinem Gegenüber zu antworten. Der Patient braucht seine feinfühlige Ansprechbarkeit und auch seine Stärke. Zu wenig oder gar keine Ansprechbarkeit wird von dem Patienten als Gefühlskälte empfunden und so, als würde ein Damm errichtet, der Nähe verhindert. Zu große Ansprechbarkeit dagegen kann dem Patienten Unsicherheit, Schwäche und sogar Verständnisunfähigkeit anzeigen. Jedenfalls und in jedem einzelnen Falle braucht der Patient eine gewisse Distanz zwischen sich selbst und dem Therapeuten, um ein gewisses Maß an Autonomie, an Selbst, an Unterscheidung vom anderen zu behalten. Diese Überlegung, die so lebenswichtig ist für das Bedürfnis jedes Menschen, ein gewisses Maß seines einzigartigen Selbst beizubehalten, wird leider oft mißachtet von dem allzu aktiven Therapeuten und dem, der die Begegnung mit dem Patienten als eine Begegnung zwischen zwei völlig gleichgestellten Personen ansieht. Wenn das wahr wäre, was tut dann der Patient, wenn er Hilfe sucht? Einige der sogenannten Encounter-Gruppen verletzen dieses Prinzip des einzigartigen Selbst gröblich und zuweilen brutal.

Auch in der Anfangsphase der Behandlung ist der Therapeut aktiv in der Unterstützung, Ermutigung und Erziehung des Patienten. Die Unterstützung und die Ermutigung richten sich an die Teile im Gefühlsleben, an die Gedanken und das Verhalten des Patienten, die er dem Kampf zur Bewältigung, in mehr oder minder konstruktiver Weise, gewidmet hat. Der Patient kann schon lange das Gefühl haben, daß diese echten Anstrengungen zur Bewältigung nicht gewürdigt worden sind. Er mag sich anderer Anstrengungen nicht bewußt sein, die aber Unterstützung und Ermutigung verdienen. Interventionen dieser Art vom Therapeuten werden das Selbstwertgefühl des Patienten heben helfen, und das ist in jedem Fall ein wichtiges Mittel zur Selbsthilfe.

Geheuchelte Unterstützung und Ermutigung ist fehl am Platze. Es ist unbedingt wichtig, daß der Patient die Bemühungen des Therapeuten mit dem zusammenbringt, was er als die Wahrheit in seinem eigenen Leben empfindet. Jede andere Art von Unterstützung und Ermutigung erinnert leicht an die manchmal wohlgemeinten, aber oft irregeleiteten oder abweisenden Bemühungen von Verwandten und Freunden des Patienten. Darüber hinaus kann der Patient gute Gründe dafür haben, die Fähigkeit des Therapeuten anzuzweifeln, die Ernsthaftigkeit seiner Anstrengungen zu verstehen. Man muß wohlüberlegt auswählen, was man unterstützen und ermutigen will. Das Bedürfnis des Therapeuten, die Bereitwilligkeit des Patienten durch großzügig verteilte Wärme und Unterstützung zu gewinnen, wird sowohl die Patienten-Therapeuten-Beziehung gefährden als auch das Ergebnis der Behandlung. Auch bedeutet Unterstützung und Ermutigung nicht, Führung und Rat zu gewähren. In einer Welt, in der die Proteste gegen die ständig steigenden Übergriffe auf Individualität außerordentlich weit verbreitet (und in vielerlei Hinsicht auch angemessen) sind, gibt es eine erstaunliche Anzahl von Leuten in den sogenannten helfenden Berufen, die sich der Idee verschrieben haben, *anderen* zu sagen, was und wie sie etwas zu tun haben.

Die Aktivität des Therapeuten als eines Erziehers ist wichtig in allen Spielarten von Psychotherapie oder in der Psychoanalyse. Erziehung kann direkt vor sich gehen und kann die Vermittlung von medizinischen oder öfter noch psychologischen Informationen einschließen. Erziehung kann auch Umerziehung sein. In der Langzeit-Psychotherapie und mehr noch in der Psychoanalyse werden Informationen zurückgehalten, während die eigenen Vorstellungen, Fehlvorstellungen und Verzerrungen des Patienten in bezug auf einen bestimmten Punkt herausgearbeitet werden. Im Ergebnis wird das, was der Patient auf der Grundlage seiner eigenen inneren Wahrnehmungen als richtig gedacht und gefühlt hatte, erneut definiert, indem die innere Erfahrung mit der Realität in Einklang gebracht wird. Das trifft insbesondere auf das Durcharbeiten der Übertragung zu.

Es gibt noch eine andere Art erzieherischer Aktivität, nämlich die, die aus der manipulativen Aktivität (Bibring) des Therapeuten erwächst. Sie haftet zum großen Teil an der Erfahrung und ist mit einem Lernen durch Erfahrung verknüpft. Neu daran ist, daß der Therapeut es ablehnt, so zu reagieren, wie der Patient es auf der Grundlage seines eigenen Charakterzuges oder Persönlichkeitsstils erwartet, an dem er so lange festgehalten hat.

In dieser Methode der Psychotherapie werden alle drei Erziehungsmaßnahmen angewandt – direkte Information, Umerziehung und Manipulation. Im Laufe der zwölf Behandlungssitzungen werden sich Gelegenheiten ergeben, den Patienten in allen drei Weisen zu erziehen, und sie sollten auch genutzt werden. Die spezielle Begrenzung der Zeit kann sogar den Therapeuten zu einem gewissen Maß an direkter Erziehung zwingen. Es gibt zuwenig Zeit, jede falsche Vorstellung oder Verzerrung herauszuarbeiten; beziehungsweise, es ist keine Zeit, es bis in jede letzte verfügbare Einzelheit hinein zu tun, sogar beim zentralen Thema. Dem Patienten kann über einige Aspekte der Geschichte des zentralen Themas direkte Information gegeben werden, die er dazu benutzen kann, für sich selbst das Wie und Woher seiner Empfindungen zu klären. Die Information, die dem Patienten gegeben wird, wird aus der Geschichte des Patienten gewonnen und rückübersetzt im Lichte einer allgemeinen psychoanalytischen Theorie.

Eine junge Frau litt an Depressionen, Mangel an Zutrauen, geringem Selbstwertgefühl und daran, daß sie sich von jungen Männern stets abgelehnt fühlte. Sie berichtete, daß ein gut Teil ihrer Selbstvorwürfe in ihrer Überzeugung begründet lägen, daß sie ihre Mutter verletzt oder sogar getötet habe. Ihre Mutter war kurz nach der Geburt der Patientin an Krebs erkrankt und mußte vor ihrem Tode immer wieder in verschiedene Krankenhäuser eingeliefert werden. Sie starb, als die Patientin fünf Jahre alt war. Das letztemal, als die Mutter das Haus verließ, um ins Krankenhaus zu gehen, mußte die Patientin so lange in ein Aquarium mit tropischen Fischen blicken, bis ihr gesagt wurde, sie könne sich umdrehen. Auf ein Zeichen hin drehte sie sich um, merkte, daß ihre Mutter gegangen war und sah sie nie wieder. Zu ihrem Schmerz kam hinzu, daß sie bei der Beerdigung nicht dabeisein durfte. Als Information wurde der Patientin mitgeteilt, wie wohl jedes

Kind in ähnlicher Lage versuchen würde, solch eine Reihe tragischer Ereignisse zu verstehen. Nur, in ihrem Fall sei es noch durch die ungewöhnliche Reihenfolge der Ereignisse verschlimmert worden, weil sie dadurch das Gefühl bekommen habe, sie sei verantwortlich für das, was geschehen war.

Der Patient kann über Geschwisterrivalität, Masturbation, die Funktion der Phantasie und die Universalität so vieler Wünsche, Tagträume und Befürchtungen aufgeklärt werden. Nicht annähernd sollte dies den Charakter einer Vorlesung haben. Es ist eher so, daß eine einfache und direkte Erklärung des psychologischen Tatbestandes gegeben und daß ihre Verbindung zum zentralen Thema deutlich gemacht wird. Zu jedem Zeitpunkt der zwölf Sitzungen wird die Intensität der Beziehung zum Therapeuten den Wert einer solchen «Belehrung» für den Patienten erhöhen. Das gilt vor allem, ehe die Arbeit der Beendigung und Trennung zu einem Hauptthema geworden ist. Belehrung ist am wirksamsten, wenn sie in einer positiven Beziehung stattfindet und wenn ein gewisses Maß an Idealisierung vorhanden ist. Kurz, wir können wiederum aus dem gefühlshaften Zustand des Patienten und seinem Bedürfnis nach Befriedigung Nutzen ziehen, aber so, daß ihm geholfen wird, die Realität, in der er lebte und noch lebt, eher anzuerkennen als seine Phantasie über dieselbe Erfahrung.

Die direkte Mitteilung psychologischer Tatsachen mag manchem lediglich als eine intellektuelle Übung erscheinen, die für den Therapeuten in einer Kurztherapie interessant und nützlich, aber vielleicht nicht so sehr nützlich für den Patienten ist. Ich habe bereits auf die Rolle einer positiven Übertragung hingewiesen, die dazu dient, die Worte des Therapeuten (und deshalb die Bedeutung der Worte) zu einem kostbaren Wert für den Patienten zu machen. Darüber hinaus wird jedes Stück Information, das vom Therapeuten in dieser Weise mitgeteilt wird, durch Angaben angeregt, die sich auf das zentrale Thema beziehen. Außerdem wird jede Information dem Patienten ganz und gar innerhalb dieses Kontextes nahegebracht. Auf diese Weise spitzen sich eine Menge Gedanken, Gefühle und Erinnerungen immer mehr zu einem einzigen zentralen Thema zu. Wenn der Therapeut Information direkt mit einbezieht, die am Kern des zentralen Themas bleibt, dann wird sie als Bestandteil einer intensiven gefühlshaften Mischung einverleibt. Auf diese Weise verliert die Information weitgehend ihren rein intellektuellen Charakter.

Die Beteiligung des Therapeuten während der Anfangsphase ist vergleichsweise einfach. Die gesamte dynamische Ausgangslage des Patienten begünstigt den Therapeuten in seiner Arbeit. Die glatt arbeitenden Zahnräder beginnen erst in der mittleren Phase zu knirschen. Die Besserung beim Patienten erreicht jetzt vielleicht eine Plateauphase, und die ersten Schimmer einer Enttäuschung zeigen sich – entweder indem man feststellt, daß eine weitere Besserung ausbleibt, oder indem die Klagen wiederkehren oder, öfter noch, indem eine Art Rückzug, eine Bewegung vom Therapeuten weg, zu beobachten ist. Es mag sein, daß der Patient weniger zu sagen hat, es mag sein, daß er das Gefühl hat, alles, was gesagt werden mußte, ist bereits gesagt worden. Häufig läßt der Patient eine Haltung durchblicken, die fragt «Wo geht es hin mit uns?» Der Enthusiasmus des Patienten ist deutlich im Schwinden begriffen.

Der Therapeut muß unbeirrt in seinen Anstrengungen fortfahren, das zentrale Thema weiter herauszuarbeiten und zu erklären, und er sollte jetzt auch bei jedem Zeichen von Widerstand sehr auf der Hut sein. Die Erscheinungsformen des Widerstandes beziehen sich direkt auf die Übertragung des Patienten. Dieser Satz kann ruhig unterstrichen werden, weil der Therapeut auf Zeichen von Rückfall oder wachsender Enttäuschung leicht mit dem Gefühl reagieren kann, daß auch er am Ende seiner Möglichkeiten ist. All seine früheren Zweifel an seiner Fähigkeit, in der kurzen Zeit, die ihm zur Verfügung steht, überhaupt helfen zu können, können wieder auftreten. Ein beunruhigendes Gefühl der Hilflosigkeit kann ihm einflüstern, daß er dem Patienten nichts mehr zu bieten hat. Der wahre Sachverhalt ist der, daß die «magische» und sorgfältig ausgewogene Unterstützung des Therapeuten sich im Verständnis des Patienten verschoben hat. Aus der Hilfe, die dem Patienten von der phantasierten, alles gebenden, alliebenden frühen wichtigen Person gewährt worden ist, ist die ambivalent wahrgenommene frühe Person geworden. Tatsache ist auch, daß wir keine Magie zu bieten haben. Wir können lediglich unseren fachgerechten Beistand bei einer gemeinsamen Aufgabe anbieten. Wenn der Therapeut den Gefühlen des Patienten, den Enttäuschungen und der Hilflosigkeit mit ähnlichen Gefühlen bei sich selbst entspricht, dann kann sich der Patient in eine von zwei Richtungen bewegen. Er kann den Therapeuten davon überzeugen, daß eine lange oder längerzeitige Behandlung eine unabdingbare Notwendigkeit ist. Er kann damit eine ambivalente, anklammernde, abhängige Beziehung beibehalten, die auf lange Sicht aufgelöst werden kann oder auch nicht. Oder er kann die Behandlung abbrechen und somit bis in erstaunliche Einzelheiten dieselbe Art der Trennung ohne Ablösung wiederholen, die er bereits früher in seinem Leben erlitten hat.

Wir können uns jedoch in sehr wichtiger Hinsicht von der frühen, ambivalent erfahrenen Person unterscheiden. An dieser empfindlichen Verbindungsstelle in der Behandlung muß es nicht zu einer Wiederholung jener vergangenen Erfahrung kommen, die vom Patienten nun erwartet wird. Jetzt muß dem Patienten jede Gelegenheit gegeben werden, seine ambivalenten Gefühle zu verbalisieren. Wir müssen Widerstände, die dem Patienten bewußt sind, *klären*. Zum erstenmal in der Behandlungsführung beginnen wir, die angesammelten Daten dazu zu benutzen, die Reaktionen des Patienten zu *deuten*. Mit der Klärung erkennt der Therapeut an, daß die Gefühle von Enttäuschung beim Patienten gerechtfertigt sind und daß seine ganze Reaktion verständlich ist, da wir ganz und gar nicht das tun, was er vorausgesehen hatte, und daß wir ihn wahrhaftig enttäuschen. Die Deutung wird im Lichte der früheren Erfahrungen des Patienten mit einer bedeutsamen Person gegeben, die er nun mit dem Therapeuten wiederholt – aber jetzt haben wir die Daten an der Hand, um ihm die bedeutsame Person ohne Zögern benennen zu können.

Deshalb versuchen wir, näher an den Patienten heranzukommen, während er dabei ist, sich von uns zurückzuziehen. Dabei greift man auf die eigenen Hilfsmittel des Patienten (und es gibt sie immer) zurück, bis er fühlt und weiß, in welcher Weise die Vergangenheit sich in einem bestimmten Ausschnitt seines Lebens breitgemacht hat. Indem man all dies ans Licht, ins klare Bewußtsein bringt, können wir dem Patienten zu einer Einstellung verhelfen, bei der es nicht wie früher immer darum geht, unbewußt sich selber oder andere zu beschuldigen. Für ihn geht es vielmehr darum, seinen eigenen Bedürfnissen am besten zu dienen durch die gewonnene Einsicht, daß er sich bis dahin ein Schattengefecht geliefert hat. Während das mit Sicherheit eine bei weitem allzu vereinfachende Anschauung der Kette von Entwicklungsvorgängen und -umständen ist, die zu einer Neurose führen, bleibt sie dennoch eine vertretbare Feststellung im Blick auf das Endergebnis des zugrunde liegenden unbewußten Prozesses. Zunehmend wird dem Patienten in der Behandlung Realität angeboten. Das geschieht in einer Atmosphäre, die seine eigenen Anstrengungen unterstützt, der Realität zu begegnen und sich ihr anzuschließen.

Die Periode der Behandlung, die gewöhnlich die mittleren vier der zwölf Sitzungen umfaßt, ist gekennzeichnet durch eine Plateauphase im Verlauf der Besserung, durch die zunehmende Verzögerung im Materialfluß und vor allem durch das Überschreiten des Scheitelpunktes der Behandlungsinterviews. Es ist in der Regel so, daß der Patient nach Überschreiten der Mitte anfängt, diese Information mitzuteilen. Die Art der Mitteilung hängt von der Persönlichkeit des Patienten ab und wird sich erst recht direkt auf das gegenwärtige Problem oder das zentrale Thema beziehen. Der Patient, der sein Problem verdeckt und ein Bewußtwerden seines Problemes mit Hilfe einer bestimmten Verhaltensweise abgewehrt hatte, beginnt nun vielleicht wieder von neuem, dasselbe Verhalten an den Tag zu legen, wenn auch in einer abgeschwächten oder verhüllteren Form. Eine junge Frau zum Beispiel, die wahllos Geschlechtsverkehr ausgeübt hatte und die im Verlaufe der Behandlung bis dahin ihren Selbstrespekt wiedergefunden hatte, fing mit einer anderen Bettbekanntschaft an, angeblich auf dem Hintergrund, endlich «den richtigen Mann» gefunden zu haben. Der Patient, der Symptome gezeigt hatte, kann die Wiederkehr des einen oder anderen von ihnen feststellen. Ein anderer Patient kann seine Besserung beibehalten, wird aber über Zukunftspläne sprechen, die völlig ohne Zusammenhang zu sein scheinen und die keinerlei Bezug zu seiner therapeutischen Erfahrung haben. Erinnerungen an vergangene Beendigungen, Todesfälle, Heiraten und Abschiede können auftauchen.

Der Therapeut registriert sehr genau die Daten, die er braucht, um die Beendigungsphase durchzuarbeiten. Gleichzeitig schätzt er die Stärke der wachsenden Ambivalenz des Patienten ein und in welchem Umfang der Patient sich anschickt, sich auf das Ende vorzubereiten. Diese Einschätzungen werden zu Leitlinien, die dem Therapeuten bei der Entscheidung helfen, ob und wann er Deutungen, Aufdeckungen und Erläuterungen einsetzt. Wenn er versäumt, sie vorzunehmen und ihnen entsprechend zu handeln, wird es zu erhöhtem Widerstand kommen, der Abwesenheiten oder sogar den Abbruch der Behandlung einschließen kann. Der Therapeut kann anfangen, seine ersten Probeangriffe zu machen im Hinblick auf das bevorstehende Ende der Behandlung, um auf diese Weise Information über den Widerstand des Patienten dagegen zu erhalten. Klärung, Unterstützung, Belehrung und Deutung gehen weiter und bleiben allein auf das zentrale Thema bezogen.

Obwohl die Endphase technisch mit dem neunten Interview beginnt, sind die Spielarten menschlichen Verhaltens so vielfältig, daß sie bei manchen Patienten beim sechsten oder siebten Treffen beginnt, bei einigen etwa beim zehnten oder elften, und manchen wird das Ende erst beim allerletzten Treffen bewußt. Diese letztgenannten Situationen werden nur dann auftreten, wenn der Therapeut nichts unternommen hat, um auf die Beendigung vorzubereiten. In keinem Falle sollte einem Patienten gestattet sein, die Konfrontation mit dem Ende bis nach dem Anfang der zehnten Sitzung aufzuschieben. Der Therapeut muß für sich selber mindestens die letzten drei Sitzungen reservieren, um sich direkt mit der Beendigung auseinanderzusetzen, mit den Gefühlen und Reaktionen des Patienten darauf und mit dem zentralen Bezug all dieser Reaktionen zu dem Konflikt, der ihn in die Behandlung gebracht hat. Die Reaktion von Patienten auf das Ende zeitlich begrenzter Psychotherapie weist deutlich auf den Trugschluß hin, nach dem das, was passiert, ausschließlich der Abhängigkeit vom Therapeuten zugeschrieben wird. Zugegeben, in jeder Langzeit-Psychotherapie oder in der Psychoanalyse ist die Abhängigkeit vom Therapeuten ein entscheidender Faktor. Trotzdem ist es sogar in solchen Therapien eine grobe Vereinfachung, lediglich von der Abhängigkeit zu sprechen und von der Aufgabe, sie aufzulösen. In zeitlich begrenzter Psychotherapie gibt es die langdauernde Beziehung, die sich selber zur Abhängigkeit anbietet, sicherlich nicht. Dennoch führt das Ineinanderschieben dynamischer Vorgänge, die durch ein intensiv erlebtes existentielles Jetzt angeregt und unmittelbar zu einem wesentlichen Bestandteil von ihm werden, zu einer heftigen Reaktion auf die Beendigung, nicht ungleich der, die in längeren Therapien zu beobachten ist. Deutlich ist die Weigerung, infantile Wünsche aus der Kindheit zugunsten der Erwachsenenrealität aufzugeben. Die Realität der Erwachsenen bedeutet, das Bewußtsein vom Ende der Zeit anzunehmen, vom Ende des eigenen Selbst. Sich an den Therapeuten zu klammern heißt, sich an das zu klammern, was war, und an die Phantasie, daß das, was war, immer sein wird – nämlich Ewigkeit. Demnach hat Abhängigkeit vom Therapeuten eine viel breitere Bedeutung, als in der Regel angenommen wird, wenn wir von Abhängigkeitswünschen sprechen und von ihrer ursprünglichen Bedeutung, gehalten, gewärmt, gefüttert und geliebt zu werden. Die Vorstellung einer ewigen Zeit ist im Unbwußten an die Mutter gebunden. Es gibt sie aber auch unabhängig von der Mutter, weil Zeit und Raum eine Existenz für sich haben, losgelöst vom Menschen. Wärme,

90

Nahrung und Liebe haben nur in Beziehung zu anderen ihre Bedeutung.

Das Anklammern an den Therapeuten ist deshalb ebensosehr ein Mittel, die Ewigkeit lebendig zu halten, als es die mögliche Erfüllung unerfüllter Wünsche in bezug auf frühe tragende Objekte am Leben hält. Das Anklammern ist ein außerordentlich aktiver Prozeß, der darauf zielt, die ursprüngliche, ambivalente Haltung aufrechtzuerhalten. Ohne Ablösung bleiben alle Möglichkeiten für eine Befriedigung körperlicher Lust und für ein fortgesetztes Ewigkeitsbewußtsein offen. Kein Wunder also, daß die Beendigung ein schmerzlicher und schwieriger Prozeß in allen Therapien für alle beide, Patient und Therapeut, bleibt.

In bezug auf den Konflikt um frühe Körperlust sprechen wir von einer feindselig-abhängigen Beziehung. Positive Gefühle, Liebe, magische Erwartungen und das Verlangen, erwachsen zu werden und der wichtigen Person zu entwachsen, sind immer gegenwärtig. Ebenso gegenwärtig und dazu angetan, Wachstum und Fortbewegung zu verhindern, sind Unwille, Zorn, Furcht vor Vergeltung und ein umfassendes Schuldgefühl. Diese Gefühle sind das Kernstück der Ambivalenz, die den Patienten an die Vergangenheit bindet, wenn er darum kämpft, mit der Gegenwart zurechtzukommen. Die Endphase der zwölf Behandlungsinterviews hat die Auflösung der frühen, ungelösten ambivalenten Beziehung zum Ziel, die immer noch unbewußt einen Einfluß im gegenwärtigen Leben des Patienten ausübt, insbesondere im gegenwärtigen Hauptkonflikt, der den Patienten um Hilfe nachsuchen ließ. Realitätsfaktoren in der gegenwärtigen Konfliktsituation sind lediglich Vehikel für die Wiederholung oder, besser gesagt, für die Intensivierung des früheren Beziehungskonfliktes. Die Vergangenheit und die Gegenwart sind immer vermengt. Ein neurotischer Konflikt kann nur in irgendeinem Kampf um eine Beziehung stattfinden, sicherlich nie in einem luftleeren Raum, der nur den Patienten umschließt. Und er bleibt niemals beschränkt auf den Kampf um die Beziehung, die allein in der Gegenwart besteht.

Das ist die belastende Situation für Patient und Therapeut in der Beendigungsphase. Die Trennung ist unausweichlich. Das Datum ist bekannt, und der Therapeut steht einem zähen und ängstlichen Widerstand gegenüber. Die Zweifel des Therapeuten an seiner Wirksamkeit leben an diesem Punkt leicht wieder auf, wenn der Patient noch einmal Zuflucht in Symptomen, leidvollen Klagen oder störendem Verhalten sucht. Zugleich sieht sich der Therapeut mit seiner eigenen Ambivalenz im Blick auf dieselben Konflikte konfrontiert, sobald sie beim Patienten zutage treten.

Dennoch muß der Therapeut darauf bestehen, daß der Patient seine Gefühle dem Therapeuten gegenüber überprüft, sobald das Ende naht. Die Antworten der Patienten sind unterschiedlich. Einige werden daran festhalten, daß sie ihm gegenüber keine besonderen Gefühle empfinden. Das ist das eine Extrem, bei dem die Verleugnung vorherrscht. Am anderen Ende des Spektrums ist ein deutliches Bewußtsein von Groll, Bedauern, Traurigkeit und Dankbarkeit. Ein ziemlich weit verbreitetes Abwehrmanöver beim Therapeuten ist seine Weigerung, anzuerkennen, daß er tatsächlich sehr wichtig für den Patienten ist, denn immerhin war es nur eine so kurze Zeit. Dazu kommt, daß seine Erfahrungen mit anderen und längeren Therapieformen gezeigt haben, wie lange ein Patient unter Umständen braucht, bis er genug von sich selbst im Therapeuten investiert hat, damit der Therapeut für ihn von bedeutsamer emotionaler Wichtigkeit wird. Mit dieser Rationalisierung kann der Therapeut leicht die Tatsache übersehen, daß der spezielle Prozeß, in den er mit dem Patienten verwickelt war, aus der zeitlichen Begrenzung ein mächtiges Instrument im Dienste einer starken Besetzung seiner Person durch den Patienten gemacht hat.

In allen Fällen wird der wachsame Therapeut ausreichende Belege finden, um die Reaktion auf die Trennung zu deuten, immer in zwei gleichzeitig wirksamen Zusammenhängen: erstens das Gefühl, das sich einmal auf eine frühere Person bezog und nun beim Therapeuten wiedererlebt wird; zweitens die Verschiebung jener Gefühle und Verhaltensweisen, die die gegenwärtige Realität mehr oder weniger umranken, auf die Konfliktsituation, die das Bedürfnis nach Hilfe hervorgerufen hat. Die Deutungen, die dem Patienten angeboten werden, umschließen die Vergangenheit, die Gegenwart und den Therapeuten. Jedoch sollte betont, ausdrücklich betont werden, daß die Deutungen nicht in Begriffen libidinöser und aggressiver Entwicklungsphantasien gefaßt sind, auch wenn Hinweise solche auf Interpretationen vom Patienten unwissentlich, aber sehr ausdrücklich geliefert worden sind. Die unbewußten Gefühle und Phantasien aus der Vergangenheit, ihr Eindringen in die Gegenwart und in die Beziehung zum Therapeuten werden in Begriffen der Anpassungsstrategien gedeutet, die sich als Gefühlslage und Verhaltensstil des Patienten herausgebildet haben. Und so werden sie nun bis in feinste Einzelheiten in der Beziehung zum Therapeuten ausgelebt.

Man tut gut daran, sich zu erinnern, daß der Patient es im allgemeinen vorzieht, entweder die Behandlung zu verlängern oder, wenn das mißlingt, sie mit einer unangetasteten Ambivalenz zu verlassen. Das letztere kann verhindert oder zumindest die Gefahr stark verringert werden, wenn der Therapeut schonungslos die Aufmerksamkeit auf bewußte und unbewußte Reaktionen des Patienten lenkt und sie in angemessener Weise deutet. Die Wachsamkeit des Therapeuten, seine Beharrlichkeit und sein Mut werden vom Patienten dadurch belohnt werden, daß er den Kern seiner Ambivalenz erkennt und anerkennt. Schafft man eine Atmosphäre von Wärme, Unterstützung, Ermutigung und Stärke, kommt man dem Wunsch des Patienten nach Einverleibung des Therapeuten als eines guten, nichtambivalenten Objekts sehr entgegen. Und ebenso unterstützt man seinen Wunsch, die Behandlung mit einem derart verinnerlichten Objekt zu verlassen, das das Wachstum und die Fähigkeit, sich unabhängig fortzubewegen, fördert. Immerhin ist das die Wurzel für die Annahme von Realität und für eine konstruktive Anpassung an sie. Niemand erreicht eine vernünftige Annahme der Realität von sich aus.

Die Aufgabe ist schwierig, aber sie kann gelöst werden. Der Therapeut muß ein echtes Verständnis für den Verlauf dynamischer Geschehnisse aufbringen, die durch seine Bemühungen und mit dem Ziel eines produktiven und schöpferischen Ausgangs für den Patienten in Gang gebracht werden können. Man kann nicht genug darauf hinweisen, daß sowohl das Verständnis des Prozesses als auch die Erfüllung der Aufgabe selbst ein hohes Maß an Selbsterkenntnis erfordert. Solch eine Selbsterkenntnis kann der Therapeut nur durch seine eigene Lehranalyse bekommen. Heißt das, daß kein Therapeut außer dem analysierten in dieser Form der Psychotherapie wirksam werden kann? Es ist allgemeiner Grundsatz in der Medizin, daß die Worte *nie* und *immer* nicht benutzt werden dürfen. Der sensible, begabte, nicht analysierte Therapeut kann in gewissen Fällen hervorragende Arbeit leisten. Der analysierte, sensible und begabte Therapeut wird in noch viel mehr Fällen hervorragende Arbeit leisten. Eine Lehranalyse wird jedem Therapeuten helfen, das noch besser zu leisten, was er bis dahin sowieso schon getan hat. Es liegt in der Verantwortung aller Therapeuten, bei ihren Patienten jene *innere* Freiheit zu fördern, die zur Reife, zur Annahme der Realität und zur Unabhängigkeit hinführt.

Eine zusätzliche Zusammenfassung der zwölf Interviews mit einem Patienten können die Beteiligung des Therapeuten am therapeutischen Prozeß noch weiter klären. Der Patient war Student im Graduierten-Studium und knapp dreißig Jahre alt. Im Vorgespräch war eine Reihe von zusammengehörigen Klagen aufgetaucht:

– ein Gefühl, daß er sich ohne Motivation immer hatte treiben lassen, daß ihm eigentlich alle Wege verschlossen seien, selbst wenn er wußte, welchen Weg er einschlagen wollte
– Mangel an Selbstvertrauen
– soziale Angst, die er mit Alkohol, zuweilen in großen Mengen, bewältigte
– häufige, ziemlich typische Angstanfälle
– manchmal solche Angst in der Schule, daß er unfähig war, sein Essen zu sich zu nehmen, ehe der Tag vorüber und er nach Hause zurückgekehrt war
– eine Angst vorm Fliegen, von der er sagte, daß sie «meine beruflichen Ziele in unserem Zeitalter einschränkt».

Er sagte, er habe nie Depressionen gehabt oder sich mit Selbstmordabsichten getragen.

Von seiner Vergangenheit erfahren wir, daß er eine ältere Schwester hat. Er ist während des Zweiten Weltkrieges geboren worden, während sein Vater im Feld war. Sein Vater, ein auf seinem Gebiet erfolgreicher Mann, zog mit der Familie während der ersten Schuljahre des Patienten häufig um. Er war sich über seine Zukunft völlig im unklaren, als er von der High-School abging. Er wurde ermutigt, auf eine Schule im Ausland zu gehen, mit dem Gedanken, daß die Erfahrung seine Unabhängigkeit fördern und es ihm erleichtern würde, ein zukünftiges Vorhaben zu meistern. Er ging, verließ aber die Schule nach einigen Monaten und verbrachte den Rest des Jahres in einer europäischen Großstadt und «flippte rum». Dort lernte er den Alkohol kennen und dort machte er auch seine ersten sexuellen Erfahrungen. Sie schlossen auch eine Episode von Gonorrhoe ein. Er kehrte nach Amerika zurück, als das Jahr vorüber war, und schrieb sich an einer Universität ein. Im Laufe der nächsten vier Jahre schrieb er sich an drei verschiedenen Universitäten ein, hatte aber an keiner Erfolg. Er schaffte es dennoch, seinen Bakkalaureus zu bekommen und war gerade am Beginn seines Graduierten-Studiums. Zum Zeitpunkt, als er in die Klinik kam, lebte er an Wochenenden mit einem Mädchen zusammen und die Woche über zu Hause. Seine sexuellen Beziehungen waren lustvoll, obwohl er besorgt war über ein wiederkehrendes urethrales Brennen. Er war über einen beträchtlichen Zeitraum hinweg wegen verschiedener somatischer Beschwerden zu einem Arzt gegangen. Da keine organische Ursache gefunden werden konnte, war er ohne Erfolg mit allen bekannten Medikamenten gegen Angst behandelt worden.

Er respektierte und bewunderte seinen Vater, von dem er meinte, daß er immer recht vernünftig mit ihm umgegangen sei. Er beschrieb seine Mutter als jemanden, die dazu neigte, ihn zum Handeln zu drängen, worauf er mit hartnäckigem Widerstand reagierte und sie umgekehrt mit Schweigen. Er meinte, daß seine Eltern im Blick auf seine berufliche Laufbahn keinen ungebührlichen Druck auf ihn ausgeübt haben und daß, hätten sie es getan, es sowieso nicht viel genützt hätte. Seine Beziehung zu seiner Schwester war immer gut. Sie war verheiratet und lebte in einem anderen Teil des Landes.

Mein Eindruck nach dem Vorgespräch war, daß dies ein schlanker, sensibler, ehrlicher, etwas sanfter Mann war. Seine Erfahrung im Ausland hatte ihn in «maskuline» Aktivitäten eingeführt, die er auch weiterhin genoß, aber die seine Abhängigkeitskonflikte nicht zu vermindern schienen. Ein zweites Vorgespräch wurde vereinbart.

Im zweiten Interview machten es mir weitere Informationen möglich, ihm die Gründe, die ihn zu mir geführt hatten, vor Augen zu halten, ihm mein Verständnis seiner ganzen Situation zu zeigen und ihm dann ein Behandlungsbündnis anzubieten. Ich sagte ihm, daß, wie ich es verstanden hatte, die folgenden Punkte seine Hauptsorge seien:

- Zeit – daß sein Alter und sein Platz im Leben ihn dränge, Entscheidungen zu treffen und Verantwortung für die Führung seines eigenen Lebens zu übernehmen
- daß er im Konflikt – ambivalent – sei im Blick auf seinen Wunsch und die Furcht, erwachsen zu werden
- daß das demnach sowohl eine Furcht vor Versagen als auch eine Furcht vor Erfolg beinhalte
- daß er dann Gründe im voraus vorbringt, damit er gar nicht erst einen Versuch machen muß, und daß diese Gründe seine Angst vorm Fliegen und seine Angst vor Menschen sind
- daß er sich häufig zu krank fühlt, um wirkliche Fortschritte machen zu können, obwohl er weiß, daß er keine greifbare physische Krankheit hat

- daß, sollte er beim Graduierten-Studium versagen, ihn die Einberufung zum Wehrdienst erwartet, und dann fürchtet er das Versagen beim Wehrdienst, daß er dort «krank» wird
- daß er meint, seine Eltern haben ihm nie wirklich gestattet, selbstverantwortlich zu sein, obwohl sie ihn ermutigt haben, nach der High-School für ein Jahr ins Ausland zu gehen.

Ich machte den Vorschlag, daß wir uns zwölfmal treffen, jedesmal für eine Stunde, und daß wir unsere Aufmerksamkeit auf zwei Themen lenken sollten, die so eng miteinander verknüpft sind, daß sie in Wirklichkeit eines sind – daß wir die Zeit für das Problem seiner Furcht vor dem Erwachsenwerden und seiner Furcht vor dem Erfolg verwenden würden. Ihm wurde das genaue Datum des letzten Interviews mitgeteilt, und ein Honorar wurde festgesetzt. Sollte sich herausstellen, wurde ihm gesagt, daß die genannten Themen für ihn nicht die wichtigsten seien, würden wir das erkennen und würden zu dem übergehen, was immer sich als wichtiger herausstellen würde. Er wurde um seine Zustimmung zu diesem Vorschlag gebeten, und er stimmte zu. Es handelte sich diesmal um einen Patienten, der nur noch kurze Zeit in unserer Gegend blieb. Der Zeitplan sah daher zunächst ein Interview, später zwei Interviews pro Woche vor.

Erstes Interview

Er fühlte sich besser, beklagte sich aber schnell über die Wirkungen, unter denen er nach nur einem kleinen Gläschen Schnaps zu leiden hatte. Ihm war schwindelig gewesen, übel, und am nächsten Tag hatte er einen Kater und ein allgemeines Übelkeitsgefühl. Er möchte gern reichlich trinken können. Schwindel und Übelkeitsgefühl waren zum erstenmal vor zwei Jahren aufgetaucht, als er mit seinen Eltern zu einer Fahrt durchs Land aufbrach. Er erinnerte sich, daß er die ganze Reise über krank war. Er war überzeugt, daß er Syphilis hatte und entschied dann, es müsse Leukämie sein. Als er nach Hause zurückkehrte, fühlte er sich besser. Kurz danach siedelte er in einen anderen Staat über und bekam für etwa sechs Wochen Arbeit als Hilfskellner. Er fühlte sich gut bis etwa eine Woche vor seiner Rückkehr nach Hause, als die Übelkeit und das Schwindelgefühl so schlimm wurden, daß er drei Nächte hintereinander zur Notaufnahme in ein nahe gelegenes Krankenhaus ging. Es wurde nichts gefunden, was seine Symptome

erklärte. Ihm wurde ein Phenolthiazin und Schlaftabletten verabreicht. Ich stellte die Frage, wie viele Männer seines Alters wohl ganze Sommer damit verbringen, mit ihren Eltern zu reisen. Da sagte er mir, daß er auch im vergangenen Sommer mit ihnen verreist sei. Auch er meinte, daß das ziemlich ungewöhnlich sei. Ich bemerkte, daß solche Reisen sicherlich attraktiv seien, aber daß wir sie näher anschauen müßten. Ich bat ihn, in seinem Gedächtnis zurückzugehen und mir zu berichten, wie die Entscheidung zustande gekommen war, daß er nach der High-School ein Jahr im Ausland verbringen sollte. Das geschah, sagte er, um ihm zu helfen, erwachsen zu werden, zur Ruhe zu kommen und sich für das College vorzubereiten. In der Zwischenzeit hätte er den Vorteil, eine Fremdsprache zu erlernen. Er wollte eigentlich hier im Lande auf eine vorbereitende Schule gehen und hatte nicht den Wunsch, ins Ausland zu gehen. Dazu kam, daß er zum erstenmal ein Mädchen hatte. Das letzte Jahr in der High-School hatte er genossen. Er erhob jedoch keine Einwendungen gegen die Pläne, die seine Eltern mit ihm vorhatten. Seine Eltern gingen mit ihm ins Ausland, sorgten dafür, daß er dort in der Schule gut untergebracht war und verließen ihn. Er besuchte die Kurse nur kurze Zeit. An demselben Tag, als er seinen Eltern schrieb, er denke daran, jene Stadt zu verlassen und in eine andere, größere in Europa zu ziehen, packte er tatsächlich seine Sachen und ging. Er besuchte die Schule für den Rest des Jahres nicht mehr, und seine Eltern haben tatsächlich nie Rechenschaft gefordert über das, was er im Ausland tat. Einmal hatte er einen Flug nach Hause gebucht, aber er hielt dann doch aus und hatte das Gefühl, sozial reifer geworden zu sein.
Ich machte die Bemerkung, daß nur wenige Jungen im Alter von siebzehn durchgehalten hätten, so wie er es getan hat, und daß er sicher Gewinn daraus gezogen habe. Aber sein Verhalten seit diesem Zeitpunkt ließe mich fragen, ob die Heilung vielleicht schlimmer als die Krankheit sei. Er sagte, daß er es so noch nie gesehen habe und daß er sich keiner Einwände gegen eine so enge Bindung an seine Eltern bewußt sei. Er war einverstanden, daß wir dem noch weiter nachgehen könnten. Ich bemerkte im stillen, daß er sich im Interview wohl zu fühlen schien und daß er anscheinend frei mit mir umgehen konnte. Aber er legte ein Ausmaß an Gleichgültigkeit, an Apathie an den Tag, das mehr Depression vermuten ließ, als ihm bewußt war.

Der Patient erschien nicht. Als sicher war, daß er nicht kommen würde, rief ich an und erreichte ihn glücklich per Telefon. Er hatte irrtümlich unseren Termin für den nächsten Tag notiert. Er hatte tatsächlich das falsche Datum in seinen Terminkalender geschrieben. Er sagte, daß er zum nächsten regelmäßig festgesetzten Interview kommen würde, das drei Tage später stattfinden sollte.

Er kam pünktlich und begann sofort mit der Nachricht, daß er in einem Ferienkurs über ein spezialisiertes Gebiet an einer Universität angenommen worden sei, die als die beste auf diesem Gebiet galt. Wenn er jedoch für den gleichen Kurs an einer anderen Universität angenommen wird, die nahe zum Wohnort seiner Schwester liegt, dann wird er an die gehen. Seine Eltern haben schon beschlossen, ihn hinzufahren, für welche Universität er sich auch entscheiden mag.

Am Tag zuvor hatte er sich schrecklich gefühlt. Vielleicht lag das daran, daß er mit seinem Mädchen zusammen war, statt zu studieren. Oder vielleicht eher daran, daß er irgendwie physisch krank ist. Ich fragte, ob seine Mutter ein Mensch sei, der sich ständig Sorgen macht. Er meinte, das träfe auf sie zu, und er sei genau wie sie. Dann sprach er davon, wie schwach und körperlich völlig unzulänglich er sich fühlt. Ich hob hervor, daß sein sportliches Interesse anzeigt, daß dieses Gefühl über sich selber auch noch eine andere Seite hat.

Das regte ihn an zu erzählen, wie ungelenk er immer gewesen ist, sogar während der High-School-Zeit. Nichtsdestoweniger fuhr er unbeirrt fort, Korbball zu spielen oder mit seinen Freunden Mittelstürmer beim Fußball zu sein, und er genoß den Kontakt beim Fußball. Es gab ihm das Gefühl, stark zu sein wie ein Mann. Schnell lenkte er dann auf seine Ängste zurück. Auf seinem Weg zu den Therapiestunden fuhr er Hochbahn, und er hatte immer Angst, daß sie aus den Schienen springen und auf die Straße kippen würde. In der Hochbahn sitzt er immer in der Angst, daß er in Panik ausbrechen wird, ehe noch irgend etwas geschehen ist. Um das unter Kontrolle zu halten, sitzt er nahe beim Ausgang, damit er jederzeit fliehen kann. Ihm wurde seine sogar noch größere Angst, hilflos zu sein, bewußt.

Ich sagte ihm, daß es in ihm eine Seite gäbe, die sehr danach verlangt, anders zu sein, als er sich bewußt empfindet (ich dachte an seine Phantasien, in denen er sich selber Treffer erzielen sieht, während er zum Beispiel am Fernseher ein Football-Spiel beobachtet), aber daß ihn etwas abschreckt – so sehr, daß es weniger gefährlich ist, nichts zu tun. Nicht studieren kann weniger gefährlich für ihn sein als studieren. Ich sprach von seiner Anhänglichkeit an seine Familie als einer Möglichkeit, sich das Gefühl der Kontrolle zu verschaffen. Daraufhin reagierte er prompt mit einer Bemerkung über sein «Zittern», weil er allein in den Ferienkurs geht, im Widerstand zum Wunsch seiner Eltern. Er würde eine verdammt gute Entschuldigung brauchen, um davonzukommen. Ich sagte, daß sein Alter doch wohl Entschuldigung genug sei, und er verstand. Er deutete an, daß seine Ängste und Klagen und Anhänglichkeit an seine Familie ihn immer begleitet haben, aber daß sie viel schlimmer geworden seien seit seiner Rückkehr aus dem Ausland. Er schrieb sich noch einmal ausdrücklich das Datum unseres nächsten Termins auf, ehe er das Interview verließ. Auf seinem Weg nach draußen verwickelte er mich in eine kurze Unterhaltung über professionellen Korbball und fragte mich, ob ich daran interessiert sei.

Drittes Interview

Er hatte über unsere Erörterungen nachgedacht, und er ist sich nicht so sicher, ob er tatsächlich so an seine Eltern gebunden ist. Kurz darauf machte er diesen Einwand wieder rückgängig, indem er sich selbst erinnert, daß an Abenden, wenn ihm kein Wagen zur Verfügung steht, Mutter oder Vater ihn an der Haltestelle des öffentlichen Verkehrsmittels abholt, um ihm den Fußweg von eineinhalb Kilometern bis zu seinem Haus zu ersparen. Er hat sich heute «verdrückt», als er von einem Lehrer aufgefordert wurde, ihn in einer Vorlesung zu vertreten. Nichts ist wirklich von Belang, da er sowieso zum Wehrdienst eingezogen wird, und auch da wird er sich verdrücken, indem er krank wird. Ich sagte, daß all seine Klagen dasselbe aussagten, nämlich, daß er Angst habe und daß wir ergründen sollten, was daran schuld sei. Er betrachtet sich selbst als unreif und möchte nicht gern Verantwortung übernehmen. Wir kamen zum Thema der Selbstachtung, und während der Diskussion vertrat ich die Meinung, daß ein Mann seines Alters sich zweifellos mehr achten könnte, wenn er etwas zu seinem Unterhalt beitragen würde, etwa durch die Annahme einer Arbeit. Er räumte ein, daß er *vielleicht* arbeiten und gewissermaßen unabhängig sein sollte. Er meint, daß er tatsächlich stur ist, aber er ist auch ein Mensch, sagt er, der anderen nachgibt.

99

Mein Eindruck war, daß seine ungeheure Passivität und die Tatsache, daß er sich damit zufriedengab, eine doppelte Funktion hatte: sie sollte sein Schicksal unter Kontrolle halten und ihm bei der Vermeidung von Konkurrenzsituationen und den Gefahren des Erfolges helfen.

Viertes Interview

Er hatte sich etwas besser gefühlt nach dem letzten Interview. Er erinnerte sich an ein Erlebnis bei einer Studentenverbindung, bei der er in der Geschäftsführung Verantwortung übernehmen wollte, sich aber so unverantwortlich verhielt, daß er aufgefordert wurde, zu gehen. Wir sprachen von seinem Konflikt, Verantwortung für sich selber zu übernehmen und der Angst davor und daß das im Endergebnis lähmend sei. Ich machte eine Bemerkung darüber, wie apathisch er sich selber darstellte. Er sagte, daß er gelangweilt und deprimiert sei, obwohl er weiß, daß es auch ein gut Teil Optimismus und Neugier bei ihm gibt. Nach diesem Eingeständnis der aggressiveren Seite in ihm selbst lenkte ich das Gespräch wieder auf sein Bedürfnis nach größerer Selbstachtung und auf Möglichkeiten, sie zu verwirklichen. Er wurde unruhig, zog plötzlich seine Sonnenbrille hervor und setzte sie auf. Ich fragte, ob er eine Barriere zwischen uns aufrichte, um mich fernzuhalten. Er sagte, daß er aus dem gleichen Grunde Kettenraucher sei, ohne zu inhalieren. Auf seinem Weg nach draußen übergab ich ihm eine Rechnung.

Fünftes Interview

Er fühlte sich recht wohl. Kurz zuvor hatte er sich in der Vorlesung zu Wort gemeldet, als angekündigt wurde, man würde über die «akademische Revolution» diskutieren. Der Lehrer hatte jemand anders aufgerufen. Er war froh darüber, weil er bereits merkte, wie sein Herz raste, die Kehle sich zusammenschnürte und sein Körper ihm beinahe nicht mehr gehorchte. All diese Anzeichen von Furcht wurden ihm als solche vor Augen gehalten. Er fürchtet sich davor, sich unabhängig zu machen, weil das «frontale» Zusammenstöße bedeutet. Er würde viel lieber so etwas wie Hypnose vorziehen oder eine Tablette, um seinen inneren Aufruhr zu beruhigen. Ich arbeitete das als einen weiteren Beweis seiner Furcht heraus, erste Schritte zu tun, Verantwortung zu

100

übernehmen und als seine Bereitwilligkeit, sich von jemandem alles abnehmen zu lassen, es für sich und an sich geschehen zu lassen. Er sagte darauf, daß er in Wirklichkeit Maschinen mehr vertraue als Menschen. Wenn er mit der Hochbahn fährt, besteht die größte Gefahr darin, daß der Führer zu schnell fährt, nicht, daß irgend etwas mit den Wagen nicht in Ordnung ist. In gleicher Weise ist bei Flugzeugen der Irrtum des Piloten weit gefährlicher als irgendwelche fehlerhaften Maschinen. Ehe das Interview beendet wurde, hatten wir festgestellt, daß er Furcht hat, das könnte eher mit gefühlshaften Reaktionen statt mit intellektuellem Bewußtsein zu tun haben. Auf dem Weg nach draußen erinnert er mich daran, daß er sich wirklich sehr viel besser fühlt. Ich rufe mir selber ins Gedächtnis, daß wir im nächsten Interview den Scheitelpunkt der Gesprächsreihe erreichen.

Sechstes Interview

Er erwartet Ärger zu Hause wegen des kommenden Wochenendes, weil eine Gruppe alter Studienfreunde zusammen mit ein paar Mädchen zu ihm nach Hause kommen. Sie wollen eine große Party mit viel Alkohol feiern, und seine Mutter wird sich sehr aufregen. Er beschäftigt sich stark damit, daß er gern viel trinken möchte, ohne danach einen so schlimmen Kater zu bekommen, wie er ihn neulich bereits nach einer ganz kleinen Menge Alkohol bekommen hatte. Trinken ist eine Äußerung der Männlichkeit; wenn er nicht viel trinken kann, fällt das ganz deutlich auf seine Männlichkeit zurück. Letzte Woche ist er zum erstenmal nach vielen Monaten mit seinem Mädchen in ein Restaurant gegangen. Er hat es überstanden, hat sich aber fürchterlich gefühlt. Er hatte Angst, daß die anderen im Restaurant ihn sehen würden mit zittrigen Händen, ungelenk. Er fühlt sich unbehaglich, wenn er irgendwo in der Öffentlichkeit allein dasteht. Er fragt sich, ob er weibisch ist. Nein, er hat keine homosexuellen Wünsche, aber er «martert» sich selber mit Sorgen darüber. Ich umreiße die Situation so, daß er in der letzten Klasse der High-School endlich dazu kam, ein Mädchen zu küssen. Dann in dem Jahr im Ausland lernte er, mit einer Frau sexuell zu verkehren. Diese Erfahrungen, zusammen mit Gonorrhoe und dem Trinken, gaben ihm das Gefühl erhöhter Männlichkeit. Obwohl sie jedoch seinem Bedürfnis zu jener Zeit entgegenkamen, reichen sie nun nicht länger aus. Nun muß er etwas mehr unternehmen, um sich seiner eigenen Zulänglichkeit zu versichern.

Siebtes Interview

Das Wochenende war schlecht verlaufen. Vor der Ankunft der vielen Gäste zur Party war ihm übel, aber er hatte sich nicht erbrochen. Als die Wochenendparty abbrach, war ihm unsagbar wehmütig zumute. Er würde keinen aus der engeren Gruppe seiner vier Freunde je wiedersehen. Sie gingen weg an Arbeitsstellen, nach Vietnam und anderswohin. Er war sich bewußt, daß Berufstätigkeit, Heirat und Verantwortung noch vor ihm lagen. Und dann beschäftigte er sich hier so intensiv damit, ob er es auf allen diesen Gebieten zu etwas bringen würde. Ob ich meinte, daß er weibisch sei? Ob er steril sei? Er erinnerte sich an die Episode mit der Gonorrhoe und seine spätere Besorgnis wegen Syphilis. Syphilis bewirkt Wahnsinn. Ich sprach mit ihm über die Wirkung von Gonorrhoe auf einen Jungen, der diese Infektion nach seinem allerersten sexuellen Versuch bekommt. Oft hat es den Charakter einer Bestrafung an sich für seinen sündigen Versuch, ein Mann zu sein – besonders im Blick auf die Werte und Verhaltensmaßregeln seiner eigenen Herkunft. Ich fügte hinzu, daß dennoch die Furcht vor Gonorrhoe und Syphilis ihn nicht daran gehindert hatte, weitere sexuelle Erlebnisse zu suchen und zu finden und daß das ein ganz kräftiger Beweis dafür sei, daß sein Wunsch, ein Mann zu sein, sicherlich da sei, aber daß er Angst davor habe.
Ich bemerkte im stillen, daß er zum erstenmal recht gepflegt angezogen gekommen war, mit einem Hemd, Schlips und Jackett.

Achtes Interview

Er begann gleich mit der Feststellung, daß er nun weiß, was sein Problem ist, daß «wir es wirklich getroffen haben», also was er nun tun solle?
«Wie viele Zusammenkünfte haben wir noch vor uns?»
«Ich weiß nicht.»
«Raten Sie.»
«Zwei – dies ist die achte.»
«Wie viele sind es zusammen?»
«Zehn.»
«Ich kann jetzt noch besser verstehen, warum Sie die Frage eben gestellt haben. Sie haben es mißverstanden. Wir haben zwölf Zusammenkünfte, aber Sie haben bereits das Gefühl, daß wir fast schon am Ende sind, und was werden Sie dann tun?»

Wir erörterten seine Zukunftspläne, die für ihn undeutlich bleiben. Er hat kein spezielles Interesse. Er fühlt sich aber besser und hat keinerlei Beruhigungsmittel eingenommen. Er meint, daß er sich den Situationen, die er fürchtet, stellen und sie meistern muß. Ich stimme ihm zu und teile sein Zutrauen, daß er das auch kann. Er erzählt dann, daß er mit einer Gruppe zum Essen ausgegangen ist, daß er sich etwa 15 Minuten lang nervös und übel gefühlt hat und dann darüber hinwegkam. Wieder kommt er auf seine Furcht zu sprechen, daß er es nicht schafft, seine bereitliegenden Fähigkeiten zu nutzen, weil er spürt, wie er viel lieber gebunden und abhängig bleiben möchte und wie ihn diese Abhängigkeit fesselt.

Neuntes Interview

Das Ende kommt bedrohlich näher, und die Würfel sind gefallen. Ihm war übel, er ist erkältet, hat die Grippe, seine Gelenke schmerzen – vielleicht hat er Arthritis und wird verkrüppelt und bewegungsunfähig bleiben. Er ist deprimiert, verdrießlich, gelangweilt. Er hat zu viel Angst vor dem Sterben, also kommt Selbstmord nicht in Frage. All diese Symptome sind seit unserem letzten Treffen aufgeflackert. Ich kam dann zu seiner Enttäuschung, erinnerte ihn daran, daß seine Erwartungen dessen, was er hierbei gewinnen würde, rasch im Schwinden seien. Ich bat ihn, zu bedenken, daß er ärgerlich auf mich sein könnte und daß er sich vor seinen Gefühlen schützt, indem er Symptome entwickelt. Er sagte, daß er tatsächlich bei gewissen Themen wütend wird: 1. Die Araber sind in der israelisch-arabischen Situation mißhandelt worden; die Christen haben Zugeständnisse an die Juden gemacht und es dabei an den Arabern ausgelassen. 2. Im allgemeinen ist er für den Vietnamkrieg auf Grund der moralischen Verpflichtung. 3. Er ist «gewaltig» gegen die Todesstrafe. In diesen Themen sehen wir seinen inneren Zustand widergespiegelt. Zum ersten Thema: Sein Vater ist ein aktiver, praktizierender Christ, und sein Therapeut ist Jude. Der Patient ist aus passivem Widerstand heraus Nichtchrist. Zum zweiten Thema: Sein Vater ist «gewaltig» gegen den Vietnamkrieg. Zum dritten Thema: Sein Vater hat Vorbehalte gegenüber solch einer Bestrafung. Die angespannte Beschäftigung des Patienten mit der Todesstrafe kreist um die Situation der absoluten Hilflosigkeit und seiner Furcht davor. Er beschreibt sich selbst als einen «Schmarotzer». Ich bemerkte, daß solch eine Beschreibung ihn deprimieren müsse. Wir hielten uns die Tatsache vor Augen, daß er nun mit mir im Kampf stehe und daß er sich deshalb womöglich noch schlechter fühle.

Zehntes Interview

Die vergangene Woche war gut verlaufen, bis etwa zum Mittag des heutigen Tages, als er anfing, Schwindelgefühl und Übelkeit zu spüren. Es gelang uns, das auf seinen Besuch bei mir heute zu beziehen und auf seine Angst vor meiner Mißbilligung. Für mich lag nahe, daß das direkt mit seiner Angst vor Autoritätsfiguren verknüpft war. Ihm fiel seine Angst beim Besuch eines Vorschulkindergartens ein und daß er seine Abmeldung ertrotzt hatte. Er entsann sich, wie beklommen er war, als er in die erste Klasse ging, und daß er Angst hatte, von seiner Mutter und von daheim fort zu sein. Ich bezog all das auf seinen heutigen Besuch und sagte, daß das eine recht lebendige Verdeutlichung seiner Besorgnis sei, daß ich ihn fortschicken werde, wenn es ihm gut geht. Wenn er dann fortgeschickt worden ist, muß es für ihn so aussehen, als ob er nicht geliebt würde und mit Sicherheit unannehmbar wäre. Er spricht von seinem «Zittern», weil er seinen Eltern erzählen muß, daß er sich entschlossen hat, die Note für einen bestimmten Kurs so lange aussetzen zu lassen, bis er eine Arbeit abgeliefert hat. Wir überlegen, wie er es anstellen soll, seinem Professor seine Entscheidung mitzuteilen. Er fürchtet den Tadel des Professors und verriet mir dann, daß er zuerst daran gedacht habe, dem Professor zu sagen, daß er krank sei, emotional aufgewühlt und in psychiatrischer Behandlung.

Elftes Interview

Er hatte am Abend zuvor eine ganze Sechserpackung Bier in sich hineinlaufen lassen und hatte an diesem Morgen Kopfschmerzen, die sich immer noch leicht bemerkbar machten. Bier und Alkohol sind Möglichkeiten, seine Empfindlichkeit gegenüber Zurückweisung zu verringern. Wenn Alkohol das für ihn tun kann, halte ich ihm vor Augen, dann hat er auch die Möglichkeit, der Situation ohne Alkohol Herr zu werden. Die Sache mit der Zurückweisung führte zu der Frage nach seinen Gefühlen und der Furcht, nicht angenommen zu sein. Es ist eine alte Furcht, bei seinen Eltern unerwünscht zu sein, und wir sprachen davon, wie dieses Gefühl jetzt bei mir wieder auftauchte, besonders da wir uns dem Ende der Behandlung näherten. Er teilt mir einen seiner Tagträume mit – er baut eine Stadt; er sieht ein Auto, das ihm gefällt und fährt damit; er ist an der «Front» mit einem Gewehr. Ich machte eine Bemerkung über die Aktivität in all diesen Phantasien und wieviel sie uns darüber sagten, was er sich wünscht, aber zugleich fürchtet, fortgeschickt zu werden. Ich fügte hinzu, daß er sich allgemein unauffällig gibt, damit er keine Aufmerksamkeit auf sich zieht durch sein Verhalten oder durch seine Kleidung, daß er sich gerne duckt und dann vielleicht gemocht wird. Er stimmte dem zu, und ich ging das kommende Ende der Behandlung mit ihm durch, daß er es als eine Zurückweisung betrachten wird, als ob er mir gleichgültig sei und ich ihn loswerden will. Er antwortete, daß er in der Tat geglaubt habe, daß ich ihm nur zwölf Sitzungen zugestanden habe, weil ich der Meinung gewesen sei, er verdiene nicht mehr. Ich fragte ihn, ob es ihm in den Sinn gekommen sei, daß ich ihm nur zwölf Sitzungen angeboten habe, weil ich weiß, daß er das Zeug dazu hat, etwas für sich selber zu tun? Das war ihm noch nicht in den Sinn gekommen. Ich bekräftigte mein Zutrauen in ihn.

Zwölftes Interview

Er hatte seinem Vater gesagt, daß er in einem Kurs die Benotung aussetzen lassen wollte, bis er eine Arbeit eingereicht hätte. Der Vater war wütend und hatte es der Mutter erzählt. Die war auch wütend. Er mußte eine Einladung zu einem Ausflug absagen und war sehr ängstlich bei dem Gedanken, daß sein Freund ihn verdammen und ihn zurückweisen werde. Er meint, daß sein Hauptkummer die Angst vor der Zurückweisung ist und daß er wertlos sei. Im Hinblick auf Beendigung und Trennung ging ich aktiv mit ihm darauf ein. Er hatte viel über diese letzte Begegnung nachgedacht und hatte sich bei dem Gedanken ertappt, daß er mich um eine Reihe von Ratschlägen bitten würde. Er merkte dann, daß ich ihm die nicht geben würde und daß er das für sich selbst tun könne. Er ist sich dessen bewußt, daß er es zugelassen hat, daß Ereignisse ihm Entscheidungen aufgedrängt haben, statt selbst die Dinge in die Hand zu nehmen und Ereignisse nach seinen Vorstellungen zu gestalten. Er dachte daran, wie nutzlos alles ist, wie deprimiert er ist und wie nötig er es hat, für sich selber weiterzumachen und unabhängig zu werden. Er stellte eine Reihe von Fragen, zum Beispiel was er tun soll, wenn er in einem Restaurant immer noch solche Beklemmungen hat oder sich krank fühlt? Ich ging darauf ein und betrachtete es lediglich als eine dringende Bitte, mehr von mir zu bekommen. Dann bemerkte er, wie verändert die Dinge jetzt für ihn seien im Vergleich zu dem Zeitpunkt, als er mit mir anfing. Er fühlt sich schon enttäuscht, aber er wird damit fertig werden können. Ich sagte ihm, daß er das Ende der Behandlung nicht als Zurückweisung nehmen solle, das heißt, als ob er nichts wert sei. Aber er sollte auch nicht überrascht sein, wenn unfreundliche Gedanken über mich bei ihm auftauchten, und sollte er solche Gedanken haben, bestärkte ich ihn, dann sollte er sie gelten lassen, denn ich lasse sie auch gelten. Er berichtete über seine Pläne in unmittelbarer Zukunft, und ich prägte ihm ein, daß am wichtigsten sei, was er für sich selbst tue, und daß die Billigung der Eltern, von mir oder von irgend jemandem sonst hinter seinem eigenen Wunsch, etwas für sich zu tun, zurückstehen sollte. Beim Weggehen sagt er mir, daß seine Eltern ihm ein Auto kaufen, damit er selber zu seinem Ferienkurs fahren kann. Ihm ist etwas unbehaglich bei dem Gedanken, daß sie ihm ein Auto besorgen, und ich schlug vor, daß er, wenn er möchte, ihnen den Wagen immer noch abzahlen kann.

Nachfolgegespräch
sechs Monate nach der Beendigung

Er sieht sehr gut aus mit einem gepflegten Kinn- und Schnurrbart, den er sich während des Sommerkurses hat wachsen lassen. Den Kurs hatte er an der Universität, die von seiner Schwester weit entfernt lag, besucht. Es waren keine Schwierigkeiten beim Essen mit anderen aufgetreten, und er hatte hart gearbeitet. In der letzten Woche seines Aufenthaltes dort war er sehr deprimiert gewesen, und das hatte sich eine Woche lang nach seiner Rückkehr nach Hause fortgesetzt. Er ist sich darüber im klaren, daß das ein bekanntes Muster ist. Während des Sommers hatte er sich bei einer Gelegenheit sehr übel gefühlt, war zu einem Arzt gegangen, und der hatte nichts gefunden. Also hatte er es «vergessen», und ihm war es seither gut gegangen. Er hat sich jetzt mit dem Mädchen verlobt, mit dem er während seiner Besuche bei mir bekannt war, und seine Eltern haben diesen Schritt gebilligt. Er arbei-

106

tet gerade seine Graduierten-Arbeit aus, damit er für seine Doktorarbeit zu einer Prestigeschule Zutritt hat. Er macht sich jetzt Sorgen wegen seiner Einberufung, aber nur, weil er sich schuldig fühlt, da er keinen Wehrdienst leisten möchte. Er hat eine Einstellung gegen den Vietnam-Krieg entwickelt. Er möchte im nächsten Sommer heiraten, und ihm graut davor, daß er womöglich gleich danach eingezogen wird. Er trinkt eine Menge Bier und sorgt sich immer noch um die Auswirkungen auf seine Leber. Obwohl er sich über seine zukünftige Berufslaufbahn noch nicht im klaren ist, traut er sich zu, daß er unterrichten kann. Er würde gerne viel Geld verdienen, und das erinnert ihn daran, daß er immer noch Angst vorm Fliegen hat und daß er eines Tages deswegen Hilfe brauchen könnte. Offenbar ist seine soziale Angst erheblich vermindert und sein Selbstwertgefühl beachtlich gestiegen. Er sieht reifer und zuversichtlicher aus. Somatische Beschwerden sind gering. Er hat sich gefreut, mich zu sehen, kann die gewonnenen Einsichten nutzen und scheint vor allem klar zu begreifen, daß er unabhängig sein kann, auch wenn es Schritt für Schritt geht.

Nachfolgegespräch
ein Jahr nach Beendigung

Er sieht adrett, gut angezogen und hübsch mit seinem Spitz- und Schnurrbart aus. Er heiratet nächste Woche. Er hat seinen Magister bekommen und wartet auf die Zulassung, um seine Doktorarbeit auf einem spezialisierten Gebiet zu beginnen. Er ist sich seiner Abhängigkeitswünsche sehr wohl bewußt und auch seiner Neigung, sich ihnen hinzugeben. Er meint, daß seine soziale Angst sich ungeheuer verringert hat und daß er in mancher Hinsicht entschieden aggressiver ist. Vor allem erkennt er seine Probleme und ist sich bewußt, daß nur er sie bewältigen kann. Wenn er sich Sorgen macht über Krankheit und die Auswirkungen auf seine Leber, dann weiß er, daß er all seine Bedürfnisse befriedigt haben möchte und keines aufgeben will. Er hat das Gefühl, daß er langsame Fortschritte macht, aber dennoch Fortschritte und langsam die Grenzen der Befriedigung anerkennt, die die Realität und die Unabhängigkeit ihm setzen. Er sieht auch danach aus. Er ist sich immer noch der Hauptthemen sehr bewußt, über die wir gesprochen haben.

Nachtrag

Fast genau ein Jahr später, zwei Jahre nach dem Ende der Behandlung, erbrachte eine zufällige Begegnung mit seiner Mutter unaufgefordert die Information von ihr, daß ein «Wunder» an ihrem Sohn geschehen sei und daß es ihm in der Arbeit, der Ehe und seiner Unabhängigkeit sehr gut gehe.

6

Die Auswahl der Patienten

Es ist häufig ein sehr bedrückendes und schwieriges Problem, für einen bestimmten psychiatrischen Patienten zu entscheiden, welche die geeignetste Behandlung ist. Weniger schwierig ist es nur in jenen Fällen, in denen die Krankheit so offensichtlich schwerwiegend ist, daß selbstverständlich ein unverzüglicher Eingriff vonnöten ist und wo die Möglichkeiten eines Eingriffs in der Zahl begrenzt sind. Zum Beispiel macht eine schwere Depression aktive medikamentöse Therapie erforderlich oder, je nach Alter des Patienten, eine Elektroschock-Behandlung oder beides. Ähnlich legt der akut gestörte schizophrene Patient oder der manische Patient eindeutig den Gebrauch chemischer Mittel nahe, um den Zustand zu lindern. Erst bei der großen Mehrzahl der nichtpsychotischen Patienten oder bei der nicht unerheblichen Anzahl nicht akut gestörter psychotischer Patienten gibt die angemessene Wahl der Behandlung viele Rätsel auf. Eine einfache Lösung ist die Methode der Verhaltenstherapeuten (oder der Verhaltensmodifikatoren), die in allen Fällen das einzelne vordergründige Symptom, das dem Patienten Beschwerden macht, zum Ziel ihrer Behandlung wählen. Demnach sind es die Angstanfälle des Patienten oder seine Phobie oder seine sexuelle Abweichung, die in Angriff genommen werden, ohne Rücksicht auf eine oder mehrere der unbewußten Determinanten, die bei der Bildung des Symptoms oder Verhaltens Eingang gefunden haben.

Es gibt sehr wenige Richtlinien für die angemessene Wahl der Behandlung (und daher für die angemessene Auswahl der Patienten für eine bestimmte Behandlung) in all jenen Fällen, in denen die Behandlung nach bestem Wissen auf das zugeschnitten ist, was der Patient braucht. Für die Praxis heißt das, daß für die Auswahl der Patienten für explorierende Psychotherapie, ob lang oder kurz, präzise Kriterien für die Behandlung am allernötigsten gebraucht werden. Das bedeutet weiter, daß die größten Schwierigkeiten in der Wahl der Behandlung dann auftauchen, wenn man eine Methode anwenden will, die dem Patienten neue, ihm bis dahin unbekannte Wahlmöglichkeiten eröffnen soll.

Eine genaue nosologische Diagnose in der Psychiatrie wirft in keiner Weise Licht auf die einzigartige Lebensgeschichte des Individuums. Ebensowenig teilt sie irgendetwas mit über die adaptive Ich-Stärke des Patienten, über seine Leistungen und, was am wichtigsten ist, über seine Fähigkeit, auf Objektbeziehungen einzuwirken.

Die Auswahl der Patienten für jede Kurztherapie schließt noch ein zusätzliches Risiko ein, das bei einer Langzeittherapie nicht besteht. Es ist eine allgemeine Erfahrung, für den erfahrenen Psychotherapeuten und Psychoanalytiker ebensogut wie für den unerfahrenen, daß eine anfängliche Diagnose und Behandlungsverschreibung sich als grob unzulänglich erweist, wenn die Behandlung bereits für eine verhältnismäßig kurze Zeit im Gange ist. Wie sehr ein Patient zum Beispiel borderline-psychotisch ist oder rundheraus psychotisch oder offen homosexuell oder alkoholkrank oder drogenabhängig, kann manchmal erst entdeckt werden, wenn die Behandlung schon begonnen hat. Die Fähigkeit zum Verdecken, die manche Leute entwickelt haben, tritt häufig genug auf, um auch die gewitztesten Kliniker und Diagnostiker bescheiden bleiben zu lassen. In der Langzeittherapie gibt es im Laufe der Zeit Gelegenheit, zu einer treffenden Diagnose zu gelangen, die die Art der bereits begonnenen Behandlung bestätigt, auf einen Wechsel in der Methode oder in den Behandlungszielen hindeutet oder eine völlig andere Behandlungsführung angezeigt sein läßt. In allen Kurztherapietypen erfordert die Kürze der Behandlung offenbar eine noch schärfere Beschreibung ihrer Eignung für den jeweiligen Patienten. Um so mehr gilt das für Psychotherapie, in der die Zeit selbst speziell begrenzt ist. Wie bereits erwähnt, ist einer der Schritte bei der Vereinbarung des Behandlungsrahmens mit dem Patienten die Erwähnung, daß, sollte sich bald herausstellen, daß das zentrale Thema in Wirklichkeit gar nicht zentral ist, der Patient und Therapeut es sich eingestehen und zum eigentlichen Thema überwechseln werden. In der Praxis macht es die strenge Zeitbegrenzung erforderlich, um so stärkere Aufmerksamkeit auf die Wahl des richtigen zentralen Themas zu lenken. Denn jeder Wechsel im Fokus der Aufmerksamkeit nach den ersten ein oder zwei Behandlungssitzungen schränkt das Maß an Zeit, das dem Patienten für seine Behandlung zur Verfügung steht, bereits ernstlich ein.

Es ist leicht einzusehen, daß die Wahl des zentralen Themas oder Fokus sich sehr vom Erstellen einer genauen dynamischen Diagnose unterscheidet. Der chronisch alkoholkranke Patient kann eine Behandlung aufsuchen aufgrund der sehr beschwerlichen ehelichen Beziehungen und die Tatsache seines Alkoholismus völlig verbergen. Der Therapeut kann die Ehebeziehung zum zentralen Thema machen und dann den Alkoholismus in der Mitte der Behandlung oder später entdecken. Oder ein homosexueller Patient kann als zentrales Problem seine streitbaren Beziehungen zu Arbeitgebern oder anderen Autoritätspersonen vortragen. Keine dieser Situationen, oder andere ähnlicher Art, müssen notwendig als Kontraindikation zur Fortsetzung der Behandlung aufgefaßt werden. Denn die Behandlung kann fortgesetzt werden, nicht mit der Besserung des Alkoholismus als Thema, sondern mit dem Eheproblem als fortbestehendem Fokus der Behandlung; oder nicht mit der Homosexualität als Thema, sondern den Schwierigkeiten mit Autoritätspersonen. Vom Wesen des hier beschriebenen therapeutischen Prozesses her mag die Erwartung nicht übertrieben sein, daß das Beharren auf dem zentralen Thema, auch wenn es der Entdeckung einer weitläufigen Persönlichkeitsstörung gegenübersteht, zu einer größeren Selbstbewußtheit im Blick auf die Persönlichkeitsstörung führen wird. So werden, bis zu einem gewissen Grade, positive Veränderungen beim Patienten bewirkt, selbst angesichts größerer Persönlichkeitsprobleme.

Der Kritiker mag nun zu Recht feststellen, daß ich übergewechselt habe von einer Einstellung, die wegen der strengen Zeitbegrenzung eine messerscharfe Diagnose erfordert, hin zu einer Einstellung, die besagt, daß jeder mit dieser Methode behandelt werden kann, einfach indem man ein einigermaßen zentrales Thema auswählt und daran festhält. Diesmal haben sowohl Kritiker als Autor recht. Je schärfer die Diagnose der Störung beim Patienten, desto genauer trifft der Therapeut die Auswahl des zentralen Themas. Da jedoch die Formulierung des zentralen Themas oft global ist und erst im Laufe der zwölf Sitzungen zunehmend schärfer wird, bedeutet das, daß auch die weniger treffende Diagnose es Patient und Therapeut gestattet, mit einem weniger scharf formulierten, globalen zentralen Thema zu beginnen. Anders gesagt, eine treffende Diagnose als Mittel der Auswahl für diese Behandlungsart ist weniger wichtig – mit einigen wenigen Ausnahmen – als die Auswahl eines zentralen Themas und die Geschicklichkeit in der Behandlungsführung. Die Ausnahmen sind bereits genannt worden: der Patient, der so schwer depressiv ist, daß er kein Behandlungsbündnis schließen, geschweige denn auf sich nehmen kann; der Patient im akuten psychotischen Zustand und der Patient, dessen Verzweiflung im Leben sich ausschließlich um das Bedürfnis nach Objektbeziehungen dreht und um die Unfähigkeit, sie zu ertragen. Diese letzte Ausnahme erfordert eine weitere Definition, weil der Ausdruck *borderline* allzu leicht ein diagnostischer Mülleimer ist.

Es wird in dieser Behandlung kritischer Nachdruck gelegt auf das Maß, in dem die Trennung-Individuation bewältigt worden ist. Sowohl der Grad der Bewältigung als auch die Fähigkeit zur weiteren Reifung werden in der Schlußphase der Behandlung ganz entschieden auf die Probe gestellt. Es ist daher anzunehmen, daß möglicherweise ein sehr ernster psychischer Schaden bei dieser Behandlungsmethode dann zugefügt werden kann, wenn man nicht erkannt hat, daß ein Patient zur sogenannten Borderline-Gruppe gehört und, darüber hinaus, welcher Art von Borderline-Erkrankung der Patient zuzurechnen ist.

Die Arbeiten von Kernberg und von Grinker und seinen Mitarbeitern haben zur Klärung der Mannigfaltigkeit der Zustände beigetragen, die unter der Überschrift «Borderline-Syndrom» zu fassen sind[1]. Innerhalb dieses Syndroms gibt es eine Reihe von Patienten, die dieselben dynamischen Ich-Schädigungen haben, deren Persönlichkeitsorganisation sich aber letztlich in der unterschiedlichen Stärke der Ich-Schädigungen unterscheidet. Grinker unterscheidet vier verschiedene Spielarten innerhalb des Borderline-Syndroms. Am einen Ende steht der Übergang zur Psychose bei Patienten mit dem schwerstgestörten Unvermögen, Objektbeziehungen einzugehen, am anderen Ende der Übergang zur Neurose bei Patienten mit offensichtlich größerer Fähigkeit zu Objektbeziehungen, so daß sie häufiger als schwere neurotische Charakterstörung eingeordnet werden können. Er beschreibt vier grundlegende Ich-Störungen als charakteristisch für das Borderline-Syndrom:

1. Wut als der hervortretende oder einzige erlebte Affekt;
2. gestörte gefühlshafte Beziehungen, die anaklitisch, abhängig oder komplementär sind, selten aber reziprok;
3. keine Anzeichen einer stetigen Selbst-Identität;

[1] Kernberg, O.: Borderline Personality Organization. Journal of the American Psychoanalytic Association 15. 1967: 641; Grinker, R.R., B. Werble, R.C. Drye: The Borderline Syndrome. New York: Basic Books 1968.

4. Depression – mehr Einsamkeit und Mangel an Bindung als Verzweiflung.

Fachgerechte Diagnose bei der Aufnahme oder bei den beratenden Gesprächen, immer unter der Voraussetzung, daß sie ausgedehnt werden können, bis man sich der Diagnose einigermaßen sicher ist, macht es möglich, daß man unter den Patienten der Borderline-Gruppe solche auswählt, die sich für die Behandlung eignen. Wenn man sich nicht sicher ist, ist es vielleicht besser, solche Patienten auszuschließen.

Sifneos benutzt eine Reihe von spezifischen Kriterien, um die Eignung für die Behandlung festzustellen.[2] Sie beinhalten: Nachweis von hervorragender akademischer Tätigkeit oder Arbeitsleistung; mindestens eine bedeutende Beziehung zu einer anderen Person im Laufe des Lebens; die Fähigkeit, mit dem diagnostizierenden Psychiater eine Beziehung durch Ausdruck irgendeines Affektes während des Interviews aufzunehmen; eine spezifische Klage. Ebenso wird eine Aussage über die Motivation des Patienten gemacht. Diese Kriterien sind bis zu einem gewissen Grade eine grobe Leitlinie für das Erkennen und den Ausschluß der Borderline-Patienten.

Eine Beschränkung auf Leute mit hervorragender akademischer oder sonstiger Arbeitsleistung trifft auf diese Methode zeitlich begrenzter Psychotherapie nicht zu. Es gibt sogar Beweise dafür, daß die Besonderheit dieser Behandlung mit ihren konkreten, rezeptartigen Eigenschaften der Erfahrung von Patienten aus unteren sozioökonomischen Schichten entgegenkommt, so daß sie sie erfolgreich in Anspruch nehmen können, solange ein gewisser Durchschnitt oder ein einigermaßen ausreichendes Maß an Intelligenz vorhanden ist. Die begrenzte Behandlungsdauer und die Intensität, die der Behandlungsprozeß erzeugt, wirkt auch der oft zu beobachtenden Abneigung von Angehörigen der unteren sozioökonomischen Schicht gegen verbale Behandlung entgegen. Der Prozeß von Trennung-Individuation und die Probleme, die sich daraus ergeben, bleiben keinem Menschen erspart. Erfahrungen der Mittel- oder Oberschicht sind nicht erforderlich, um einen Patienten für diese Art der Psychotherapie geeignet sein zu lassen.

Sifneos' Forderung nach der spezifischen Klage des Patienten kann

---

[2] Sifneos, P. E.: Short-Term, Anxiety-provoking Psychotherapy: An Emotional Problem-Solving Technique. Seminars in Psychiatry I, Nr. 4. November 1969.

mit dieser Methode näher bestimmt werden. Die Auswahl eines Fokus oder zentralen Themas kann dann schneller getroffen werden, wenn der Patient tatsächlich eine spezifische Klage hat. Dort kann das diagnostische Interview dazu benutzt werden, um festzustellen, ob sie das zentrale Thema sein soll oder ob die spezifische Klage sekundärer Ausdruck eines dringenderen, wenn auch verdeckten zentralen Problems ist. Manche Patienten sind nicht in der Lage, sich selbst mit einer spezifischen Klage vorzustellen. Sie leiden an einem Komplex von Gefühlen und Vorstellungen, die als vages Gefühl von Unbehagen, verschwommener Angst oder unbestimmter Unzufriedenheit ins Bewußtsein auftauchen. Im Laufe der Vorgespräche ist es in der Regel möglich, die Informationen zu bekommen, die es dann dem Patienten und dem Therapeuten gestatten, zu einer spezifischen Klage zu gelangen. Wenn ein Patient nicht mit einer spezifischen Klage kommt und wenn es trotz Vorgesprächen nicht gelingt, eine zu formulieren, dann kann das an sich schon als Gegenindikation zur Behandlung angesehen werden. In solch einem Fall kann es als Hinweis auf einen schweren Borderline-Zustand gewertet werden oder als chronischer, undifferenzierter schizophrener Zustand, bei dem es keine Motivation zur Veränderung gibt, sondern eher die undeutliche Sehnsucht nach völlig passiver, narzißtischer Befriedigung.

Jacob Swartz, Direktor der Psychiatrischen Klinik am Universitätskrankenhaus des Medizinischen Zentrums in Boston, hat seine Erfahrungen bei der Anwendung des Zwölf-Stunden-Behandlungsplanes durchmustert. Er glaubt, daß die Auswahlkriterien für diese Patienten sich nicht sonderlich von der Auswahl der Patienten für jede andere Form von Psychotherapie unterscheiden, die in einer ambulanten Klinik angeboten wird. Er meint, daß die Fähigkeit, einen Behandlungsfokus herauszuarbeiten, wichtiger ist als eine diagnostische Kategorie als Auswahlkriterium für den Patienten[3].

Es gibt eine große Gruppe von Patienten, für die der Zwölf-Stunden-Behandlungsplan sich großartig eignet, sogar angezeigt ist. Junge Männer und Frauen, grob gesprochen in der mittleren oder späten Adoleszenz, zumeist College-Studenten, die sich mit einer Vielzahl von psychischen und somatischen Beschwerden vorstellen, machen die Mehrzahl dieser Gruppe aus. Beim Fehlen der wenigen schweren,

[3] Swartz, J.: Time-Limited Brief Psychotherapy. Seminars in Psychiatry I, Nr. 4. November 1969.

nicht in Frage kommenden Zustände ist anzunehmen, daß der Patient mitten in einer Reifungskrise ist. Ohne Frage ist diese allgemeine Kategorie der Störung in diesen Altersgruppen am weitesten verbreitet. Der besondere Druck und die Strapaze des Collegelebens mit seinen dazugehörigen Problemen in bezug auf Berufslaufbahn, Unabhängigkeit, Identität usw. stellen jeden Studenten vor fast tägliche Herausforderungen an seine Reifung und Entwicklung zum verantwortlichen, handelnden, auf andere bezogenen Erwachsenen. Der Gefühlsaufruhr, der zutage tritt, ist stark bezogen auf den Prozeß von Trennung-Individuation, und das Maß an Flexibilität, das diese jungen Leute gewöhnlich haben, macht die Beendigungsphase der Behandlung zu einer im ursprünglichen Sinne reifungsfördernden Erfahrung. Dem Patienten in einer Reifungskrise ist am besten mit einer Behandlung gedient, die all seine eigenen Strebungen auf Reife hin zusammenfaßt. Daher spricht eine zeitliche Begrenzung seinen Wunsch nach Unabhängigkeit und das Zutrauen an, daß die Zeit für ihn ausreicht, um die Arbeit zu tun, die getan werden muß. Die Wahl des zentralen Themas ist für ihn unzweideutige Aufgabe und Ziel. Dazu kommen all die unbewußten Wünsche und Phantasien, die in der aktiven Beziehung zwischen Patient und Therapeut, die der Therapeut vorantreibt, langsam den Anforderungen der Realität und des Erwachsenendaseins geopfert werden.

Eine definitive Antwort auf die Frage nach der Auswahl der Patienten zu irgendeiner Therapie, Psychotherapie, Verhaltenstherapie oder medikamentösen Therapie kann sich nur aus einer umfangreich gesammelten klinischen Erfahrung und Beobachtung und der Anwendung zunehmend strengerer Forschungsmethoden zusammensetzen, die die darin enthaltenen bedeutsamen Faktoren und Variablen zerlegen und herauslesen. Wissenschaftliche Studien, die sich mit Reaktionen zwischen Menschen befassen, zwischen dem einen und dem anderen, müssen peinlich genau sein, können in ihren Ergebnissen aber niemals so interpretiert werden, wie wir es bei reinen Laborstudien tun könnten. Die Vielzahl der möglichen Wechselwirkungen übersteigen jede Vorstellung, und es liegt nicht an mangelnder Anstrengung, daß Ergebnisstudien über alle möglichen psychiatrischen Behandlungsformen bekannterweise als unsicher gelten.

Möglicherweise gibt es ein fruchtbares Nebenprodukt bei dieser Methode zeitlich begrenzter Psychotherapie. Die genaue Festsetzung der Dauer und das Herausarbeiten klarer Leitlinien für die Behandlungsführung, die sich auf eine klare Darstellung des mitwirkenden dynamischen Prozesses gründet, macht es vielleicht sowohl für Kliniker als auch für Forscher vielerorts eher möglich, dem Ziel, dasselbe zu untersuchen, näher zu kommen als in irgendeiner anderen Art von Psychotherapie. McNair sagt dazu folgendes: «Eine festgesetzte Zeitgrenze hat noch einen anderen Vorteil als den der größeren Einfachheit durch die Kürze... In der Regel gibt es große Unterschiede sowohl in der Anzahl der Interviews als auch in der Behandlungsdauer. Der Endpunkt ist eine gemeinschaftliche Aufgabe der Deutung der Ergebnisse durch Therapeut und Patient. ... Wenn man die Zeitgrenze festsetzt, bringt das die Behandlung nicht nur für die Forschung in einen praktikablen Zeitrahmen, sondern es ist auch ein entscheidender Schritt in die Richtung, den Aufwand am Erfolg der Behandlung zu quantifizieren und unter experimentelle Kontrolle zu bringen. Im Jargon der Medikamentenforschung heißt das, die Zeitgrenzen sind analog zu festgelegten Dosierungszeitplänen. Mit besseren quantitativen Messungen der zusätzlichen Aspekte der Behandlung und mit mehr Forschung sind wir vielleicht in der Lage, einige Antworten zu entwerfen zur festgesetzten Dosierung wovon?»[4]

McNair bezieht sich auf die einzigen zwei Faktoren, die die Forschung über Auswahl, Prozeß und Ergebnis ungeheuer vorantreiben werden – auf die Kürze und die genaue Zeitbegrenzung. Die Behandlungsmethode selbst mit ihrem Behandlungsbündnis, der Folge dynamischer Geschehnisse und der Beteiligung des Therapeuten bieten zusätzliche Normen und Grundprinzipien an, die andere Kliniker und Forscher ausprobieren, befolgen, beobachten, aufzeichnen, verändern und weiterentwickeln können.

[4] McNair, D.M.: A Season for Brevity. Seminars in Psychiatry I, Nr. 4 November 1969.

Das vorliegende Behandlungsmodell als Lehrinhalt

Die Einführung einer jeden neuen Behandlungsmethode trifft üblicherweise auf Skepsis, Fragen und bestenfalls zurückhaltenden Enthusiasmus. Das kommt nicht unerwartet, und sobald die Methode zur Anwendung kommt, werden Beobachtungen und Informationen über ihre Vorzüge und Nachteile ausgetauscht, so daß mit der Zeit ein gewisses Einverständnis über die Wirksamkeit der Behandlungsmethode hergestellt werden kann. Das eigentliche Wesen der Psychiatrie in seiner Hinwendung zu den emotionalen Problemen eines jeden Patienten und als ein Gebiet, auf dem der Arzt, im Gegensatz zu anderen Zweigen der Medizin, seine eigenen Ängste nicht verbergen kann hinter einer Unmenge von Labordaten und technischen Vorgängen, ruft sehr schnell gegensätzliche Meinungen und Polarisationen über eine neue Methode hervor. Ein Streitgespräch über eine Methode ist häufig zwingend und nützlich. Meinungsstreit bedeutet im allgemeinen zugleich, daß Hitzigkeit im Spiel ist, emotionale Einstellungen, die dahinter stehen und die die anscheinend logischen Behauptungen vorschieben. Widerstand gegen eine Behandlungsmethode, gegen irgendeine Behandlungsmethode, ist auf der Basis rationaler Einwände zu erwarten. In der Psychiatrie gibt es immer, mit sehr wenigen Ausnahmen, von denen mir im Moment keine einfallen, Widerstand gegen jedes neue Behandlungskonzept. In jedem einzelnen Fall trägt der Widerstand deutlich dieselbe Bedeutung in sich wie im Ablauf seelischer Vorgänge, die so leicht in der Behandlung eines jeden Patienten zu beobachten sind. Daher können sich viele oder gar alle Einwände gegen eine bestimmte Behandlungsform von dem persönlichen Bedürfnis ableiten, die Zerstörung einer Phantasie zu vermeiden, die sowohl wertvoll als auch wichtig ist für das psychische Gleichgewicht des Gegenspielers. Das andere Extrem ist der Psychiater, der sich mit Überschwang und Begeisterung in jedes neue Projekt stürzt in der Hoffnung auf mögliche Erfüllung einer kostbar gehüteten Phantasie. Am Ende genügt es in der Regel nicht, eine neue Behandlungsmethode, besonders wenn sie einige ungewöhnliche Neuerungen enthält, lediglich durch den Vorschlag einzuführen, daß man sie in bescheidener Form ausprobieren und die Probe auf Anwendung und Ergebnis machen will. Die emotionalen Widerstände dagegen sind geeignet, einen aufrichtigen Versuch zu vereiteln, da es im besten persönlichen Interesse der in dieser Weise Beteiligten scheint, daß ein Scheitern unumgänglich ist.

Die zeitlich begrenzte Behandlungsmethode, die hier entwickelt wurde, wird ebenfalls auf einen derartigen Widerstand stoßen. Daher muß die Darstellung der Lehrmethode mit einer Untersuchung einiger der Widerstände beginnen, die sich in Gegenreaktion auf diese besondere Spielart der Psychotherapie erhoben haben.

Der erfahrene Therapeut neigt zum Pessimismus, wenn er bedenkt, was in der zur Verfügung stehenden Zeit erreicht werden kann. Sein Umgang mit Patienten in längeren Psychotherapien hat die ungeheure Komplexität und Verästelung menschlichen Konfliktes gezeigt. Darüber hinaus hat er genügend Beweise für die vielfache Determinierung von symptomatischen und charakterologischen neurotischen Störungen. Auf theoretischer Basis wird er vieles finden, mit dem er nicht übereinstimmt. Trennung-Individuation als entscheidender gemeinsamer Weg wird ihm auf der einen Seite zu vereinfachend erscheinen und alle Probleme allzu sehr über einen allgemeinen Leisten schlagen. Er wird die Wahl eines zentralen Themas interessant finden, aber zu eingeschränkt, um von der Konzentration auf das eine Problem irgendeine befriedigende Lösung zu erwarten. Er wird nicht an die Möglichkeit glauben, daß sich eine intensive Übertragungssituation so schnell herstellt, noch wird er glauben, daß die dynamischen Geschehnisse so klar und so rasch in Erscheinung treten. Wenn das so ist, folgt daraus logischerweise in seinem Denken, daß es unwahrscheinlich ist, daß die Beendigungsphase eine solch starke Reaktion beim Patienten hervorrufen und ein äußerst wirkungsvolles Instrument für die Ablösung sowohl beim Patienten als auch beim Therapeuten sein kann. Endlich wird er sich natürlich, nachdem er sich lange an seine eigene Behandlungsmethode gewöhnt hat, nur widerstrebend dem Erlernen einer neuen, scheinbar unkonventionellen Behandlungsweise aussetzen. Wenn all diese Einwände versagen, dann wird der erfahrene Therapeut sein Augenmerk auf den Patienten richten und die Methode als eine solche in Verruf bringen, die den Patienten übers Ohr haut. Damit meint er dann, daß dem Patienten nicht genug gegeben wird, da wir von der Genese und dem Prozeß emotionaler Störungen her wissen, daß sie für jeden Patienten «die volle Behandlung» erforderlich machen.

Der unerfahrene Therapeut kann seinen Widerstand auf paradoxe Art zum Ausdruck bringen. Er kann die Methode mit Begeisterung und unbändigem Eifer aufnehmen in seiner Suche und seinem Bedürfnis nach schnellen Heilerfolgen. Das ist besonders wahrscheinlich in der Übergangszeit von Universität und Internatsjahr mit ihrem Nachdruck auf physikalische Methoden der Diagnose und Behandlung zur psychiatrischen Abteilung oder Klinik, wo es viel größere Unsicherheiten gibt im Hinblick auf Diagnose und auf Behandlung. Die Herausforderung der Psychiatrie im allgemeinen und der Psychotherapie im besonderen liegt für den jungen Therapeuten nicht nur darin, daß er noch mehr Unsicherheit zu ertragen haben wird, als er bereits in anderen Zweigen der Medizin erfahren hat, sondern, daß er die Hoffnung auf schnelle und spezielle Heilerfolge aufgeben muß, so begrenzt sie bereits in der Allgemeinmedizin auch sein mögen. Die Einführung eines speziellen Psychotherapietyps kann seine Hoffnungen nähren, daß Psychotherapie wie andere medizinische Disziplinen sei. Kern dieser Erwartung ist die wiederbelebte Hoffnung, daß ihm noch einmal Allmacht zu Gebote steht. Mit dieser Einstellung wird der unerfahrene Therapeut sich allzu leicht auf die Struktur des Behandlungsprozesses verlassen und wird schnell an der Enttäuschung des Patienten scheitern, wenn die Zauberkraft des Doktors und die magischen Erwartungen des Patienten anfangen zu versagen. Je mehr sich der Therapeut auf irrationale Erwartungen an die Behandlungsmethode verläßt, desto eher ist er einer Enttäuschung über sich unterlegen, die sich dann rasch in einer verständlichen Verteidigungshaltung auf die Behandlungsmethode verschiebt. Von gleicher Bedeutung bei der Betrachtung von Rolle und Anteil des unerfahrenen Therapeuten ist, daß die Verlockung einer schnellen Heilung ihm als Mittel dienen kann, den komplizierten, angstvollen und schwierigen Austausch zu vermeiden, der sich zwischen Patient und Therapeut in Langzeit-Psychotherapie oder in einer Psychoanalyse ergibt. Er kann dadurch dem aus dem Wege gehen, was man in der Tiefe und über die Länge der Zeit über menschliches Verhalten lernen kann. Damit läßt er die wesentlichsten Anteile aus, die einen Psychiater auszeichnen – oder jeden, dessen Ziel es ist, über individuelles menschliches Verhalten fachkundig mitreden zu können.

Beide, der erfahrene und der unerfahrene Therapeut, können sich der Methode widersetzen, indem sie immer neue Einwände bringen, die dem Wesen nach Rationalisierungen sind. Sie sind darauf angelegt, die hauptsächlichen emotionalen Einwände zu vermeiden – nämlich die Angst, in eine intensive Beziehung einzutreten, die nicht nur von kurzer, sondern auch von festgelegter Dauer ist, und die Angst, daß viel vom Behandlungserfolg davon abhängig ist, daß der Therapeut fest bei den Bedingungen des Behandlungsbündnisses bleibt und daß er sich zugleich notwendigerweise aktiv mit dem Trennungsprozeß befaßt. Eine Möglichkeit für alle Therapeuten, sowohl ihr eigenes Bedürfnis nach Abhängigkeit zu nähren als auch ihr Bedürfnis, andere von sich abhängig zu halten, ist, die Behandlung im Rahmen der institutionalisierten Einrichtung in die Länge zu ziehen und damit das Bedürfnis des Patienten nach dem Therapeuten zu verlängern. Das ist nur ein weiterer Ausdruck des unbewußten Bedürfnisses aller Ärzte, aller sogenannten heilenden Berufe, sozial und moralisch annehmbare Kontrolle über andere auszuüben. Die eigenen Ängste des Therapeuten bei einer Trennung lassen sich leicht in der Identifikation mit dem Patienten erfahren. Obwohl der Therapeut tatsächlich in der Praxis erhebliche Kontrolle über den Patienten ausübt durch die genaue zeitliche Begrenzung der Behandlungsdauer, erlischt solche Kontrolle im Endergebnis völlig angesichts der Angst vor der Beendigung, die von Anfang an bekannt ist. Hauptsächlich dieses Problem wird zu ausgesprochenem Mangel an Vertrauen beitragen, ob man in der Lage sei, die erforderliche Aufgabe in so kurzer Zeit zu bewältigen und ob die Methode überhaupt wirken könne.

Im Bewußtsein der verschiedenen Widerstände, die sich sicherlich erheben, können wir uns nun dem Problem zuwenden, wie die Behandlungsführung gelehrt werden kann. Eine ideale Methode für einen in diesem Behandlungsplan erfahrenen Therapeuten ist es, einen Patienten zu behandeln, während er durch einen Einwegspiegel oder über eine Video-Anlage beobachtet wird. Mit dem Therapeuten und allen Beobachtern sollten sowohl vor als auch nach den Behandlungssitzungen Diskussionen geführt werden. Die Beobachter können sowohl vom Therapeuten lernen als auch seine Arbeit supervisieren. Sie haben den Vorteil, selbst nicht direkt beteiligt zu sein. Dieser Lehrplan ist auch dann nützlich, wenn keiner der Therapeuten Erfahrung mit dieser Methode gemacht hat. Die Voraussetzung wäre, daß der Therapeut, der einen Patienten unter Beobachtung behandelt, geschickt ist, erfahren und gut bewandert in psychoanalytisch orientierter Psychotherapie. Die einzige weitere Voraussetzung könnte Mut sein, da viele Therapeuten sehr empfindlich sind, wenn andere sie bei der Arbeit beobachten.

Der Schlüssel zum erfolgreichen Lehren und Lernen jeder Art von Psychotherapie liegt im supervisorischen Prozeß. Der mit dieser Methode Erfahrung sammelnde Therapeut muß bei jedem Schritt auf diesem Wege sorgfältig supervisiert werden. Das bedeutet, daß er seinen Supervisor bei jeder der zwölf Behandlungssitzungen zu Rate ziehen sollte, ebenso bei dem (den) Vorgespräch(en) und bei der Festlegung des Behandlungsbündnisses. Der Supervisor muß seine Aufmerksamkeit ganz genau auf jede Einzelheit des Behandlungsbündnisses richten und nichts als selbstverständlich voraussetzen. Man findet allzu häufig, daß der Therapeut es irgendwie vergessen hat, den Patienten über den Schlußtermin in Kenntnis zu setzen; oder er hat den Patienten wissen lassen, daß der Schlußtermin nicht allzu ernst genommen werden muß. In anderen Fällen hat der Therapeut es versäumt, ein zentrales Thema klar mitzuteilen; oder er kann versäumt haben, die Zustimmung oder Ablehnung des Patienten zum Behandlungsplan einzuholen. Auf die Gefahr hin, als starr und zwanghaft abgestempelt zu werden, muß der Supervisor jede Einzelheit des Behandlungsbündnisses ins Gespräch bringen. Versäumt er es, werden die Einzelheiten für den Therapeuten an Gewicht verlieren, und wenn die Einzelheiten beim Patienten weggelassen oder verzerrt worden sind, werden die kommenden Behandlungssitzungen sehr wahrscheinlich ihr Ziel verfehlen.

Supervisionsgespräche vor der Sitzung, in der der Therapeut das Behandlungsbündnis vereinbart, sind besonders nützlich, um die Auswahl eines zentralen Themas zu lehren und zu lernen anhand der anamnestischen Daten, die man bereits vom Patienten erhoben hat. Offensichtlich ist ein gut Teil Erfahrung notwendig, um in der Lage zu sein, die erhobenen Daten auszusortieren und ein Thema herauszuschälen, ob global oder spezifisch, das bei den gegenwärtigen Verhältnissen des Patienten im Mittelpunkt steht und das seine vorangegangene Lebensgeschichte durchzieht.

Wenn einmal die Behandlungsstunden angefangen haben, sollte der Supervisor die Arbeit des Therapeuten in jeder Sitzung verfolgen, die Reihe und die Abfolge der beschriebenen dynamischen Geschehnisse im Kopf behalten und die Fähigkeit des Therapeuten sorgfältig beob-

achten, diese Geschehnisse zu sichten, und sehen, wie er darauf reagiert. Der Supervisor wird schnell herausfinden, daß der Therapeut leicht das zentrale Thema vergißt oder vermeidet oder das zentrale Thema verläßt und abzuschweifen beginnt. Es wird wichtig sein, dem Therapeuten dabei zu helfen, daß er das zentrale Thema in all seinen möglichen Erscheinungsformen an dem Material erkennt, das sich von ihm ableitet und nicht notwendigerweise immer direkt in den speziellen Begriffen des zentralen Themas zum Ausdruck kommt. Die Reaktionen des Therapeuten auf anfängliche Besserung, die kurz darauf von Anzeichen der Klage oder des Rückfalls abgelöst wird, muß auf die Phase der Behandlung bezogen werden. Es wird den Supervisor nicht überraschen, wenn er feststellt, daß der Therapeut unverkennbare Hinweise vom Patienten in bezug auf das bevorstehende Behandlungsende übergeht oder schlicht die Tatsache eines herannahenden Endes unbeachtet läßt oder dem Patienten bereits die Botschaft übermittelt hat, daß das Ende unsicher ist. Ausnahmslos ist es für jeden Therapeuten, der mit dieser Methode anfängt, schwierig, der Trennung-Beendigung als einem aktiven, im voraus bestimmten Vorgehen zu begegnen, und er braucht in dieser Behandlungsphase die meiste Hilfe. Es ist nicht angezeigt, daß der Supervisor sich mit den persönlichen Ängsten und Konflikten des Therapeuten beim Problem der Trennung beschäftigt. Es ist in der Regel ausreichend, daß das Problem aus dem Umgang mit seinem Patienten ersichtlich wird, wenn er sanft, aber bestimmt dazu gedrängt wird, in der Weiterführung den Einzelheiten des Behandlungsbündnisses nachzukommen. Die defensiven Rationalisierungen, die bereits erwähnt wurden, sollten vom Supervisor als das erläutert werden, was sie sind.
Vom Gesichtspunkt des Prozesses her wird man feststellen, daß strenge Beachtung der Einzelheiten des Behandlungsbündnisses, der Folge dynamischer Geschehnisse und der Beteiligung des Therapeuten, wie sie hier beschrieben ist, zu einer bemerkenswerten Klarheit verhelfen wird in der Frage nach der dynamischen Situation des Patienten und danach, in welcher Phase er sich gegenwärtig befindet. Bei einem fähigen Therapeuten, der seine eigenen Probleme gut im Griff hat, ist es fast unmöglich, nicht genau zu wissen, wo man mit dem Patienten zu jeder beliebigen Zeit dran ist.
Es liegt auf der Hand, daß diese Form der Psychotherapie ein hohes Maß an Können, Wissen und Erfahrung erfordert. Die Kenntnis der psychoanalytischen Theorien über seelische Vorgänge, stark gestützt

auf Erfahrung in der Langzeitbehandlung von Patienten, ist die beste Vorbereitung für diesen Behandlungsplan. Kurze Behandlung heißt keineswegs leichte Behandlung. In vielerlei Hinsicht ist kurze Behandlung schwieriger als längere Behandlung, sogar für den erfahrenen Therapeuten. In dieser zeitlich begrenzten Psychotherapie muß der Therapeut in der Lage sein, sehr schnell die Botschaften aufzuspüren, die der Patient in seiner verbalen Mitteilung direkt andeutet. Zugleich können die verbalen Mitteilungen und das nonverbale Verhalten in ihrem unbewußten Inhalt sogar noch aufschlußreicher sein, und auch auf sie muß sich der Therapeut einstimmen. Er muß in der Lage sein, die unbewußten Botschaften sehr geschickt in abgeleitete, dem Patienten annehmbare Fragen, Bemerkungen oder Formulierungen zu übersetzen, die sich zugleich direkt auf das zentrale Thema beziehen. In anderen Worten, die Fähigkeiten, die langsam und schmerzlich gewonnen werden und nur indem man sich lange und ausdauernd langzeitiger, psychoanalytisch orientierter Psychotherapie oder Psychoanalyse widmet – diese Fähigkeiten bilden die wesentlichen Bestandteile für die regelrechte und kunstfertige Ausübung dieser zeitlich begrenzten Psychotherapie.

Wenn das die Voraussetzungen sind, wie kann man dann rechtfertigen, daß diese Methode Medizinern in ihrer psychiatrischen Fachausbildung bereits zu Beginn ihres zweiten Ausbildungsjahres gelehrt wird? Oder daß die Methode anderen Berufsgruppen beigebracht wird, die weit weniger von der vorausgesetzten Erfahrung mitbringen, als man in der gut durchdachten psychiatrischen Facharztausbildung antrifft? Mit derart strenger Supervision, wie sie vom ersten Vorgespräch bis zu den letzten Worten der letzten Behandlungssitzung empfohlen wird, und dadurch, daß man den Auszubildenden die Leitlinien immer wieder lesen läßt, in all ihren Aspekten, wird es möglich, den unerfahrenen Auszubildenden durch dieses Behandlungsschema sehr erfolgreich hindurchzuführen. Das Festhalten am zentralen Thema ermöglicht es dem Auszubildenden, so etwas wie einen gesonderten, wechselseitig durchlässigen Kanal zum Unbewußten des Patienten zu isolieren. Aus demselben Grund ist er in der Lage, rascher die Verbindung und Beziehung zwischen unbewußtem Impuls oder Phantasie und bewußter, adaptiver Ich-Leistung zu entdecken und einzuschätzen. Daher ist er besser in der Lage, sich mit dem Patienten auf der Ebene der letzteren zu verständigen, statt auf der Ebene unbewußter Vorstellungen mit ihren libidinösen und aggressiven Inhalten. Der einzige Fokus inmitten einer Serie sich rasch entwickelnder Übertragungsgeschehnisse bietet eine einzigartig klare Anschauung der grundlegenden Phänomene des Unbewußten in der therapeutischen Situation. Der Auszubildende wird lernen, daß das Unbewußte weder eine Abstraktion ist noch die Übertragung ein verschwommenes Geheimnis, noch daß die Beendigung leichtfertig mißachtet werden kann. Das sind wichtige Lernerfahrungen, die den neugierig Forschenden in der psychiatrischen Ausbildung dazu anregen wird, nach einer Gelegenheit zu suchen, sich mit Langzeitpsychotherapie und mit Psychoanalyse zu beschäftigen, um diese Phänome näher zu erforschen und ihren Verästelungen zu folgen. Der weniger Neugierige und Fragende mag sich mit dieser Art der Behandlung zufriedengeben und sie für ausreichend halten, hinreichend für was auch immer er in der Psychiatrie tun wird. In solch einem Fall muß er vor der Schlußfolgerung gewarnt werden, daß er ausreichend Fachkenntnis gewonnen habe, um ihm die fachkundige Rolle des Psychiaters zu garantieren. Es ist ungerecht, ihn erst dann seine Unzulänglichkeiten erfahren zu lassen, wenn er seine formale Ausbildung beendet hat und er eigenverantwortlich arbeitet, ohne den Vorteil einer Supervision.

Nichts kann jemanden, der auf dem Feld psychischer Heilberufe arbeitet, davon abhalten, diese Methode zeitlich begrenzter Psychotherapie anzuwenden, was auch immer der Stand seiner Fähigkeiten und Erfahrungen sein mag. Viele schlecht ausgebildete Therapeuten werden sich zweifellos eifrig darauf stürzen. Die Nachdenklicheren und Erfahreneren auf dem Gebiet im allgemeinen werden merken, daß die Begrenzung an Zeit und an Zielen ein hohes Maß an Wissen und Selbstdisziplin in Verbindung mit einem disziplinierten Behandlungsprinzip erfordert. Genaues und wiederholtes Studium des hier beschriebenen Grundprinzips und Prozesses sind zusammen mit einer fachgerechten Supervision bei jedem Schritt im Behandlungsverlauf unbedingt wesentliche Erfordernisse für eine wachsende Tauglichkeit beim Therapeuten und zunehmender Gewinn für die Patienten. Man kann auf diese Weise eine große Anzahl von Patienten grundlegend und wirksam behandeln, und es ist gleichermaßen ein vielversprechendes und genaues Forschungsinstrument im Blick auf Prozeß und Wirkungsweise von Psychotherapie.

TEIL II

Der Fall der beherrschten Frau

Der folgende Fall verdeutlicht die wesentlichen Punkte der Theorie über die Zeitbegrenzung, das Grundprinzip der Behandlung, der Behandlungsführung, die daraus folgende Entwicklung des dynamischen Prozesses und das Ergebnis der Behandlung. Alle zwölf Interviews sind hier wiedergegeben. An den entscheidenden Stellen der Behandlung – dem Anfang, der Mitte und dem Ende zum Beispiel – sind lediglich wiederkehrende Einzelheiten ausgelassen worden. Andere Interviews wurden nur dort redigiert, wo die Patientin bedeutungsloses Material liefert und wo ich auf die Gelegenheit warte, zum zentralen Punkt zurückzukehren. Zwei Kontrollinterviews fünf Monate und eineinhalb Jahre später wurden angefügt.

Die Patientin kam in die psychiatrische Klinik und sprach mit einer Ärztin, die im zweiten Jahr ihrer Facharztausbildung stand. Sie wurde dann dem Direktor des Klinikstabes in einer normalen Verteilerkonferenz vorgestellt. Der Direktor wußte, daß ich auf der Suche war nach einem Patienten, der von mir behandelt werden sollte, während die Ausbildungsgruppe uns über Videorecorder beobachten sollte. Ich hatte lediglich darum gebeten, daß der ausgewählte Patient jemand sein sollte, der redete. Ich hatte keine Auflagen gemacht hinsichtlich Diagnose, Alter, sozialen Status oder dergleichen. In der Verteilerkonferenz wurde beschlossen, daß dies eine geeignete Patientin für eine Lehrbehandlung sein könnte. Der Patientin wurde gesagt, daß sie von Dr. Mann behandelt werden würde. Sie wurde um ihr Einverständnis gebeten, die Behandlung über den Videorecorder laufen zu lassen, damit die anderen Ärzte der Klinik den Fall mitverfolgen könnten. Sie hatte gegen dieses Verfahren keine Einwände. Ich war bei der Verteilerkonferenz nicht anwesend. Mein erster Kontakt mit der Patientin war, wie sich später herausstellte, auch unsere erste Behandlungssitzung.

Die folgenden Informationen wurden dem Aufnahme-Interview der Ärztin entnommen:

Die Patientin ist eine 39jährige, römisch-katholische Frau, Mutter von sechs Kindern, überwiesen von der Medizinischen Klinik. Es gibt keine Vorgeschichte psychiatrischer Behandlung.

Hauptsächliche Beschwerde: «Immer Angst, es könnte etwas passieren.»

Gegenwärtige Krankheit: Patientin datiert den Beginn ihrer Ängste zehn Jahre zurück, als sie während eines Films über eine Schädeloperation den Beginn plötzlicher Atembeschwerden wahrnahm und fürchtete, sie bekäme einen Herzanfall. In den darauffolgenden zehn Jahren hatte sie nächtliche Episoden, in denen sie schweißgebadet und voller Angst erwachte. Sie hatte das Gefühl, ihr Kopf müßte zerspringen. Etwa um zwei oder drei Uhr am Morgen weckt sie ihren Mann, der anfangs verständnisvoll reagiert, dann aber ärgerlich wird, was die Patientin zum Weinen bringt. Danach fühlt sie sich besser und kann einschlafen.

Vor ungefähr sechs Jahren fing es an, daß sie nicht mehr so häufig zur Beichte ging. Damals merkte sie, daß sie dort unter Klaustrophobie zu leiden begann (etwa zur gleichen Zeit starb ihr Vater). Aus demselben Grund meidet sie Kinos, und neuerdings haben sich ihre Ängste so weit ausgebreitet, daß sie mit ihren Kindern nicht mehr spazierengeht.

Ihre Symptome verschlimmerten sich seit der Geburt ihres letzten Kindes vor acht Monaten. Zurzeit fürchtet sie, sie könnte die Kontrolle verlieren, ohnmächtig werden und daß während ihrer Ohnmacht ihren Kindern etwas zustoßen könnte. Im Frühsommer dieses Jahres entwickelte sie Spannungskopfschmerzen und wurde in diesem Krankenhaus beobachtet, ein organischer Befund lag aber nicht vor. Sie hat in den letzten Monaten viel an Gewicht zugenommen, wofür sie das Bier, das sie zur Schlafenszeit trinkt, damit sie besser einschlafen kann, verantwortlich macht.

Der Ehemann der Patientin absolviert das letzte Jahr einer fünfjährigen Abendschule. Dreimal in der Woche belegt er Abendkurse, um in seinem gegenwärtigen Beruf vorwärtszukommen. Sie vermißt ihn während solcher Abende.

Die Patientin ist die Jüngste von fünf Kindern. Sie beschreibt ein verhältnismäßig strenges und eingeschränktes Leben im Elternhaus, wofür sie die Strenge des Vaters verantwortlich macht. Er erlaubte seinen Kindern kaum, an verschiedenen Schulereignissen teilzunehmen. Die Menarche begann mit zehn Jahren und war von Migräne begleitet. Sie war unglücklich über ihre Regelblutung und hatte von Anfang an Dysmenorrhö. Sie hat sich nie formell mit jungen Männern verabredet bis zum Alter von siebzehn Jahren. Ihren ersten Geschlechtsverkehr hatte sie in ihrer Ehe. Sie beschreibt ihr augenblickliches Sexualleben mit dem Satz, sie könne «es tun oder auch sein lassen».

Nach Abschluß der High School arbeitete sie als Angestellte in einer großen Firma. Sie lebte zu Hause bis zu ihrer Heirat mit dreiundzwanzig Jahren. Mutter ist fünfundsiebzig Jahre alt, lebt allein, nur eine kurze Busstrecke von der Patientin entfernt. Sie besucht die Tochter selten. Sie wird als dominierend und schwierig beschrieben, und sie billigte keinen der Ehepartner ihrer Kinder. Sie ist abhängig und verlangt von der Patientin Hilfe bei ihren eigenen praktischen Schwierigkeiten. Vater starb vor sechs Jahren im Alter von siebzig Jahren an einem Herzanfall. Der Tod kam plötzlich, und die Patientin war bei dem Verlust sehr niedergeschlagen. Obwohl er streng war, brachte er, wenn er zu Besuch kam, den Kindern immer eine Tüte Bonbons mit, und er war der Elternteil, dem sich die Patientin am meisten verbunden fühlte. Die Eltern haben sich gestritten. Der Vater trank ziemlich viel, und die Patientin war der Meinung, daß alle Kinder wegen der ständigen Streitereien zu Hause nervös waren.

Das älteste Kind der Patientin, ein fünfzehnjähriges Mädchen, wird als vorbildlicher Teenager beschrieben. Darauf folgt ein dreizehnjähriger Sohn, der in der Schule Schwierigkeiten hat. Dann kommt eine zehn Jahre alte Tochter, die regelmäßig unter Kopf- und Bauchschmerzen leidet, so daß die Patientin annimmt, daß dieses Mädchen ihr sehr ähnlich ist. Es gibt eine weitere Tochter, sechs Jahre alt, einen Sohn von vier Jahren, der Trotzanfälle hat, und das Jüngste, eine Tochter von acht Monaten. Die Patientin hatte zwei Fehlgeburten.

In der Verteilerkonferenz kam man überein, daß sie unter sich ausbreitenden phobischen Symptomen auf der Basis gut verdrängter aggressiver und libidinöser Antriebe litt, zum großen Teil ein Ergebnis der einengenden Atmosphäre in ihrem Elternhaus. Sie wurde für eine Lehrbehandlung vorgesehen, und dem versammelten Klinikstab wurde ein vorläufiger Behandlungsfokus vorgeschlagen, nicht aber der Patientin. Der Fokus sollte der Patientin helfen, ihre konflikthaften Triebe anzunehmen. Das konnte allmählich durch den Versuch erreicht werden, ihr bei der Entspannung ihrer Situation mit den Kindern zu helfen, damit ihr Leben als Erwachsene nicht so bedrückend wäre wie ihre Kindheit. Die Diagnose lautete auf «Angstneurose».

Um vor dem nächsten Besuch der Patientin ein zentrales Thema formulieren zu können, wurden die folgenden Fakten dem vorausgegangenen Interview entnommen.

Während des Besuches würde, falls die Formulierung geeignet schien, das Behandlungsbündnis geschlossen und die Behandlung begonnen werden.

Vor zehn Jahren:
  Einen Monat lang Arthritis.
  Sieht im Kino eine Schädeloperation.
  Angstanfälle in der Nacht, phobische Symptome treten auf.
  Drittes Kind, eine Tochter, wird geboren. Es ist die Tochter, die von allen Kindern als diejenige beschrieben wird, die auch somatische Symptome hat.
Vor sechs Jahren:
  Vater stirbt.
  Platzangstsymptome treten auf.
Vor acht Monaten:
  Sechstes Kind, ein Mädchen, wird geboren.
  Seitdem wachsende Angst, die Kontrolle zu verlieren, ohnmächtig zu werden, daß sie den Kindern etwas zufügt.

Die Angstanfälle und die phobischen Symptome sind die am meisten lebensbeeinträchtigenden Symptome. Sie rufen das psychoanalytische Verständnis auf den Plan, daß sie die Abwehr des Ich darstellen und gegen die gefährlichen, instinkthaften Triebe in einer Weise arbeiten, daß sie in eine äußere Gefahr umwandeln, was unbewußt als eine innere Gefahr gespürt wird. Auf dieser Basis war der Fokus der Behandlung, wie er von der Aufnahmekonferenz vorgeschlagen wurde, gut angesetzt. Trotzdem ist es nicht nur unsere Strategie, Explorationen der tief unbewußten und heftig abgewehrten Phantasien libidinöser und aggressiver Natur zu vermeiden. Ebensowichtig ist es, der Patientin ein zentrales Thema anzubieten, das sie bewußt als zu ihrem Leben gehörig verstehen kann, das aber noch mit ihren verdrängten Konflikten deutlich verbunden ist und das sich im Laufe der Zeit immer wiederholt und daher sowohl von genetischer als auch von adaptiver Bedeutung ist.

Wir interpretieren die Fakten erneut, die wir in bezug auf ihre hervortretende reale Belastung im gegenwärtigen Leben haben – eine Belastung, die zu ihren bereits besprochenen Symptomen hinzukommt. Könnte es nicht zu viel für sie sein, mit sechs kleinen Kindern fertig zu werden? Könnte es nicht auch sein, daß im Blick auf ihren neurotischen Zustand das Verbindungsstück zwischen Vergangenheit und Zukunft in der Beziehung zu ihren Kindern und zu ihrem Mann liegt? Von dieser Grundlage her beschloß ich, die bestmögliche Formulierung eines zentralen Themas, das Vergangenheit und Zukunft mit einbezieht, das sich über einen Zeitraum hinweg wiederholt, das der Patientin einleuchtet und das für Untersuchung, Behandlung und Lösungen brauchbar ist, würde eine Formulierung sein, die der Patientin folgendes mitteilt: Das sie am meisten beeinträchtigende Problem liege darin, daß sie zurzeit unter einem ständigen Gefühl quälender Unzufriedenheit, Ärger und Reizbarkeit leide. Sicherlich ist das ein globales Thema und eines, das auf sehr viele Patienten zutreffen würde, die sich mit sehr unterschiedlichen Beschwerden vorstellen. Das globale Thema wird jedoch im Laufe der Behandlung immer differenzierter werden. Mehr noch, in diesem Fall hat das globale Thema eine direkte Verbindung zu den unbewußten neurotischen Elementen, die in ihrer Geschichte weit in die Vergangenheit zurückreichen, aber auch direkt in der Gegenwart auftauchen. Wenn es eine zutreffende Formulierung ist, wird sie schlüssig sein und wird von der Patientin bewußt und unbewußt als berechtigt empfunden werden.

Erstes Interview

A.: Ich möchte Sie gern folgendes fragen: Von welchem Problem, das Sie zurzeit haben, möchten Sie am dringendsten loskommen? *(Ein unmittelbares Bemühen, den Fokus festzulegen.)*

P.: Von meiner Angst.

A.: Können Sie mir etwas mehr darüber erzählen?

P.: Ja, also, ich stehe morgens auf und fühle mich wohl. Mein Mann ist da und meine Kinder sind da und ich helfe jedem, aus dem Hause zu kommen. Dann, wenn alle gegangen sind, bleibe ich mit den beiden Kleinen zurück. Ich versuche, mit meiner Arbeit anzufangen, und ich fühle die Angst aufkommen, und mein Kopf wird heiß, und dann fühle ich mich irgendwie wacklig auf den Beinen, und dann merke ich, daß ich mich nicht mehr in der Gewalt habe und daß ich nicht allein sein möchte. *(Sie hat damit schon die Belastung durch die Kinder betont.)*

A.: Verstehe ich Sie richtig, daß das schon eine lange Zeit so geht? *(Ein Schritt in die Geschichte ihrer augenblicklichen, lähmenden Lebensumstände.)* ...

P.: Zehn Jahre ... Ich war im Kino, als es alles anfing. Mir fällt gerade ein, wann das war. Meine Tochter ist jetzt zehn Jahre alt, und sie war damals ein Säugling.

A.: Wie heißt sie?

P.: Jessica.

A.: Heißen Sie nicht auch so? Ihre Tochter heißt Jessica, und Sie heißen auch Jessica. *(Mir fällt ein, daß es dieses Kind, ist, das anscheinend genau wie die Mutter neurotisch ist.)*

P.: Ja.

A.: Wie kommt es zum selben Namen?

P.: Ich dachte nur, daß ich auch eines nach mir benennen wollte. Eines mußte ich nach meinem Mann benennen.

A.: Welches ist nach ihm benannt?

P.: Meine Tochter Davida. Sie sollte eigentlich wie mein Mann David heißen. Sie ist die Älteste, und sie hätte, wenn es ein Junge geworden wäre, David heißen sollen, aber ich machte Davida daraus.

A.: Sie sagten gerade, daß es vor zehn Jahren angefangen hat, als Jessica geboren wurde.

P.: Nach ihrer Geburt. Also, ich glaube, sie war ein Säugling, sagen wir, vielleicht sechs Monate alt.

A.: Und Sie gingen ins Kino, und was passierte dann?

P.: Ich war ganz durcheinander, als ich den Film sah, und ich kriegte starkes Herzklopfen, und ich bekam Angst und ich ging einfach raus.

A.: Was haben Sie im Film gesehen, das so ...

P.: Es war ein medizinischer Film, und sie zeigten eine Kopfoperation. Natürlich, ich war schon vorher in Kinos gewesen und hatte alles mögliche gesehen. Zu der Zeit vielleicht –

A.: Sie könnten in jener Zeit besonders angespannt und nervös gewesen sein?

P.: Möglicherweise. Zur selben Zeit machte mir die Arthritis zu schaffen. Das war gerade sehr schlimm.

A.: Vor Jessicas Geburt?

P.: Nein, nach ihrer Geburt.

A.: Nach ihrer Geburt. Wie alt war sie, als Sie die Arthritis bekamen?

P.: Oh, ich würde sagen *(Pause)* ein paar Monate.

A.: Ein paar Monate. War das das erstemal, daß sie Arthritis bekamen?

P.: Ja, und es war ein plötzlicher Anfall, und der Arzt hielt es für rheumatisches Fieber. Er war sich nicht sicher, machte Tests, und als er entschieden hatte, daß es rheumatische Arthritis sei, da fing das mit den Nerven an.

A.: Und Sie hatten so etwas vorher noch nie?

P.: Nein.

A.: Sie hatten also zu dieser Zeit, vor zehn Jahren, ein Baby Jessica, das nach Ihnen benannt wurde. Und nach ihrer Geburt hatten Sie einen Arthritisanfall. Wie lange dauerte der? *(Die wichtigen Einzelheiten der Lebensgeschichte werden für die Patientin wiederholt, um ihr nahezubringen, ihr einzuprägen und ihr deutlich zu zeigen, daß sie für sie wichtig sind.)*

P.: Ich würde sagen, es dauerte ungefähr zwei bis drei Monate.

A.: Haben Sie seither Arthritis gehabt?

P.: Also, ich habe keine starken Schmerzen. Manchmal tun meine Gelenke weh.

A.: Haben Sie Schwellungen? *(Eine medizinische Frage, um die Ernsthaftigkeit des Zustandes zu verdeutlichen.)*

P.: Nur an den Fingern.

A.: Starke?

P.: Nur bei schlechtem Wetter, dann pochen sie und schwellen an. Das ist alles.

A.: Sie sagen, Sie hatten Arthritis nach der Geburt von Jessica. Sie sind ins Kino gegangen und haben etwas Medizinisches gesehen, und das hat Sie ganz durcheinandergebracht. Und Sie glauben nicht, daß Sie außer Fassung gewesen wären, wenn die anderen Dinge zu dieser Zeit etwas leichter für Sie gewesen wären. Dann verschwand die Arthritis.

P.: So sah es aus.

A.: Und dann, sagen Sie, setzte das mit den Nerven ein.

P.: Genau.

A.: Erinnern Sie sich, wie es einsetzte?

P.: Die meiste Zeit hatte ich starkes Herzklopfen, und ich mochte mich nie hinlegen, weil ich das Pochen jedes Pulsschlages in meinem Körper spürte, und ich fühlte mich so, als ob ich jederzeit ohnmächtig werden würde, und ich hatte keinen Mut, aus dem Haus zu gehen. Ich bin nie ausgegangen, weil ich dann immer fürchtete, daß ich auf der Straße das Bewußtsein verlieren würde.

A.: Haben Sie sich in dieser Zeit um Hilfe bemüht?

P.: Ich bin zu mehreren Ärzten gegangen, und sie haben mir verschiedene Beruhigungsmittel gegeben, und nichts schien zu helfen.

A.: Die haben Sie zehn Jahre lang eingenommen?

P.: Ja. Dann bin ich zu meinem Gynäkologen gegangen, und der gab mir Doriden, und das schien zu helfen. Ich fing ein wenig an, meine Kräfte wiederzugewinnen. Ich habe mich allerdings daran gewöhnt. Wenn ich ausgehen wollte, habe ich Doriden genommen, und ich konnte hingehen, wo ich wollte, und ich konnte schlafen. Ohne das konnte ich nicht schlafen. Aber damals hatte ich es schon eine ganze Weile genommen.

A.: Als Sie zu Ihrem Gynäkologen gingen, waren Sie zu der Zeit schwanger oder war es deshalb, weil Sie ohnehin zu ihm gehen?

P.: Nein, ich war nicht schwanger. Ich hatte so viele Unannehmlichkeiten mit den verschiedenen Beruhigungsmitteln, daß ich einfach zu meinem Gynäkologen ging und ihm erzählte, wie es mir ging, und er sagte, daß bei ihnen wahrscheinlich der Schuß nach hinten losginge und daß ich etwas anderes bräuchte. Er gab mir das Doriden.

A.: Wie lange ist es her, daß Sie Doriden abgesetzt haben?

P.: Ich habe damit nach der Geburt des einen Kindes aufgehört, vor der Geburt des letzten Kindes, das ist neun Monate her.

A.: Wie lange haben Sie nun Doriden eingenommen?

P.: Sieben Jahre.

A.: Wie oft am Tag?

P.: Ich habe drei am Tag genommen – naja, nicht immer. Nein, ich würde sagen, ich habe ungefähr vier Jahre lang täglich drei genommen. In den letzten Jahren habe ich jeweils eine halbe genommen, um mich während des Tages ruhig zu halten, und dann, um nachts zu schlafen.

A.: Wann haben Sie damit aufgehört?

P.: Als ich mit meinem sechsten Kind schwanger wurde, hat mein Arzt mir gesagt, ich solle aufhören. Ich habe erst damit aufgehört, als ich in die Klinik ging. Als ich die Klinik verließ, habe ich mich prima gefühlt. Sie wurde im Februar geboren, und im April hatte ich diese schrecklichen Kopfschmerzen, so daß ich zum Arzt ging.

A.: Zum selben Gynäkologen?

P.: Ich habe den Gynäkologen gewechselt, und der war der Meinung, ich hätte einen zu hohen Blutdruck, deshalb gab er mir etwas. Dann kamen die Schmerzen wieder, und er überwies mich zu jemand anderem – zu einem Psychiater. *(Die lange Tablettenabhängigkeit der Patientin ist jetzt offensichtlich. Endlich wird sie zu einem Psychiater überwiesen.)*

A.: Wann suchten Sie den Psychiater auf?

P.: Ungefähr vor vier Monaten. Er sagte mir, daß die Medikamente mir nicht helfen könnten. Er sagte, daß er mich hierher überweisen werde, da ich es mir nicht leisten konnte, jede Woche zu ihm zu gehen.

A.: Und was hat er Ihnen gegeben?

P.: Er gab mir Triavil und Librium, je zehn Milligramm.

A.: Wie lange haben Sie diese Medikamente eingenommen?

P.: Bis ich vor ungefähr drei Wochen hierherkam.

A.: Hat es Ihnen geholfen?

P.: Nein, ich fand keine große Hilfe darin. *(Wie sich herausstellt, hat sie bis zu dem Tage, an dem das Interview stattfand, weiter Medikamente eingenommen.)*

A.: Also, wenn wir uns die Information ansehen, die Sie Dr. R. hier gegeben haben, erfahren wir, daß Sie mindestens zehn Jahre lang nervös, scheu und zeitweise verängstigt gewesen sind und daß es, wie Sie sich ausdrückten, so scheint, als ob es nach der Arthritis mit den Nerven angefangen hat. Ist Ihnen während all der Jahre selbst eine Idee gekommen, was Sie so nervös machen könnte?

P.: Nein.

A.: Keine Erklärung? *(Ich lehne ab, das unmittelbare Nein zu akzeptieren.)*
P.: Nein, naja, ich selber weiß es nicht. Ich meine – Leute sagen mir öfter, was mich ihrer Meinung nach nervös macht, wissen Sie. Die Familie zum Beispiel sagt oft, daß die Kinder einen nervös machen oder daß die Kindheit nicht so glücklich gewesen ist und daß einen das nervös macht. Aber ich selber weiß nicht, warum ich so nervös bin.
A.: Sie selber haben keine Erklärung, und die Erklärungen, die die anderen Leute anbieten, berühren Sie nicht sonderlich in irgendeiner Weise?
P.: Nein, ich überlege mir, daß es andere Leute gibt, die auch Kinder haben und die sind nicht nervös, also warum sollten meine mich nervös machen? *(Sie heftet sich an ihre Kinder.)*
A.: Woher wissen Sie, daß die anderen Leute nicht nervös sind? *(Ein sanfter Versuch, ihr Gefühl, einzigartig nervös zu sein, zu erschüttern.)*
P.: Ja, ich sehe sie jeden Tag ausgehen, und manche von ihnen haben zehn Kinder, und sie können offenbar das tun, was sie möchten, und ausgehen.
A.: Und Sie haben nicht zehn –
P.: Ich habe sechs.
A.: Das ist eine ganz nette Anzahl.
P.: Umtriebig. *(Sie übersetzt meinen Ausdruck in einen, der ihr mehr sagt.)*
A.: Die beschäftigen Sie ständig...
P.: Wahrhaftig.
A.: Gut, wie gesagt, wenn wir uns die Informationen anschauen, die wir über Sie haben, hat es vor zehn Jahren angefangen, und es scheint mir, daß es gewisse Zeiten gegeben hat, in denen es für Sie schlimmer geworden ist. *(Ein Schritt, um die Wiederholung ihrer Reaktionen und die Gründe dafür herauszuarbeiten.)*
P.: In einer Krise oder so etwas geht es mir gewöhnlich schlechter.
A.: In einer Krise geht es Ihnen schlechter – und an welche Krisen erinnern Sie sich noch?
P.: An den Tod meines Vaters.
A.: Das war – *(absichtliche Pause, um die Patientin den Zeitpunkt ins Gedächtnis zurückrufen zu lassen.)*
P.: Vor sechs Jahren.
A.: Woran ist er gestorben?
P.: An einem Herzanfall.
A.: Plötzlich?
P.: Ja. Er ist nur wenige Tage krank gewesen, und wir haben es nicht erwartet – wir glaubten einfach, daß er sich wieder erholen würde.
A.: Erinnern Sie sich noch an Ihre Reaktion darauf – auf den Tod Ihres Vaters?
P.: Ja, ich war sehr nervös – sie mußten mir eine Spritze geben, während ich im Krankenhaus war, als er starb.
A.: Sie waren gerade zu Besuch bei ihm?
P.: Nein, wir haben ihn ins Krankenhaus gebracht... Während er starb, haben wir gewartet.
A.: Sie mußten Ihnen eine Spritze geben, weil Sie so –
P.: Außer mir war.
A.: Wie außer sich?

P.: Naja, ich flatterte – ich weiß nicht, vielleicht ist das bei jedem normal, der so etwas durchmacht.

A.: Das war vor sechs Jahren. Erinnern Sie sich daran, daß Sie geweint haben?

P.: Ja, deutlich.

A.: Und dann kam die Beerdigung – haben Sie bei der Beerdigung geweint?

P.: O ja.

A.: Fehlt er Ihnen seitdem?

P.: Ja, doch.

A.: Denken Sie an ihn?

P.: Ich denke immerzu an ihn.

A.: Immerzu?

P.: Wir haben uns sehr häufig gesehen, und wenn ich allein bin, wandern meine Gedanken, und dann denke ich immer nach, und manchmal denke ich, ich wünschte, er wäre hier, damit ich mit ihm reden könnte. Natürlich möchte man jemanden haben, mit dem man reden kann, und wenn man immer nur die Kinder um sich hat – *(sie ist bekümmert über seinen Verlust, fährt aber fort, um ihn zu trauern.)*

A.: Man kann mit ihnen nicht viel sprechen. *(Sie kehrt zurück zu dem Gedanken, daß die Kinder eine Last sind.)*

P.: Man hat mal genug von ihnen – man hat nichts gegen sie, aber man möchte nach einiger Zeit gerne mit Erwachsenen sprechen.

A.: Von ihnen haben Sie auch genug, was?

P.: Naja, ich habe genug von den Anforderungen, die mir gestellt werden. Aber man versucht, sie so gut man kann zu erfüllen.

A.: Aber Sie denken oft an Ihren Vater?

P.: Ja.

A.: Und möchten, daß er da wäre, um mit ihm zu sprechen? *(Zurück zum Vater, um mehr Informationen über ihre Reaktion auf seinen Tod zu bekommen.)*

P.: Ja.

A.: Besuchen Sie sein Grab?

P.: Nein.

A.: Früher einmal?

P.: Einige Male habe ich es getan.

A.: Weinen Sie jemals über ihn, wenn Sie an ihn denken?

P.: Nein.

A.: Nicht. Als Ihr Vater starb, gab es eine Krise, und Ihre Nervosität wurde schlimmer?

P.: Eine Zeitlang wurde sie es, ja.

A.: Irgendwelche anderen Krisen?

P.: Nein, nicht daß ich wüßte. Da kam nichts. Aber gerade jetzt habe ich eine neue, weil meine Mutter im Krankenhaus ist.

A.: War da nicht etwas, eine Krise, wenn Sie es so nennen wollen, die auftauchte, ehe Ihre Mutter ins Krankenhaus kam und Ihre Symptome wieder schlimmer wurden?

P.: Ich weiß nicht. Ich hatte Kopfschmerzen, als ich hierherkam.

A.: Ja, aber als Sie hierherkamen, war Ihre Mutter noch nicht im Krankenhaus, und Sie wußten nicht, daß sie dorthin kommen würde.

P.: Nein.

A.: Nein, aber als Sie zuerst hierherkamen, sagten Sie doch, daß Sie in der letzten Zeit immer nervöser geworden seien. Welchen Grund gab es dafür, daß sich Ihre Nervosität in letzter Zeit immer mehr steigerte?

P.: Ich weiß es nicht. Sicher, ich war möglicherweise beunruhigt wegen des Alleinseins meiner Mutter, weil sie ja alleine lebt.

A.: Sie lebt schon eine ganz schöne Weile allein.

P.: Seit mein Vater starb.

A.: Aber warum wurde Ihre Nervosität in den vergangenen vier, fünf oder sechs Monaten immer stärker?

P.: Ich weiß es nicht.

A.: Sie sagten, wenn ich Sie richtig verstehe, daß –

P.: Ich habe es erwähnt.

A.: Soll ich Sie erinnern?

P.: Nein. Wie ich schon sagte, sind meine Gedanken vielleicht heute irgendwo anders, weil ich gerade meine Mutter besucht habe, so daß ich ein wenig durcheinander bin.

A.: Nun, was Sie uns hier erzählt haben, war, daß Sie seit der Geburt Ihres jüngsten Kindes –

P.: Oh, das jüngste, Vivian.

A.: Ja, nach Vivians Geburt hat es bei Ihnen angefangen zu –

P.: Es war genau vier Monate später. Der Arzt meinte, es wäre nur die verspätete – so wie manche gleich nach der Geburt Depressionen bekommen, und ich hatte das nie. Genaugenommen konnte niemand verstehen, wie ich, wo ich doch so eine nervöse Person bin, vom Krankenhaus nach Hause kommen und so glücklich sein konnte.

A.: Sie wurden nicht nervös?

P.: Nein. Aber er dachte, es ist vielleicht bloß eine verspätete Reaktion.

A.: Vier Monate nach ihrer Geburt haben Sie angefangen –

P.: Ich habe angefangen –

A.: Was haben Sie gespürt?

P.: Ich bekam diese Schmerzen, die den Hinterkopf raufgingen, und ich wußte nicht, was es war.

A.: Noch etwas anderes?

P.: Und ich habe zu der Zeit keine Medikamente eingenommen. Ich war vom Doriden abgekommen, und ich habe dann abends ein oder zwei Bier getrunken, und das half mir beim Einschlafen. Ich habe mich um die Kinder gekümmert und bin ausgegangen und fühlte mich wohl. Und dann auf einmal bekam ich diesen Schmerz, und das machte mir irgendwie Angst.

A.: Haben Sie noch etwas anderes gespürt? Wie stand es mit Ihren nervösen Symptomen?

P.: Ich war nervös, und ich war ängstlich, und als ich zum Arzt ging, wußte er schon Bescheid.

A.: Wenn Sie sagen, daß Sie Angst hatten, was meinen Sie damit?

P.: Wie sich mein Kopf von innen anfühlt, kann ich wahrscheinlich nur so beschreiben: es ist, als ob ich einen schrecklichen Unfall gesehen hätte. Mein ganzes Inneres fängt an zu zittern. Wenn ich so werde, dann habe ich es anscheinend nicht mehr in der Gewalt. Ich setze mich hin und versuche, mich zu beruhigen – *(Voller Angst, es könnte jemand vor ihren Augen verletzt werden.)*

A.: Sie haben Ihr Gefühl sehr genau beschrieben – die Angst, als würde jemand vor Ihren Augen –

P.: Als ob ich – wie jeder normale Mensch – einen Unfall sehen und außer mir geraten würde. Und ich werde so für nichts und wieder nichts.

A.: Sagten Sie Autounfall? *(Sie hatte das nicht gesagt. Das war meine eigene Assoziation beim Gedanken an ihre sechsköpfige Familie, die in einem Stadtgebiet wohnt.)*

P.: Irgendein Unfall – irgend etwas, was man sieht und was einen aufregt. Ich kann mir vorstellen, daß jeder, der auf der Straße geht und irgendeinen Unfall sieht, so emotional reagieren würde.

A.: Es gibt alle möglichen Unfälle.

P.: Das nehme ich an.

A.: Welche Art von Unfall macht Ihnen solche Angst?

P.: Ja, ich meine, wenn ich jemanden sehen würde – zum Beispiel ein Autounfall. Ich meine, ich habe gesehen, wie mehrere Autos zusammengestoßen sind, und ich fange an zu schlottern – wissen Sie, bei dem Gedanken etwa, daß vielleicht jemand verletzt worden ist – das ist es.

A.: Haben Sie je bei einem Unfall gesehen, wie jemand verletzt wurde?

P.: Nein. *(Wir erhalten einige genaue Informationen über ihre eigenen Aggressionsängste, die hinter ihrer Nervosität verborgen sind.)*

A.: Die Angst ist etwa so, als ob ein Unfall passierte oder jemand verletzt wird und Sie möchten es nicht sehen. Es hat vor zehn Jahren angefangen – es wurde schlimmer, vielleicht wie Sie es beschrieben haben, als Ihr Vater starb, und Sie reagierten wieder genauso nach der Geburt Ihres letzten Kindes und erst kürzlich noch einmal bei der Krankheit Ihrer Mutter. Was ist mit ihr? *(Zur Betonung wiederhole ich die letzten drei Krisen.)*

P.: Gestern wurde sie wegen Darmkrebs operiert.

A.: Kam es unerwartet?

P.: Ja, ich habe sie letzten Samstag vor einer Woche erst ins Krankenhaus gebracht. Sie hatte Bauchschmerzen, und ich brachte sie hin.

A.: Wer ist für sie verantwortlich – kümmert sich um sie? Ich weiß, Sie haben einen Arzt, aber wer ist in der Familie verantwortlich für sie? *(Ich untersuche ihren offensichtlichen Kummer, da jetzt sogar noch mehr Verantwortung auf ihr ruht.)*

P.: Ich kümmere mich um all ihre persönlichen Angelegenheiten.

A.: Sie machen das?

P.: Ja.

A.: Wie war jetzt Ihre Reaktion auf ihre Krankheit?

P.: Ich war nicht sehr optimistisch. Ich habe nachgegeben und mir ausgerechnet, daß sie in ihrem Alter meiner Meinung nach nicht viel für sie tun können. Die Operation war erfolgreich, aber sie wissen nicht, ob sie durchkommt. Aber sie sagen, daß sie sich gut macht, also akzeptiere ich das.

A.: Sind Sie nervös gewesen, seit Sie sie ins Krankenhaus gebracht haben?

P.: Nun, ich merke, daß ich ein paarmal nicht in der Lage war, sie zu besuchen. *(Ihre Angst rauszugehen.)*

137

A.: Und haben Sie nicht einen Hautausschlag, seit Sie Ihre Mutter ins Krankenhaus gebracht haben?

P.: Ja. Es hat mit dicken Striemen angefangen, und ich vermute, daß das ganze Kratzen es so zugerichtet hat *(sie zeigt ihren Arm)*, als ob es Nesselfieber wäre. Jetzt sind die Striemen überall an meinem Körper.

A.: Haben Sie das je vorher gehabt?

P.: Nein.

A.: Nie?

P.: Nie. Ich habe Schuppenflechte.

A.: Sie haben tatsächlich Schuppenflechte? Jetzt auch?

P.: Ja, an meinem Körper.

A.: Wie lange haben Sie die Schuppenflechte schon?

P.: Ich habe sie seit ungefähr meinem sechzehnten oder siebzehnten Lebensjahr.

A.: Aber nie Nesselausschlag?

P.: Nein, nie.

A.: Wie stark beeinträchtigt Sie diese Schuppenflechte?

P.: Es macht mir selten etwas aus – vielleicht ein- oder zweimal im Jahr, wenn es zu dem Punkt kommt, daß sie ein bißchen juckt. Aber es ist nicht allzuschlimm.

A.: Aber Sie haben sie fast die ganze Zeit über?

P.: Ja.

A.: Haben Sie sie je an Stellen, die der Luft ausgesetzt sind?

P.: Manchmal habe ich sie an den Armen und Beinen, aber wenn ich an die Sonne kommen kann, hilft es.

A.: Gab es jemanden in der Familie mit Schuppenflechte?

P.: Nein – nur mich.

A.: Sie hatten nie zuvor Nesselausschlag. Wie lange ist es her, daß er ausbrach?

P.: Ich würde sagen – heute ist Freitag – letzten Donnerstag.

A.: Was, meinen Sie, hat ihn hervorgerufen?

P.: Nun – als ich meine Mutter ins Krankenhaus brachte und sie einen bestimmten Test machen lassen mußte – da wollte sie ihn nicht machen lassen und sie hat mir irgendwie Angst gemacht. Sie sagte, sie wolle nach Hause gehen, und ich war nicht in der Lage, das alles durchzustehen und sie einfach nach Hause gehen zu lassen. Denn ich wußte ja, was los war, und ich glaube, das hat mir irgendwie einen Stoß versetzt. Ich habe versucht, an mich zu halten mit dem, was ich wußte, und wollte es ihr nicht sagen, weil es sie aufgeregt hätte.

A.: Sie wollte nicht, daß der Test gemacht wurde, und sie wollte, daß Sie sie nach Hause bringen.

P.: Ich lehnte es ab und ging weg. Danach schien es mir, als hielte ich etwas zurück, weil ich wußte, was los war, und ich konnte es ihr nicht sagen. *(Das «Zurückhalten» ist typisch für sie. Die vielen physischen Symptome vermögen es dennoch nicht, ihre Angst einzudämmen.)*

A.: Wann trat denn dann der Hautausschlag auf?

P.: Am nächsten Tag.

A.: Am nächsten Tag hatten Sie Ausschlag. Haben Sie seitdem wieder gekratzt?

P.: Ja, ich habe es mit Benadryl versucht, aber mir wurde schlecht davon – und der Arzt hat doch gesagt, daß das eigentlich nicht sein dürfte.

A.: Ich möchte jetzt gerne herausfinden, wie wir an das herankommen können, was Sie am allermeisten beeinträchtigt. Als ich Sie fragte, wobei Sie am meisten Hilfe bräuchten, was sagten Sie noch?

P.: Ja – daß ich mich um meine Kinder kümmern könnte. Ich möchte mich gerne normal fühlen. Ich möchte gerne imstande sein, morgens aufzustehen, meine Familie morgens zur Schule und zur Arbeit zu schicken und auf die beiden Kleinen aufzupassen und nicht diese Angst haben zu müssen – keine Angst haben, daß ich allein gelassen werde. *(Dieses Mal verknüpft sie ihre Angst mit der Last der Kinder und dem Gefühl, allein gelassen zu werden.)*

A.: Und keine Angst haben, daß etwas geschehen könnte und daß Sie etwas Schreckliches sehen könnten?

P.: Meine Hauptangst ist, wenn ich diese Gefühle bekomme – wenn ich nun ohnmächtig werde und die beiden Kleinen sind allein, was würde dann geschehen?

A.: Es scheint mir, und Sie wissen es selber, das ist nichts Neues – so geht es nun schon zehn Jahre lang. Zehn Jahre ist es her, seit Sie Ihre Arthritis hatten, zehn Jahre, seit Sie ins Kino gingen, und zehn Jahre, seit Ihre Tochter Jessica geboren wurde – alles begann zu dieser Zeit. Nun, ich würde die Sache folgendermaßen betrachten: Ich glaube, daß das, was Sie bekümmert – und ich werde es ganz allgemein formulieren, bis wir es schärfer sehen können –, aber ich glaube, daß das, was Sie am meisten bekümmert, ein quälendes Gefühl der Unzufriedenheit, der Reizbarkeit, der Spannung ist. Kommt Ihnen das bekannt vor? Oder würden Sie nur deshalb ja sagen, weil Sie meinen, daß Sie es sollen? *(Ich revidiere und übersetze noch einmal, was sie mit ihren Kindern andeutet. Ich betone die lange Geschichte und konfrontiere sie mit einem zentralen Problembereich.)*

P.: Reizbar, worüber?

A.: Das müssen wir noch herausfinden.

P.: Unzufrieden?

A.: Unzufrieden – quälendes Gefühl der Unzufriedenheit. Wissen Sie, was ich damit meine?

P.: Meinen Sie so etwas wie immer derselbe Kreislauf? *(Sie spitzt das zentrale Thema zu.)*

A.: Das wäre etwas, das sicherlich dazu beiträgt. Mit dem quälenden Gefühl meine ich eine Art verschwommenen Gefühls – Sie sind einfach mit Ihrem Leben, wie es so abläuft, nicht zufrieden, obwohl Sie den Finger nicht genau –

P.: Drauflegen können.

A.: Drauflegen können. Und mit einem solch quälenden Gefühl der Unzufriedenheit würde jeder reizbar sein oder gar reizbarer, als Sie es normalerweise sind. Ich würde sagen, daß wir soviel wie möglich über das Hauptproblem der Unzufriedenheit herausfinden müssen. Klingt Ihnen das vernünftig, oder denken Sie an etwas anderes?

P.: Nein.

A.: Erscheint Ihnen das als etwas, das Ihnen helfen könnte, wenn wir uns diesen Gedanken eingehend betrachten würden?

P.: Hmmmm.

A.: Weil ich weiß, daß Sie unzufrieden sind. *(Eine direkte diagnostische Aussage, die keine Vermutung, sondern den Lebensdaten entnommen ist.)*

P.: Nun – ich würde so weit gehen und sagen, daß ich sehr unglücklich bin. Ich mei-
ne, da gibt es nichts, worauf man sich freuen könnte, wenn man denkt, daß man
Tag für Tag dasselbe tut. So wie ich mich fühle, ich habe sechs gesunde Kinder,
die ich gerne genießen möchte – und einen guten Mann, und ihnen gegenüber
erscheint es einfach nicht fair zu sein.
A.: Aber Sie sind nicht glücklich.
P.: Nein. Ich bin glücklich, wenn ich sie alle zusammen habe.
A.: Ich glaube Sie sagen, daß Sie *ihretwegen* glücklich sind, aber *Sie* selber sind nicht
glücklich –
P.: Für mich selber –
A.: Was ich Ihnen gerne vorschlagen möchte, ist dies – darauf wollen Sie und ich
unsere Aufmerksamkeit richten – auf die Tatsache, daß Sie unzufrieden sind
und sogar unglücklich, und wir wollen sehen, ob wir herausfinden können, worum sich all das dreht. Wir werden unsere ganze Zeit darauf und auf noch mehr
verwenden. Ich werde Sie jede Woche um dreizehn Uhr fünfzehn hier erwarten –
ich möchte das ganz deutlich machen – jeden Freitag von dreizehn Uhr fünfzehn
bis vierzehn Uhr. Ist das eine passende Zeit für Sie?
P.: Das paßt mir gut.
A.: Ich werde Sie, heute eingeschlossen, zwölfmal sehen, und diese zwölf Male werden am Freitag, dem 31. Januar, enden. Ich werde am 3. Januar nicht hier sein, so
daß ich diesen Termin überspringen muß. Wenn wir vorankommen, ohne daß
Sie oder ich eine Verabredung verpassen, außer am 3. Januar, werden wir mit den
zwölf Sitzungen am Freitag, dem 31. Januar, fertig sein. Sollte etwas dazwischen-
kommen, wie zum Beispiel Schneestürme, dann werden wir das schon hinkriegen, wenn es soweit ist. Wie es jetzt aussieht, werde ich Sie jedoch jeden Freitag
von dreizehn Uhr fünfzehn bis vierzehn Uhr zwölfmal sehen, und während dieser zwölf Sitzungen werden wir versuchen, soviel wir können an diesem Problem
der allgemeinen Unzufriedenheit zu arbeiten. Sollte sich im Verlaufe unserer
Gespräche herausstellen, daß es etwas anderes, noch Wichtigeres gibt, werden
wir uns damit beschäftigen. Was halten Sie davon?
P.: In Ordnung – es scheint mir gut so. *(Arthritis, Phobien, Angstanfälle, Psoriasis,
Nesselausschlag, Depressionen, Magenbeschwerden. Diese Symptome zeigen eine
weitgefächerte Kausalität an. Aus dem Interview geht hervor, was wichtiger ist, daß
sie auch dazu benutzt werden, um eine aktive Reaktion oder Reaktionen auf uner-
trägliche Beziehungen zur Umwelt und zu den Menschen zu verdecken, aus dem Bewußtsein fernzuhalten. Ein breiter, unspezifischer Fokus wird angeboten, der eine
Diagnose stellt, der letztlich den allgemeinen Gang der komplizierten, multikausa-
len, unbewußt motivierten Symptome ausdrückt und der der Patientin einen Ein-
stieg in ihre Schwierigkeiten erlaubt, die sie nicht nur mit dem Verstand weiß, sondern fühlt.)*
A.: Haben Sie dazu noch irgendeine Frage?
P.: Nein. Die einzige Frage ist wegen der Medikamente. Muß ich noch weiter Li-
brium nehmen?
A.: Wieviel und wie oft nehmen Sie es?
P.: Dreimal täglich 25 Milligramm.
A.: Was, glauben Sie, würde passieren, wenn Sie es nicht mehr nähmen?

P.: Dann kriege ich diese Angstgefühle.

A.: Woher wissen Sie, daß Sie diese Angstgefühle bekommen, wenn Sie es nicht mehr nehmen? Wann haben Sie mit dem Librium angefangen?

P.: Ich fing im Juni damit an. *(Ungefähr vor vier Monaten.)*

A.: Seitdem jeden Tag?

P.: Ich habe zehn Milligramm eingenommen, bis ich hierherkam, und der Arzt hat mir fünfundzwanzig gegeben.

A.: Was, meinen Sie, würde geschehen, wenn Sie alle Medikamente zwischen jetzt und nächstem Freitag absetzen würden?

P.: Ja, ich weiß, ich würde so werden. Wie mein Mann sagt: «Wenn du aufhörst und es durchstehst, vielleicht kannst du es dann überwinden.» Er scheint zu glauben, daß ich keine faire Chance einräume –

A.: Daß Sie was nicht einräumen?

P.: Wie mit den Medikamenten – ich scheine mich darauf zu verlassen wie auf eine Krücke.

A.: Vielleicht haben Sie etwas Angst, sie nicht zu nehmen.

P.: Ja. Ich habe Angst, ich könnte mich dann um nichts mehr kümmern.

A.: Ich wäre gar nicht erstaunt, wenn Sie fähig wären, sich um alles zu kümmern, auch ohne daß Sie jetzt diese Krücken brauchen. Stellen Sie sich vor, Sie nehmen keine Medikamente mehr, bis ich Sie am nächsten Freitag wiedersehe. *(Ich dränge sie, sich auf sich selbst zu verlassen.)* Glauben Sie, daß Sie das bewältigen können?

P.: Ich werde es versuchen, aber angenommen –

A.: Angenommen – dann wissen Sie, was zu tun ist. *(Sie hat die Freiheit, Medikamente zu nehmen oder auch nicht.)*

P.: Sie nehmen.

A.: Es sei denn, Sie haben das Gefühl, daß Sie ohne sie auskommen.

P.: Ich bin bereit, einen Versuch zu machen, weil ich auch nicht geglaubt habe, daß ich vom Doriden loskomme, und das habe ich geschafft.

A.: Und einige dieser Sachen nimmt man am besten nicht allzu lange. Ist Ihnen mein Vorschlag klar – daß wir uns jede Woche treffen?

P.: Jede Woche und meine Unzufriedenheit und mein Unglücklichsein besprechen.

A.: Unzufriedenheit und Unglücklichsein und wir werden dabeibleiben, abgesehen von den Unterbrechungen, die wir nicht vorhersehen können. Dann werden Sie und ich mit der Arbeit am 31. Januar fertig sein.

P.: Meinen Sie, es wird mir dann gutgehen – ich meine, ich weiß nicht, ob ich nicht vermessen bin, wenn ich Sie frage.

A.: Sie können alles fragen.

P.: Glauben Sie, daß Sie mir helfen können? Wenn ja, dann will ich gerne versuchen, ohne die Medikamente auszukommen, und sehen, was kommt.

A.: Ja.

P.: Also gut, wenn Sie glauben, daß Sie mir helfen können, dann kann ich mit den Tabletten aufhören. *(Ich wiederhole den Behandlungsplan, und sie kann mich schließlich direkt fragen, ob er helfen wird. Meine positive Antwort bringt sie dazu, ebenso positiv zu reagieren.)*

A.: Wir haben heute noch ein wenig Zeit übrig, so daß wir uns weiter mit dieser Frage Ihres Unglücklichseins beschäftigen können. *(Unmittelbare Rückkehr zum zentralen Thema.)*

P.: Ich bin nicht unglücklich mit meinen nächsten Angehörigen, meinem Mann und meinen Kindern. Ich war unglücklich mit meiner Mutter. Als mein Vater starb, versuchte ich, alles zu übernehmen – alles zu tun, was ich konnte, und sie war herrschsüchtig, und das hatte sehr viel damit zu tun. Sie mischte sich immer ein ...

A.: Sie sagen, daß eine Sache sehr an Ihnen zehrt: Sie wissen jeden Tag genau, was morgen sein wird. Morgen wird so sein wie heute. *(Ich zog es vor, ihre sehr lebendigen Gefühle über ihre augenblickliche Situation im Vordergrund zu halten, anstatt an dieser Stelle zeitlich rückwärts zu gehen.)*

P.: Das ist richtig – bis meine Mutter ins Krankenhaus ging, war jeder Tag ein Ritual. Ich mußte aufstehen und ans Telefon gehen, und ich mußte sie anrufen und sehen, wie es ihr ging. In der Zwischenzeit nahm mein Vierjähriger das Haus auseinander. Und wenn ich dann damit fertig war, hätte ich das ganze Haus zusammenschlagen können. Ich wollte am Telefon nicht schreien, aber ich wußte, was jeder einzelne Tag bringen würde, denn jetzt ist sie im Krankenhaus – ich habe keine Anrufe mehr, aber ich habe nun so viele andere Dinge am Hals – ich sehe keinen Unterschied. *(«Das ganze Haus zusammenschlagen» in ihrem Ärger, der, wie wir sehen, durch die zeitweilig geringeren Ansprüche der Mutter nicht minder geworden ist.)*

A.: Jeden Tag ist immer noch dasselbe.

P.: Immer noch dasselbe.

A.: Nun, Sie haben sechs Kinder.

P.: Das ist es, was die Leute nicht verstehen können. Wie kann ich mich so langweilen oder mich so aufregen, wo ich doch die Kinder um mich herum habe.

A.: Die Leute verstehen wirklich nicht, daß sechs Kinder eine Frau tagtäglich mit denselben Dingen anbinden können. Sie verstehen das nicht. Ich wette, Sie würden gerne Ferien machen.

P.: Ja, wir haben einmal Ferien gemacht, und wir zahlen immer noch dafür vor zwei oder drei Jahren. Ich sagte zu meinem Mann, daß ich es nicht mehr aushielte und daß ich gern eine Reise unternehmen würde. Wir haben eine Reise nach Washington gemacht mit allen fünf Kindern.

A.: Haben Sie jemals einen freien Tag ganz für sich allein, ohne eines der Kinder?

P.: Nein. Ich habe mir nie die Mühe gemacht. Ich kann, wenn ich will – mein Mann ist einverstanden. Er nimmt sie am Wochenende, und manchmal denke ich, ja, warum nimmt er sie mit und läßt mich allein zurück? Er möchte sie mir abnehmen, damit ich mich hinlegen oder ausruhen kann, aber ich will das anscheinend nicht. Dann, wenn er vorschlägt, einen Babysitter zu nehmen und auszugehen, dann bin ich nervös und möchte nicht ausgehen. *(Ein typisch neurotischer Ausdruck für den ärgerlichen Wunsch und die Abwehr dagegen. Sie würde nur allzu gerne frei sein. Aber der Wunsch ist so sehr mit Ärger und Schuld belastet, daß die Gelegenheit, ihn zu erfüllen, abgeblockt wird.)*

A.: Wenn Ihr Mann Ihnen anbietet, einen Babysitter zu nehmen, dann wollen Sie nicht ausgehen?

P.: Ich bin nervös, wenn ich ausgehe, und wünschte, ich wäre nicht gegangen, und ich sorge mich um die Kinder – ob alles bei ihnen in Ordnung ist und –

A.: Sie sind aber wirklich angebunden, was?

P.: Ich bin möglicherweise zu sehr an meine Kinder gebunden. Ich war es immer, ich hatte immer Angst vor dem Tod. Der Arzt sagte, selbst wenn ich nicht mehr da wäre, würden sie weiterleben, also warum soll ich mir darum Sorgen machen.

A.: Haben Sie Angst, Sie könnten sterben, oder fürchten Sie, daß Ihren Kindern etwas passieren könnte?

P.: Mehr den Kindern.

A.: Sie haben nicht so viel Angst, Sie könnten sterben?

P.: Nein, nur wenn ich diese Kopfschmerzen bekomme. Manchmal ist der Druck so stark, daß ich meine, mein Kopf könnte zerspringen. Ich meine, ich hätte da etwas. Mein Mann hilft mir, mich zu beruhigen.

A.: Ängstigt Sie die Tatsache des Sterbens persönlich, abgesehen von den Kindern?

P.: Ich sollte mich nicht ängstigen. Wir alle müssen sterben.

A.: Ja, aber die meisten Leute fürchten sich vor dem Sterben.

P.: Ich glaube, so war ich nie, ehe mein Vater starb. Seitdem glaube ich immer, daß jeder Schmerz, den ich habe, ein Herzanfall ist wie bei meinem Vater.

A.: Ich denke, daß Sie sehr an Ihr Haus gebunden sind und daß selbst das Angebot, nur einmal einen Abend fortzugehen, nicht sehr verlockend für Sie ist – es ist sogar ängstigend –, also bleiben Sie zu Hause.

P.: Ja. Ich versuche, das Baby auszuführen, aber ich bewege mich nicht weit vom Hause weg. Ich bleibe nahebei. Ich habe Freundinnen, die sich einmal in der Woche treffen, aber dann wurde ich es leid, dahin zu gehen, weil ich mir alle ihre Probleme anhören mußte – sie hatten Schwierigkeiten mit ihren Männern – sie dachten, ich wäre komisch, weil ich mit meinem Mann gut auskomme, also habe ich damit aufgehört. Ich habe meine eigenen Probleme, und ich habe einen guten Mann, also gab es keinen Grund, mir die Sorgen von anderen anzuhören – vielleicht versuchen sie, einem etwas einzureden, wissen Sie.

A.: Aber zu Hause gehen die Dinge weiter in tagtäglicher Arbeit, so daß Sie nach einer Weile soweit sind, das Haus zusammenzuschlagen –

P.: Ich werde so, daß ich manchmal noch nicht einmal das Essen machen will. Ich werde müde. Natürlich, manchmal denke ich sogar, wenn ich einen fordernden Mann hätte, dann würde ich nicht so sein, wie ich bin.

A.: Wie meinen Sie das?

P.: Ich will sagen, daß ich meistens das Abendessen vorbereitet habe, weil er sich beeilen muß und weil er nur eine halbe Stunde Zeit hat, um zu essen und zur Schule wegzugehen. Dann macht er kehrt und sagt: «Wenn dir nicht danach ist, etwas zu machen, ein Butterbrot reicht mir auch» – und ich sage: «O nein, aber nicht nach einem ganzen Arbeitstag.» Die Hausarbeit – er sagt: «Laß es. Wenn du sie nicht tun willst, laß es.» Ich denke mir, wenn er zum Beispiel sagen würde: «Tu dies und tu jenes», vielleicht würde ich es tun.

A.: Sie glauben, es würde helfen, wenn er manchmal Druck ausüben würde?

P.: Einmal hat ihm ein Arzt gesagt, er solle mit mir kein Mitleid haben. *(Wenn ihr Mann weniger passiv und dafür fordernder wäre, würde sie sich etwas entlastet fühlen von ihrer Schuld und gleichzeitig würde sie sich in ihrem Ärger gerechtfertigter fühlen – eine Forderung nach einer angepaßteren Form einer sado-masochistischen Beziehung.)* Ich weckte ihn gewöhnlich um drei Uhr morgens auf, wenn ich diese

Gefühle hatte, und natürlich war er müde. Er mußte ja aufstehen und zur Arbeit gehen. Der Arzt sagte ihm, er solle mit mir streiten, also hat er mich angefahren, und dann bin ich ärgerlich geworden, und ich konnte wieder schlafen, und das Gefühl war weg.

A.: Was daran hat Sie so ärgerlich gemacht?

P.: Weil er nicht glaubte, daß ich krank war.

A.: Er nahm die Angst, Sie könnten sterben, nicht ernst?

P.: Ja. Aber ich habe herausgefunden, daß es ihn mehr berührte, als ich annahm. Aber ich habe niemanden, mit dem ich mich tagsüber streiten könnte. Die beiden Babies können mit mir nicht streiten, und dann versuche ich, es mit mir selber auszufechten, verstehen Sie.

A.: Aber das Beispiel, das Sie von Ihrem Mann mitten in der Nacht gaben – Sie würden sich wohler fühlen, wenn der Druck ein bißchen nachließe auf Ihrer –

P.: Brust.

A.: Brust. Ich möchte annehmen, daß das ein Aspekt Ihres Unglücklichseins ist. Ich habe schon einmal Ihnen gegenüber erwähnt, daß ich glaube, Sie leiden auch unter einer leichten Reizbarkeit, leicht reizbar –

P.: Ich kann leicht gereizt sein.

A.: Das läßt vermuten, daß ein Teil Ihres Unglücklichseins daher kommt, daß Sie über irgend etwas oder über irgendwelche Dinge böse sind. *(Ich stelle den Fokus ein wenig schärfer ein.)*

P.: Vielleicht lasse ich es an jemandem anders aus.

A.: Ich weiß, an wem Sie es auslassen.

P.: An mir selbst.

A.: Ja.

P.: Ich weiß nicht. Wenn ich mich manchmal frage – einige Ärzte haben sich nach meiner Ehe erkundigt –, ob ich nicht irgend etwas habe, über das ich mich beklagen könnte. Wenn ich doch so gut auskomme, warum sind die Dinge dann so, wie sie sind?

A.: Manchmal gibt es Dinge, die beunruhigen uns, und uns ist wirklich nicht bewußt, was es ist. Sie sind irgendwo in unserem Inneren. Wir wissen nicht, was es ist, und wir brauchen Hilfe, um es herauszufinden. *(Unterstützende Belehrung.)*

P.: Ich glaube, wenn man den Spieß umdrehen würde, ich weiß nicht, ob ich jemanden so lange hätte ertragen können, wie er mich ertragen hat und es ausgehalten hat. Irgendwie kann es mit mir nicht ganz so schlimm sein. Ich habe noch drei Kinder bekommen, seitdem all das geschehen ist.

A.: Sie machen Ihre Hausarbeit alleine.

P.: Sicher, ich habe eine ältere Tochter, und sie hilft mir.

A.: Und Sie halten Ihren Haushalt in Gang.

P.: Ich versuche es.

A.: Je auf die Nase gefallen?

P.: An manchen Tagen setze ich mich bloß hin und will gar nichts tun. Nicht, daß ich nicht könnte, ich will nicht. Ich habe keinerlei Antrieb.

A.: Was geschieht an solch einem Tag – nur rumsitzen?

P.: Nein, man kann nicht nur rumsitzen. Man muß waschen, wenn man Babies hat – aber ich habe das Gefühl, es hat keinen Zweck, die Arbeit zu machen, weil die

Kinder nur alles wieder durcheinanderbringen, und ich werde nur entmutigt, und ich kümmere mich nicht drum. Dann kommt mein Mann nach Hause und sagt: «Na und? Mach es später sauber.» Oder er sagt: «Komm, wir machen es zusammen.»

A.: Also, er kommt nach Hause, und Sie sind den ganzen Tag über mutlos – haben nichts von dem getan, was Sie eigentlich hätten tun sollen. Sie sagen es ihm, und er sagt, das ist schon gut so. Also tun Sie es nicht. Wie reagieren Sie auf das, was er sagt?

P.: Ich stelle mir immer wieder vor, wenn es jemand anders wäre, daß die dann etwas anderes zu sagen hätten.

A.: Ja, Ihnen einen Fußtritt geben und sagen: «Auf, marsch marsch!»

P.: Tu was.

A.: Dann können Sie nicht wütend auf ihn werden.

P.: Ja.

A.: Ich nehme an, es ist schwer, auf jemanden wütend zu werden, der nicht kämpft.

P.: Die einzigen Streitigkeiten, die wir haben, sind die über die Kinder. Ich habe zu ihm gesagt: «Ich weiß nicht, vielleicht würde ich mich wohler fühlen, wenn wir mehr Streit hätten.»

A.: Was sagt er dazu?

P.: «Worüber sollen wir uns streiten?»

A.: Unsere Zeit heute ist um. Am nächsten Freitag um dreizehn Uhr fünfzehn machen wir daran weiter.

Meine Eröffnungsfrage richtete die Aufmerksamkeit der Patientin unmittelbar auf ein zentrales Problem. Von diesem Punkt aus suchte ich Informationen über ihre augenblicklichen Klagen, ähnliche oder verwandte Klagen aus der Vergangenheit und andere faktische Information zu erhalten. Sie scheint eine Unmenge von psychisch-physiologischen Symptomen zu haben und stellt sich selber als eine gewissenhafte, zwanghafte (wenngleich warme und im Verhalten liebenswürdige) Frau dar, die sich die Erkenntnis nicht gestatten darf, daß die Last, die sie ihrem Gefühl nach tragen muß, oft zu schwer für sie ist. Es muß immer so für sie gewesen sein. Das heißt, ihr Anpassungsstil war erst dann perfekt, als sie Mutter und Hausfrau wurde. Der angebotene Fokus ist bewußt breit und umfassend angelegt, aber deckt tatsächlich genau das ab, was sie fühlt und sich selber nicht eingestehen kann. Man bemerke, daß das globale zentrale Thema fast sofort präziser wurde, als die Patientin rasch erwiderte, sie wolle «soweit gehen und sagen, daß ich sehr unglücklich bin».

Dieses erste Interview wurde in fast seiner ganzen Ausführlichkeit dargestellt, da es so sehr gut das Vorgehen deutlich macht, das jene Struktur herstellt, die den Fortgang des Behandlungsprozesses beeinflussen wird.

145

Zweites Interview

Sie beginnt ihren Bericht damit, daß die Dinge besser seien. Ihr Ausschlag hat sich gebessert, und sie hat aufgehört, ihre vorherigen Medikamente zu nehmen: «Ich habe getan, worum Sie mich beim letztenmal gebeten hatten.» Sie hat ihrem Mann erzählt, ich hätte gesagt, daß
sie unglücklich sei, und er hat das angenommen. Nachdem sie von
diesen Fortschritten berichtet hat, führt sie nun ein neues Symptom
ein.

P.: Ich kann nicht essen. Ich kann anscheinend nicht essen. Mir ist immerzu schlecht.
Mein Magen zuckt die ganze Zeit, und ich kann nicht essen.
A.: Ist das etwas Ungewohntes für Sie, nicht zu essen?
P.: Mmmm. Ich habe nach dem Baby 35 Pfund zugenommen vom zu vielen Essen.
Das hier ist neu.
A.: Es hat letzte Woche angefangen?
P.: Es hat angefangen, sowie ich aufgehört habe, die Medikamente zu nehmen.
A.: Und das war letzte Woche. Wann haben Sie aufgehört zu essen?...
P.: Warten Sie mal. Ja, ich habe nichts gegessen, als ich am Freitag nach Hause kam.
A.: Und da hat es angefangen?
P.: Soweit ich mich zurückerinnern kann. Am Freitag hatte ich nicht viel Appetit
beim Abendessen, und dann am Sonnabend mochte ich gar nichts essen. Wie
gesagt, ich versuche mich zu zwingen, wenn mein Mann in der Nähe ist. Er sagt,
wenn du nichts ißt, dann wird es dir auch nicht besser gehen.
A.: Würden Sie das auch sagen?
P.: Natürlich – ich habe auch eine Erkältung. Eine schlimme Erkältung. *(Eine Über-
fülle an Symptomen, um uns beide über deren Herkunft im dunkeln zu lassen.)*
A.: Aber dies ist alles etwas Neues für Sie, weil Sie immer eine Menge gegessen ha-
ben.
P.: Das habe ich.
A.: Letzten Freitag haben Sie sehr plötzlich aufgehört.
P.: Nein, ich würde nicht sagen plötzlich. Das Essen stand vor mir; mir war bloß
schlecht.
A.: Das hat letzten Freitag angefangen.
P.: Letzte Woche.
A.: Letzten Freitag. Ist das richtig, oder liege ich falsch?
P.: Nein. Letzten Freitag, als ich hier wegging. Ich war ein bißchen nervös und hatte
schon ein Vorgefühl davon, keine Tabletten mehr zu nehmen. Ich bin mir selber
immer drei Schritte voraus, und ich dachte immer daran, daß ich mit den Kin-
dern allein sein werde, und wurde immer zappeliger...
A.: Es ist möglich, daß die Übelkeit und der Appetitmangel mit der Tatsache zu tun
haben, daß Sie zum erstenmal seit langer Zeit keine Tabletten mehr eingenommen haben.
P.: Ja. Aber sehen Sie mal, es ist nicht so gewesen, als ich das Baby bekam und ich

mit meinen Doriden aufhörte. Ich habe weitergegessen, wie ich im Krankenhaus gegessen hatte, und noch etwas dazu, und ich habe es zu gut mit mir gemeint und all das Gewicht angesetzt. *(Diese Erörterung ihres Appetitverlustes ist vorsichtig nachforschend. Das Symptom hatte prompt nach ihrem ersten Behandlungsinterview begonnen. Es ist möglich, daß sie an den Nebenwirkungen der Medikamente gegen ihr Nesselfieber litt, sehr wahrscheinlich Antihistamine. Die dramatische Plötzlichkeit des Symptomes jedoch und seine Intensität bei einer Frau, die immer zuviel gegessen hatte, gibt einem zu denken, was es wohl psychologisch zu bedeuten hat. Ich entschied mich, das Symptom als eine Reaktion auf den oralen Sadismus zu verstehen. Er wurde entfesselt, als sie sich einverstanden erklärte, keine Tabletten mehr zu nehmen, und als sie eine orale Befriedigung in dem Behandlungsplan voraussehen konnte, den sie akzeptiert hatte. Die Gefahr, durch Phantasien vom Verschlingen überwältigt zu werden, wird durch das Auftauchen der Anorexie und der Übelkeit gebannt. Es wäre nicht klug, mit ihrer Abwehr gegen solch empfindliche Phantasien und Ängste in dieser kurzen Behandlung herumzupfuschen, und ich beschloß, es sein zu lassen.)*

A.: Irgend etwas anderes außer Übelkeit und Appetitlosigkeit?

P.: Nein.

A.: Schlafen Sie gut? *(Im Lichte aller vorangegangenen Information einschließlich dem Absetzen der Tabletten konnte ich annehmen, daß sie nicht gut schlief.)*

P.: Nein. Ich muß daliegen und fernsehen, bis meine Augen zufallen oder bis es kein Fernsehen mehr zu gucken gibt.

A.: Also in der vergangenen Woche haben Sie Übelkeit gehabt, nicht gut gegessen, und sie hatten Schlafschwierigkeiten.

P.: Nicht so viele Schwierigkeiten, wie ich sie vor Jahren hatte. In dieser vergangenen Woche bin ich wenigstens ins Bett gegangen und wußte, was mich erwartet.

A.: Was war sonst noch diese Woche?

P.: Ja, ich bin gestern ausgegangen. Das war das erstemal, daß ich ausgegangen bin ohne Medikamente oder irgendwas, und ich habe das Gefühl gehabt, ich hätte etwas geleistet. Ich mußte für die Kinder zur Schule gehen.

A.: Sie sind allein ausgegangen?

P.: Ja.

A.: Ohne Medikamente. Sie können stolz auf sich sein.

P.: Das sagt mein Mann auch. Ich sagte, daß Sie denken werden, ich wäre wie ein Schulkind. *(Eine interessante Mischung aus Stolz auf das, was sie als Erwachsene erreicht hat, und doch dem Gefühl des Kindischseins, wenn sie viel aus diesem Erreichten macht.)*

A.: Trotzdem, es ist nicht leicht.

P.: Nein, es war nicht leicht, aber es hat sich gelohnt auszugehen. Ich habe von der Schule gute Berichte bekommen, und das hat mir auch ein gutes Gefühl gegeben. Dann bin ich nach Hause gekommen, und ich bin wieder ausgegangen. Ich bin einkaufen gegangen.

A.: Allein?

P.: Allein? Nein. Ich habe zwei von den Kleinen mitgenommen, was ich nie gerne mache –

A.: Weil –

147

P.: Ich immer das Gefühl habe, wenn mir schlecht wird oder irgendwas, dann sind die Kinder allein gelassen. Deshalb mag ich das Baby nicht gerne mitnehmen. *(Die Angst vor ihrem unbewußten Wunsch, die Kleinen zu verlassen und der Verantwortung für sie entledigt zu sein.)*

A.: Was ist passiert?

P.: Was passiert ist? Nichts.

A.: *(bestätigend)* Nichts.

P.: Nein, es ist furchtbar schwer zu fassen. Man weiß, daß es da ist und es trotzdem überwinden.

A.: Ihre Vernunft sagt Ihnen, daß nichts da ist, aber trotzdem *fühlen* Sie etwas anderes.

P.: Wenn ich nur dieses, wissen Sie, dieses zappelige Gefühl beherrschen könnte. Ich habe das Gefühl, als ob ich auf einer Bombe sitze, und sie kann jederzeit explodieren. Ich habe immer das Gefühl, als ob etwas schiefgehen würde. *(«Das Haus zusammenschlagen» und nun «auf einer Bombe sitzen», dazu ihre Kopfschmerzen, die manchmal ihren Kopf zu sprengen drohen, all das spricht beredt von der ungeheuren Wut, die sie durch ihre mannigfaltigen Symptome und charakterologische Abwehr unter Kontrolle zu halten trachtet.)*

A.: Sie fühlen sich, als ob Sie auf einer Bombe sitzen?

P.: Ich fühle, daß etwas ... schiefgehen wird. Anstatt in meinem Kopf einfach völlige Leere zu lassen und in meinem Arbeitstrott weiterzumachen, halte ich jetzt meine Gedanken in Gang, anstatt mich selber bloß zu beschäftigen.

A.: Wie meinen Sie das, Ihre Gedanken in Gang halten?

P.: Anstatt bloß meine Arbeit zu tun, denke ich daran, daß die Kinder nach Hause kommen, und an all die Aufregung und daran, das Essen fertig zu machen, und solche Sachen.

A.: Sie denken an all die Dinge, die Sie noch zu tun haben.

P.: Wenn ich weiß, was in sechs Monaten auf mich zukommt, dann fange ich heute damit an, mir darüber Sorgen zu machen. *(Die ängstliche Vorwegnahme der Verantwortung bedeutet die ständige Gegenwart der Zeit als einem herrschenden Faktor in ihrem Leben – und sie weiß, wann die Behandlung enden wird.)*

A.: Sie denken immer daran, was Sie als nächstes zu tun haben?

P.: Das stimmt.

A.: Das muß Ihnen ein Gefühl von Überlastung geben.

P.: Ich möchte den Rucksack von meinem Rücken nehmen und ihn fallen lassen. Aber in Wirklichkeit ist es gar keine so große Last. Ich weiß gar nicht, warum es mich stört. *(Immer eine Last auf ihrem Rücken, die sie gerne loswerden möchte – und dann eine rasche Verleugnung.)*

A.: Na ja, vielleicht ist es wirklich eine Last... *(Sie fährt mit einer Selbstbeschreibung fort, die sie als Perfektionistin zeichnet, die immer vorausdenkt, was getan werden muß, so daß sie sich ständig belastet fühlt, gespannt und unsicher, ob sie mit dem allem zurechtkommen kann. Sie kann keine Unordnung oder ihr eigenes Versagen ertragen. Beides zusammen gibt ihr das Gefühl, daß sie immerzu auf einer Bombe sitzt. Sie weiß, daß es nicht möglich ist, mit jeder Kleinigkeit in der Arbeit nachzukommen und sechs Kinder zu bändigen, aber sie fühlt sich dennoch dazu gezwungen. Sie vergleicht dann die Geschichte ihrer eigenen Familiengröße mit der ihrer*

Mutter. Die Mutter hatte zehn Schwangerschaften und fünf Fehlgeburten. Die Patientin hatte acht Schwangerschaften und zwei Fehlgeburten.)

P.: Mir ging es gut, bis das vierte kam, und dann fing es bei mir an, schleppend zu gehen. Aber das Doriden hat mir weitergeholfen, so daß ich alles tun konnte.

A.: Wollen Sie damit sagen, daß sich die Dinge nach der Geburt von Jessica irgendwie verändert haben?

P.: Ein Jahr danach.

A.: Das wären dann die zehn Jahre. Erzählen Sie mir über Jessica.

P.: Ich glaube, sie sieht zuviel von meiner Nervosität – sie ist auf dem besten Wege, ein nervöses Kind zu werden. *(Etwas über Jessica zu erfahren heißt etwas über die Patientin erfahren.)*

A.: Wirklich?

P.: Anscheinend hat sie viele Schmerzen. Ich habe sie ins Krankenhaus gebracht, aber da ist nichts. Ich sage immer zu meinem Mann, ich glaube, daß sie mich zuviel beobachtet. Von den älteren Kindern ist sie es, die am Morgen als letzte das Haus verläßt. Sie fragt mich, ob es mir gut geht... Wenn ich verneine, dann sagt sie: «Ich fühle mich nicht wohl. Ich bleibe zu Hause.» So elend ich mich auch fühle, ich sage: «Nein, du gehst zur Schule.» Manchmal bleibt sie tatsächlich zu Hause, und genau dann, wenn die Schule anfängt, geht es ihr wieder gut. Also denke ich mir dann, daß ihr nichts fehlt. Ich hoffe, daß ich nichts von dem, was in mir ist, auf sie übertrage. *(Jessica zeigt Anzeichen einer milden phobischen Bindung an ihre Mutter. Bemerkenswert ist, wie diese ungebildete Frau die ungesunde gegenseitige Identifikation intuitiv wahrnimmt. Wenn der Patientin mit ihrer Behandlung geholfen werden kann, dann können wir sicher sein, daß die Tochter gleichermaßen davon profitiert.)*

A.: Erzählen Sie mir mehr über Jessica. Was für ein Kind ist sie?

P.: Sie ist ein braves kleines Mädchen. In der Schule kommt sie nie in Schwierigkeiten oder sonst was. Sie ist die Mittlere und wird von ihren Brüdern und Schwestern herumgeschubst, aber abgesehen davon ist sie brav, und sie spielt schön... Ich meine, sie hat ihre Freunde, und sie geht raus... *(Also ist auch die Patientin ein «braves kleines Mächen». Sie fährt mit der Beschreibung ihrer Beziehung zu Jessica fort. Jessica gehorcht nicht nur wie ihre Mutter, sondern wimmert und weint auch viel. Die Patientin kann das nicht ertragen und schlägt sie häufig mit der Rechtfertigung, daß sie lernen müsse, nicht wegen jeder Nichtigkeit zu weinen. So kommt es, daß Jessica mehr als jedes der anderen Kinder geschlagen wird, und die Patientin glaubt, daß das Jessicas Art ist, Beachtung zu finden. Ihre Beziehung ist ein wunderschönes Beispiel dafür, wie ein Kind die Projektionsfläche wird für die Wünsche und Gefühle der Mutter in bezug auf sich selbst – Wünsche und Gefühle, die in ihr selbst geleugnet werden müssen.)*

A.: Also wird ein Großteil Ihres Lebens dadurch bestimmt – welches Kind in Schwierigkeiten ist und welches Theater macht und welches weint und welches brüllt, sich daneben benimmt. *(Ich betone den ständig gegenwärtigen Druck, unter dem sie steht, und mein Verständnis für das, was sie erleiden muß.)*

P.: Und sie sind nicht – gut in der Schule. Der eine macht seine Hausaufgaben nicht, und der andere ist wegen der Hausaufgaben letzte Nacht bis halb eins aufgeblieben.

A.: Ich glaube, daß Sie jemand sind, der sich dann tatsächlich am wohlsten fühlt, wenn alles wirklich reibungslos läuft und so geht, wie Sie es möchten – das Haus sauber und in Ordnung, die Kinder adrett und achtsam und sie tun, was sie tun sollen, und sind gut in der Schule, kommen nicht in Schwierigkeiten. – *(Anerkennen, was sie selber von sich weiß.)*

P.: Dann denke ich mir, daß auf diese Weise Eintracht hergestellt wäre. Man kann es nicht ertragen, wenn einer dem anderen an die Kehle geht.

A.: Aber sehen Sie, das fing vor zehn Jahren an, als Jessica zur Welt kam – an dem Punkt hatten Sie das Gefühl, daß Sie nicht mehr in der Lage sind, die Dinge zusammenzuhalten oder die Dinge so beizubehalten, wie Sie es immer gewohnt waren. Sie hatten immer das Bedürfnis, Schritt zu halten und voraus zu sein.

P.: Ja, ich habe immer gewollt, wissen Sie – nur so.

A.: Sie sind sehr gewissenhaft. *(Diese Bemerkung muß in ihrem Unbewußten widerhallen, weil es den Forderungen ihres Überich Genüge tut, muß sie aber auch an ihre unannehmbaren Wünsche und die tiefen Schuldgefühle darüber erinnern.)*

P.: Das bin ich tatsächlich.

A.: Ich *weiß*, daß Sie es sind.

P.: Ich weiß, daß man es nicht schaffen kann, und doch kann ich es mir nicht begreiflich machen, daß es nicht zu schaffen ist. Um das Haus gerade so zu halten, müßten die Kinder die ganze Zeit nur sitzen bleiben, und das hat ja auch keinen Sinn… *(Hier legt sie genau ihr zwanghaftes Bedürfnis dar, ihr Haus in Ordnung zu halten. Sie fürchtet, daß jemand zu ihr nach Hause kommt und es unordentlich vorfindet. Es ist wichtig, daß andere ihr Haus sehen, das die Patientin selber als reinlich, ordentlich und sauber und nicht durcheinander oder schlecht repräsentiert. Sie wird entmutigt und niedergeschlagen, wenn es unmöglich für sie ist, das geforderte Maß an Ordnung aufrechtzuerhalten. Sie schlägt eine Schlacht zwischen Ordnung und Unordnung, und dann folgt eine hilflose Depression, die nur durch die magische Hoffnung wieder gehoben wird, daß irgendwie alles noch einmal gut werden wird.)* Wenn ich mich nicht wohl fühle, dann stört es mich nicht. Wenn ich diesen Funken von Energie in mir habe und ich mache nur meine Augen auf und kann alles sehen, was getan werden muß, dann fange ich an. Also bin ich besser dran, wenn ich krank bleibe. Dann kann ich es nicht sehen.

A.: Sie bleiben krank – was meinen Sie?

P.: Wenn ich nervös bin oder so etwas, dann kümmert es mich nicht im geringsten, wie durcheinander das Haus ist. *(Der sekundäre Krankheitsgewinn.)*

A.: Dann kümmert es Sie nicht. Also sind Sie besser dran, wenn Sie nervös bleiben. *(Ihren neurotischen Gewinn in Frage stellen.)*

P.: Nein, in Wirklichkeit bin ich es nicht. Aber dann gibt es Zeiten, wenn ich ausgehe und zurückkomme, da hat meine Tochter manchmal das ganze Haus aufgeräumt. Vielleicht hat sie eins der Kinder ins Bett gebracht, und alles ist nett und sauber, und dann fühle ich mich wohl.

A.: Sie sind immer so gewesen, nicht wahr?

P.: Soweit ich mich erinnern kann. Das war immer so zu Hause. Alles mußte in Ordnung gehalten werden, und so hat meine Mutter das Haus geführt. Aber dabei hat ihr jeder geholfen.

A.: Ich wette, Sie haben auch geholfen.

P.: Ich habe meinen Anteil gemacht... Ich mußte meinen Anteil machen, wissen Sie, weil ich übriggeblieben bin. Ich bin als letzte übriggeblieben, so daß ich zum Schluß alles machen mußte, ehe ich heiratete. *(Wieder die Verleugnung übermäßiger Forderungen an sie und dann die Bestätigung, daß genau das geschehen ist.)*

A.: Und Sie haben es getan.

P.: Ja, ich habe es getan.

A.: Sie waren ein braves Kind.

P.: So bin ich erzogen worden. Ich mußte das tun.

A.: Waren Sie nicht die Beste?

P.: Ja, ich glaube, das war ich.

A.: Ich wette, daß Sie es waren. Sie haben Ihrer Mutter geholfen und getan, was sie von Ihnen verlangt hat. Sie war streng in dieser Hinsicht.

P.: Es mußte getan werden. Wir konnten uns Zeit nehmen, wenn die Arbeit getan war – wenn die eigene Arbeit getan war.

A.: Und Sie haben gehorcht.

P.: Das habe ich, ja.

A.: Haben Sie je, sagen wir, aufbegehrt und etwas verweigert?

P.: Das einzige Mal, daß ich je aufbegehrt habe, war, als mein Vater starb und sie zu mir ziehen wollte. Ich war schwanger, und ich konnte einfach nicht noch mehr ertragen. *(Kann sich an kein Aufbegehren erinnern bis zum erstenmal im Alter von 33 Jahren.)*

A.: Und das war gerade vor sechs Jahren.

P.: Wir tun immer noch, was uns meine Mutter sagt. Ich springe immer noch durch den Reifen.

A.: Wie fühlen Sie sich dabei?

P.: Wie ich immer und immer wieder gesagt habe, ich bin verheiratet und habe meine Familie, und ich sollte mein eigener Herr im Hause sein, und ich brauche niemanden, der mir sagt, wie etwas zu machen ist, wissen Sie. Manchmal denke ich, darum bin ich so bewußt – gewissenhaft mit dem Haus und solchen Sachen. Weil es ist, als wäre meine Mutter da und als würde sie sagen, dies sollte getan werden und das sollte getan werden – und ich renne herum und versuche, etwas für die Kinder zu tun, und ich höre auf sie – und wissen Sie, ich glaube, da bin ich so geworden, anstatt ein Haus voller Durcheinander zu akzeptieren. *(Mutter ist im Geiste immer bei ihr.)*

A.: Mit anderen Worten, sogar bis zum heutigen Tage haben Sie immer im Hinterkopf: was würde geschehen, wenn Ihre Mutter hereinkäme?

P.: Genau. Ich habe es nicht im Hinterkopf. Es ist ständig in meinem Munde.

A.: Sie meinen –

P.: Heb es auf. Wenn deine Großmutter je hereinkäme, sie würde tot umfallen. Also müssen sie dann springen und aufräumen, wenn sie wissen, daß sie kommt. Das ist ungefähr das einzige Mal, daß sie springen, weil sie sie nicht anhören wollen – weil sie dann gegen sie loslegt. («Ein Stäubchen verlieren kann die Mutter ruinieren.») Amerikanisches Sprichwort. Anm. d. Übers.

A.: Sie schimpft sie aus?

P.: Ihr macht eure Mutter krank, sagt sie zu ihnen. Ich sage ihr, das liegt nicht an

151

meinen Kindern, das stammt aus viel früheren Zeiten, aber sie nimmt das nicht an.

A.: Haben Sie sie angesehen, als Sie ihr das gesagt haben?

P.: O ja – und sie nimmt es nicht an, und ich habe gesagt: «Nun ja, es tut mir leid, aber so ist es mir gesagt worden – daß es nicht mit meiner Heirat und mit meinen Kindern angefangen hat – daß ich eine nervöse Kindheit hatte, als ich klein war.» In dem Haus war ich nicht glücklich.

A.: Daß Sie eine nervöse Kindheit hatten?

P.: Ich war sehr nervös als Kinder – als Kind. Meine Güte, gerade spreche ich über meine Kinder. *(Ihre Identifikation mit ihren eigenen Kindern als jemand, der bedürftig ist.)*

A.: Wie meinen Sie das, daß Sie ein sehr nervöses Kind waren?

P.: Nun, daheim waren wir nicht glücklich. Mein Vater trank und kam zurück und fing an zu streiten. Jeden Abend habe ich darauf gewartet, wenn er aus der Tür ging. Ich habe dagesessen und vorweggenommen, was sein würde, wenn er nach Hause käme. Da habe ich mir vielleicht diese Sache angewöhnt, immer vorauszusehen... *(Ihre Erfahrung mit Mutter und Vater sagt uns etwas über ihre eigene Neigung, immer vorauszuschauen und etwas Schlimmes zu erwarten – ein sehr schönes Stück Einsicht auf ihrer Seite. Bemerkenswert ist hier eine der Bedeutungen von Zeit für diese Patientin: das ständige Vorausschauen und Warten darauf, daß ein gefürchtetes Ereignis eintritt. Sie beschreibt ihren Vater als jemanden, der zuzeiten wild wurde, und sie macht ihre eigenen Ängste vor Aggression deutlich, die sich daher ergeben, daß sie Zeugin grober Aggression zwischen ihren Eltern gewesen ist. In späteren Jahren wurde ihr Vater ruhiger. Dennoch teilt sie ihre Überzeugung mit, daß ihre Nervosität mit diesen wiederholten, schrecklichen Szenen zu Hause begonnen hat, so daß sie sich selber als ein verschrecktes Kind erlebt hat. Sie fühlte sich daher ausweglos gefangen zwischen einer fordernden Mutter und einem Vater, der ihr so viel Schrecken eingejagt hat.)*

A.: Wie ist es ausgegangen?

P.: Ich bin krank, wie man sieht, und nervös wegen beinahe nichts und wieder nichts.

A.: Oh, wegen nichts und wieder nichts stimmt nicht – Sie haben Ihre Gründe. Wir haben darüber in der letzten Woche gesprochen. Sie sind unglücklich und unzufrieden über irgend etwas. *(Als sie versucht, ihre gegenwärtigen Beschwerden einfach dadurch loszuwerden, daß sie sie mit der Vergangenheit in Verbindung bringt und es dabei bewenden läßt, erinnere ich sie an das zentrale Thema.)*

P.: Alles, was mir einfiel zu dem, was mich jetzt unglücklich machen könnte, ist das Zuhause.

A.: Über welches Zuhause sprechen Sie?

P.: Mein gegenwärtiges Zuhause.

A.: Ja. Auf der anderen Seite haben Sie mir gesagt, daß Sie, als Sie ein kleines Mädchen waren, gelernt haben, sich zu benehmen. Ihre Mutter hat Ihnen beigebracht, was sie von Ihnen wollte, und Sie tun es bis zum heutigen Tage. *(Klären und vergangenes wie gegenwärtiges Verhalten im «Zuhause» aufeinander beziehen.)*

P.: Tue es immer noch.

A.: Sie haben Angst vor ihr. Sie hatten auch vor Ihrem Vater Angst.

152

P.: In einem anderen Sinn, in einer anderen Art.

A.: Andere Art – wenn er so nach Hause kam. Wie war es zwischen Ihnen und ihm, abgesehen davon, als Sie ein Kind waren?

P.: Er war ein liebenswerter Mensch.

A.: Wenn er nicht getrunken hatte.

P.: Er hat uns nie angeschrien oder uns geschlagen, wissen Sie. Ich kann mich nicht daran erinnern, je in meinem Leben Dresche bekommen zu haben, und das ist ungewöhnlich. Ich muß dann und wann ebenso schlimm gewesen sein wie andere Kinder.

A.: Aber waren Sie nicht ein sehr braves Mädchen?

P.: Es scheint mir unmöglich, daß ich keine Dresche nötig hatte. Ich muß irgendwann einmal welche bekommen haben.

A.: Sie erinnern sich nicht –

P.: Ich erinnere mich nicht –

A.: Weil Sie ein sehr braves Kind waren. Und ich sage das nicht sarkastisch.

P.: Ich war brav, weil ich es sein mußte... Vielleicht wollte ich das gar nicht.

A.: Genau.

P.: Aber ich habe nicht gewagt, anders zu sein, deshalb habe ich möglicherweise keine Dresche bekommen, weil ich schlau genug war, brav zu sein – zu tun, was mir gesagt wurde... (*«Ich mußte brav sein»* – *Angst war die bewegende Kraft in der Heranbildung einer adaptiven Methode. Angst und Ärger überwinden hieß, sie vermeiden, indem sie anderen keinen Grund gab, feindselig gegen sie zu werden. Ein Großteil ihrer Angst und der Begleitsymptome stammen direkt aus ihrem unbewußten Wunsch, «schlimm» zu sein. Sie fürchtet die Schlimmheit wegen ihrer Erfahrungen mit der Fähigkeit ihrer Eltern zur Aggression und ihren Phantasien über ihre eigene Schlimmheit und Aggression – die Bombe in ihr zum Beispiel. Die Patientin fährt dann fort, indem sie sagt, daß sie sich vor ihrer Mutter nicht mehr fürchtet, daß sie sie vielmehr aus Respekt vor ihr nicht angreift. Sie hat das Gefühl, daß sie in mancher Hinsicht wie ihre Mutter ist, und sie beobachtet sich selber mit ihren eigenen Kindern, weil «ich nicht möchte, daß sie tun, was ich will, nur weil sie Angst vor mir haben». Sie hat ihrer Tochter gegenüber eine Hoffnung ausgesprochen: wenn das Mädchen verheiratet ist, möge sie in der Lage sein, ihrer Mutter zu sagen, sie solle sich um ihre eigenen Angelegenheiten kümmern, falls die sich einmengen sollte. Sie möchte das, weil «es kein Glück gibt, wenn man ewig hinhören muß, auch wenn man es nicht möchte». Sie ertappt sich dabei, wie sie im Haus umherblickt und sich fragt, was geschehen würde, wenn ihre Mutter hereinkäme – immer hört sie auf sie und lauscht, ob sie kommt. Sie ist unfähig, sich irgendwie anders zu verhalten, als das zu tun, was ihr gesagt wurde. Ich greife das auf mit einer unterstützenden Aufzählung der schweren Lasten, die sie trägt, und flechte wiederholte Bemerkungen ein, die ihr die Gefühle darüber nahebringen. Ich sage ihr also, daß ich verstehen kann, was jemand wie sie empfindet, der immer eine schwere Last der Verantwortung trägt, jemand, der tun muß, was er glaubt tun zu sollen; wie sie immer ihre Mutter sagen hört, was sie tun soll, und wie ängstlich sie ist, nein zu sagen; daß sie sechs Kinder hat, und wie schwer es ist, alles in Ordnung zu halten angesichts ungezogener Kinder, und wie sehr sie das aufregen muß, wo sie doch das Bedürfnis hat, daß alles seine Ordnung hat.*)

P.: Hmmmmm. Ich hätte am liebsten, daß alles immer glattgeht.

A.: Nun, ich glaube, daß das jeder möchte. Aber Sie haben ein größeres Bedürfnis danach, daß die Dinge ordentlich und sauber sind und reibungslos gehen, und wenn sie das nicht tun – und mit sechs Kindern ist das sehr schwer –, dann kriegen Sie zuviel, und das macht Sie nervös.

P.: So ist es. Und das endet dann damit, daß ich es nicht an ihnen auslasse. Ich lasse es an mir selber aus. Ich behalte es drinnen.

A.: Behalten was drinnen?

P.: Anstatt bei irgend etwas zu schreien, halte ich es innen drin.

A.: Gut, Sie sagen dann, es macht Sie nervös, und in Wirklichkeit macht es Sie ärgerlich. Sie sind, verflixt nochmal, ganz schön wütend auf sie, was?

P.: Das stimmt, und ich bin es leid, mit ihnen zu reden, und deshalb behalte ich es dann einfach drinnen.

A.: Sind Sie sich dessen bewußt, daß Sie – eine Menge Ärger in sich haben, und Sie wissen nicht, was Sie damit anfangen sollen?

P.: O ja, ich sehe mich selbst manchmal, wissen Sie, wütend werden. Ich habe früher viel gebrüllt, aber ich bin es leid geworden. Ich habe damit nichts erreicht. Ich habe versucht, mit ihnen zu reden, aber sie sind taub. Sie wollen nicht zuhören.

A.: Und das regt Sie natürlich noch viel mehr auf.

P.: Ich werde ein wenig gereizt davon. Ich ertrage mehr von den Kleinen. Die Älteren sollten es eigentlich besser wissen, aber das ist nicht der Fall. Ich meine, sie sind irgendwie Babies. Man weiß, daß man keine alten Köpfe auf junge Schultern setzen kann ... *(Verleugnung ist wieder im Spiel.)*

A.: Sie sind jemand, der immer das Gefühl hat, daß er gefallen muß, nicht wahr?

P.: Das bin ich.

A.: Sagen Sie mir das, um mir zu gefallen?

P.: Nein, ich fühle mich manchmal schuldig. Manchmal würde ich gerne – ich versuche, jemandem zu gefallen, wenn ich ihm gerne sagen würde, er solle –

A.: Sich zum Teufel scheren?

P.: Sich sonstwohin scheren. Das ist richtig. Und trotzdem verausgabe ich mich.

A.: Ich sehe Sie in der nächsten Woche wieder.

Die Exploration ihres Gefühles von Unzufriedenheit, Reizbarkeit und Unglücklichsein geht weiter. Es steht fest, daß sie einen inneren Drang hat, gut zu sein, und daß sie immer so gewesen ist. Ihr Bedürfnis nach Ordnung und Perfektion hat in der Kindheit begonnen und ist entstanden als Mittel, ihre Mutter abzuwehren. Abwehr hieß in Wahrheit Preisgabe und totale Fügsamkeit. Der Ärger, der in solch einer Situation steigt, ruft sowohl Schuldgefühle als auch die Angst vor Vergeltung hervor und verstärkt dadurch das angepaßte gute Betragen.

In diesem Interview werden die Ursprünge des gegenwärtigen Verhaltens in der Vergangenheit verdeutlicht. Die Patientin wird verständnisvoll unterstützt in ihrem Kampf, so daß sie sowohl von ihren innersten Gefühlen sprechen als auch ihrer gewahr werden kann, wo sie sich doch immer gefürchtet hat, sie anzuerkennen. Wir erfahren eine Menge über ihre Herkunftsfamilie und die Quellen gegenwärtiger Einstellungen, die bedeutsam sind für das Entstehen und den Anfang ihrer gegenwärtigen Fehlleistung. Die eine Person, vor der sie sich nicht fürchtet, ist ihr Mann, der wie ihr Vater deutlich empfunden wird als schwach, nett und total beherrscht von der Mutter. Seine Nachgiebigkeit und Hilfsbereitschaft erhöhen nur ihr Schuldgefühl.

In der vergangenen Woche hat sie nur das Medikament eingenommen, das ihr vom Hausarzt gegen ihre Nesselsucht verschrieben worden war. Sie war zum erstenmal in der Lage, mit ihren zwei jüngsten Kindern einkaufen zu gehen, und ging auch allein zur Schule wegen eines ihrer Kinder – auch zum erstenmal. Diese Fortschritte standen im Gegensatz zu einer deutlichen Anorexie und Übelkeit. Man kann Vermutungen darüber anstellen (Angaben darüber sind nicht verfügbar), ob die Anorexie wütende, zerstörerische orale Phantasien abwehren soll, die durch den Vorschlag erweckt wurden, daß sie keine Tabletten mehr nehmen solle. Man kann weitere Vermutungen anstellen, ob die Übelkeit ein Versuch sein könnte, das schlechte Mutter-Introjekt (Therapeut) auszustoßen, das Anforderungen an sie stellt. Ohne Frage ist eine rasche psychische Bewegung in Gang gekommen. Wir beobachten eine weitere Differenzierung des zentralen Themas in der raschen Aufdeckung typischer Konflikte des zwanghaften Neurotikers.

Drittes Interview

Das Interview beginnt damit, daß sich die Patientin über ihre anhaltende Schlaflosigkeit, Übelkeit und Anorexie beklagt. Zudem beschreibt sie einen besonders schweren Angstanfall am vorangegangenen Wochenende. Ich befragte sie weiter über die Übelkeit und die Anorexie, sogar so weit, daß ich sie fragte, ob sie meinte schwanger zu sein. Sie ist sicher, daß sie nicht schwanger ist, aber sagt, daß sie sich so fühle, als habe sie ständig morgendliche Übelkeit. Trotz ihrer Klagen hat sie das Gefühl, daß ihre Empfindungen keinerlei physische Ursachen haben, sondern eher ein Aufmucken ihrer «Nerven» seien. Sie fragt sich, ob es etwas zu tun haben könnte mit ihrem «Versuch, sich daran zu gewöhnen, ohne Tabletten zu leben».

A.: … Es ist schwer für Sie, ohne die Tabletten auszukommen.

P.: Das war es, aber ich bin damit fertig geworden. Ich konnte sogar am letzten Wochenende rausgehen. Ich bin ins Krankenhaus gegangen, um meine Mutter ein paarmal zu besuchen.

A.: Mit wem sind Sie gegangen?

P.: Ich habe meine Tochter mitgenommen, ich bin nicht allein gegangen. Aber hierher bin ich mit dem Bus alleine gekommen.

A.: Wirklich? Das erstemal –

P.: Ja – so eine Tour habe ich schon unternommen.

A.: Wie fühlen Sie sich?

P.: Heute fühle ich mich recht gut.

A.: Was war das für ein Gefühl, als Sie allein im Bus saßen?

P.: Nicht allzu schlimm. Uns hat fast ein Auto gerammt, so daß ich abgelenkt war …

A.: Der Bus wurde fast gerammt?

P.: Ein Auto kam direkt auf den Bus zu und ist plötzlich ausgewichen. Alle im Bus redeten, deshalb machte es mir nicht so viel aus, und ich war hier, ehe ich es überhaupt gewahr wurde.

A.: Etwas, vor dem Sie immer Angst hatten, wäre nun fast passiert.

P.: Ich weiß, aber es hat mir nichts ausgemacht. Tagelang habe ich jetzt daran gedacht, daß ich hierherkommen und in den Bus steigen muß, weil ich wußte, ich würde alleine herkommen müssen. Wie ich in der letzten Woche gesagt habe, ich mache mir Sorgen über Sachen, die auf mich zukommen, und sie sind noch nicht eingetreten.

A.: Richtig.

P.: Ich habe es trotzdem hingekriegt.

A.: Und nichts ist passiert.

P.: Das stimmt. Also muß ich es nochmals versuchen. Die andere Sache in dieser Woche war dieses eigenartige Gefühl – … *(Trotz ihrer Klagen ist sie erfreut, mir von dem Fortschritt zu erzählen, daß sie allein zu mir gekommen ist. An ihren innerlich empfundenen Druck, alleine zu kommen, so, wie sie meinte, daß ich es von ihr erwartete, knüpft sie assoziativ eine erneute Erörterung eines schweren Angstanfalles, den sie nach ihrem letzten Besuch bei mir erlitten hatte. Sie berichtet, daß sie am Tage ihres letzten Gespräches ins Krankenhaus geeilt sei, um ihre Mutter zu besuchen, daß sie am nächsten Tag wieder hingeeilt sei, um sie zu besuchen, und daß sie den Anfall dann in jener Nacht hatte. Was sie beschrieb, klang nach so etwas wie einer achtundvierzigstündigen, fast wahnsinnigen Hetze – eine solche Raserei, daß ihr Mann sie anschrie, sie solle sich Zeit nehmen und daß es nicht nötig sei, so zu hetzen.)*
Ich habe nicht die Zeit für alles. Sich beeilen und es dann auch gleich fertig haben. Ich weiß nicht, warum ich das am Samstag getan habe. Ich hatte genügend Zeit.

A.: Das mag sein, aber Sie haben ja immer das Gefühl, als ob Sie gegen die Zeit ankämpfen.

P.: Zeit – ja. Gestern gerade habe ich mir Luft gemacht, und seitdem ging es mir gut.

A.: Worum ging es da? … *(Nun folgt ein Vorfall, bei dem die Mutter die Patientin zwang, alles stehen- und liegenzulassen und sofort ins Krankenhaus zu kommen,*

um vor der Entlassung der Mutter aus dem Krankenhaus eine Rechnung zu beglei-
chen. Die Patientin tat wie befohlen, konnte aber ihrer Mutter sagen, daß sie es satt
hätte, sich ihretwegen abzuhetzen: «Wenn du Sachen erledigt haben willst, dann
nimm dir eine Sekretärin. Ich habe mir das von der Seele geredet und fühlte mich
wohler. Ich weiß nicht, was sie vorhat, wenn sie glaubt, daß sie ihre Rechnung quit-
tiert haben muß.»)

Was glauben Sie, was sie vorhat?

P.: Ich weiß nicht, sie – so will sie es einfach haben. Auf der Stelle.

A.: Sie sind genauso.

P.: Ich weiß. Meine Tochter hat mir das gestern gesagt. Sie sagte: «Ich weiß nicht,
worüber du dich beklagst. Du bist doch genau wie sie.» Ich sagte: «Oh, sag das
nicht.» – «Doch, so bist du. Wenn du etwas getan haben willst, dann muß es sofort
getan werden.»

A.: Das mögen Sie nicht hören.

P.: Nein. Ich habe mich furchtbar gefühlt. Ich sagte: «Das nächstemal, wenn ich es
tue –», und sie sagte: «Gut, das nächstemal, wenn du es tust, werde ich es dir sagen.» Ich sagte: «Also gut.» Das ist der Unterschied zwischen ihr und mir – wir
können so miteinander reden oder hinterher darüber lachen.

A.: Das war Ihre Älteste?

P.: Meine älteste Tochter. Ich denke mir, wenn sie genug Grips hat, kann sie von
Glück sagen. Niemand wird auf ihr herumtrampeln.

A.: Sie denken, sie hätte den Grips, den Sie nicht hatten.

P.: Sie wird besser mit allem fertig werden als ich. Sie scheint es zu schaffen.

A.: Sie glauben nicht, daß Sie es so gut schaffen?

P.: Nicht so gut, wie ich es gern möchte. Manches könnte verändert werden. Ich
könnte wahrscheinlich meine Art ändern.

A.: Sie haben gestern Ihre Mutter zurechtgewiesen.

P.: Na ja, nicht in dem Sinne zurechtgewiesen. Ich versuchte es ihr auf eine nette Art
zu sagen.

A.: Wie reagierte sie?

P.: Sie war müde und fühlte sich nicht wohl, und ich sagte ihr, daß ich mich schlecht
fühlte – ich fühlte mich auch nicht wohl, aber daß man sich um sie schon gekümmert habe, während bei mir noch jemand dabei wäre, sich um mich zu kümmern.
(Die Identifikation mit ihrer Mutter taucht immer wieder auf: dieses Mal mit der
besonderen Betonung auf dem Bedürfnis, daß sich jemand um sie kümmert.)

A.: Was hat sie gesagt?

P.: Das ist wahr, aber du weißt nicht, was noch mit mir wird.

A.: Was meinte sie damit?

P.: Sie fühlte sich die ganze Zeit nicht wohl. Sie zieht ihre eigenen Schlüsse daraus,
was mit ihr los sein könnte.

A.: Was ist das für eine Schlußfolgerung?

P.: Sie glaubt anscheinend, daß sie Krebs hat. Natürlich geben wir ihr keinerlei Hinweise. Wir glauben, je weniger sie weiß, desto besser für sie. Sie würde sich nämlich daran weiden. Deshalb erzählen wir ihr nur so viel wir meinen, daß sie wissen sollte ... *(Die Patientin erzählt dann, daß ihre Mutter bei ihrer Schwester ist.*
Mutter wollte in das Haus der Patientin ziehen, aber die Schwestern sagten ihr, daß

*die Patientin genügend auch ohne sie zu tun habe. Sie fügte hinzu, daß die Schwe-
stern das der Mutter im Beisein des Arztes im Krankenhaus gesagt hätten, so daß die
Mutter nicht allzu heftig dagegen protestieren konnte.)*

A.: Also ist Ihnen das erspart geblieben –

P.: Diese Last erspart geblieben. Natürlich bleiben mir nicht die Telefonanrufe erspart und die Angst und die Sorgen. Ich muß zu meiner Schwester rasen, wann
immer ich die Gelegenheit habe.

A.: Sie gehen zu Ihrer Schwester nach Hause, um Ihre Mutter zu besuchen?

P.: Ich bin gestern abend hingegangen. Ich habe ihr den Rücken massiert und habe
ihr etwas zu essen gemacht, und wir haben gesessen und geredet.

A.: Sie sind so verdammt nett... Sagen Sie mal, warum sind Sie dahin gegangen,
warum sind Sie sofort hingerannt und haben bezahlt, obwohl Sie wissen, daß
Rechnungen auch warten können?

P.: Ich glaube, ich bin mehr oder weniger deswegen gegangen, weil ich so wütend
war. Mein Mann war böse mit mir. Ich habe ihm gesagt, daß ich es nicht mehr tun
würde. Er sagte: «Das will ich dir auch raten, oder ich sage es ihr.» Ich sagte:
«Nein, ich sage es ihr.»

A.: Welches Geld haben Sie genommen, um das Krankenhaus zu bezahlen?

P.: Geld, das mein Vater mir gegeben hatte – das für sie beiseite gelegt worden war.
Nicht mein eigenes Geld. Ich hätte das gar nicht.

A.: Das ist Geld, das Ihr Vater hinterlassen hat für –

P.: Für sie – in meinem Namen. So wie alles auf meinen Namen läuft, und ich habe
all die Rennerei.

A.: Wie kam es, daß er das Geld bei Ihnen ließ?

P.: Ich weiß es nicht. Wie ich schon sagte, ich bin die Jüngste, aber ich habe die ganze
Verantwortung, von der man annimmt, daß sie die Älteren haben sollten. Aber
das macht mir wirklich nicht so viel aus. Es ist eben eine Aufgabe. Aber bitte
nicht drängen – ich will es tun, wenn ich soweit bin.

A.: Ja, das mag an sich nicht sehr wichtig sein. Aber wie Sie mir gesagt haben, Sie
sind die Jüngste, die größte Verantwortung wurde Ihnen jedoch übertragen.

P.: Eine Last oder eine Verantwortung.

A.: Und ich vermute, das ist deshalb so, weil jeder irgendwie wußte, daß...

P.: Ich vermute, sie haben sich gedacht, wenn ich ihr einen Gefallen tun will, dann
bitte. Mach das ruhig.

A.: Was wissen sie alle über Sie?

P.: Oh, sie wußten, daß ich eifrig bemüht war – bei mir war es leicht, wissen Sie, mich
zu etwas zu bringen. Meine Schwester hat mir gesagt: «Möchtest du ihr gefällig
sein? Dann mach ruhig so weiter, aber dein Leben wird elendig sein.»

A.: Ich glaube, sie wußten alle, daß Sie ihr ergeben waren.

P.: Ich war ihr tatsächlich ergeben, aber zur gleichen Zeit haben sie selber auch ihre
eigenen Ängste.

A.: Sie wußten alle, daß Sie ihr ergeben waren und daß Sie auch alles tun würden,
worum man Sie bittet, ob Sie es nun wollen oder nicht... *(Aber obwohl die Patientin diejenige ist, die ihr ergeben ist, hat Mutter wissen lassen, daß, sollte ihr irgend
etwas zustoßen, all ihre Habe auf ihre Söhne übergehen sollte. Die Schwester der
Patientin pochte auf das Erbrecht der Patientin eben wegen ihrer steten Ergeben-*

heit. Die Patientin verneint, daß sie irgend etwas von ihrer Mutter haben möchte,
vor allem weil sie dadurch noch zusätzlich an die reale Gegenwart ihrer Mutter erin-
nert werden würde. Sie ist trotzdem verletzt durch einen so offensichtlichen Mangel
an Anerkennung. Wie empfindet sie die Tatsache, daß ihre Mutter alles nur ihren
Brüdern zuschanzen will?)

P.: Sie hat, wie ich es nenne, einen Sohnkomplex. Sie ist ganz für ihre Buben. Ihre
Mädchen können alles für sie tun, aber ihre Jungen idealisiert sie. Sie besuchen
sie sehr selten.

A.: Sie glaubt, die Jungen –

P.: Die Sonne geht mit ihnen auf und mit ihnen unter.

A.: Ihre Mutter hat ihre Söhne immer mit anderen Augen betrachtet als ihre Töchter?

P.: O ja, sie hatte eine besondere Vorliebe für Jungen. Sogar noch bei den Enkelkin-
dern.

A.: Sie hält nicht viel von Mädchen.

P.: Vielleicht denkt sie, es gibt uns eben. Sie muß noch nicht einmal darüber nachdenken. Sie will etwas, und schon sind wir da.

A.: Und dafür sind Sie da.

P.: Anders kann ich es mir nicht denken.

A.: Das muß angenehm sein für Sie.

P.: Nein, nicht eigentlich. Ich hoffe, daß ich das meinen Kindern niemals antue. Sie
wird zusammenbrechen und dramatisch im Sterben liegen bis zum kommenden
Wochenende, wenn die Jungen kommen, und dann wird es ihr gutgehen.

A.: Sie wollen mir damit sagen, daß Ihre Mutter niemals gezögert hat, Sie auszunutzen.

P.: In gewisser Weise stimmt das.

A.: Aber die Anerkennung bekommt jemand anders.

P.: Ich vermute, sie hält es für meine Pflicht. Ich weiß nicht. Verpflichtung muß irgendwo aufhören.

A.: Es hört sich gewiß so an, als wäre sie eine schwierige Frau. Nun sollten wir noch
etwas über Sie selbst hören... *(Sie glaubt nicht, daß sich seit der vergangenen Wo-*
che viel geändert hat. Ich erwähne die Tatsache, daß sie heute alleine gekommen ist,
und füge hinzu, daß wir dennoch weiter ihren Appetitmangel und die Übelkeit in
Betracht ziehen müssen. Wir erfahren, daß sie sich abends normalerweise besser
fühlt und dann auch ein Butterbrot und ein paar Gläser Bier zu sich nehmen kann.
Die Übelkeit, sagt sie, «ist wie der morgendliche Brechreiz. Abends hört er dann
immer auf. Es fällt mir leichter, abends zu essen als den ganzen Tag über.» Sie wie-
derholt ihre Überzeugung, daß die Übelkeit und die Appetitlosigkeit etwas mit ihren
«Nerven» zu tun haben.) Ich stimme Ihnen zu. Es ist also unsere Aufgabe herauszufinden, was es mit Ihrer Nervosität auf sich hat, daß –

P.: Ich verstehe es nicht, wie ich schon nervös aufwachen kann. Wenn ich eine gewisse Zeit geschlafen habe, sollte ich mich doch bis zu einem gewissen Grade beruhigt haben.

A.: Sobald Sie aufwachen, ist es da.

P.: Jeden Morgen. Ich habe das Gefühl, daß mir wieder ein Tag bevorsteht, und
dann türmt es sich immer höher und höher auf.

A.: Und dann, wenn der Tag vorbeigeht, fühlen Sie sich besser?

P.: Ich fühle mich wohler, wahrscheinlich, weil ich über diesen Teil des Tages hinweggekommen bin. Es ist vorbei, und dann ist es gut, und ich fange an, mich wohl zu fühlen.

A.: Nun, das führt uns dazu, wieder ein wenig darüber nachzudenken, was ich Ihnen gegenüber bei unserem ersten Treffen erwähnte: daß Sie nämlich unter dieser allgemeinen Unzufriedenheit leiden. Denn jetzt sagen Sie, daß Sie beim Aufstehen an den vor Ihnen liegenden Tag denken, und das macht Sie ganz krank. *(Zurück zum allgemeinen zentralen Thema.)*

P.: Ich mag mich dem Tag nicht stellen.

A.: Sie mögen sich also dem Tag nicht stellen.

P.: Ein Tag ist wie der andere. Das bedeutet die Zankerei mit dem kleinen Sohn über das Spielen. Er will es nicht tun, und er weiß nicht, was er überhaupt tun soll. Er langweilt sich, und ums Haus herum gibt es nichts zu tun. Das alles läuft darauf hinaus, daß er zum Spielen auf die Straße gehen will. *(Die Rückwendung auf das zentrale Thema regt sie an, über einen bedeutsamen Problembereich zu sprechen.)* Er ist vier Jahre alt, und ich möchte ihn nicht rausgehen lassen, deshalb quengelt er mit mir den ganzen Morgen über. Und ich weiß, daß es so weitergehen wird, und ich muß mich darauf gefaßt machen, bis er alt genug ist, um zur Schule zu gehen. Um 14.30 Uhr kommen sie alle nach Hause und streiten übers Rausgehen. Ich mag es gar nicht, wenn ich sie sagen höre, daß sie rausgehen, weil ich weiß, daß der Kleine wieder von vorn anfängt. Er will rausgehen. Gestern habe ich ihn rausgehen lassen, und er wurde fast von einem Auto angefahren.

A.: Sie sagen, daß Sie Ihr langweiliges Dasein bis oben hin satt haben, wenn Sie an jeden einzelnen Tag denken. *(Sie hat es überaus deutlich gemacht, daß sie Angst hat, der Junge könnte von einem Auto angefahren werden; meine Bemerkung soll den offensichtlichen Widerspruch hervorheben, daß sie weit davon entfernt ist, gelangweilt zu sein, sondern Angst hat.)*

P.: Ich habe den Kleinen, und es ist schwer, mit ihm umzugehen. Die anderen waren nie so lebhaft wie er, und man mag ihn gar nicht vor die Tür lassen, weil man ihn nicht unter die Räder eines Autos kommen lassen möchte. Und so ist er – er ist so schnell –, deshalb ist er ein ständiger Grund zur Besorgnis, bis er abends ins Bett geht. Und dann hat man das Gefühl, als ob jemand einem diese Last regelrecht von den Schultern nimmt, wenn man ihn erst schlafen sieht. Er ist eine große Sorge.

A.: Sie haben Angst, daß er umkommen könnte?

P.: Ich habe Angst, daß ihm etwas passieren könnte, weil er so waghalsig ist. Er geht hinaus auf die Straße und schaut weder links noch rechts. Er geht einfach.

A.: Hat er keinen Platz zum Spielen?

P.: Wir haben einen Hof, aber er bleibt dort keine zwei Minuten. Er hüpft über den Zaun und geht vorne raus. Ehe ich aus der Tür herauskomme, ist er weg und ist auf der Straße.

A.: Läuft er auf die Straße hinaus?

P.: Er geht geradewegs auf die Straße und überquert den Fahrdamm, sooft ich es ihm auch verbiete. Er verspricht mir, es nicht zu tun, aber dann sieht er einen Freund, und er ist weg. Gestern hat mir meine Tochter gesagt, daß er gerade noch an einem Auto vorbeigekommen ist. Ich ließ ihn reinkommen und mußte zwei Stunden lang sein Weinen anhören. Ich glaube deshalb, daß es das ist, was meine Nerven angreift – dieses Weinen und Betteln, hinausgehen zu dürfen – ... *(Natürlich besteht für einen kleinen Jungen eine reale Gefahr auf der Straße. Dennoch kommt man um den Verdacht nicht herum, daß die unbewußte Botschaft der Mutter an den Jungen genau im Gegensatz steht zu ihrer bewußten Sorge, besonders da es eine Angelegenheit ständiger Gefühlsausbrüche zwischen ihnen ist.)*

A.: Heißt das, daß es Ihnen morgens beim Aufstehen schlechtgeht bei dem Gedanken an den bevorstehenden Tag und daß in Wirklichkeit der Kleine der Grund ist?

P.: Ich glaube es ist so, weil ich weiß, daß ich seiner nicht Herr werden kann, egal, was ich sage. Er scheint mich die ganze Zeit anzugiften. *(Die Notwendigkeit zu «beherrschen», die totale Kontrolle zu haben, damit ihre eigenen gefährlichen Impulse nicht außer Kontrolle geraten.)*

A.: Sie haben Mühe, die Jungen zu kontrollieren?

P.: Ich weiß nicht. Ich nehme bloß an, daß Jungen lebhafter sind als Mädchen. Mag sein, daß ich am Anfang fester mit ihnen hätte umgehen müssen.

A.: Ich vermute, Sie konnten nicht so fest sein, wie Sie gerne gewollt hätten, weil Jungen wichtiger sind, wissen Sie.

P.: Ich glaube, daß ich darum mehr bei ihnen durchgehen lasse. Ich sage mir dann, Jungen sind eben so – und, ach, na ja –

A.: Genau wie Ihre Mutter sagen würde. Sie hat immer von Jungen mehr gehalten.

P.: Sie schien sich mehr zu kümmern. Sie war liebevoller zu den Jungen.

A.: Ich frage mich, ob Sie, ohne es zu wissen, etwas von derselben Haltung haben.

P.: Daß ich die Jungen nicht kontrollieren kann?

A.: Ja.

P.: Ich habe nach Wegen gesucht, ihrer Herr zu werden. Ich habe alles versucht, aber ich kriege sie nicht. Sie geben nicht nach ... Wenn ich es fertigbrächte, daß die Jungen das täten, was ich gern möchte, wären wir fein heraus. Nicht was ich gern möchte, aber gehorchen und mir nicht so viel Anlaß zur Sorge geben.

A.: Sagen Sie, konnten Ihre Brüder bei Ihrer Mutter tun, was sie wollten? ... *(Ich verknüpfe diese vergangenen Erfahrungen mit den entsprechenden gegenwärtigen, da das eindeutig ein wichtiges, wiederkehrendes Thema ist. Natürlich waren ihre Brüder in jeder Hinsicht freier als sie. Sie untersucht noch einmal den intensiv empfundenen inneren Zwang, der Mutter gegenüber nett und völlig gehorsam zu sein. Ich mache die Bemerkung, daß sie wie jemand handelt, der beherrscht worden ist. Bis auf den heutigen Tag ruft daher die innere Forderung große Schuldgefühle hervor, wenn sie etwas zu tun vorhat, was ihr selber einfach in den Kram paßt. Die Gegenwart und die Vergangenheit werden ihr noch einmal als übereinstimmend vor Augen gehalten, wenn ich sie daran erinnere, daß sie das Gefühl hat, sie werde von ihren Jungen beherrscht, und wie das an ihr nagt.)*

P.: Sie tun mehr als an mir nagen. Sie machen mich böse. Wenn Sie einen Vierjährigen haben, den Sie nicht beherrschen können, ist es schwer zu ertragen. Und jeder kann es sehen.

A.: Dann sind Sie jemand, der beherrscht worden ist. Können Sie dem zustimmen? *(Wiederholung, um einen Akzent zu setzen und auch der Patientin die Gelegenheit*

zu geben, sich selber weiter zu verteidigen oder zusätzliches, zur Sache gehöriges Material beizubringen.)
P.: Ja – von mehr als einem, wie Sie sagen.
A.: Und Sie mögen es nicht. *(Hilfestellung, um ihre abgewehrten Gefühle zu erkennen.)*
P.: Nein.
A.: Es macht Sie fertig.
P.: Ja, es haut mich ziemlich um.
A.: Wir werden nächste Woche weitersehen.

In diesem dritten Interview hat sie schon einige wichtige Fortschritte gemacht. Sie konnte allein ausgehen und sogar allein zu ihrem Gespräch kommen. Sie ist mit sich selbst zufrieden über ihren Fortschritt, und das erhöht zweifellos ihr Selbstwertgefühl. Ihre sehr beschwerlichen Symptome werden sondiert – wirklich sondiert, weil ich mich mit ihr zusammen nur so weit vorwage, wie ich meine, daß wir nützliche Fakten berühren oder erreichen. Wenn das nicht der Fall zu sein scheint, verlasse ich diesen Pfad der Erkundigungen und kehre zum zentralen Ausgangspunkt zurück. Wir konnten daher keinen Fortschritt machen in bezug auf ihren Angstanfall, den sie in der vorangegangenen Woche erlitten hatte. Ich hatte das Gefühl, daß wir die Anorexie und die Übelkeit noch weiter verfolgen müßten, da es keine körperlichen Gründe (wie Schwangerschaft) gibt. Die unbewußte Dynamik dieser phobischen Frau muß getragen sein von erschreckenden oral-sadistischen Phantasien und Impulsen, die auf Erfüllung warten. Den Schlüssel finden wir in dem Hinweis, daß sie sich mit dem ausklingenden Tag wohler fühlt, so daß es ihr am Abend wieder recht gut geht. Wir erfahren dann, daß ihre Symptome dazu dienen, ihre ängstliche Besorgnis um ihren vierjährigen Sohn abzuwehren. Mit ihm ist eine spiegelbildlich wirkende Beziehung aufgebaut worden im Zusammenhang mit seinem Wunsch, allein rauszugehen, und ihrer Angst davor, was ihm zustoßen könnte. Unfähig, ihn zu kontrollieren, weil sie unbewußte Wünsche hat, er möge außer Kontrolle sein, eben wie sie es für sich selber wünschen würde, fühlt sie sich von ihm «beherrscht». So zeigt sich ein zentrales Segment ihrer Neurose: Je eher sie in der Lage ist, andere zu kontrollieren, desto mehr hat sie das Gefühl, sich selber in der Hand zu haben. Gelingt es ihr nicht, ist sie ihren eigenen unkontrollierten Wünschen ausgeliefert, gegen die sie sich verwahrt, indem sie sich phobische Einschränkungen auferlegt und eine Reihe von somatischen Symptomen entwickelt, die ihre Auf-

162

merksamkeit auf sie selbst lenken. Wie sie von ihrer Mutter beherrscht worden ist, sucht sie ihre eigenen Kinder zu beherrschen, besonders die Jungen.

Ihr Mann ist gegenwärtig «in Urlaub», da sie ihn hat wissen lassen, daß sie in absehbarer Zeit gesund sein werde. Das ist, wie auch ihre Fortschritte, eine Äußerung der positiven Übertragung mit all ihren heilenden Aspekten. Es ist erwähnenswert, daß sie sagt, sie sei jemand, der immer gegen die Zeit ankämpft. So allgemein kann man alle zwanghaften Erscheinungen fassen. Es weist auf die Relevanz dieser Behandlungsmethode hin.

Viertes Interview

A.: *(Die Patientin schnieft.)* Was ist los?
P.: Ich habe eine ganz schöne Erkältung. Ich weiß nicht, wo ich sie herhabe. Das Wetter ist zu wechselhaft. Mir ist es in dieser Woche ganz gut gegangen.
A.: Ganz gut heißt –
P.: Na ja, besser, als es mir vorher gegangen ist. Ich bin ausgegangen. Ich habe mich nicht nervös gemacht. Ich habe gegessen, und mir ist nicht mehr schlecht.
A.: Das ist vorbei? *(Die Besserung von Übelkeit und Anorexie folgt auf die Bearbeitung ihrer Ängste, daß sie ihren Sohn nicht allein nach draußen gehen lassen kann.)*
P.: Gott sei Dank. Ich bin anscheinend wieder mehr ich selber – mit dem Essen. Aber ich schlafe nicht. Ich kann immer noch nicht schlafen.
A.: Was meinen Sie mit nicht schlafen?
P.: Ich kann schwer einschlafen. Aber abgesehen davon, ist es mir gutgegangen.
A.: Und was für Tabletten nehmen Sie?
P.: Keine.
A.: Trinken Sie viel Bier?
P.: Nein, nicht sehr viel. Vor dem Mittagessen oder vor dem Abendessen, das ist alles.
A.: Und Sie sind ausgegangen?
P.: Ja. Ich bin jeden Abend weggegangen – ich bin runtergegangen, um meine Mutter zu besuchen und meiner Schwester zu helfen. Und dann bin ich mit den Kindern ausgegangen.
A.: Ausgehen. Wenn Sie am Abend ausgehen, mit wem gehen Sie dann?
P.: Mit mir. Es ist nicht allzu weit – nur ein paar Straßen weiter. Ich sitze da für ein paar Stunden, und dann komme ich nach Hause...
A.: Und Sie fühlen sich besser.
P.: Das glaube ich, ja.
A.: Was meinen Sie damit, Sie glauben? Wissen Sie es nicht?

P.: Ich glaube, daß es mir viel besser geht als, glaube ich, vor einer Woche. Ich bin tagsüber nicht mehr so nervös, und ich kann mit den Kindern ausgehen. Dazu war ich seit einiger Zeit nicht mehr in der Lage. Und ich esse besser...

A.: Erinnern Sie sich an irgend etwas, worüber wir in der letzten Woche gesprochen haben?

P.: Ich weiß, daß wir eine Weile über den Ärger mit den Kindern gesprochen haben, glaube ich.

A.: Seitdem Sie das letztemal hier waren, haben Sie über irgend etwas nachgedacht, worüber Sie oder ich gesprochen haben?

P.: Nichts, außer daß die Kinder mich stören. Und ich habe versucht, viel davon zu übersehen.

A.: Wie haben sie Sie gestört?

P.: Oh, einfach so ums Haus rum – indem sie sich bloß gegenseitig geärgert und gestritten haben. Also habe ich mich nicht stören lassen. Und ich habe mich dabei ertappt, daß ich sie rausgesetzt habe, ob es nun kalt war oder ein bißchen nieselte. Sie sind nach draußen zum Spielen gegangen, sonst habe ich sie immer drin bleiben lassen, damit sie sich keine Erkältung holen ... *(Bemerkenswert ist die passive Nachgiebigkeit: «Ich habe mich dabei ertappt, daß ich sie rausgesetzt habe.»)*

A.: Lassen Sie mich folgende Frage an Sie richten. Haben Sie im Verlauf der Woche bei sich selber bemerkt, wie Sie plötzlich an etwas gedacht haben, worüber Sie und ich in der letzten Woche gesprochen haben? *(Die Aufmerksamkeit der Patientin wird wieder auf das zentrale Thema gerichtet und auf die Assoziationen, die in Antwort auf die Übertragung auftauchen könnten.)*

P.: Ja, so – tagsüber denke ich viel über meine Besuche nach.

A.: Wirklich?

P.: O ja, ich versuche mich daran zu erinnern, was vor sich geht, und versuche es zu verbessern und zu überwinden. Meine Güte, nichts Spezielles.

A.: Alles, ob speziell oder nicht.

P.: Ich bemerke, daß mein älterer Sohn – ich habe nicht zugelassen, daß er mich soviel quält, wie er das schon getan hat – verschiedene Sachen macht. Aber er ist bestraft, und er muß seine Strafe ableisten. Ich habe ein paarmal im Laufe dieser Woche aufgetrumpft.

A.: Wie strafen Sie ihn?

P.: Er hat ein schlechtes Zeugnis bekommen. Er muß drin bleiben und darf nicht fernsehen. Er hat mich immer wieder gefragt: «Kann ich rausgehen, kann ich rausgehen?» und ich habe gesagt: «Nein», und dabei blieb's. Ich weiß nicht, was mit ihm geschieht oder ob ich nur superschlau bin ... *(Sie ist in der Lage gewesen, ihrem älteren Sohn eine Forderung zu stellen, sogar eine Strafe aufzuerlegen, und sie ist angetan von sich selbst. Zum erstenmal hat sie weder seinen Argumenten noch seinen Tränen nachgegeben. Wir erörtern ihre weiteren Gedanken und Gefühle für den Jungen. Sie hat das Gefühl, daß er nicht ihrem Manne nachschlägt, weil «mein Mann ist nicht schöpferisch, und mein Sohn mag gerne Sachen bauen». Sie zieht in Betracht, daß der Junge ihrer Seite der Familie nachschlägt. Er hat seine Launen. Genauer gesagt, alle ihre Kinder haben ihre Launen, und, anders als sie selber, sie halten sie nicht zurück. Sie kann vernünftig mit ihnen sein, insofern sie von den Kindern keine Perfektion verlangt. Das ist eine Aussage ihrer bewußten*

Einstellung. Es ist bezeichnend für die Erwachsene, die sich als Kind unterdrückt gefühlt hat, daß sie den bewußten Versuch unternimmt, ähnliche Anforderungen an ihre Kinder zu vermeiden. Unbewußt ist der Druck ungeheuer, sowohl dieselben Einschränkungen zu wiederholen und auch die Auflehnung hervorzurufen, die ihr selber als Kind verwehrt war. Im Endresultat ist natürlich mit Sicherheit derselbe Konflikt in der gegenwärtigen Familie der Patientin vorhanden, wie er schon in ihrer Herkunftsfamilie bestanden hat.) Ich habe immer gesagt, daß ich kein Kind kenne, das vollkommen wäre.

A.: Sie haben geglaubt, daß Sie das bei Ihrer Mutter sein könnten.

P.: Nein. Ich habe es nicht wirklich geglaubt, weil ich dachte, es sei an den Haaren herbeigeholt.

A.: Aber Sie haben versucht, so zu sein, wie sie es von Ihnen verlangte.

P.: Ich erinnere mich, als ich klein war, habe ich kleine Trotzanfälle durchgemacht, wenn ich nicht gehen durfte, wohin ich wollte.

A.: Sie hat gesagt, daß Sie vollkommen seien.

P.: Sie glaubte, daß ich ein wandelnder Engel sei. Sie hat keine Scheu gehabt, mich überallhin mitzunehmen. Ich scheue mich, meine mitzunehmen, weil sie sich schlecht aufführen. Sie sind nicht sehr schlimm, aber anscheinend sind überall, wo wir hingehen, ältere Leute, und die haben nicht die Geduld. *(In Gegenwart älterer Leute darf ihr eigenes Bedürfnis, schlimm zu sein, nicht von ihren Kindern gezeigt werden. Sie müssen vielmehr zeigen, daß sie, wie sie selber auch, brav sind.)*

A.: Ich verstehe, daß eines Ihrer Hauptziele gewesen ist, daß Ihre Kinder sich einmal freier fühlen sollen, um aufzubegehren, und daß sie nicht so sein sollen wie Sie, die Sie immer an sich halten mußten.

P.: Ich finde es immer noch schwer aufzubegehren. Manche Sachen stören mich, und ich versuche, mich zurückzuhalten, damit ich niemanden verletze.

A.: Das können Sie erkennen?

P.: Das kann ich, und ich habe das Gefühl, daß ich jemanden verletze, wenn ich aufbegehre.

A.: Wirklich?

P.: Ich weiß nicht, warum ich es so empfinde, weil meine Kinder mich nicht verletzen, wenn sie aufbegehren.

A.: Genau. Also wie erklären Sie sich das? Sie haben Angst, daß Sie die andere Person verletzen könnten, wenn Sie aufbegehren – Sie haben vielfältige Erfahrung, daß Ihre Kinder gegen Sie aufbegehren.

P.: Das stört mich nicht, weil das etwas ganz anderes ist, wobei sie aufbegehren, als das, wobei ich aufbegehren würde.

A.: Was wäre der Unterschied?

P.: Das Thema wäre ein anderes. Wenn sie aufbegehren, dann geht es vielleicht darum, was sie anziehen sollen oder was sie tun wollen. Bei mir ginge es darum, daß ich etwas tun soll, was ich nicht tun will. Ich kann nicht gut etwas entgegenhalten und sagen, daß ich es nicht tun will, wo ich es doch tun muß.

A.: Was zum Beispiel?

P.: Verschiedene Sachen. Wenn ich meine Schwester unterstützen muß, indem ich aushelfe oder etwas tue, was meine Mutter möchte.

A.: Sie würden nicht nein sagen?

P.: Nein. Ich glaube, daß ich es lerne. Meine Schwester begehrt auf, aber ich kann es nicht.

A.: Was würden sie sagen, wenn Sie verletzend sein würden?

P.: Ich habe das Gefühl, wenn meine Mutter mich bittet, etwas zu tun, und ich würde nein sagen, ich hätte dann das Gefühl, ich würde sie verletzen.

A.: Sie bittet Ihre Schwester, und Ihre Schwester sagt nein. Was geschieht mit Ihrer Mutter? Ist sie verletzt?

P.: Sie erzählt mir davon – daß meine Schwester dies oder jenes nicht tun will.

A.: Hat sie gesagt, daß sie verletzt sei?

P.: Nein, sie hat nicht gesagt, daß sie verletzt sei.

A.: So. Sind Sie die einzige, die andere verletzt, wenn Sie nein sagen?

P.: Ich weiß nicht. Ich stelle mir vor, daß ich verletzend bin, aber ich weiß es nicht.

A.: Aber Sie sehen nicht, daß die anderen –

P.: Ich weiß, daß sie ärgerlich wird, vielleicht sogar wütend, also stelle ich mir vor, daß sie verletzt ist. Was also die nicht machen, mache ich.

A.: Es ist sehr schwer für Sie, immer nein zu sagen. Glauben Sie, daß Sie zu mir nein sagen könnten?

P.: Ich weiß es nicht. Es fällt mir nicht leicht, nein zu sagen – solange es nicht meine Mittel übersteigt –, wenn es nicht etwas allzu Langweiliges oder Anstrengendes ist.

A.: Sie meinen, wenn etwas unmöglich ist, dann können Sie nein sagen.

P.: Ich müßte nein sagen, wenn es unmöglich wäre.

A.: Aber wenn es etwas ist, das Sie tun können, dann können Sie nicht nein sagen.

P.: Wenn ich es nur irgend tun kann, dann sage ich ja. Aber ich weiß, wenn ich um etwas gebeten werde und ich muß auf die Kinder aufpassen oder irgend etwas – ja, dann sage ich, daß ich es um die Zeit nicht tun kann, und wenn ich frei – Freizeit habe, dann tue ich es. Manchmal geht das ganz gut über die Bühne.

A.: Aus dem, was Sie sagen, entnehme ich, daß Sie jemand sind, der es schwer hat, nein zu sagen. Und das sogar bei Leuten, die Ihnen nicht so nahe stehen wie zum Beispiel Ihre Mutter oder Ihre Schwestern, vielleicht sogar in Ihrem Bekanntenkreis.

P.: Zum Beispiel, wenn sie mich in einem Kreis oder irgendwo fragen: Würde ich dies für sie tun? Würde ich dies backen? Würde ich jenes tun?

A.: Sie sagen ja.

P.: Ich würde ja sagen. Ich meckere vielleicht darüber die ganze Zeit, während ich es tue.

A.: Sicher.

P.: Und vielleicht ist es mir völlig zuwider, aber ich tue es.

A.: Und Sie sagen ja, weil Sie Angst davor haben, daß Sie die Person verletzen würden?

P.: Ja. Das Gefühl habe ich dabei.

A.: Mrs. Smith bittet Sie, für eine bestimmte Party einen Kuchen zu backen, und Sie möchten eigentlich nicht, aber Sie sagen ja, weil Sie sie nicht –

P.: Verletzen will.

A.: Ihre Gefühle verletzen wollen. Aber was empfinden Sie, wenn Sie ja sagen?

P.: Das kommt darauf an. Wenn ich nicht gerade völlig in Anspruch genommen bin von irgend etwas, was ich zu Hause zu tun habe, dann macht es mir nichts aus, es zu tun. Aber wenn ich beschäftigt bin –

A.: Aber wenn Sie ja sagen zu einer Zeit, wo Sie in Wirklichkeit gerne nein sagen würden?

P.: Nein?

A.: Was empfinden Sie?

P.: Naja, ich bin ein bißchen verwirrt. Ich weiß nicht ein noch aus. Ich sitze zwischen den Stühlen. Ich muß mich auf das eine konzentrieren und etwas anderes zu Hause beiseite schieben, um das eine fertig zu machen.

A.: Also wie fühlen Sie sich dabei?

P.: Dann weiß ich, daß es sich anfängt zu türmen, wenn ich anfange – was immer ich beiseite schiebe, muß ich später doppelt machen –, also werde ich dann ganz nervös. Aber wenn dann alles fertig ist, dann ist es vorbei.

A.: Aber Sie werden wirklich nervös.

P.: Ich sage: nie wieder! Aber beim nächsten Mal merke ich, daß ich es wieder tue.

A.: Und Sie werden ganz gespannt, reizbar.

P.: In der letzten Woche ist meine Tochter gekommen und hat gesagt, kannst du einen Kuchen für die Schule backen? Ich habe nein gesagt, und ich habe ihn nicht gebacken. Das war das erstemal, seit sie zur Schule gehen, daß ich nein gesagt habe.

A.: Was ist passiert?

P.: Als ich nein sagte, hieß es auch nein. Also hat sie mich nicht weiter belästigt. Es hat mir nichts weiter ausgemacht, dieses Mal nein zu sagen, weil ich zuviel zu tun hatte.

A.: Aber wenn Sie gebeten werden, etwas zu tun – wir wollen beim Beispiel von Mrs. Smith bleiben –, einen Kuchen zu backen für die Gruppe, und Sie sagen ja, weil Sie nicht nein sagen können, obwohl Sie es in Wirklichkeit nicht tun möchten, dann gehen Sie nach Hause und tun es. Werden Sie nicht gespannt und nervös – reizbar dabei?

P.: Ich backe den Kuchen, und trotzdem würde ich ihn am liebsten einfach irgendwo hinschmeißen. Egal, wie gut er da geworden ist, ich habe nicht das Gefühl, irgend etwas geleistet zu haben ... *(Offenbar dränge ich sie und sporne sie dazu an, mit dem Gefühl zurechtzukommen, das sie befällt, wenn Forderungen an sie gestellt werden. Sie gesteht ihren Wunsch ein, den Kuchen hinzuschmeißen, aber dann zahlt sie automatisch für ihr böses Gefühl, indem sie ihr Backen entwertet. Die ständige innere Forderung heißt, daß sie ihre eigenen Wünsche opfert zugunsten anderer. Ihr Mann erkennt das und schimpft sie heftig aus, weil sie einen Töpferkurs aufgegeben hat, den sie belegt hatte. Er bezieht, wie man erraten kann, das Opfer sofort auf die unausgesprochene Forderung der Mutter, die Patientin solle die Abende häufiger mit ihr verbringen. Die Patientin fürchtet, die Mutter könne annehmen, sie schätzte sie geringer, wenn sie sich nicht nur weigert, auf alle Forderungen der Mutter einzugehen, sondern auch noch einige Abende ihrem eigenen Vergnügen widmet. Sie tröstet sich selbst mit der Aussage, daß sie wenigstens einer Sache selber «Herr wird», daß sie nämlich allein ausgeht, wenn auch nur zum Haus der Mutter.)* Was mich betrifft – ich glaube, ich bin soweit, daß ich angewidert bin von all dem Jagen, Kommandiertwerden, Gebetenwerden, dies zu tun, Gebetenwerden, das zu tun.

A.: Für Sie ist Gebetenwerden wie ein Befehl.

P.: Weil ich es nicht tun will. Ich könnte zu Hause bleiben und die Wände streichen, und es würde mir nicht so viel ausmachen, weil ich etwas tun würde, was ich tun möchte.

A.: Sie haben beschlossen, daß Sie –

P.: Tun möchte. Gestern war ich müde, also habe ich mich nicht wohl gefühlt, als ich hin kam. Ich habe ihr gesagt, ich würde nicht lange bleiben. Sie hat nichts gesagt, aber ich weiß, was sie dachte.

A.: Natürlich, wenn Sie krank sind, dann haben Sie eine gute Entschuldigung.

P.: Ich sage ihr, daß ich müde bin. Dann weiß sie, daß ich ausgegangen bin oder irgendetwas. Sie sagt: «Warum bist du ausgegangen, wenn du doch krank warst?» Ich sage einfach, ich bin müde – und belasse es dabei.

A.: Hat Ihr Mann je irgend etwas gesagt über diese Geschichte zwischen Ihnen und Ihrer Mutter?

P.: Nein. Er wird mehr oder weniger ärgerlich bei dem Gedanken, daß ich jeden Abend ausgehe. Er meint, ich sollte mehr Zeit für mich haben.

A.: Seit wann denkt er so?

P.: Diese Woche, als ich jeden Abend außer Dienstag ausgegangen bin. Er meinte, das sei zuviel. Sie geht zu ihrer Kontrolluntersuchung, und wenn sie ohne Befund ist, höre ich auf hinzugehen.

A.: Hat er je zuvor über diese Geschichte gesprochen, daß Leute Sie immer bitten, etwas zu tun?

P.: Ja. Er sagt immer: «Warum kannst du nicht nein sagen?» Ich habe nie eine Antwort.

A.: Doch, Sie haben eine Antwort. Sie haben immer Angst, daß die andere Person verletzt ist, wenn Sie nein sagen.

P.: Das Gefühl, daß ich jemanden verletzt habe. Ich mag niemanden verletzen. Manche Leute schert es nicht, was sie sagen oder tun – solange sie tun, was sie wollen, kümmert es sie nicht, wer davon betroffen ist. Aber ich kann so nicht sein. *(Obwohl ihre Furcht, daß jemand durch ihr Nein verletzt wird, deutlich auf das Ausmaß ihrer unbewußten Wut hinweist, hat sie viel zuviel Abwehr, als daß eine angemessene Exploration dieser Seite ihrer Gefühle möglich wäre. Umgekehrt gebietet die Stärke ihrer Abwehr Vorsicht angesichts der Gefühle, die ihr unerträglich sind. Ich greife deshalb auf eine andere, für sie annehmbarere Untersuchungsweise zurück, die ihre Sorge über ihre eigene Feindseligkeit zum Gegenstand hat.)*

A.: Gibt es nicht noch eine andere Betrachtungsweise? Wissen Sie, es ist wahr, Leute zu verletzen auf Teufel komm raus ist keine sehr nette Sache. Aber wenn Sie meinen, daß Sie die andere Person verletzen, wenn Sie nein sagen, könnte es dann nicht sein, daß Sie Angst haben, Sie werden nicht gemocht?

P.: Das könnte sein.

A.: Glauben Sie, daß Sie ein besonderes Bedürfnis haben, gemocht zu werden?

P.: Vielleicht. Ich möchte gerne erwünscht sein. Ich möchte in Gruppen oder bei wem auch immer angenommen sein. Ich möchte nicht gerne, daß man mir aus dem Weg geht... *(Die Angst, daß man ihr «aus dem Wege geht», daß sie zurückge-*

wiesen wird, bestätigt so sehr ihr eigenes Gefühl von Schlimmheit, daß Gefügigkeit zur Notwendigkeit wird. Sie spricht von einer abfallenden Stufenfolge des Wohlbehagens im Umgang mit anderen. Am wohlsten fühlt sie sich bei denen, für die sie nicht «viel zu tun hat», weniger wohl fühlt sie sich bei ihren Kindern und am wenigsten wohl bei ihrer Mutter. Da es jedoch wenig zu wählen gibt zwischen ihren Gefühlen für ihre Mutter und für ihre eigene Familie, fährt sie bereitwillig fort, das Thema aufzugreifen, ob sie anfängt, ihren älteren Sohn zu beherrschen oder ob er die Oberhand behält.)

Oh, er hat mich vor langer Zeit besiegt. Aber nun drehe ich den Spieß herum. Ich fange an, seiner Herr zu werden, hoffe ich. An dem einen Wochenende habe ich einen Unterschied entdeckt.

A.: Eine Sache hat Sie durcheinander gebracht und hat Ihnen das Gefühl von Unzufriedenheit gegeben, und das ist das Empfinden, daß Sie beherrscht worden sind. Wie fühlt sich jemand, der nicht nein sagen kann?

P.: Wie ich immer zu meinem Mann sage, ich weiß nicht, woher du diese Begriffsschärfe hast. Es fühlt sich an, als ob man ertrinkt, und man kann sich selber nicht retten. Ich weiß nicht, wie ich es ausdrücken soll.

A.: Haben Sie es so Ihrem Mann gegenüber ausgedrückt?

P.: Ja. Als Beispiel. Es gibt keine Hoffnung. Es gibt keinen Ausweg, der –

A.: Es bedeutet, daß Sie hilflos sind, wie jemand, der ertrinkt.

P.: Ich kann es nur so ausdrücken, wenn ich weiß, daß ich ihn nicht übertreffen kann.

A.: Oder Ihre Mutter übertreffen können, zum Beispiel.

P.: Ja, ich bemerke, daß ich mehr als früher aufbegehre.

A.: Aber Sie haben sich oft gefühlt wie eine Ertrinkende.

P.: Sogar bei einem Streit. Egal, worum es sich handelte, ich konnte nie gewinnen. Sie hat immer das letzte Wort gehabt. Dann lasse ich es an meinem Mann und den Kindern aus.

A.: Sie können sich sehr klar ausdrücken.

P.: Ja, das ist so mit den Vergleichen. Man muß sie manchmal so krankhaft klingen lassen. Aber das ist mein Gefühl, und mein Mann kann das nicht verstehen.

A.: Wenn Sie einen Kuchen backen, weil Sie darum gebeten wurden, nicht weil Sie ihn backen wollen, dann tun Sie es, aber Sie würden den Kuchen gerne nehmen und damit schmeißen.

P.: Mein Mann sagt, wenn du tatsächlich so wütend wirst, schmeiß ihn einfach. Das ist kindisch.

A.: Und Sie erinnern sich, daß Sie einmal gesagt haben, wenn Ihre Mutter ins Haus käme und sähe, daß es schmutzig ist –

P.: Durcheinander.

A.: Sie haben gesagt, das würde sie umbringen. Nun hören wir, daß Sie manchmal so ein Gefühl haben wie jemand, der ertrinkt. An Sie werden Forderungen gestellt, und Sie können nicht nein sagen. Also haben Sie doch sehr starke Gefühle und Empfindungen, nicht wahr? Man kann es Ihnen von außen nicht ansehen.

P.: Ja, ich fühle es. Ich würde gerne nein sagen. Ich frage mich oft, wie es wäre, wenn ich so oft nein sagen würde, wie ich wollte.

A.: Sie hätten eine Zeitlang Ihre Ruhe, nicht wahr?

169

P.: Ich würde entweder eine Zeitlang meine Ruhe haben, oder jeder würde mich hassen – eins von beidem.

A.: Das ist eine Ihrer Sorgen, nicht wahr? ... Haben Sie von sich selber die Vorstellung, daß Sie sehr starke Gefühle haben?

P.: Mich aufregen etwa?

A.: Ich meine, wirklich fühlen –

P.: Wenn ich wirklich wütend würde, würde ich mich in neun von zehn Fällen hinsetzen und womöglich darüber weinen und würde es auf diese Weise aus mir herausbringen.

A.: Haben Sie je das Gefühl gehabt, Sie könnten jemanden umbringen?

P.: Nein.

A.: Nie?

P.: Nein. Tatsächlich umbringen oder es nur sagen? Weil ich das nämlich den ganzen Tag sage. Ich sage: «Ich bring' dich um», und man sollte das nicht sagen, weil die Kinder nicht wissen, was man meint. Ich würde niemandem eine Krankheit oder irgend etwas wünschen. Ich könnte nicht – ich könnte jemanden nicht mögen und würde ihm trotzdem keinen Schaden wünschen.

A.: Haben Sie je irgend jemanden gehaßt?

P.: Nein, nicht in dem Sinne. Nicht gemocht, mich geärgert, aber nie jemanden gehaßt.

A.: Egal, was schiefgegangen ist oder was geschehen ist, Sie haben nie –

P.: Nein, ich glaube nicht, daß ich wirklich genügend verletzt worden bin, um jemanden zu hassen. Niemand hat mich je so sehr verletzt.

A.: Sie haben nie jemanden auch nur für einen Moment gehaßt? In einem Augenblick des Zorns?

P.: Vielleicht in einem Augenblick des Zorns. Ich konnte nie einen Groll hegen und jemanden hassen. Ich mag keine Familienreibereien, wenn sie nicht miteinander sprechen. Das stört mich. Zum Beispiel meine Schwester spricht nicht mit meinem Bruder. Ich versuche schon immer, sie zusammenzubringen ... *(Ihr Gefühl zu ertrinken gestattet es mir, das Thema auf ihre Gefühle der Hilflosigkeit auszudehnen. Wir waren daher in der Lage, uns näher an ihre höchst schmerzlichen, negativen Gefühle heranzutasten, und ich habe grünes Licht gegeben, ihnen weiter nachzugehen. Sie sieht sich selber deutlich in der Rolle des Friedensstifters in beiden Familien.)*

A.: Es ist alles sehr nett, und es ist nett, Leute um sich zu haben, die nicht hassen oder einen Groll hegen – das ist wirklich sehr nett.

P.: So versuche ich, meine Kinder zu erziehen, aber sie haben ganz andere Gefühle. Sie werden erbittert gegeneinander, und sie sagen harte Worte. Sie hassen sich – «ich hoffe, daß du von einem Wagen überfahren wirst» –, dann gehe ich zugrunde. Ich möchte, daß alle gut miteinander auskommen.

A.: Also sind Sie jemand, der in solchen Situationen immer das Gefühl hat, daß man nicht sehr viel mehr machen kann als einwilligen oder nachgeben – oder das Gefühl haben, wie Sie sagten, wie eine Ertrinkende. Jemand muß sich verflixt verzweifelt fühlen –

P.: Man meint es ernst. Es kann sehr unangenehm werden.

A.: Mehr als unangenehm – verzweifelt.

P.: Und dann hält man Ausschau nach Hilfe, und manchmal kann man keine Hilfe bekommen.

A.: Was tun Sie dann?

P.: Ich komme darüber hinweg, aber das dauert lange.

A.: Sie werden nervös, gespannt und ängstlich – reizbar.

P.: Sehr reizbar. Alles stört mich. Manchmal fühlt man sich hoffnungslos, wenn es geschehen ist – egal, was los war.

A.: Wie fühlt sich jemand ohne Hoffnung?

P.: Als ob es nichts gäbe, auf das man sich am nächsten Tag freuen kann, man weiß, es gibt nichts, bis man sieht, daß es etwas gibt.

A.: Haben Sie je das Gefühl gehabt zu sterben?

P.: Wenn ich mich krank fühle, dann sage ich immer, ich glaube, ich sterbe, aber ich möchte nicht sterben.

A.: Aber es türmt sich in Ihnen auf.

P.: Es türmt sich auf und ich –

A.: Sie bekommen dieses verzweifelte, hoffnungslose Gefühl, und Sie wissen nicht, was Sie dagegen unternehmen sollen. Man könnte sagen, daß Sie sich zu einer solchen Zeit wirklich ganz und gar unterlegen fühlen.

P.: Dann wünsche ich, ich wäre weg von allen. Nur mein Mann und meine Kinder.

A.: Nur mit Ihrem Mann und Ihren Kindern und hinter sich lassen –

P.: Meine Familie hinter mir lassen.

A.: Welche Familie?

P.: Meine Familie. Meine Mutter. Nur wegkommen von jedem, der streitet oder quengelt.

A.: Es ist schwer, von Ihrer Mutter wegzukommen, nicht wahr?

P.: Egal, wo man hingeht, das Gewissen ist immer bei einem; wenn sie also nicht da ist, stellt man sich vor –

A.: Sie ist immer bei Ihnen.

P.: Wenn sie physisch nicht anwesend ist, fühle ich den Druck und die Anstrengung genauso.

Ihr Gefühl, beherrscht zu sein, wird weiter bearbeitet, und wie sie nicht nein sagen kann aus einer Angst heraus, daß sie die andere Person verletzen wird. Sie weiß, daß andere zu ihr nein sagen können, ohne daß sie bedeutende Schmerzen davonträgt, aber das ändert nichts an ihrer Angst, andere zu verletzen. Als sie gefragt wird, ob sie zu mir nein sagen könne, zögerte sie und sagte, daß sie nicht glaube, sie könne nein zu mir sagen, aber ich entdeckte einen sehr verstohlenen Blick, der besagte «Wenn Sie wollen, daß ich nein sage, dann sage ich es». Sie kann nein sagen, wenn sie die Realität als Unterstützung auf ihrer Seite hat. Sie wird immer ihre eigene Zeit dransetzen, um etwas für andere zu tun. Gerade unter dieser Voraussetzung nimmt ihre Spannung zu, sie wird ängstlich und reizbar. Das kann dazu führen, daß sie sich so überwältigt fühlt «wie eine Ertrinkende», hilflos und verzweifelt.

Ihre Symptome haben sich weiter gebessert. Ihr Appetit ist wieder normal, und sie geht ständig allein aus dem Haus. Eine geringfügige Schlaflosigkeit ist immer noch vorhanden, aber sie fühlt sich weniger gespannt und weniger unter Druck. Es beginnt sich bei ihr das Gefühl zu regen, daß sie den Menschen in ihrer Umgebung gewachsen sein könnte.

In diesem vierten Interview übt die Übertragung, die sich sehr hinter ihrem übermäßigen Anpassungsbedürfnis verbirgt, weiterhin ihren positiven Einfluß aus.

Fünftes Interview

Die Patientin mußte am Zahlschalter der Klinikverwaltung warten und ist sofort darüber beunruhigt, ob sie zu spät zur Verabredung gekommen ist oder nicht. Sie ist erkältet und fühlt sich gedrängt, mir zu sagen, daß sie Aspirin dagegen eingenommen hat, sie aber sonst weiterhin aller anderen Medikamente enthält. Ihre Kinder sind krank, sie ist aber trotzdem an verschiedenen Abenden allein ausgegangen. Sie kam zur heutigen Verabredung allein und ist zufrieden mit ihrem Gefühl, daß «ich vielleicht im Begriff bin, dessen Herr zu werden». Sie will sich weiter auf die Probe stellen, indem sie nicht direkt nach Hause zurückkehrt, sondern sich selbst das Vergnügen eines Einkaufsbummels gönnt.

A.: ... Sie machen Fortschritte.
P.: Das glaube ich auch. Ich meine, ich habe das Gefühl, daß ich etwas ändern kann. Und das Gefühl hatte ich lange Zeit nicht. Ich habe die Kinder um mich herum, aber ich hatte nicht das Gefühl, daß ich sie für meine eigene Sicherheit oder dergleichen brauchte. Es geht nicht, daß man es nötig hat, seine Sicherheit von Kindern abhängig zu machen. Ich habe es ganz gut geschafft, denke ich, Ich weiß nicht, was die Leute sonst denken, aber ich selber empfinde es so, das ist das Wichtige daran.
A.: Kümmern Sie sich darum, was andere über Sie denken?
P.: Im Moment nicht, nein.
A.: Im Moment nicht – was heißt das für Sie?
P.: Früher schon.
A.: Ja?

P.: Ja. Ich meine, mein Mann sagte immer, du machst es doch gut, und ich habe ihm nicht geglaubt, aber jetzt empfinde ich es anders.

A.: Wenn er jetzt sagt, daß Sie es gut machen, dann glauben Sie ihm.

P.: Das weiß ich jetzt. Vielleicht bin ich jetzt allzu zuversichtlich – von einem Extrem ins andere –, aber ich empfinde es so. Manchmal nervös, aber nicht schlimm. Anscheinend nehme ich es mehr oder weniger an.

A.: Sie haben also ein gutes Gefühl... Erinnern Sie sich, wann es das letztemal war, daß Sie sich so gut gefühlt haben?

P.: So gut wie ich mich in der letzten Woche gefühlt habe? Ich würde sagen, vielleicht vor ein paar Jahren. Ich habe nie den Drang verspürt, auszugehen oder irgend etwas zu tun, aber jetzt spüre ich, daß ich etwas unternehmen möchte.

A.: Und Sie haben vor, es zu tun?

P.: Ich hoffe es.

A.: So wie Sie einkaufen gehen, wenn Sie heute hier weggehen... Wie lange werden Sie von zu Hause fort sein?

P.: Ich werde zur Vorbereitung des Abendessens zu Hause sein. Das genügt für einen Tag. Letzte Woche haben wir über mein Neinsagen gesprochen. Ich habe das ganze Wochenende daran gedacht. Ich muß daran denken, weil Sie mich jede Woche, wenn ich komme, fragen, worüber wir gesprochen haben. Ich hatte die Gelegenheit, nein zu sagen. Es ergab sich zweimal eine Leichenfeier, zu beiden wollte ich nicht gehen und bin auch nicht gegangen.

A.: Zweimal Leichenfeier?

P.: Ja, zu denen gehe ich sowieso nicht gern hin. Die nahen Familienangehörigen müssen hingehen, deshalb ging ich einfach nicht hin. Das läuft auf dasselbe hinaus wie nein sagen. Andere Male habe ich mich immer hingeschleppt und bin gegangen, und ich war niedergeschlagen, wenn ich nach Hause kam. Ich habe meinem Mann einfach gesagt: «Ich gehe nicht.» Er ist nicht mit Fragen in mich gedrungen und ist allein gegangen. Das ist also das eine, was ich gemacht habe.

A.: Sie haben also Ihre Hausaufgaben gemacht. Mir erscheint es viel.

P.: Ich weiß nicht, ob es viel ist oder nicht, aber es war eine anstrengende Sache.

A.: Beunruhigt Sie das etwas, daß ich Sie darum bat, über das Besprochene nachzudenken, und daß Sie sich daran erinnern sollten?

P.: Ich war beunruhigt darüber, daß ich mich nicht mehr genau an das Gespräch erinnern konnte.

A.: Worüber haben Sie sich Sorgen gemacht?

P.: Daß ich mich nicht erinnern konnte. Ich wußte nicht, ob ich einfach nicht angestrengt genug versucht hatte, mich zu erinnern, oder ob ich mich dagegen sperrte. Ich wußte einfach nicht, warum ich mich nicht erinnerte, weil ich mich an andere Dinge erinnern kann, die vor sich gehen.

A.: Glauben Sie, daß ich ungehalten werden könnte über Sie, wenn Sie sich nicht erinnern?

P.: Ich weiß nicht, ob ich eigentlich in der Lage sein sollte, mich zu erinnern, deshalb sagte ich mir die ganze Woche immer wieder: «Ich muß mich erinnern, ich muß mich erinnern.»

A.: Die ganze Woche über dachten Sie bei sich selbst: «Du mußt dich erinnern, du mußt dich erinnern.»

P.: Immer wieder habe ich mir gesagt, daß etwas passieren würde, und es würde mich ärgern, und ich sollte nein sagen – oder sollte ich ja sagen –, aber die Gelegenheit ergab sich nicht.

A.: Aber als Sie bei sich dachten: Du mußt dich erinnern, du mußt dich erinnern, haben Sie schließlich auch gedacht, daß Sie sich erinnern müssen, weil Dr. Mann Sie danach fragen wird?

P.: Mich fragen – wie eine Arbeit. Wenn ich arbeiten würde, müßte ich auch an verschiedene Dinge denken, die ich dann zu tun hätte.

A.: Wenn Sie arbeiten würden, das ist wahr. Aber zu wessen Nutzen sind wir hier?

P.: Zu meinem.

A.: Ja, also wessen Arbeit ist es?

P.: Meine.

A.: Und –

P.: Ihre. Aber ich bin diejenige, die sich erinnern muß.

A.: Sie müssen? Wozu?

P.: Meinetwegen.

A.: Ihretwegen oder meinetwegen?

P.: Na ja, beides. Sie stellen mir die Frage, ich müßte mich also erinnern.

A.: Angenommen, ich frage Sie, und Sie erinnern sich nicht.

P.: Ich muß einfach sagen, ich erinnere mich nicht. Aber ich stelle mir vor, es mißfällt Ihnen, daß ich keine Fortschritte mache, wenn ich mich nicht erinnere.

A.: Machen Sie Fortschritte, um mich zufriedenzustellen oder um sich selber zufriedenzustellen?

P.: Ich muß Sie zufriedenstellen. Ich denke mir, ich helfe mir selbst und konzentriere mich darauf, anstatt hier wegzugehen und alles aus meinem Gedächtnis zu löschen.

A.: Sie haben das Gefühl, daß Sie mich zufriedenstellen müssen.

P.: Nicht Sie zufriedenstellen, aber möglicherweise tun, was für mich am besten ist. Wie beim Kranksein. Man muß einfach einiges selbst tun, ob man es nun will oder nicht, und es hilft. Soweit kann ich das einsehen.

A.: Heißt das dann, daß Sie manchmal irgendwie meine Stimme hören, die sagt «Du mußt dich erinnern, du mußt dich erinnern»?

P.: Nein.

A.: Es ist Ihre Stimme.

P.: Es ist meine eigene. Aber es wird von mir erwartet, ich sollte.

A.: Sie sollten.

P.: In meinem eigenen Interesse. Ich sollte an mich selber denken, und das ist Teil meiner Krankheit, und ich muß es versuchen und es beherrschen.

A.: In Ihrem eigenen –

P.: Meinem eigenen Interesse. Arznei, in einem gewissen Sinne des Wortes.

A.: Aber zur gleichen Zeit möchten Sie mich auf gar keinen Fall ärgern.

P.: Ich schätze, ich möchte niemanden gerne ärgern. So bin ich eben, und ich weiß nicht, ob ich mich je ändere. Ich mag die Menschen einfach nicht verletzen.

A.: Sie meinen, daß ich verletzt bin, wenn Sie nicht das tun, wovon Sie meinen, daß ich es von Ihnen erwarte.

174

P.: Ich habe das Gefühl, daß Sie Zeit daransetzen und versuchen, mir zu helfen. Wenigstens den Versuch könnte ich machen und mir selber helfen.
A.: Na ja, das ist sicher sehr hilfreich für Sie, die Sache zu betrachten. Aber für wen tun Sie es? Für sich? Oder um mich nicht zu verletzen?
P.: Nein, für mich selber.
A.: Da sind Sie ganz sicher.
P.: Mmmm. Weil ich das Gefühl habe, daß Sie das von mir wollen – für mich selber.
A.: Nicht für mich.
P.: Ich denke mir, wenn ich Sie ärgere, dann hat es immer noch mit mir zu tun, weil ich nicht das tue, was ich für mich selber tun sollte. Sie werden dadurch nicht verletzt, aber ich verletze mich vielleicht selber.
A.: Außer daß Sie Angst hätten, Sie könnten mich verletzen.
P.: Nicht wirklich. Ihre Zeit vergeuden. Sie versuchen, mir zu helfen, und ich sollte versuchen, mir selber zu helfen – und das habe ich auch versucht.
A.: Das ist sicherlich wahr. Aber es ist sehr schwierig für Sie, jemandem zu mißfallen. Was passiert, wenn Sie sich hier einmal in der Situation befinden, wo Sie aus dem einen oder anderen Grunde zu mir nein sagen müßten?
P.: Ich hoffe, daß ich vielleicht mit der Zeit den Mut finde und die Forderung, jemandem schließlich zu sagen –
A.: Es kostet Mut.
P.: Allem, was von mir verlangt worden ist, konnte ich bisher nachkommen. Es wird ein Tag kommen, an dem ich das vielleicht nicht mehr kann, und ich werde nein sagen müssen. Ich hoffe, ich habe den Mut, nein zu sagen, wenn die Zeit gekommen ist.
A.: Sie sagen, daß es Mut kostet, nein zu sagen. Das bedeutet, daß Sie Angst haben.
P.: Ich habe nicht immer Angst, nein zu sagen. Wie ich in der letzten Woche erwähnte, wenn ich das Gefühl habe, daß ich etwas nicht tun kann, dann kann ich nein sagen. Wenn ich nicht nein sage, dann deswegen, weil ich das Gefühl habe, daß ich es tun kann, also warum nicht. Aber dann sagt eine Stimme hinter mir: «Du willst es nicht tun, also warum tust du es?» Ich möchte einfach nicht nein sagen. Das ist keine Angst. Ich kann es nicht erklären. Wenn ich jemanden glücklich mache, dann bin ich selber glücklich.
A.: Woher haben Sie das – diese ganze Idee, alle Menschen versuchen glücklich zu machen?
P.: Ich weiß nicht. Zu Hause gab's das nicht.
A.: Zu Hause gab's das nicht.
P.: Nein, ich habe nie erlebt, wie sich jemand ein Bein ausgerissen hat, um etwas besonders glücklich zu gestalten. Jeder hat getan, was er zu tun hatte, und damit hatte sich's.
A.: Ich glaube, es ist eine sehr gute Einstellung – Menschen zu helfen und Menschen glücklich zu machen, solange das nicht seine Auswirkungen auf einen selber hat. Sie haben es zu Hause nicht gelernt.
P.: Nein, ich glaube nicht.
A.: Ihre Mutter war nicht so.
P.: Meine Mutter hat getan, was sie tun mußte, wie die meisten Eltern. Und sicherlich nicht, um mich zufriedenzustellen.

A.: Ihr Vater?

P.: Ich kann mich nicht erinnern. Er hat sich für uns nicht in Ungelegenheiten gestürzt. Für seine Freunde hat er sich immer in Ungelegenheiten gestürzt, das weiß ich. Er schien außerhalb des Hauses glücklicher zu sein als zu Hause. Ich weiß nicht warum, aber soviel kann ich mich erinnern... *(Der lange vorangehende Auszug, einfach in seinem Stil, ist außerordentlich wichtig. Sie stellt sehr anschaulich ihre gegenwärtige Weise der Anpassung, die herrischen Forderungen ihres unnachgiebigen Überich dar, und in der Übertragung enthüllt sie die Genese ihrer Angst, jemanden zu verletzen, wenn sie nein sagt. Meine Interventionen zielen darauf ab, die Patientin zu einer Konfrontation zu drängen, die sie die Unangemessenheit ihrer inneren Forderungen sehen läßt, wenn sie sie bei mir erlebt. Natürlich hat sie nicht gelernt, willfährig zu sein, indem sie sich in dieser Hinsicht mit ihrer Mutter identifizierte. Mit anderen Worten, sie ist nicht so überaus nett, weil ihre Mutter ihr als Vorbild diente. Ihr Vater, der keine Forderungen an sie stellte und tatsächlich auch sehr stark ein Opfer der Unterdrückung durch die Mutter war, bewältigte seine Beziehung mit der Mutter durch einen Rückzug. Sie erzählt dann aber doch noch etwas darüber, wie sie dazu kam, ihren besonderen Anpassungs- und Abwehrstil anzunehmen. Sie erzählt, daß ihre Mutter den Vater unglücklich gemacht hat und warum.)*
Ich glaube, sie wollte eben einen vollkommenen Mann, und man bekommt nicht immer einen vollkommenen Menschen. Sie dachte immer, sie wäre perfekt und jeder andere sollte es auch sein.

A.: Nun, sie hat Sie vollkommen gemacht.

P.: In ihren Augen, nicht in meinen.

A.: Sie haben es versucht.

P.: Mmmm, ich habe es versucht, aber ich wußte, daß ich es tat, weil sie es von mir erwartet hat, nicht weil ich es wollte, und deshalb fühlte ich mich da schuldig... *(Wir sehen jetzt, daß sich ihr Anpassungsstil aus der abwehrenden Identifikation mit dem Angreifer gebildet hat. Unfähig, mit ihren widersprüchlichen Reaktionen auf die Forderungen der Mutter fertig zu werden, findet sie eine Lösung, indem sie in dem schmerzlichsten und aggressivsten Aspekt der Persönlichkeit ihrer Mutter so wird wie sie, das heißt, Perfektion verlangt.)*

A.: Sind Sie je aus dem Haus gegangen, wie es Ihr Vater getan hat, wissen Sie, nur um wegzukommen?

P.: Meistens.

A.: Wann?

P.: Ich bin mit meinen Freundinnen ausgegangen – zum Tanzen oder ins Kino. Als ich dann Freunde hatte, die ich – was sich immer als schwierig herausstellte, weil sie niemals ihre Zustimmung fanden.

A.: Keiner von ihnen?

P.: Nein. Niemand war vollkommen genug für ihre Töchter. Aber wir haben es alle irgendwie geschafft, trotzdem rauszukommen, und nun braucht sie ihre Schwiegersöhne, obwohl sie sie einst scheel angesehen hat.

A.: Ihr Vater mußte ausgehen, um sich mehr Vergnügen zu gönnen. Sie haben das auch getan und ebenso Ihre Schwestern.

P.: Mehr oder weniger.

A.: Und wie war es mit Ihren Brüdern?

P.: O nein. Meine Brüder hatten kein schweres Leben. Was immer sie taten, war gut. Sie brauchten nicht wegzugehen, sie brachten ihre Mädchen mit nach Hause. Wenn wir die Jungen mit nach Hause brachte, wurden sie abgelehnt.

A.: Sie waren nicht willkommen.

P.: Nein, aber sie kamen trotzdem. Sie waren hartnäckig, wenn sie uns haben wollten, deshalb kamen sie immer wieder und nahmen die damit verbundenen Streitereien auf sich.

A.: Streitereien?

P.: Sie hat über alles debattiert, was sie sagten. Wenn sie etwas nicht mochte, brach sie einen Streit vom Zaun. Sie gaben nicht auf. Ich selber würde das nicht aushalten, wenn ich nicht müßte.

A.: Sie haben vieles ausgehalten, nicht wahr?

P.: Meiner Meinung nach mehr, als ich hätte aushalten sollen, glaube ich. Ich glaube, daß ich so viel getan habe, wie man von mir erwarten konnte. Ich habe zu meinem Mann gesagt, daß ich es nicht mehr tue, weil man mit seinen Kräften einmal am Ende ist. Ich habe innegehalten und mich umgesehen, und ich habe das Gefühl, daß ich meine eigene Familie meiner Mutter zuliebe beiseite schiebe, was ich eigentlich nicht tun sollte... *(Bemerkenswert ist der Übergang von der Vergangenheit in die Gegenwart – das wiederkehrende zentrale Thema. Daran anschließend besprechen wir die Krankheit ihrer Mutter. Die Diagnose lautete auf malignen Tumor, und die Patientin rechnet damit, daß sie noch drei bis sechs Monate zu leben hat. «Sie stirbt vielleicht, aber wenn man ihr nachgibt, dann wird man nichts weiter sein als ein Putzlumpen, bis sie gestorben ist, und das hinterläßt nicht gerade eine liebevolle Erinnerung.» Sie ist sich also ahnungsvoll dessen bewußt, daß der Tod ihrer Mutter sie der haßerfüllten Seite ihrer Gefühle ihr gegenüber aussetzen wird. Bemerkenswert ist auch, in welcher Regelmäßigkeit die Patientin von sich selber mit «man» statt mit «ich» spricht. Das kann als Mittel verstanden werden, sich von der Übernahme einer eigenen Verantwortung für das, was sie sagt, zu distanzieren. Es ist ebensowichtig, es als ein Ausdruck der ständig gegenwärtigen, internalisierten Stimme ihrer Mutter zu verstehen, die ihr sagt: «Tu du dieses, tu du jenes.» [Anm. d. Übers.: Im Amerikanischen klingt «du» und «man» – «you» – genau gleich.] Sie hat viel nachgedacht über die Krankheit ihrer Mutter und bekannt, daß sie den Wunsch gehabt habe, ihre Mutter möge während der Operation sterben, statt am Leben bleiben und leiden. «Ich möchte nicht undankbar erscheinen für alles, was sie für mich getan hat – es ist nicht so, daß ich ihren Tod wünsche.» Die Frage ist aufgetaucht, ob die Mutter darum bitten wird, nach dem Krankenhausaufenthalt bei der Patientin zu wohnen. Die Patientin ist entschlossen, es nicht so weit kommen zu lassen.)*

Nun, sie werden sie nicht zu mir bringen, wenn es schlimmer wird, weil ich das mit den Kindern nicht auf mich nehmen kann. Meine Schwester kann den Gefallen nicht tun. Niemand kann ihr den Gefallen tun.

A.: Aber Sie sind darauf gefaßt, nein zu sagen?

P.: Ich habe bereits nein gesagt.

A.: Aber sie könnte Ihnen die Hölle heiß machen.

P.: Nein – nein – unmöglich. Es wäre nicht fair meinen Kindern gegenüber. Ich mei-

ne, sie kennen sie so, wie sie war, und sie war ohnehin keine so liebevolle Großmutter, daß man sich gerne an sie erinnert. Ich hätte es nicht gerne, wenn sie sie
elend und leidend sehen würden, weil ich mir vorstellen kann, daß sie noch
schlimmer wird als je zuvor. So elend ich auch bin, nie könnte ich zu den Kindern
so sein wie sie.

A.: Weiß Ihre Schwester, daß Ihre Mutter stirbt?

P.: Ja, aber irgendwie steckt sie den Kopf in den Sand. Sie hofft immer, daß ihr ein
Wunder über den Weg läuft.

A.: Und Ihre Brüder – wissen sie darüber Bescheid?

P.: Sie telefonieren nur mit ihr, und da kann man wenig sagen, weil sie immer dabei
ist. Meine Schwester möchte nicht, daß sie allzuviel erfahren. Sie möchte nicht,
daß sie herkommen. Dann würde sie Verdacht schöpfen.

A.: Wenn sie sie besuchen würden?

P.: Wenn sie sie zu oft besuchen würden. Einer von ihnen kommt überhaupt nicht.

A.: Wenn er also kommen würde, dann weiß sie, daß es ihr letzter –

P.: Daß ihre Zeit abgelaufen ist – wenn er auftaucht...

A.: Wenn ich so zusammenfasse, was Sie gesagt haben, dann klingt das so, als ob Sie
– wie soll ich es sagen – wieder ein freier Bürger würden.

P.: Na ja, ich habe das Gefühl, daß die Hälfte der Last von meinen Schultern ist.

A.: Die Hälfte?

P.: Ich habe das Gefühl, ich rappele mich auf.

A.: Welches ist die andere Hälfte?

P.: Na, ich hoffe, in angemessener Zeit wird die vermutlich auch noch abfallen.

A.: Was meinen Sie mit der anderen Hälfte? Die eine Hälfte ist weg. Was ist die andere Hälfte?

P.: Nun, wenn ich nicht mehr kommen muß, dann werde ich das Gefühl haben, daß
ich mein eigener Herr bin, anstatt daß alle anderen mich beherrschen –

A.: Wenn Sie nicht mehr wohin kommen müssen?

P.: Wenn ich nicht mehr zur Therapie kommen muß.

A.: Hierher. Die Hälfte der Last ist also genau hier.

P.: Ich sagte zu meinem Mann – es ist schrecklich, das zu sagen – «Ich bekomme Hilfe, und ich gehe auch. Aber ich wollte, ich könnte einfach in den anderen Bus
steigen und statt dessen einkaufen gehen. Ich möchte aber nie etwas sagen, was
Dr. Mann verletzen könnte, aber so empfinde ich es.» Ich weiß nicht, ob das richtig ist. Ich wünschte, ich müßte nicht herkommen.

A.: Natürlich wissen Sie nicht, ob das richtig ist. Das ist Ihr Gefühl.

P.: Ich meine, ich weiß, daß ich Hilfe bekomme, und das erkenne ich auch an – die
Hilfe, die ich hier bekomme –aber im tiefsten wünschte ich, ich könnte woan-
ders hingehen. Ich habe das Gefühl – einkaufen gehen würde mich glücklich
machen.

A.: Sie meinen, es gibt Dinge, die Sie lieber täten als hierherkommen.

P.: Das ist richtig. Wie mein Mann sagt: «Mein Gott, so solltest du aber nicht denken. Dir wird doch geholfen.» Ich sagte: «Ich weiß, daß mir geholfen wird,
aber –»

A.: Es ist, als ob man zum Zahnarzt geht.

P.: Man wird noch mehr Zahnschmerzen bekommen, aber man will nicht gehen.

A.: Sie hatten Angst, mir das zu sagen.

P.: Es hat mich geplagt.

A.: Angst, daß es mich verletzen würde?

P.: Ehe ich heute morgen ging, habe ich gesagt: «Ich werde es erwähnen», weil es mir im Kopf herumging, und ich hatte das Gefühl, ich würde es loswerden.

A.: Sie könnten etwas Besseres mit Ihrer Zeit anfangen.

P.: Als hierherzukommen.

A.: Natürlich.

P.: Natürlich, wenn ich keine Hilfe brauchte, dann würde ich nicht kommen.

A.: Das ist die Hälfte der Last, von der Sie sagten, daß Sie sie noch bewältigen müssen. Glauben Sie, daß Sie Schwierigkeiten mit mir bekommen?

P.: Ich glaube nicht. Ich fand es leichter herzukommen, als ich dachte. Ich dachte, das Sprechen würde mir schwerfallen. Wie mein Mann sagte: «Machen dir die Kameras und das ganze Drum und Dran etwas aus?» Ich sagte: «Das stört mich nicht, solange mir geholfen wird.» Er glaubte, ich wäre anders und würde nicht gern einen Mitwisser haben, aber es ist mir egal.

A.: Was haben Sie ihm über die Kameras erzählt?

P.: Ich merke sie noch nicht einmal. Er hat mich gefragt, wo sie sind. Er macht sich einen großen Spaß daraus – Fernsehstar. Ein paar Leute haben mir gegenüber geäußert: «Macht es dir denn nichts aus, wenn jeder es erfährt?» Ich sagte: «Ich habe keinen Mord begangen. Ich habe nichts zu verbergen.» *(Unbewußte Schuldphantasien werden in scheinbar unschuldige Verleugnungen gekleidet.)*

A.: Sie haben anderen davon berichtet?

P.: Ich habe es einem Mädchen erzählt. Sie ist selbst in Therapie. Ich habe ihr erzählt, daß es sehr nett ist hier draußen. Ich weiß nicht, warum sie nicht hierherkommen will, aber sie muß zu ihrem eigenen Arzt gehen. Ich sagte: «Das ist deine Sache», aber ich bin nicht so.

A.: Haben Sie ihr auch erzählt, daß Sie im Fernsehen erscheinen?

P.: Nein. Ich habe ihr bloß gesagt, daß ich glaube – ich weiß nicht, was es ist – Aufnahmen oder –

A.: Die Ärzte sehen über die Fernsehanlage zu.

P.: Ich habe gesagt, daß es gefilmt wird. Sie fand das schrecklich. Ich vermute, es kommt darauf an, worüber man zu sprechen hat.

A.: Was wäre schrecklich daran?

P.: Ich stelle mir vor, wenn jemand versuchen würde zu verheimlichen, daß er jemanden umgebracht hat, der würde dann nicht darüber sprechen wollen.

A.: Sie haben niemanden umgebracht, oder?

P.: Nein!

A.: Sie haben es vielleicht gewollt, aber Sie haben es nie getan.

P.: Nun, ich nehme an, daß einer mit einem Schuldkomplex versuchen würde, etwas zu verbergen – ich habe nichts zu verbergen. Ich würde einfach gerne alles aufdecken und es loswerden.

A.: Sie meinen, es kümmert Sie nicht, wer mit anhört, was Sie zu sagen haben.

P.: Ich bin nicht der altmodischen Ansicht, daß Sie hier die ganzen Sachen wegräumen und bloß die Tür abschließen sollten – daß es etwas Schreckliches wäre, jemanden um sich zu haben, der gestört oder geisteskrank ist.

179

A.: Sicher, als Sie anfangs zu mir kamen und ich die Fernsehkameras erwähnte, habe ich Sie gefragt, ob Sie etwas dagegen hätten, und Sie haben verneint. Ich glaube allerdings nicht, daß Sie es hätten sagen können, wenn es Ihnen doch etwas ausgemacht hätte.

P.: Ich habe es vorher gewußt, und ich wäre nicht gekommen, wenn es mir doch etwas ausgemacht hätte.

A.: Sie waren bei Dr. R., und sie hat Ihnen gesagt – Ihnen angeboten, daß ich Sie behandeln würde und daß wir auf dem Bildschirm zu sehen sein würden. Hätten Sie ihr zu dem Zeitpunkt nein sagen können – «Ich möchte keine Kameras und all so was»?

P.: Nein. Wenn ich nein gesagt hätte, hätte ich die Therapie vielleicht gar nicht erst nötig gehabt, meine ich.

A.: Gutes Argument!

P.: Und da wäre ich vermessen.

A.: Sie mußten ihr gegenüber einwilligen.

P.: Ich habe eingewilligt, weil es mir egal war, wer zuhörte oder zuschaute. Ich wollte Hilfe haben. Wie gesagt, ich habe meine Probleme, aber ich glaube kaum, daß sie aus dem Rahmen fallen, und sie sind auch nicht derart tiefschürfend und geheimnisvoll.

A.: Mit anderen Worten, Sie glauben, daß Sie ganz menschlich sind.

P.: Ich denke mir, daß andere Leute auch herrschsüchtige Mütter und Väter gehabt haben.

A.: Aber ja. Nur sind von den herrschsüchtigen Müttern und Vätern manche herrschsüchtiger als andere.

P.: Das ist wahr.

A.: Bei Ihnen war es kraß.

P.: Das braucht mir niemand zu sagen. Ich habe es am eigenen Leibe gespürt. Ich meine, ich konnte es sehen, und bei jeder Krise konnte ich spüren, wie es auf mich zukam. Es war immer eine Krise. Wenn ein Baby unterwegs war, war es immer ein Kampf. Nie war irgend etwas Glückliches dabei wie bei anderen Eltern. Ich brauchte nur zu sagen, daß ich schwanger war, und schon gerieten sie in Harnisch… *(Sie erzählt nun, daß ihre Schwestern und ihre Mutter bei jeder Schwangerschaft, die der ersten folgte, stöhnten und Einwände hatten, weil die Patientin während ihrer Schwangerschaft Unterstützung brauchte. Sie ist eine zu gute Katholikin, als daß sie irgendeine andere Verhütungsmethode als die Beachtung des Zyklus zulassen könnte. Wie streng die Forderungen ihres Über-Ich sind, kann man der Tatsache entnehmen, daß sie fest davon überzeugt ist, ihre Mutter würde auch heutzutage keinesfalls Verhütungsmittel gebrauchen. Ihr Mann hat keine schwerwiegenden Einwände gegen solche Mittel, nur sie.)*

A.: Ich möchte Sie daran erinnern, daß Sie etwas sehr Wichtiges erwähnt haben – daß bis zu einem gewissen Grad die eine Hälfte der Last weg ist. Sie sind halbwegs frei, aber es gibt noch eine andere Hälfte.

P.: Wenn ich die abwerfen könnte – ich fühle mich jetzt wohl.

A.: Sie meinen, wenn Sie die andere Hälfte abwerfen, dann wird es Ihnen noch besser gehen?

P.: Hundertprozentig.

Die Patientin sieht sehr wohl aus und fühlt sich sehr gut, so gut wie seit zehn Jahren nicht mehr. Sie nimmt keine Medikamente mehr, kam allein zu ihrem Interview und will gleich danach einkaufen gehen. Das sind alles eindrucksvolle Fortschritte. In den normalen Formen von Kurztherapie würde man an dieser Stelle ernsthaft erwägen, die Behandlung abzuschließen. Der Patientin geht es sehr viel besser, und sie sagt selbst, daß sie nicht mehr kommen müßte. Ein großer Teil des Interviewthemas jedoch zeigt ihr übertriebenes Bedürfnis, sich dem Therapeuten zu fügen. Und das in fast der gleichen Weise, die auch auf ihre Mutter zutrifft, so daß die Schlußfolgerung naheliegt, daß die Patientin bereit ist, auf ein Zeichen hin der Behandlung zu entfliehen. Auch dann noch hat sie es nötig, daß ihr ein Zeichen gegeben wird, selbständig kann sie es nicht tun. Die Therapie ist zu einer Last geworden, fast so, wie die Mutter eine Last ist. Es gibt also genügend Beweise für eine verhüllte negative Übertragung, in der sie sich darein «gefügt» hat, daß es ihr besser geht. Und nachdem ihr das gelungen ist, möchte sie von der Therapie und dem Therapeuten als von einer Bürde befreit werden wie von ihrer Mutter. Indem sie sich darein fügt, daß es ihr besser geht – das heißt symptomfrei und ohne Medikamente ist –, verstärken unbewußte Phantasien über die Macht der frühen Mutter sowohl den Wunsch, sich zu fügen, als auch die Erwartung omnipotenter Leistung und Erfüllung. In diesem fünften Interview gibt sie zu verstehen, in welch bemerkenswerter Weise sie sich der Ambivalenz mir gegenüber bewußt ist. Die Hälfte der Last ist von ihren Schultern, und ich bin die andere Hälfte ihrer Bürde. Sie möchte mich jedoch nicht verletzen, wenn sie mir sagt, daß sie wünschte, sie müßte nicht mehr zu mir kommen. Bemerkenswert ist auch der schmale Grat in ihrem Denken und besonders in ihren Gefühlen zwischen Verletzung und Mord an jemandem. Ihre Abneigung, etwas zu verweigern, wird sehr viel eher verständlich, wenn es im Lichte der tiefsitzenden, rasenden Wut erscheint, die jeden negativen Affekt mörderisch werden läßt.

Sechstes Interview

P.: Ich hatte eine schlimme Woche.
A.: Wirklich?
P.: Ja. Und ich habe mich nicht sehr wohl gefühlt bei dem Gedanken, hierherzukommen. Ich wäre beinahe nicht gekommen.
A.: Sie wollten überhaupt nicht kommen?

P.: Nein, ich habe mich so schlecht gefühlt, daß ich ein Taxi genommen habe.

A.: Was ist denn los?

P.: Ich weiß nicht – eben zappelig. Ich habe nicht geschlafen, und das bedrückt mich. In der vergangenen Nacht habe ich überhaupt nicht geschlafen.

A.: Die ganze Woche über zappelig gefühlt – und schlaflos?

P.: Ich kann nicht schlafen. Ich schlafe vielleicht eine oder zwei Stunden, aber morgens um drei oder vier Uhr bin ich wach.

A.: Erzählen Sie mir das genau... *(Fünf Tage vor ihrem augenblicklichen Besuch erwachte sie und fühlte sich heiß an, schwitzte und hatte Atembeschwerden. Hinzu kam eine allgemeine Zittrigkeit. Als sie nachdrücklich weiter befragt wurde, beschrieb sie einen Schmerz in ihrem Hinterkopf «wie ein Druck» als einen weiteren Teil des Syndroms. Sie fügte plötzlich hinzu, daß sie das Druckgefühl in ihrem Kopf in dem Moment hatte, als sie mit mir zusammensaß: «Ich habe das in diesem Moment – das ist wie ein Druck –, es fühlt sich heiß an, und ich habe das Gefühl, als würde ich ohnmächtig.» Die Angst, daß sie ohnmächtig werden würde, war so groß, daß sie mit dem Taxi zu mir gekommen war statt wie gewöhnlich mit dem Bus.)* Und Sie haben dieses Gefühl in Ihrem Kopf in diesem Moment?

P.: Ich habe diesen Druck im Hinterkopf.

A.: Und fühlt sich Ihr Kopf heiß an?

P.: Mmm. Das ist ein komisches Gefühl im Nacken...

A.: Haben Sie Angst?

P.: Angst? Naja, ich weiß nicht, was passiert. Ich würde nicht sagen, ich bin richtig entsetzt, weil ich nicht weiß, ob es weggeht oder bleibt.

A.: Und wenn es so bleibt?

P.: Es ist unangenehm.

A.: Das ist mal sicher. Aber es ist Ihnen unangenehm, und zusätzlich haben Sie Angst, daß etwas passiert.

P.: Mmmmm. Ich kann mich auf nichts konzentrieren. Ich denke bloß daran, und das nimmt wahrscheinlich all meine Gedanken in Anspruch.

A.: Dieses Etwas spüren Sie in Ihrem Kopf.

P.: Es ist nicht etwas, was man aus seinem Kopf herausdrängt und versucht zu –

A.: Erzählen Sie mir mehr darüber, wie es in Ihrem Kopf aussieht.

P.: Es ist heiß – es ist kein stechender Schmerz – es ist wie ein Druck – als ob jemand dagegendrückt.

A.: Als ob jemand –

P.: Drückt.

A.: Drückt?

P.: Gegen meinen Hinterkopf. Wenn es weggeht, fühlt es sich an, als ob – die Hitze – die Hitze läßt eben nach.

A.: Vielleicht ist das wichtig. Es ist ein Gefühl, als ob – als ob jemand gegen Ihren Hinterkopf drückt.

P.: Und dann wird es manchmal so schlimm, daß ich das Gefühl habe, mein Kopf würde bersten. Aber das war, als ich anfangs in die Klinik kam – deshalb bin ich gekommen. Jetzt ist es das zweitemal, daß es seither passiert ist.

A.: Erzählen Sie mir mehr über dieses Drücken an Ihrem Hinterkopf. Es fühlt sich an, als ob jemand drückt –

182

P.: Es fühlt sich an, als ob mein Kopf nach vorn schnellen würde, wenn ich ihn nicht dagegen anstemmte. Mein Kopf fühlt sich schwer an.

A.: Was halten Sie denn *nun* davon?

P.: Ich weiß nicht, was ich davon halten soll. Ich habe mir Sorgen gemacht, als ich es zum erstenmal bekam. Als der Doktor mich untersuchte, hat er mich sozusagen beruhigt. Ich versuchte, mir immer wieder zu sagen: «Es ist in Ordnung; es geht vorüber.» Aber ich hatte den leisen Zweifel, daß vielleicht irgend etwas nicht richtig sein könnte, und man denkt immer, daß...

A.: Hatten Sie dieses merkwürdige Gefühl in der letzten Nacht?

P.: Ja. Ich hatte es ungefähr – heute morgen ungefähr um fünf.

A.: Wo war das?

P.: Ich saß im Schlafzimmer bei dem Kleinen.

A.: Und was passierte?

P.: Ich bekam auf einmal dieses Hitzegefühl und den Druck im Hinterkopf. Mir war schlecht und schwindelig. Dann habe ich meinen Mann aufgeweckt. Und dann wurden meine Arme taub, wie mit tausend Nadeln.

A.: Wann hatten Sie diese Geschichte mit Ihrem Kopf zum letztenmal?

P.: Im letzten Monat.

A.: Vor oder nach dem Beginn unserer Gespräche?

P.: Ich glaube, es war in der ersten Woche, beim ersten Besuch. Es ist gerade ungefähr einen Monat her, weil mein Mann die Bemerkung gemacht hat, daß ich anscheinend einmal im Monat so werde. Er sagte: «Vielleicht hat es etwas zu tun mit deiner Periode.» Aber, wie er sagt, ich kann es eben anscheinend nicht dabei bewenden lassen, und ich halte mich daran auf. Ich mache möglicherweise mehr daraus, als ich sollte.

A.: Haben Sie gerade Ihre Periode?

P.: Nein. Nächste Woche.

A.: Vor Ihrer Periode, und Ihre Periode ist in der nächsten Woche fällig?

P.: So war ich auch beim letztenmal, ungefähr eine Woche vorher.

A.: Und wie lange hat es beim letztenmal angehalten?

P.: Bis ich meine Periode hatte, und dann verschwand es.

A.: Wenn es eine Woche vor Ihrer Periode kommt, dann bedeutet das, daß Sie da eine gewisse Spannung haben. An dem Punkt sind Sie jetzt. Aber ich glaube nicht, daß Ihnen das sehr viel hilft, nicht wahr?

P.: Nicht viel, weil es wie eine Ewigkeit erscheint – bloß eine Woche.

A.: Und es ist beängstigend.

P.: Wie ich zu meinem Mann sagte: «Wie lange kann man es aushalten ohne Schlaf?» Er sagte: «So solltest du nicht denken.» Aber wenn man müde ist, dann kann man furchtbar komische Ideen kriegen – man würde am liebsten für immer schlafen. Das störte ihn dann, weil ich so redete.

A.: Ihn störte das, weil Sie sagten –

P.: Weil ich allmählich den Mut verlor, und ich sagte, ich würde lieber tot sein als in dieser Lage. *(Die Patientin beschreibt nun etwas, das sehr nach wiederkehrenden prämenstruellen Spannungszuständen von recht schwerem Ausmaß aussieht. Obwohl ihr Mann für sie die Verbindung hergestellt hatte zwischen dem Auftauchen dieser Symptome und der bevorstehenden Periode, war ihr immer bewußt, daß es*

mehr auf sich hatte als durch die natürlichen physiologischen Vorgänge erklärt wer-
den konnte. Als sie herausplatzt, daß ihr Kopf sich anfühlt, «als ob jemand dagegen-
drückt», gibt sie mir zu erkennen, daß ihre somatischen Symptome sich auf symboli-
sche Weise verkörpert haben und untrennbar geworden sind von einer chronischen
Konfliktsituation, die mit anderen Menschen zu tun hat. Das Wissen, daß es sich
nur um eine einigermaßen normale prämenstruelle Beschwerde handelt, bietet ihr
daher keinen Trost. In ihren Symptomen ist eigentlich ein ziemlich ernster depressi-
ver Zustand verborgen, der ihre Gefühle von Hilflosigkeit und Hoffnungslosigkeit
besser verstehen läßt.)

A.: Wissen Sie, ich bin besonders daran interessiert, was Sie mir über den Schmerz
hinten – in Ihrem Kopf – erzählt haben, das Druckempfinden und das Gefühl,
daß jemand drückt.

P.: Jetzt ist es weg…

A.: Sie fühlen sich jetzt also besser.

P.: Ich kann direkt fühlen, wie ich ruhiger werde, wenn es weggeht.

A.: Sind Sie warm?

P.: Ein bißchen. Bloß zu faul, meinen Mantel auszuziehen. *(Die Patientin war in*
ihrem Mantel hereingekommen, und zum erstenmal hatte sie ihn während des In-
terviews anbehalten.)

A.: Was meinen Sie damit, zu faul?

P.: Ich war mit dem da beschäftigt, als ich hereinkam.

A.: Und Sie wollten sowieso nicht kommen.

P.: Nein, weil ich mich nicht wohl fühlte.

A.: Und ein anderer Grund?

P.: Nein. In der letzten Woche habe ich mich so wohl gefühlt, und diese Woche sagte
ich, ich verliere den Mut. Ich glaube nicht, daß ich mich erholen kann. Mein
Mann sagt: «Du gehst.» Er hat mich gezwungen zu kommen.

A.: Wenn es nach Ihnen gegangen wäre –

P.: Ich wäre zu Hause geblieben und hätte dagesessen und hätte mich so wie jetzt
gefühlt. Ich habe diese Enttäuschung gespürt. Mein Mann konnte nicht verstehen, warum ich so schnell klein beigab. Ich habe mich seit langem nicht mehr so
wohl gefühlt – und dann auf einmal –, es ist genauso, als ob man ein Kind mit
einem Bonbon foppt. Ich weiß also nicht, was ich jetzt denken soll.

A.: Wie fühlt sich ein Kind, das gefoppt wird?

P.: Man gibt einem Kind ein Bonbon, und dann nimmt man es weg – es ärgert sich,
wenn es weg ist. So ein Gefühl hatte ich.

A.: Ihr ganzes gutes Gefühl war also weg.

P.: Alle Felle sind mir weggeschwommen.

A.: Und Sie haben sich geärgert. Über wen?

P.: Mich selber, glaube ich – beim Gedanken, daß ich es nicht beibehalten konnte.

A.: Geben Sie sich immer selber die Schuld?

P.: Naja, es gibt niemanden, dem ich sonst die Schuld geben könnte.

A.: Nein?

P.: Ich meine diese Gefühle. Ich könnte es verstehen, wenn mich jemand aufregen
würde. Aber wenn ich einfach so wie jetzt werde. Ich werde wütend auf mich selber, und das hilft gar nichts – es türmt sich wieder auf.

184

A.: Niemand, über den Sie sich sonst ärgern könnten. Und da stehen Sie nun. Sie haben sich soviel besser gefühlt, und auf einmal – peng – ist alles wieder da.

P.: Wie ich zu meinem Mann sagte, es sei denn, etwas in meinem Unterbewußtsein kann mich derart stören, wenn ich in meinem Schlafzimmer liege und schlafe –

A.: Nun, das ist sicherlich möglich. Sie sagen, wenn etwas wie das hier passiert, ist es so, als ob man einem Kind ein Bonbon anbietet, und wenn es danach greift, wird es weggenommen.

P.: So ein Gefühl hatte ich.

A.: Und Sie ärgern sich.

P.: Ja, so ein Gefühl hatte ich.

A.: Ärgerlich.

P.: Ich bin aufgewacht und war wieder da, wo ich angefangen hatte.

A.: Und es gibt ein paar Menschen, denen Sie die Schuld geben könnten. Einer davon sind Sie, und Sie sind gewohnt, das zu tun.

P.: Ja. Und ich habe mich auch über meinen Sohn aufgeregt, aber ich habe nicht mit einem Gefühlsausbruch oder mit Verletztheit reagiert. Ich habe nur versucht, es zu vergessen. Ob das nun noch in meinem Kopf herumging oder nicht –

A.: Sonst jemand, dem Sie die Schuld geben können?

P.: Ich weiß nicht.

A.: Wie wäre es mit Ihrem Arzt?

P.: Nein, Sie können ja auch nur bis zu einem gewissen Grad etwas tun. Dann muß ich mir selber helfen.

A.: Das mag sein, aber dennoch –

P.: Nein, ich glaube nicht. Ich kann Ihnen nicht die Schuld geben.

A.: Nun, wozu gehen Sie zu einem Arzt?

P.: Damit mir geholfen wird.

A.: Und wenn Ihnen nicht geholfen wird?

P.: Ich fühle mich ganz wohl, wenn ich hier bin und während ich spreche, also habe ich das Gefühl, daß ich wohl einiges an Hilfe bekomme.

A.: Ja, aber was passiert, wenn Sie nach Hause gehen?

P.: Wenn ich nach Hause gehe? Offenbar lasse ich mich einfach wieder unterkriegen.

A.: Das war in der letzten Woche. Und davor haben Sie sich recht gut gefühlt.

P.: Ich habe mich gut gefühlt.

A.: In der letzten Woche ist es dann zusammengebrochen.

P.: Sonntag. Sonnabend. Sonntag.

A.: Meinen Sie, daß das irgend etwas zu tun haben könnte mit dem, worüber Sie und ich in der letzten Woche gesprochen haben?

P.: Sie meinen, ob es mich beunruhigt hat, als ich von hier weggegangen bin? Nein, weil ich mich immer noch wohl gefühlt habe, als ich von hier wegging. Ich bin einkaufen gegangen und bin an demselben Abend mit meinem Mann einkaufen gegangen, und am Sonnabend bin ich allein einkaufen gegangen.

A.: Gut … als es dann also kam, war es wie ein doppelt harter Schlag, weil es Ihnen so sehr gut ging.

P.: Das Gefühl hatte ich.

A.: Ja, aber wissen Sie, manchmal macht man gewisse Erfahrungen, und man reagiert darauf erst einen Tag später, zwei Tage später, manchmal sogar eine Woche später, und plötzlich trifft es uns... Nun können wir also auf meine Frage zurückkommen. Erinnern Sie sich an irgend etwas, worüber wir in der letzten Woche gesprochen haben?

P.: Ich habe mich daran erinnert, ehe ich rauskam. Ich habe mich an alles erinnert, ehe ich rauskam, und jetzt ist mein Gedächtnis ein –

A.: Ehe Sie rauskamen. Das heißt, ehe Sie heute hierherkamen. Sie meinen, daß Sie es sich in etwa aufgesagt haben?

P.: Nein, ich machte mich gerade auf den Weg, und ich dachte gerade daran. Wir haben in der letzten Woche über meinen Vater gesprochen.

A.: Ja, das haben wir.

P.: Nein, mein Gedächtnis ist wie ausgelöscht.

A.: Wirklich?

P.: Ich kann nicht – kann anscheinend im Moment nicht so weit zurückdenken.

A.: Kommt Ihnen irgend etwas, oder können Sie sich aber auch an gar nichts erinnern?

P.: Ich weiß, daß wir über meinen Vater gesprochen haben, und ich glaube, daß wir auch über meine Mutter gesprochen haben.

A.: Was haben wir über Ihren Vater gesprochen?

P.: Wie er ausging zu seinem – seinem Vergnügen, und wie er stark trank – und er war anscheinend glücklicher als zu Hause.

A.: Er hat sich draußen freier gefühlt als zu Hause.

P.: Das ist alles. Ich könnte mich vielleicht an etwas erinnern, das vor zwanzig Jahren passiert ist, aber an die letzte Woche kann ich mich nicht erinnern.

A.: Das ist keine Prüfung hier. Ich erwarte nicht, daß Sie mir die richtige Antwort geben, oder sonst bekommen Sie eine Sechs.

P.: Nein, ich versuche mich zu besinnen. Ich kann einfach nicht.

A.: Aber wir haben tatsächlich über Ihren Vater gesprochen, und wie er das Haus verlassen mußte, um sich zu vergnügen. Außerhalb des Hauses fühlte er sich frei.

P.: Stimmt.

A.: Und innerhalb?

P.: Innerhalb konnte er nichts bekommen, was er sich wünschte.

A.: Er hatte nicht die Freiheit, innerhalb des Hauses das zu tun, was ihm gefiel.

P.: Nein, er konnte aber toben, wissen Sie. Er war anders, wenn er ausging. Das ist alles, woran ich mich erinnern kann, daß wir darüber gesprochen haben. Gibt es sonst noch etwas, woran ich mich hätte erinnern sollen?

A.: Wenn Sie sich nicht erinnern, gibt es vielleicht einen sehr guten Grund dafür. Sie wissen, daß es nicht leicht ist, manches zu erinnern, und bei anderen Dingen ist es schmerzlich oder manchmal sogar peinlich, sich zu erinnern.

P.: Es kann gar nicht schmerzlich oder peinlich sein. Ich habe in der letzten Woche darüber gesprochen, ich müßte also auch in dieser Woche darüber sprechen können.

A.: Nun, das ist schwer zu sagen. Ich zum Beispiel erinnere mich an etwas, worüber wir in der letzten Woche gesprochen haben, und Sie waren mutig genug, es zu sagen.

P.: Daß ich lieber nicht kommen würde?

A.: Ja.

P.: Oh, aber ich bin gekommen.

A.: Ja, Ihr Mann hat Sie gezwungen, nicht wahr?

P.: Letzte Woche?

A.: Diese Woche.

P.: Heute. In der letzten Woche bin ich aus eigenen Stücken gekommen, aber heute hat er mich gezwungen zu kommen.

A.: Aber es war in der letzten Woche – erinnern Sie sich, was Sie darüber gesagt haben?

P.: Ich würde lieber einkaufen gehen oder anderes zum Vergnügen tun.

A.: Und das ist völlig verständlich. Und ich sagte in etwa, daß Sie ein freier Bürger werden. Und das hieß, daß Sie draußen frei sind, aber nicht hier.

P.: Ich bin jetzt in dieser Woche noch nicht einmal halbwegs frei.

A.: In dieser Woche, ja.

P.: Ich sollte das annehmen können, daß es mit uns auf und ab geht, aber wie gesagt, mir ging es so gut in dem Hochgefühl, das ich in der letzten Woche hatte – es war schwer, diesen Rückfall wieder zu akzeptieren.

A.: Das ist wahr, aber erinnern Sie sich, daß Sie in der letzten Woche etwas über – Sie sagten, Sie wären nur halb frei. Dann war die andere Hälfte offensichtlich die Last, daß Sie zu mir herkommen müssen. Stimmt das?

P.: Nun, ich – ja, das stimmt.

A.: Sie haben gesagt, daß es Mut gekostet hat, das zu sagen, weil Sie mich nicht verletzen wollten.

P.: Mmmm.

A.: Erinnern Sie sich daran?

P.: Mmmm. Jetzt, wo Sie mein Gedächtnis auffrischen, erinnere ich mich daran.

A.: Ich frage mich, ob es das ist, was Sie seither beunruhigt hat.

P.: Weil ich das letzte Woche gesagt habe? Nein, nein. Ich bin nach Hause gegangen und habe meinem Mann gesagt, daß ich es Ihnen gesagt habe. Er sagt dann: «Ja, das ist recht so.» Ich sagte: «Das ist recht so, weil du es nicht gesagt hast. Aber so war mir zumute, und ich hatte das Gefühl, ich müßte es einfach sagen.»

A.: Sie haben es ihm gesagt, und er sagte: «Das ist recht so.» Und Sie haben gesagt: «Ja, du kannst das wohl sagen, weil du es nicht sagen mußtest.»

P.: Wie er schon sagt, ich habe gesagt, wie mir zumute war.

A.: Ja.

P.: Und das tue ich in der Regel nicht.

A.: Und es hat Sie Mut gekostet. Sie hatten nicht den Eindruck, daß er das wirklich voll anerkannt hat, wieviel Mut es Sie gekostet hat, das zu sagen.

P.: Nein, er sagte, daß es gut war.

A.: Und was haben Sie gesagt?

P.: Er sagte: «Es war gut, daß du mit der Sprache herausgerückt bist, als du dem Doktor gesagt hast, wie dir zumute war.» Aber dann habe ich gesagt: «Na gut, das ist recht so. Für dich ist es leicht zu sagen: es ist gut, aber ich mußte» –

A.: Sie sind diejenige, die es sagen mußte.

P.: Ja, nicht er. Ich bin diejenige, also muß ich es selber sagen.

A.: Sie sind diejenige, die es mir sagen mußte – daß Sie mich am liebsten bald loshaben würden.

P.: Nein, so habe ich es nicht gesagt.

A.: Nein, ich sage es so.

P.: Ich empfinde es nicht so. Ich wollte, ich hätte nicht kommen müssen. Mein Mann hat mich heute gezwungen zu kommen, aber vielleicht wäre ich im Grunde sowieso gekommen, weil ich weiß, mir wird geholfen – besonders, wo es mir heute so schlecht ging. Ich glaube, am Ende hätte ich nachgegeben und wäre gekommen.

A.: Sie geben immer nach.

P.: Ich hoffe, daß ich nicht zu oft und monatelang nachgeben muß. Meinen Sie, daß ich immer wieder zurückkommen muß?

A.: Haben Sie das Gefühl – daß Sie immer werden zurückkehren müssen?

P.: Ich dachte, daß Sie das meinten – daß es mir nicht gutgehen würde –, daß ich immer nachgeben und zurückkommen muß. *(Eine bemerkenswert prägnante, lebendige Aussage über eine Bindung, die auf ungelöster Ambivalenz beruht: «nachgeben und zurückkommen.»)*

A.: Nachgeben und zurückkommen?

P.: Ja.

A.: Wohin?

P.: Ins Krankenhaus. Ich würde für alle Zeiten immer wiederkommen müssen. Ich weiß nicht, ob ich so viel Hilfe nötig habe. Der Gedanke entmutigt einen, daß es mir so gut ging, und jetzt bin ich wieder im alten Trott. Vielleicht geht es mir nächste Woche ganz gut, ich weiß es nicht.

A.: Aber das läßt Sie fragen, ob Sie vielleicht wieder und wieder und wieder kommen müssen.

P.: Mmmm. Es gibt mir zu denken, und wie ich zu meinem Mann sagte, ich bin es leid, zu denken.

A.: Darf ich Sie fragen, wie viele Male Sie jetzt hier bei mir gewesen sind?

P.: Ich glaube, heute ist es das sechstemal.

A.: Hm?

P.: Ich glaube, es ist das sechste Gespräch. Das sechste oder siebte.

A.: Sie haben mitgezählt?

P.: Nein.

A.: Sie glauben also, es ist das sechste oder das siebte.

P.: Mmmm.

A.: Wie viele haben wir insgesamt?

P.: Zwölf.

A.: Wenn es also das sechste oder das siebte ist, bedeutet das irgend etwas?

P.: Ach, für mich bedeutet das, daß ich die Hälfte hinter mir habe, und ich habe das Gefühl, es sollte mir bedeutend besser gehen, als es mir tatsächlich geht. Ich weiß nicht. Manchmal glaube ich, daß ich an irgendeiner Stelle irgendwas falsch mache.

A.: Daß Sie –

P.: Daß es mir nicht besser geht. Wenn mir geholfen wird, dann sollte es mir besser gehen.

A.: Ja. Aber dann fangen Sie an zu überlegen, ob *Sie* vielleicht etwas falsch machen.

P.: Vielleicht tue ich nicht alles, was man von mir verlangt.
A.: Vielleicht tun Sie alles, was man von Ihnen *verlangt?*
P.: Und trotzdem ist mir nicht gesagt worden, was von mir verlangt wird.
A.: Das stimmt.
P.: Also kann ich es wohl kaum wissen.
A.: Sie empfinden eine große Verpflichtung und ein Bedürfnis, das zu tun, wovon Sie denken, daß ich es von Ihnen erwarte, nicht wahr?
P.: Mmmm. Sollte ich?
A.: Sollten Sie?
P.: Ich glaube doch. Ich meine, wenn man eine Behandlung oder so etwas will und wenn der Doktor einem die Anweisung gibt, etwas zu tun, dann sollte man es tun.
A.: Was für Anweisungen habe ich Ihnen gegeben?
P.: Keine, außer daß ich keine Beruhigungsmittel nehmen soll.
A.: Ja, aber abgesehen davon habe ich Ihnen nichts gesagt, oder?
P.: Nein, Sie sind nie direkt damit herausgerückt und haben gesagt: «Tun Sie dies nicht» oder «Tun Sie jenes nicht.»
A.: Das stimmt. Wie können Sie also das Gefühl haben, daß Sie nicht das tun, was ich von Ihnen verlange, wenn ich Ihnen nie gesagt habe, was zu tun ist?
P.: Deswegen vielleicht, wenn Sie über etwas sprechen und Sie sagen mir die Ursache – das ist wie beim Neinsagen. Sie haben gesagt, daß ich es schwer habe, weil ich nicht nein sage. Wenn ich also dann zu jemandem ja gesagt habe, dann sage ich mir, vielleicht habe ich etwas nicht recht gemacht.
A.: Ich verstehe, was Sie meinen. Wenn ich sage, daß Sie es schwer haben, nein zu sagen –
P.: Wenn ich also nicht nein sage –
A.: Dann glauben Sie, ich möchte, daß Sie nein sagen können.
P.: Das stimmt.
A.: Sie versuchen also, mir einen Gefallen zu tun –
P.: Entweder versuche ich, Ihnen einen Gefallen zu tun, oder ich verstehe nicht recht, worüber wir sprechen.
A.: Ich glaube, das ist auch wahr. Aber wichtiger ist, und Sie wissen das besser als ich, daß Sie mir sehr gern einen Gefallen tun möchten.
P.: Wenn ich Ihnen einen Gefallen tue, dann weiß ich, daß ich mir selber helfe.
A.: Lassen Sie uns beim ersten Punkt bleiben. Glauben Sie, es trifft zu, daß Sie in Wirklichkeit mir einen Gefallen tun möchten, oder trifft das nicht zu?
P.: So kann ich es nicht ausdrücken.
A.: Also gut.
P.: Das ist wie damals, als Sie mir gesagt haben, ich sollte die Tabletten nicht nehmen. Ich habe das getan – es war nicht gerade, um Ihnen einen Gefallen zu tun. Ich habe es getan, weil Sie es mir gesagt haben, und ich habe mir gedacht, es wäre zu meinem Besten, also habe ich sie nicht eingenommen. Es wäre leicht genug, sie einzunehmen, wenn ich sie hätte.
A.: Richtig, aber ich habe Ihnen nicht gesagt, Sie sollten zu jemandem nein sagen. Ich habe Ihnen nicht gesagt, Sie sollten die Tabletten nicht nehmen. Aber als ich Ihnen sagte, daß Sie es schwer hätten, nein zu sagen, haben Sie es so aufgefaßt, als verlangte ich von Ihnen, zu jemandem nein zu sagen.

P.: Das bedeutete mehr oder weniger, mir selber zu helfen.

A.: Das bedeutete, wenn Sie das tun würden, von dem Sie annehmen, daß ich es von Ihnen erwarte, dann würde Ihnen das helfen, auch wenn Sie es nicht tun wollten.

P.: Das ist schwer, wenn man es nicht tun will.

A.: Dann haben Sie also tatsächlich das Gefühl, daß Sie das tun müssen, von dem Sie annehmen, daß ich es von Ihnen erwarte.

P.: Ich glaube schon. Es ist schwer zu erklären.

A.: Ja, das ist es.

P.: Es ist so, wenn ich meine Gefühle beherrschen will, dann muß ich nicht tun, was von mir verlangt wird. Und trotzdem sind verschiedene Dinge aufgebracht worden. Sie haben sie in unserer Unterhaltung aufgebracht. Sie haben mich darauf hingewiesen, also bin ich vielleicht hier –

A.: Sehen Sie, an dieser Stelle möchte ich versuchen, Ihnen zu helfen. Ich möchte mit Ihnen folgendes herausarbeiten: Wenn Sie sagen, Sie möchten tun, was von Ihnen verlangt wird, damit Ihnen geholfen wird, dann ist es immer noch das, was man von Ihnen *verlangt*. Wer hat Ihnen das zu sagen? Sind Sie es und Sie allein, oder haben Sie das Gefühl, jemand übt Druck auf Sie aus und sagt: «Du *sollst* dies tun, du *sollst* jenes tun»?

P.: Ich habe das Gefühl, daß jemand hinten in meinem Kopf sitzt. Jemand sagt –

A.: Du *sollst* –

P.: Oder wenn es sich so ergeben hat und ich habe nachgegeben, dann sage ich mir, ich weiß, daß ich das nicht hätte sollen, und ich hätte etwas anderes sagen sollen.

A.: Sie sagen, nein, das hättest du nicht *sollen?*

P.: Mmmm.

A.: Und woran denken Sie an der Stelle, wenn Sie sagen, das hättest du nicht sollen?

P.: Anstatt jemandem nein zu sagen, weil ich zu beschäftigt bin –

A.: Dann sagen Sie es sich selber.

P.: Dann sagt etwas in mir: «Jetzt sollst du sagen» –

A.: Jemand sagt – ich habe Sie nicht verstanden.

P.: Hinten in meinem Kopf sagt jemand, daß –

A.: Ach ja. «Du sollst sagen» –

P.: Nein, wenn ich mir selber helfen will.

A.: Wessen Stimme ist das hinten in Ihrem Kopf?

P.: Ich weiß es nicht. Ich denke an die Gelegenheiten, wenn ich –

A.: Nun, sagen Sie das, weil Sie meinen, ich möchte, daß Sie das sagen, oder ist es etwas, das Sie aus sich selbst haben?

P.: So ein Gefühl habe ich. Diese Stimme ist da und sagt: «Du hättest nein sagen sollen und dann hättest du dir selber geholfen», aber ich habe es nicht getan.

A.: Ich übe Druck aus auf Ihren Hinterkopf, nicht wahr?

P.: In gewisser Weise. Aber es stört mich nicht sehr, weil es mir helfen soll. Und bis zu dieser Woche ist es aufwärtsgegangen.

A.: Irgend etwas ist also in dieser Woche geschehen.

P.: Irgend etwas muß an irgendeiner Stelle passiert sein. Wie gesagt, ich kann nicht denken.

A.: Vielleicht denken Sie, ich dränge Sie zu stark.

190

P.: Nein.

A.: Diese Stimme.

P.: Nein, ich habe nicht das Gefühl, daß ich so sehr gedrängt werde. Ich habe nicht das Gefühl, daß ich überhaupt gedrängt werde.

A.: Außer –

P.: Das einzige, was ich haben könnte ist, daß ich etwas tun oder sagen sollte, was mir helfen soll. Wenn ich das tue, wie zum Beispiel nein sagen oder etwas dergleichen, dann wird es mir vielleicht besser gehen. Ich weiß es nicht.

A.: Ich glaube, womit wir uns näher befassen müssen, ist dieses Gefühl, das Sie gerade ausgedrückt haben – daß es Zeiten gibt, in denen Sie irgend etwas nicht getan oder gesagt haben, und diese Stimme hinten in Ihrem Kopf sagt, daß Sie es hätten tun sollen. Das muß unangenehm sein.

P.: Das ist vielleicht nicht so unangenehm, weil mir immer gesagt worden ist –

A.: Sie haben absolut recht. Ihnen ist immer etwas gesagt worden, und Sie haben es nie gemocht.

P.: Nein.

A.: Und ich glaube nicht, daß Sie es mögen, wenn es von mir kommt.

P.: Nun, das ist zu meinem Besten, ich versuche also, es zu akzeptieren.

A.: Es mag zu Ihrem Besten sein. Dennoch haben Sie in einer Weise reagiert, die Sie schon seit jeher gewohnt sind. Sie werden gedrängt. Sie können kaum empfinden, daß Sie es wirklich für sich selber tun.

P.: Nein, weil ich wirklich versuche, es für mich selber zu tun.

A.: Ich weiß, aber immer noch ist diese Stimme hinten in Ihrem Kopf und sagt: «Du hättest das tun sollen, du hättest jenes tun sollen.»

P.: Mmmm. Wenn ich etwas Ungewöhnliches tue, dann geht es mir viel besser.

A.: So.

P.: Und ich kann es merken, aber ich habe das Gefühl nicht sehr oft. Sicher, ich habe so etwas häufiger getan, seit ich hierher komme, in der Hinsicht habe ich mich also gebessert.

A.: Bis zu dieser Woche.

P.: Bis zu dieser Woche. Und in dieser Woche ist der Boden unter mir eingebrochen. Ich hoffe, das dauert nicht allzulange an.

A.: Wissen Sie, Sie haben mir in der letzten Woche gesagt, daß Sie hier sitzen, um frei zu werden – nur halb frei. Die andere Hälfte ist, daß Sie nicht mehr hierherkommen müssen.

P.: Das stimmt.

A.: Es hat Sie Mut gekostet, das zu sagen.

P.: Mmmm.

A.: Worauf ich Sie hinweisen möchte ist, daß Sie vielleicht wissen, es hat nicht nur Mut gekostet, sondern Sie haben sich ein bißchen Sorgen gemacht darum, ob Sie vielleicht nicht das Richtige oder nichts Nettes gesagt haben.

P.: Weil ich nein gesagt habe? Das hat mich nicht gestört.

A.: Sie haben sich dabei wohl gefühlt – als Sie es sagten?

P.: Ach, ich habe mein Gefühl ausgedrückt. Ich hatte das Gefühl, daß die Hälfte der Last von meinen Schultern war, und die andere Hälfte sollte noch folgen. Nun muß ich ganz von vorn anfangen, damit ich sie loswerde.

A.: Aber was ist die Last?

P.: Wie ich schon sagte, wir sind jetzt halbwegs am Ziel.

A.: Die Hälfte der Last ist von Ihren Schultern. Da ist noch eine andere Hälfte, die es gilt loszuwerden. Aber was ist die Last?

P.: Sich gerade aufrichten und sich wohl fühlen. Nicht mehr diese Gefühle kriegen. Ich weiß nicht, ob ich das kann.

A.: Haben Sie nicht das Gefühl, daß ich so etwas wie eine Last für Sie bin?

P.: Nein, nein. Weil ich mir genau überlege, was dann wäre, wenn ich überhaupt nicht käme.

A.: Vielleicht. Trotzdem, fühlen Sie sich von mir unter Druck?

P.: Nein – nein. Zu Hause rede ich sonst nicht so wie hier.

A.: Sie spüren keinen Druck von mir?

P.: Nein – nein – ich glaube nicht.

A.: Sie spüren keinen Druck, mich zufriedenzustellen?

P.: Nein, keinen Druck. Ich habe das Gefühl, daß ich etwas tun sollte, weil –

A.: Sie mich zufriedenstellen sollten?

P.: Ich sollte eigentlich das tun, wovon ich glaube, daß Sie es von mir erwarten.

A.: Da haben wir es also wieder. Was habe ich Ihnen befohlen?

P.: Nein, nicht daß Sie es mir befohlen hätten.

A.: Geht es um die Dinge, von denen Sie –

P.: Meinen.

A.: Meinen. Geht es um die Dinge, von denen Sie meinen, daß ich sie von Ihnen erwarte?

P.: Alles, worüber wir reden. Und wenn es etwas ist, das mich beeinträchtigt hat, dann habe ich das Gefühl, ich sollte das eigentlich ausschalten, weil wir darüber gesprochen haben, und dann würde ich mich wohler fühlen, wenn ich es erstmal ausgeschaltet hätte.

A.: Ich verstehe. Da wir darüber gesprochen haben, sollte es dann damit erledigt sein. Und wenn es nicht umgehend damit erledigt ist, dann sind Sie beunruhigt, weil Sie nicht das tun –

P.: Wovon –

A.: Sie meinen –

P.: Ich meine, ich müßte es tun.

A.: Wovon Sie meinen, Sie müßten es tun, um auch *mir* einen Gefallen zu tun.

P.: Ich stelle mir vor, ich tue Ihnen einen Gefallen, wenn ich Ihnen erzähle, daß ich dies beherrsche oder jenes ausgeschaltet habe.

A.: Da haben wir es wieder. Wieviel tun Sie für mich und wieviel für sich selber?

P.: Ich weiß nicht. Es ist verwirrend.

A.: Ja, aber so ist es immer für Sie gewesen.

P.: Vielleicht kann ich das noch mal entwirren.

A.: Können Sie glauben, daß Sie nichts tun müssen, um mir einen Gefallen zu tun?

P.: Oh, das muß ich nicht, weil wir, glaube ich, nirgends erwähnt haben, was ich tun muß.

A.: Aber genau das ist Ihr Gefühl. Und es ist für Sie ein altbekanntes Gefühl.

P.: Gefallen zu tun?

A.: Ja. Immer. Wie Sie jedermann zufriedenstellen können.

192

P.: Ich habe es versucht.

A.: Und Sie haben versucht, mich zufriedenzustellen. Es ist eine Selbstverständlichkeit für Sie, diesen Versuch zu machen.

P.: Ich muß das beherrschen. Wie gesagt, bei allem, was wir im Gespräch herausbringen, habe ich das Gefühl, ich müßte es eines Tages beherrschen.

A.: Aber es gibt nichts zu beherrschen. Wem sollen Sie einen Gefallen tun, sich selber oder mir?

P.: Mir selber.

A.: Das ist richtig. Sie müssen mir nicht einen einzigen Gefallen tun.

P.: Nein, aber wenn ich etwas getan habe und Sie der Meinung sind, ich hätte es nicht tun sollen – und ich denke mir, naja, warum komme ich eigentlich hierher, wenn ich das nicht tue, was Sie, denke ich, für richtig halten?

A.: Und wenn Sie das nicht tun, was ich Ihrer Meinung nach von Ihnen erwarte, dann kommen Sie her und erzählen es mir, und ich sage dann: «Nun hör'n Sie mal zu, entweder Sie spuren oder Sie verschwinden!»

P.: Na, dann fragen Sie mich, warum ich überhaupt komme.

A.: Ja. Wenn Sie nicht auf mich hören, warum kommen Sie dann überhaupt?

P.: Genau das Empfinden habe ich.

A.: Aber Sie müssen nicht tun, was ich Ihrer Meinung nach von Ihnen erwarte.

P.: Sie verwirren mich wieder.

A.: Ich weiß, daß es Ihnen schwerfällt, diese beiden Dinge auseinanderzuhalten. Es ist schwer für Sie, sich völlig frei zu fühlen.

P.: Ich hätte mich bei Abraham Lincoln herumtreiben sollen. Vielleicht hätte der mich befreit. Ich habe es gespürt, aber ich verliere den Mut.

A.: Aber sicher.

P.: Es ist schwer genug, es nicht zu sagen – und ich kann einfach nicht lügen –, aber zum Beispiel heute, wo ich das Gefühl habe, daß ich in keiner Weise über etwas Herr geworden bin.

A.: Wer sagt Ihnen, daß Sie es müssen?

P.: Ich habe das Gefühl, ich sollte Ihre Zeit nicht vergeuden. Es sollte mir besser gehen.

A.: Wer sagt Ihnen, daß Sie meine Zeit vergeuden?

P.: Ich vermutlich.

A.: Habe ich es gesagt?

P.: Nein.

A.: Nein. Habe ich gesagt, Sie müßten irgendeiner Sache Herr werden, über die wir gesprochen haben?

P.: Nein. Das ist alles ein Mißverständnis.

A.: Geben Sie sich selber nicht die Schuld. So reagieren und empfinden Sie ein Leben lang. Kennen Sie die Stimme hinten in Ihrem Kopf?

P.: Meine Mutter?

A.: Ja, außer daß ich da nun auch noch bin.

P.: Ich habe also noch etwas dazubekommen. Kein Wunder, daß mein armer Kopf sich anfühlt, als ob mich jemand schiebt.

A.: Das stimmt.

P.: Wie kommt es dann aber, daß mich das schlaflos macht – ich komme immer darauf zurück, weil es ein schreckliches Problem ist. Wenn ich wüßte, was ich tun soll – ich meine, auf diese Frage suche ich jetzt eine Antwort.

A.: Ich weiß. Sie möchten, daß ich Ihnen sage, was zu tun ist. Das werde ich nicht tun, weil Ihnen jeder sagt, was Sie tun sollen.

P.: Ich möchte nicht, daß Sie mir sagen, was zu tun ist. Ich möchte einen Rat.

A.: Das ist für Sie dasselbe. Wissen Sie, Sie haben eben etwas für Sie sehr Wichtiges gesagt. Diese bedrängende Stimme hinten in Ihrem Kopf – ja, Ihre Mutter, ich, Leute, die Ihnen sagen, was Sie zu tun haben und wann Sie es zu tun haben – das würde jeden ärgerlich machen. Sie haben selber gesagt, das ist, als ob einem Kind ein Bonbon hingehalten und dann wieder weggezogen wird. Natürlich glaube ich, daß Sie sich auch ärgern.

P.: Und ob. Ich weiß nicht, ob es Ärger ist oder manchmal schlichtweg Wut, wenn ich mich nicht wohl fühle. Ich war nie jemand, der wütend wird.

A.: Sie haben ein Recht darauf, wütend zu sein, wissen Sie.

P.: Ich kann mir vorstellen, daß ich auf irgend jemanden wütend werde, aber nicht auf Sie.

A.: Sie haben auch das Recht, auf mich wütend zu sein.

P.: Wenn Sie irgend etwas sagen würden, ich weiß nicht, ob ich dann wütend werden könnte.

A.: Ich befehle Ihnen nicht, wütend zu werden oder daß Sie in Wut geraten müssen, um mich zufriedenzustellen. Ich sage, daß Sie, denke ich, spüren, wie dieser Druck in Ihrem Hinterkopf ebensogut von mir herrührt – daß Sie etwas tun sollen –

P.: Wird mir das mehr schaden als guttun, wenn ich weiter so denke – soweit es die Behandlung betrifft?

A.: Sehen Sie, wenn ich es Ihnen nun sage und Ihnen die Antwort gebe, dann werden Sie sagen, Sie wüßten jetzt, was zu tun ist. Verstehen Sie, was ich meine?

P.: Ich meine, wird es mich in irgendeiner Weise beeinträchtigen, weil ich nach Hause komme und meiner Mutter oder irgend jemandem sonst gegenüber dieselbe Haltung einnehme wie jetzt Ihnen gegenüber?

A.: Sie werden lernen müssen, Sie selber zu sein. Sie müssen nicht tun, was ich Ihnen sage oder auch nur versuchen herauszukriegen, was ich möglicherweise sagen könnte, damit Sie es dann tun können – sondern Sie sollen sich einfach frei fühlen, so frei wie möglich, damit Sie das tun können, wonach Ihnen zumute ist.

P.: Ich kann es versuchen. Aber ich werde es müssen. Es ist wie eine Arbeit. Ich muß mich immer wieder dahin schubsen.

A.: Das ist der Unterschied, wenn Sie sich selber schubsen oder Sie das Gefühl haben, geschubst zu werden, und jetzt –

P.: Werde ich geschubst.

A.: Ja, jemand schubst Sie. Das Druckgefühl in Ihrem Kopf ist so, als ob jemand oder etwas Sie schiebt.

P.: Ich verstehe immer noch nicht, warum ich jede Nacht immer wieder aufgewacht bin.

A.: Das ist mir auch noch nicht klar. Wir können aber mehr darüber in Erfahrung bringen.

P.: Das hoffe ich.

194

A.: Wie geht es jetzt Ihrem Kopf?
P.: Dem geht's jetzt gut.
A.: Sie fühlen sich ein bißchen belebter.
P.: Ich habe das Gefühl, ich kann jetzt nach Hause gehen und mit dem Bus fahren.
Ich glaube nicht, daß ich ein Taxi brauche.
A.: Ich erwarte Sie nächste Woche.
P.: Ja.

Am Scheitelpunkt der zwölf Interviews sehen wir, daß die Patientin die Anzahl der Stunden genau mitzählt. Ihre ganze Ambivalenz im Hinblick auf die Trennung tritt zutage. Der ganze Fortschritt – ihr war es so gut gegangen wie seit mehr als zehn Jahren nicht mehr – bricht zusammen und verschwindet im Verlaufe der Woche. Sie fühlt sich so schrecklich entmutigt, daß sie sich fragt, ob sie ewig (zum Therapeuten) wird zurückkommen müssen. Es ist ein wunderschöner Ausdruck ihres unbewußten Wunsches, sich an die ungelöste Ambivalenz anzuklammern, statt sich der Angst und dem Schmerz einer wirksamen Trennung auszusetzen. Die Art der Beziehung zur Mutter, die sie gehabt hat und immer noch hat, enthüllt sich weitgehend in dem berstenden Kopfdruck und der Stimme in ihrem Hinterkopf. Kann sie den mörderischen Ärger riskieren, dem sie sich stellen müßte, sobald sie sich entschließen könnte, sich sowohl von der realen Mutter als auch von der verinnerlichten Mutter mit ihren kontrollierenden Aspekten zu trennen? Kann sie der Mutter Herr werden? Am Scheitelpunkt der Behandlung werden diese Zweifel handgreiflich in einem offenkundigen Aufflackern der Symptome, wobei besonderer Nachdruck liegt auf einer ganzen Ansammlung von Angstsymptomen, verbunden mit hartnäckiger Schlaflosigkeit. Sie geht aber allein aus, und in dieser Hinsicht ist sie anscheinend nicht geneigt, ihre neuerworbene Freiheit aufzugeben. Das ist ein günstiger prognostischer Hinweis, weil es für die Stärke ihres Wunsches nach Freiheit spricht.
Der Ansturm der Symptome und die Entmutigung der Patientin sind zu verstehen als verhüllte negative Übertragung. Und wohl wissend um den Scheitelpunkt, habe ich ohne zu zögern bei der Patientin darauf gedrängt, daß sie erkennt oder fühlt, daß auch ich ihr Peiniger bin. Die ständigen Wiederholungen über lange Strecken des Interviews entstehen daher, weil es nötig war, den Lebensstil der Patientin immer wieder zu verdeutlichen und herauszuarbeiten. Das sollte es ihr ermöglichen, mich allmählich als ihren Peiniger zu empfinden, statt sich

einer solchen Aussage von mir zu unterwerfen im Einklang mit ihrer praktisch automatischen Beflissenheit, nicht unangenehm aufzufallen. Die schweren Gefechte der Beendigungsphase werden bald im Gange sein.

Ein großer Teil der zweiten Hälfte des Interviews ergeht sich auch in Wiederholungen. Sie geben ein Bild des gewundenen Zwangsdenkens, an dem viele Psychotherapien jeder Art scheitern. In diesem Falle wird jede Anstrengung unternommen, die Affektisolierung, die so charakteristisch ist für diese neurotische Störung, dadurch zu durchbrechen, daß das zentrale Thema beharrlich zu mir in Beziehung gebracht wird. Die Patientin ist zutiefst enttäuscht von mir. Wir haben die Halbzeit erreicht, sie ist die Hälfte ihrer Last losgeworden, und plötzlich zerbröckelt alles. Ich bemühe mich nicht, ihre Enttäuschung beiseite zu schieben. Statt dessen dränge ich darauf, daß sie sich das Recht zugesteht, ihren Gefühlen mir gegenüber freien Lauf zu lassen.

Siebtes Interview

Sie fühlt sich wieder etwas besser und geht weiter allein außer Haus. Sie war erkältet, und ihre Kinder haben reihum die Grippe. Damit war sie voll beschäftigt. Sie bemühte sich, endlich besser schlafen zu können, und probierte dabei etwas Neues aus: Sie räumte das gemeinsame Eheschlafzimmer. Sie schläft nun allein auf dem unteren Stockwerk auf einer Couch. Da sie sich auf diese Weise getrennt hat, um den Schlaf ihres Mannes nicht zu stören, schlage ich vor, daß wir uns den Grund, warum sie nicht schlafen kann, näher anschauen.

A.: Wir wollen jetzt einmal über dieses Problem sprechen. Wenn Sie zu Bett gehen und Sie können nicht schlafen, was ist dann?

P.: Ich schlafe ein, aber dann wache ich auf.

A.: Und wenn Sie aufstehen, was geschieht dann – nervös sagten Sie? Wie ist das?

P.: Ich bin nervös. Ich bekomme dieses Hitzegefühl, Hitzewallungen, und mein Kopf wird heiß und fängt an zu pochen. Es kommt und geht. Es geht immer weiter so, bis ich völlig erschöpft bin und wieder einschlafe.

A.: Ihr Herz klopft, und Ihnen wird heiß.

P.: Ich wache auf, bin klitschnaß und schwitze.

A.: Weckt Sie irgend etwas zufällig auf?

P.: Ich habe solche Gedanken oder Alpträume. Neun von zehn Malen ist meinen Kindern dann etwas zugestoßen. Neuerdings, seit meine Mutter krank ist, passiert ihr immer etwas. Darum gehe ich nicht gerne schlafen, weil ich entweder einen Alptraum habe oder auf diese Weise aufwache, also warte ich, bis ich völlig erschöpft bin. Eigentlich ist es nicht gut, weil ich keine richtige Ruhe finde.

A.: Sie sagen, daß Sie teilweise deshalb nicht gern schlafengehen, weil Sie Angst haben, Sie könnten solche Alpträume bekommen – etwas Schreckliches passiert den Kindern oder Ihrer Mutter. Was träumen Sie denn etwa von Ihrer Mutter?

P.: Oh, ein paarmal habe ich geträumt, daß sie im Sterben liegt... ich träume, daß sie leidet. Sie hat große Schmerzen, und wenn ich aufwache, bin ich ganz nervös und verschwitzt...

A.: Treten diese Nervosität, das Herzklopfen, das Hitzegefühl und das Schwitzen nur in der Nacht auf?

P.: Meistens. Vielleicht im Laufe des Tages, wenn mir irgend etwas Aufregendes passiert – die Kinder verletzen sich oder irgend etwas. Dann müssen sie schon hingefallen sein und ich muß Blut gesehen haben, ehe es mich derart aus der Fassung bringen kann. Sie fallen dauernd hin und verletzen sich.

A.: Sagen Sie, manche Leute gehen zu Bett und schlafen schnell ein, aber viele Leute liegen von Zeit zu Zeit für eine Weile wach im Bett und denken an die verschiedensten Dinge. Gehören Sie zu den Leuten, die im Bett liegen und über dies und jenes nachdenken?

P.: Ich gehe zu Bett und wehre mich dagegen, aber – aber es gelingt den Gedanken, sich bei mir einzuschleichen.

A.: Welche Gedanken schleichen sich bei Ihnen ein?

P.: Gewöhnlich ist es die Sicherheit der Kinder. Ich liege dann da und denke – man hört so viel über Feuer und solche Sachen. Es sind –

A.: Irgendwie ängstigende Sachen?

P.: Ja, ich denke daran, wie sie draußen spielen und etwas passiert –

A.: Draußen spielen und was?

P.: Wie sie tagsüber draußen spielen, und was ist, wenn ihnen etwas zustößt – sie fallen hin und verletzen sich. Genau wie in der Zeitung oder in den Nachrichten.

A.: Wenn Sie zu Bett gehen, geschieht eines mit hoher Wahrscheinlichkeit, während Sie daliegen – Sie fangen an, über die Sicherheit der Kinder nachzudenken: Feuer, was bei ihrem Spiel heute alles hätte geschehen können, was morgen geschehen könnte. Sie müssen sich zu Tode ängstigen.

P.: Mehr oder weniger. Ich suche immer nach einer Möglichkeit, wie ich sie beschützen kann, so daß ihnen nichts zustößt. Es ist dumm, denn was geschehen soll, geschieht. Aber ich kann mir das nicht begreiflich machen. Ich verstehe es, aber ich kann mich nicht dazu bringen, es dabei bewenden zu lassen.

Zum erstenmal ist sie fähig, mit mir in ihre geheimere, unheilvolle Gedankenwelt vorzudringen. Hier liegt ihre ganze zornerfüllte Schlimmheit verborgen. Etwas Schreckliches wird ihren Kindern zustoßen; ihre Mutter liegt im Sterben. Sie sucht verzweifelt nach Wegen, ihre Kinder vor einer Tragödie zu bewahren. Sie fügt hinzu, daß sie vor der Geburt ihrer eigenen Kinder weder besonders häufig an Tragödien gedacht noch Schlafstörungen gehabt hat. Die Kinder reagieren auf ihre ständigen Warnungen vor Gefahren, indem sie sich unbewußt an das Unbewußte ihrer Mutter wenden und ihr sagen: «Hör auf und erzähl uns nicht immer, daß wir vorsichtig sein sollen. Du beschwörst unser Unglück ja geradezu herauf.» Ob in der Schule, beim Spielen auf der Straße, am Strand oder allein zu Hause, in ihren Augen sind die Kinder niemals sicher. Sie vermeidet es, Gewalttaten im Fernsehen anzuschauen. Ihre Mutter war nie so, und dennoch findet sie sich unausweichlich in der Erwartung gefangen, daß ihre Kinder einer Tragödie zum Opfer fallen.

Wir erfahren, daß sie eine besonders krankhafte Angst vor Feuer hat. Diese Angst trat zum erstenmal auf, als sie zwölf Jahre alt war. Sie paßte oft auf den sechsjährigen Jungen ihrer Schwester auf, wenn seine Mutter am Samstagnachmittag ihre Einkäufe machte. Einmal war die Patientin zu einer Nachmittagsvorstellung ins Kino gegangen, und man hatte eine Nachbarin gebeten, auf den Jungen achtzugeben. An dem Tag fing die Hose des Jungen Feuer, als er zusammen mit anderen Jungen auf der Straße mit Streichhölzern spielte. Die Patientin wurde aus dem Kino geholt, und man berichtete ihr, was geschehen war. Sie begleitete den Jungen zum Krankenhaus. Nachdem sich die Krankheit zwei Jahre lang hingeschleppt hatte, erlag er schließlich den Komplikationen infolge der Verbrennungen. Obwohl es offensichtlich ist, daß sie für das Geschehene keine Verantwortung trug, nahm sie als ohnehin schon schuldbeladenes Kind den ganzen Vorfall prompt auf sich. Das schuldige Entsetzen davor hat sie seither immer wieder mit Entsetzen in den Bann des Unglücks gezogen.

A.: Feuer ist demnach eine der Tragödien, die –
P.: Ich würde sagen, die hauptsächlichste.
A.: Sie wissen, daß Leute, die immer an Autounfälle denken, an Feuersbrünste oder so etwas – obwohl der Gedanke daran Sie sehr ängstigt, finden Sie solche Sachen aber auch interessant. Wissen Sie, so etwas wie ängstliche Faszination.
P.: Nein. Ich weiß, worauf Sie hinaus wollen. Nein.
A.: Worauf will ich dann hinaus?
P.: Etwa – sogar selber Feuer legen und Spaß daran haben.
A.: Sie sind mir weit voraus. Ich habe nicht einen einzigen Augenblick daran gedacht, daß Sie Feuer legen könnten. Ich meine aber, daß manchmal jemand, der immer Sorge hat, es könnte etwas passieren, auf eine seltsame Art vielleicht fasziniert ist von eben diesem Schrecklichen.
P.: Sie meinen, die könnten dastehen und fasziniert sein?
A.: O nein. Der bloße Gedanke. Sehen Sie, eines Ihrer Probleme ist folgendes: Wenn Sie etwas denken, dann haben Sie die Überzeugung und das Gefühl, jeder Gedanke sei dasselbe wie ein wirkliches Geschehen. Können Sie mir folgen?

P.: Eigentlich geschieht es in mir…
A.: Hauptsächlich sind es zwei Dinge. Das eine ist, wenn Sie zu Bett gehen. Was Sie wachhält, ist die Tatsache, daß Ihnen schnell solche schrecklichen Gedanken in den Sinn kommen. Die andere Sache ist, wenn Ihnen solche schrecklichen Gedanken kommen, dann werden sie sehr real für Sie. Wenn Sie dann darüber nachdenken, was Ihren Kindern zustoßen könnte, dann wird das so real, daß Sie den Verstand verlieren.
P.: Wenn das so ist, warum kann ich es dann nicht ändern?
A.: Ich glaube, Sie können es. Zuerst müssen Sie – ich weiß nicht, ob Sie es von der Seite je gesehen haben, daß Sie vielleicht zu den Menschen gehören, die überzeugt sind, daß ihre Gedanken dasselbe sind wie ihre Tat. Wenn Sie daran denken, daß Ihren Kindern etwas passiert, dann reagieren Sie so, als ob wirklich etwas geschehen sei…
P.: So habe ich das noch nie gesehen…
A.: Welche Note geben Sie sich selber?
P.: Ich habe das Gefühl, daß ich ein guter Mensch bin. Ich könnte vielleicht sogar besser sein, wenn ich nicht so sehr an diesen Dingen kleben würde und wenn ich eine bessere Verfassung hätte.
A.: Was heißt das?
P.: Ich habe das Gefühl, ich bin ein guter Mensch, aber mit einer schlechten Verfassung.
A.: Eine schlechte Verfassung?
P.: Wenn ich nervös und unglücklich – und voller Sorge bin.
A.: Wegen dieser schrecklichen, ängstigenden Gedanken um Ihre Kinder und jetzt auch noch um Ihre Mutter. Wenn Sie sie für sehr real halten, als ob sie geschehen seien.
P.: Scheinbar passiert alles tatsächlich. Ich habe das Gefühl, ich habe das schon einmal durchgemacht.
A.: Oh, hundertmal.
P.: Ich habe oft wieder zurückgehen wollen.
A.: Sagen Sie das noch einmal.
P.: Wenn irgend etwas geschieht oder ich gehe irgendwohin, dann habe ich das Gefühl, daß ich da schon einmal gewesen bin oder daß es schon einmal geschehen ist.
A.: Zum Beispiel –
P.: Es muß auch nicht unbedingt etwas Schlimmes sein. Wie gesagt, ich bin etwa zu einem Fest oder zu einer Hochzeit gegangen.
A.: Sie haben das Gefühl, schon einmal dort gewesen zu sein?
P.: Ich habe das Gefühl, ich bin dort schon einmal gewesen.
A.: Was halten Sie davon?
P.: Ich weiß nicht. Ich habe oft darüber nachgedacht.
A.: Glauben Sie, daß Sie verrückt sind?
P.: Ich weiß nicht, was das zu bedeuten hat. Leute kamen zu uns nach Hause, und ich hatte das Gefühl, als ob ich sie schon einmal früher eingeladen und sie zu Gast gehabt hätte. Zum Beispiel, wenn die Kinder hinfallen und sich aufschürfen, dann sage ich, ich wußte, daß das passieren würde. Vielleicht ist es so, wie Sie es

mir erklärt haben, ich denke diese Dinge – vielleicht befasse ich mich so oft damit, daß sie real werden, und ich habe das Gefühl, als ob es mir schon einmal früher begegnet ist. *(Ich bin überzeugt, daß das, was sie mir beschrieben hat, keine
«déjà vu»-Erlebnisse sind. Eher ist es so, daß sie durch meine Erläuterung der magischen Qualität ihres Denkens angeregt wurde und sie dann einen Einblick gibt, wie
beherrschend das magische Denken ist. Sie hat zweifellos an Hochzeiten und Feste
gedacht und daran, gewisse Leute zu Gast zu haben. Wenn solche Begebenheiten
tatsächlich stattfinden, dann hat sie das Gefühl, sie habe sie schon einmal durchlebt
– und in ihren Gedanken hat sie es tatsächlich.)*

A.: Bei Ihnen ist es so, daß jeder Ihrer Gedanken für Sie zu einer scheinbaren Wirklichkeit wird, tatsächlich, als wäre es geschehen.

P.: Das klingt ziemlich seltsam. Wenn man nie dagewesen ist, warum sollte man
dann glauben, man wäre schon einmal dagewesen? Ich gehe an einen fremden
Ort, und man weiß genau, wo alles ist...

A.: Sie meinen, Sie sind an einem ganz fremden Ort gewesen und Sie haben gewußt,
wo alles war?

P.: Vielleicht könnte ich es geträumt haben oder so was. Ich möchte nicht behaupten, ich wußte, wo sich die Räume befanden oder dieses oder jenes, aber ich
konnte da hinfinden –

A.: Darüber kann ich nichts sagen. Ich weiß aber, daß jemand wie Sie, der sich so viel
mit schrecklichen Geschehnissen befaßt, auch glaubt, der bloße Gedanke
macht's. *(Ich kehre zu meiner These über ihre Art zu denken zurück, weil es zu
wichtig ist, als daß es verlorengehen sollte. Sie ist zutiefst besorgt über ihr magisches
Denken, das sich noch verstärkt durch die Verwirrung, die in ihrem Kopf angestiftet
wird durch Gedanken während des Tages, Gedanken, während sie wach im Bett liegt
und von Träumen und Alpträumen. Daher äußert sie die Vermutung, daß es sich auf
Träume bezieht. Die klinischen Beobachtungen aber deuteten nie auf Realitätsverlust oder drohenden Realitätsverlust hin.)*

P.: Macht es zur Wirklichkeit.

A.: Bloß weil Sie etwas denken, ist es dann so. Wenn Sie an etwas Schreckliches denken, das Ihren Kindern zustößt, dann ist es so, als wäre es Wirklichkeit.

P.: Das passiert wirklich.

A.: Daher geraten Sie in eine wahnsinnige Aufregung, denn für Sie ist es Wirklichkeit.

P.: Das könnte möglich sein, denn das Besorgtsein allein würde mich sicherlich nicht
in den Zustand versetzen, in dem ich mich jetzt befinde. Ich bin eben ein ängstlicher Mensch.

A.: Sie sind nicht nur ein normal ängstlicher Mensch, Sie quälen sich mehr als
andere.

P.: Ich werde es lernen müssen, mir keine Sorgen mehr zu machen. Es ist sehr
schwer, von einem Extrem ins andere zu fallen.

A.: Die Gefahr besteht nicht so sehr.

P.: Sie brauchen doch aber auch Schutz, bis sie alt genug sind, um auf eigenen Beinen zu stehen.

A.: Glauben Sie, daß Sie ganz und gar von einem Extrem ins andere fallen könnten?

P.: Ich weiß nicht. Ich sage, es könnte sein. Ich würde sie nicht gerne ohne jeden Schutz lassen... *(Die charakteristische Angst des Zwanghaften – daß die Aufhebung des totalen Zwanges nur zu einer totalen Zügellosigkeit führen kann.)*

A.: Ich bin sicher, daß sie Sie gar nicht die ganze Zeit dabei haben möchten.

P.: Nein, nicht einmal der Kleine. Sie möchten gern für sich sein.

A.: Wissen Sie, das ist eine weitere Sache, die zu Ihrer allgemeinen Unzufriedenheit und zu Ihrem Unbehagen beiträgt. Sie denken oft über Katastrophen und Tragödien nach, die Menschen betreffen, die Ihnen sehr nahestehen und Ihnen sehr wichtig sind, und Sie treiben sich selbst in eine wahnsinnige Aufregung.

P.: Ich schwelge geradezu darin.

A.: So treiben Sie sich ja selbst in eine rasende Nervosität. Wenn Sie daran denken, dann wird es so real, daß Sie sich da ganz hineinsteigern, und je mehr Sie sich selber davon überzeugen, wie real das ist –

P.: Um so schlechter geht es mir.

A.: Und Sie ängstigen sich noch mehr. Wie Sie mir gesagt haben, Sie liegen im Bett und denken darüber nach, was gestern hätte geschehen können. Und damit nicht genug. Sie fangen an, darüber nachzugrübeln, was morgen passieren könnte. Dann wird das alles Wirklichkeit, und Sie fangen an zu zittern – Sie springen aus dem Bett oder was auch immer. Sie können nicht schlafen.

P.: Nein, ich kann nicht schlafen, wenn ich damit anfange.

A.: Wohin gehen Sie jetzt?

P.: Nach Hause. Ich glaube, meine Tochter hat genug –

A.: Gehen Sie heim, um nachzusehen, wie viele Katastrophen sich ereignet haben?

P.: Nein. Ich gehe nach Hause und versuche, meinen Sohn zu verarzten. Der behauptet, er sei nicht krank.

Während die Patientin ihre nächtlichen Schwierigkeiten bearbeitet, beginnt sie Einblick zu geben in das Wesen ihres phobischen und ihres überfürsorglichen Verhaltens ihren Kindern gegenüber. Tragödien und Katastrophen, Feuer und Unfälle – all die schrecklichen Dinge, die gestern hätten geschehen können oder mit Sicherheit morgen geschehen werden. Wir erfahren zum erstenmal etwas über ihre Schuldgefühle im Zusammenhang mit dem Unvermögen, einer beliebigen Verpflichtung, die von ihr gefordert ist, nachzukommen. Wir erhalten außerdem einige Hinweise über die Verbindung aggressiver Phantasien und der dazugehörigen Schuldgefühle. Sie werden noch verstärkt durch einen tatsächlich geschehenen Unfall, der offensichtlich zum Anwachsen und der heftigen Verstärkung ihres magischen Denkens bis in ihr Erwachsenenleben hinein beigetragen hat. Schlimme Gedanken ziehen garantiert schlimme Ereignisse nach sich. Kein Wunder, daß es für sie eine unumgängliche Forderung wird, «gut» zu sein, nachgiebig und gefällig. Die Konsequenzen irgendeines anderen Verhaltens sind zu schrecklich, als daß sie in Betracht gezogen werden könnten. Sowie wir die Mitte der Behandlungsfolge überschreiten, werden die unbewußten Konflikte, die eine Bindung verewigen und eine Persönlichkeitswerdung unmöglich machen, der Behandlungsarbeit zugänglich. Bis dahin war die Ursache der Schlaflosigkeit undeutlich geblieben. Jetzt erfahren wir von alptraumartigen aggressiven und destruktiven Phantasien, die nur dann keine Wirklichkeit werden, wenn man mit den gefährdeten Objekten aufs engste verbunden bleibt.

Achtes Interview

Die Patientin rief an und sagte, daß sie krank sei und ihren regelmäßigen Termin nicht wahrnehmen könne. Sie wollte in der darauffolgenden Woche wiederkommen.
Bis zum Tag vor unserem Termin ging alles gut mit der Patientin. Dann bekam sie einen vereiterten Zahn. Sie war in der Lage, mich sehr freimütig darum zu bitten, ich möge das Gespräch ein paar Minuten eher beenden, damit sie den Termin mit ihrem Zahnarzt wahrnehmen könnte. Sie berichtete, daß sie in der vergangenen Woche eine einzige «schlimme Nacht» gehabt hatte. Sie erinnerte sich, daß ihr genau vor einem Monat ähnlich zumute gewesen war, und sie brachte das in Zusammenhang mit ihrer Periode. Bezeichnenderweise hörten ihre Beschwerden sofort auf. Sie hat durchweg gut geschlafen und hat völlig neue Schlafgewohnheiten in der Familie eingeführt. Ihr Mann schläft nun bei ihr auf einer neuen Couch im unteren Stockwerk, so daß beide von den Schlafzimmern der Kinder weg sind. Jetzt schläft sie gut, und sie hat angefangen, gut zu essen, vielleicht zu gut. An einer Stelle bemerkte ich, daß sie sich an den Armen kratzte. Auf mein Befragen hin sagte sie, daß sie seit dem ursprünglichen Ausbruch des Nesselfiebers von Zeit zu Zeit immer wieder einen leichten Ausschlag bekommen hat. Den Juckreiz bekommt sie dann leicht, wenn es ihr übermäßig warm ist. «So ging es mir bei meiner Mutter unten. Als ich ihre Arbeit erledigt hatte, wurde mir sehr warm, und es juckte und ich bekam den Ausschlag.» Sie wollte die Hausarbeit für ihre Mutter nicht tun, hat sie aber dennoch getan. Die Mutter überraschte die Patientin damit, daß sie ihr nicht dreingeredet und sich sogar für die Arbeit bedankt hat. Ich merkte an, daß es der Patientin sehr gut gegangen sei.

202

P.: Das mag ich gar nicht immer wieder sagen. Ich habe immer Angst, daß ich mein eigenes Unglück heraufbeschwöre – irgend etwas wird passieren.

A.: Sie haben Angst, daß Sie Ihr eigens Unglück heraufbeschwören?

P.: Ich bin gewohnt zu sagen, daß es mir nicht gut geht, daß jenes mich plagt. Wenn ich also tatsächlich sage, daß ich mich wohl fühle, kommt mir das komisch vor. Aber alle anderen haben auch schon gemerkt, daß es mir gut gegangen ist. Die Kinder haben sogar eine Bemerkung darüber gemacht. Ich habe anscheinend mehr Geduld.

A.: Die Kinder haben zu Ihnen gesagt – haben sie nicht gesagt, daß Sie manchmal Unglück über sie heraufbeschwören?

P.: Mmmm. Wenn sie aus der Tür gehen. Ich gewöhne es mir deshalb an, nicht zu sagen: «Seid vorsichtig!» Ich sage einfach gar nichts. Ich lasse sie einfach gehen.

A.: Sie halten sich im Zaum.

P.: Ja, und ich hatte auch keine solchen Alpträume mehr, über die wir gesprochen haben. Ich dachte mir, wenn es das ist, was mich quält, dann muß ich mich einfach dranmachen und versuchen, sie aus meinem Kopf zu verscheuchen. Und das hat gewirkt.

A.: Erlauben Sie mir in dem Zusammenhang eine Frage. Sie erinnern sich, beim letzten Mal haben wir über diese schrecklichen Gedanken gesprochen, die Ihnen nachts in den Sinn kommen, und über alle möglichen schaurigen Sachen, die besonders den Kindern zustoßen können. Teilweise deshalb ermahnen Sie sie zur Vorsicht, wenn sie nach draußen gehen, und sie sagen, daß Sie ihr Unglück heraufbeschwören. Dann haben Sie mir etwas erzählt, was mir seither durch den Kopf gegangen ist. Ich wollte das noch einmal mit Ihnen durchgehen. Sie haben mir von dem Jungen Ihrer Schwester erzählt.

P.: Der, der sich verbrannt hat? … *(Ich ergreife jetzt die Gelegenheit, wenn möglich mehr zu erfahren über diese schreckliche Begebenheit, die sich während der frühen Adoleszenz der Patientin ereignet hat. Es kann nicht viel mehr darüber in Erfahrung gebracht werden, außer, daß die Patientin erzählte, wie sie sich die ganze Sache aus dem Kopf geschlagen hat, nachdem der Junge gestorben war. Sofern es nach ihr ging, war der Vorfall aus ihrem Bewußtsein getilgt worden. Obwohl sich jedoch nach seinem Tode der ganze Kummer über diesen Vorfall gelegt hatte, sagte sie weiter: «Ich habe anscheinend nie an ihn gedacht, außer wenn ich von Kindern höre, daß sie mit Streichhölzern spielen, oder wenn ich meine Kinder zu nahe an den Ofen gehen sehe.»)*

A.: Nahe an den Ofen. Sie meinen, bei sich zu Hause?

P.: Ja. Zum Beispiel die Älteren. Ich sage immer: «Seid vorsichtig!» oder wenn ich sie nach einer Streichholzschachtel greifen sehe, nehme ich sie ihnen immer weg. Und ich erzähle ihnen dann, was mit meinem Neffen passiert ist.

A.: Sie erzählen es ihnen tatsächlich? Was erzählen Sie?

P.: Daß er sich verbrannt hat, weil die Jungen mit Feuer gespielt haben, und daß er gestorben ist. Ich male das nicht großartig aus, aber ich glaube nicht, daß die Kinder es überhaupt aufnehmen, weil sie anscheinend immer – auf Streichhölzer achten, und wir müssen immer auf der Hut sein. Nicht, daß ich sie je beim Spielen mit Streichhölzern ertappt hätte …

A.: Ist es Ihnen je eingefallen – haben Sie je überlegt oder darüber nachgedacht, daß

Sie sich an jenem Tag entschlossen haben, ins Kino zu gehen? Was wäre geschehen, wenn Sie nicht beschlossen hätten, ins Kino zu gehen?

P.: Ich hätte die Kinder gehütet, und wenn ich das getan habe, dann habe ich die Kinder immer im Haus behalten. Sie sind nicht nach draußen gegangen. Ich habe sie im Haus behalten, wo ich sie im Auge behalten konnte.

A.: Wenn Sie also die Kinder gehütet hätten, wäre das dann passiert?

P.: Es hätte auch im Haus passieren können, nehme ich an. Wenn etwas passieren soll, dann passiert es auch.

A.: Wenn Sie an jenem Tag auf ihn aufgepaßt hätten, wäre er dann draußen gewesen?

P.: Nein. Ich habe die Kinder immer im Haus behalten, wenn ich auf sie aufpassen mußte.

A.: Wissen Sie, worauf ich hinaus will?

P.: Hätte ich auf sie aufgepaßt, dann hätte ich es verhindert.

A.: Ich habe mir überlegt, ob Sie das im Sinn hatten: Wären Sie nicht –

P.: Im Kino gewesen.

A.: Im Kino gewesen, dann wäre das vielleicht nicht passiert – ob Sie sich deshalb nicht immer ein wenig schuldig gefühlt haben.

P.: Ich kann mich noch nicht mal daran erinnern, daß ich mich schuldig gefühlt oder mir selber die Schuld gegeben hätte. Ich meine, wenn es so gewesen wäre, daß sie mich gebeten hätte, auf die Kinder aufzupassen, und ich hätte nein gesagt –

A.: Ich verstehe. Aber das macht es mir verständlicher, warum Sie so vorsichtig sind.

P.: Ich habe eben eine große Angst vor Feuer.

A.: Und warum Sie so ängstlich sind mit Ihren Kindern und sie so behüten, vielleicht sogar zu sehr.

P.: Schon möglich. Ich meine, ich habe ihn nicht brennen sehen, aber ich habe seinen Körper gesehen, und das bleibt mir ewig im Gedächtnis. Auch heute noch, wenn ich Kinder auf der Straße mit Streichhölzern spielen sehe, dann steige ich aus dem Bus und hindere sie daran.

A.: Wirklich?

P.: Ich werde vielleicht eines Tages verhaftet, weil ich mich nicht um meine eigenen Angelegenheiten kümmere, aber ich kann einfach nicht vorbeigehen – ich kann es nicht mitansehen, wenn Kinder mit Streichhölzern oder mit Feuer spielen.

A.: Sie haben das nie vergessen.

P.: Nein. Es war zur selben Zeit wie das Feuer im Coconut Grove, und als man überall darüber geredet hat. Die Leute waren zur selben Zeit im Krankenhaus wie mein Neffe.

A.: Vom Feuer im Coconut Grove?

P.: Die waren dahin gekommen. Es gab also vieles, was mir im Gedächtnis geblieben ist. Ich hatte die Angst vorm Feuer, aber ich habe mich nie schuldig gefühlt...

A.: Wir können das jetzt verstehen, bis zum heutigen Tag – Feuer und Kinder, die mit Streichhölzern spielen.

P.: Das ist eine furchtbare Angst bei mir.

A.: Wir wollen das einmal anders betrachten. Ihre Kinder. Sagen wir mal, sie gehen nach draußen und Sie sagen: «Seid vorsichtig!» Die Kinder sagen: «Beschwör das Unglück nicht herauf.» Was meinen sie damit?

204

P.: Ich weiß nicht. Wenn sie hinfallen, nehme ich an, dann sagen sie, es ist deswegen, weil ich sie zur Vorsicht ermahnt habe...

A.: Es ist möglich, daß Sie den Kindern dadurch, daß Sie immer sagen, sie sollen sich in acht nehmen, in acht nehmen, in acht nehmen, irgendwie in den Kopf setzen, daß sie sich nicht in acht nehmen.

P.: Ich weiß nicht. Vermutlich sage ich immer «Seid vorsichtig!», und das so oft, vielleicht denken sie, daß sie nicht so vorsichtig sein müssen.

A.: Ja.

P.: Und sie gehen einfach nach draußen. So sind Kinder – sie denken nicht viel nach. Wenn sie den ganzen Tag nachdenken müßten, würde es keinen Spaß mehr machen, rauszugehen und zu spielen.

A.: Das stimmt. Was jedoch Sie selber angeht, so zögern Sie etwas zu sagen, daß Sie sich wohl gefühlt haben, weil Sie sich nicht ins Unglück reden wollen.

P.: Naja, ich sage immer, daß ich mich nicht wohl fühle, daß es mir hier oder da schlechtgeht. Zwei Wochen lang ist es nun gutgegangen. Sogar als ich die Grippe hatte, ging es mir gut, und das ist nicht gerade die Regel, daß man sich wohl fühlt, wenn man krank ist. Aber wie ich schon zu meinem Mann sagte, es tat gut, krank zu sein und trotzdem nicht wegen irgend etwas nervös zu werden. Und ich habe das überstanden, und ich hatte schöne Ferien. Ich war nicht nervös, und ich habe es genossen, die Mahlzeiten für sie zu kochen, und die Kinder haben gespielt, und ich mußte sie nicht ermahnen oder irgend etwas. Sonst hätte ich immer geschrien: «Heb das auf!» oder «Tu das!» Und ich habe sie einfach in Ruhe spielen lassen.

A.: Sie sind also sehr stark gewesen.

P.: Ich habe gemerkt, daß sie mich gar nicht so sehr geplagt haben. Ich glaube, ich habe einen Entschluß gefaßt. Ich lasse es einfach nicht an mich herankommen, wenn sie mich ärgern. Und wenn sie die Sachen herumschmeißen, die können sie auch später aufheben, und irgendwann wird es schließlich doch getan. Ich habe also versucht, jeweils von Tag zu Tag mit den Dingen fertig zu werden, und bis jetzt hat es geklappt.

A.: Wie kriegen Sie das alles fertig?

P.: Ich glaube, ich stehe den Dingen offener gegenüber. Wenn die Kinder etwas falsch machen, dann überlege ich mir, weswegen ich ihnen eine Rüge erteilen will und ob sie überhaupt sinnvoll ist oder ob es nicht einfach besser ist, über ihre Untaten hinwegzugehen, weil es gar nicht der Rede wert ist. Ich versuche, mich selber in Frage zu stellen, ehe ich weitermache, und wenn ich abends zu Bett gehe, dann sage ich nicht, daß ich nicht schlafen kann. Ich sage, daß ich sehr wohl schlafen kann. Mit dieser Psychologie versuche ich es...

A.: Wie fühlen Sie sich innerlich?

P.: Ich bin ruhig, so ruhig wie seit langem nicht. Mein Mann ist nicht nervös, und ich konnte essen. Wie gesagt, ich fühle mich einfach wohl. Ich weiß nicht. Es ist schwer zu erklären.

A.: Sie möchten es einfach dabei bewenden lassen.

P.: Ich stelle es nicht in Frage. Ich möchte bloß, daß es so bleibt. Ich muß es nicht in Frage stellen. Ich weiß, warum ich mich wohler fühle – weil ich versuche, den Tatsachen ins Gesicht zu sehen. Statt sie in den Hintergrund zu drängen, bringe ich sie vor und –

A.: Was für Tatsachen zum Beispiel?

P.: Ich meine, alles, was mich stört. Ich gehe dem auf den Grund. Wenn die Kinder etwas getan haben, was mir wirklich etwas ausmacht, dann sprechen wir darüber.

A.: Sie sprechen darüber mit den –

P.: Mit den Kindern. Ich warte nicht, bis mein Mann abends heimkommt. Ich selber bereinige das mit ihnen.

A.: Sie behalten es nicht für sich und erwecken den Anschein, als mache es Ihnen nichts aus. Meinen Sie das damit?

P.: Ich werde es gleich und auf der Stelle los – egal, was sie tun.

A.: Und wie steht es zwischen Ihnen und Ihrem Mann?

P.: Da steht es gut.

A.: Was sagt er zu alldem?

P.: Er findet es prima, und er kann einen Fortschritt sehen, außer am vergangenen Samstag. Wie gesagt, ich habe mich nicht wohl gefühlt, und er hat eine Bemerkung darüber gemacht.

A.: War das vor Ihrer Periode?

P.: Es ist regelmäßig ungefähr eine Woche vorher. Und dann am Montag war ich in allem sehr launisch den Kindern gegenüber. Und das ging vorbei, wissen Sie. Das war das einzige Mal. Ich hatte keinen Druck im Kopf wie beim letzten Mal. Den hatte ich nun über einen Monat lang nicht mehr.

A.: Das war am Samstagabend. Sagen Sie, was hatten Sie denn am Samstagabend?

P.: Ich war nervös und zappelig.

A.: Hitzegefühle?

P.: Nein, nicht so sehr das Hitzegefühl wie das Aufgeregtsein.

A.: An welchem Samstagabend war das?

P.: Ich glaube, ich kam gerade von meiner Mutter nach Hause. Aber natürlich, als ich von meiner Mutter nach Hause kam, erfuhr ich, daß meine Tochter die Windpocken hatte. Kann sein, daß ich mich einfach darüber aufgeregt habe.

A.: Wenn es nicht das eine ist, dann sind es fünf andere Dinge.

P.: Das habe ich auch gerade gedacht.

A.: Daß sie die Windpocken hat?

P.: Mmmm, und das hat mir nichts ausgemacht.

A.: Ich schätze, es hat Ihnen deshalb nichts ausgemacht, weil es keine ernste Sache ist. Es ist allerdings eine weitere Belastung.

P.: Es ging ihr nicht sehr schlecht. Es war keine allzu große Belastung. Sie hatte tatsächlich einen Juckreiz, aber sie war nicht richtig krank.

A.: Sie kamen nach Hause, nachdem Sie Ihrer Mutter –

P.: Die Hausarbeit erledigt hatte. Sie empfing mich an der Tür und sagte: «Schau mich an!» Ich sah sie also an und sagte: «Das ist ja reizend, nun geh mal ins Bett.»

A.: Sie sagte: «Schau mich an!» und Sie sahen sie an und sagten: «Das ist ja reizend, geh mal ins Bett.» Erinnern Sie sich daran, was Sie empfunden haben?

P.: Ich hatte das Gefühl, als ob alles über mir zusammenbricht. Und ich glaubte, sie würde richtig krank, weil meine anderen Kinder nämlich krank waren, als sie es hatten.

A.: Also gut. Ich weiß, daß Sie heute früher weggehen wollen, damit Sie zum Zahnarzt kommen.

Der Patientin war es zwischen den Gesprächen über einen längeren Zeitraum als je zuvor gut gegangen. Bemerkenswert ist, wie sie ihren emotionalen Zustand immer mit den Begriffen «gut» und «schlecht» beschreibt und wie ihre Antwort gewöhnlich lautet, daß es ihr «gutgeht». Sie ist weitgehend symptomfrei, schläft gut und benötigt keinerlei Medikamente. Es war ein deutlicher Fortschritt, daß sie in der Lage war, mir zu sagen, sie habe einen Termin beim Zahnarzt und unsere Zeit müsse ein wenig gekürzt werden. Ich versuchte in aller Ausführlichkeit, mehr zu erfahren über den Vorfall mit dem verbrannten Kind. Ich wollte feststellen, ob man ihr dazu verhelfen könnte, die affektive Beziehung zwischen jenem Vorfall und ihrer gegenwärtigen Angst zu erkennen und zu spüren und einen Zugang zu ihrem Schuldgefühl zu finden, damit die Fesselung an jenes vergangene Ereignis sich lockern konnte. Sie zeigt, wieviel von dem Ereignis sie verdrängt hat, zugleich aber läßt sie durchblicken, daß die Stärke ihrer Verdrängung nicht zu groß ist. Wenn man ihr zuredet, erinnert sie sich tatsächlich, und es fällt ihr wieder etwas ein, vielleicht mehr, als ihr lieb ist. Das Entscheidende ist, daß sie das Schuldgefühl, das vorhanden sein muß, sehr gut abgewehrt hat. Ihre kompensative Überfürsorglichkeit und ihre Reaktionsbildung (sie nimmt fremden Kindern Streichhölzer weg) dienen diesem Zweck sehr gut. Sie fühlt sich wohler, und sie verhält sich in vielerlei Hinsicht angemessener. Ich frage mich, ob es ihr weiterhin gutgehen kann, wenn wir uns der Beendigungsphase nähern.

Neuntes Interview

A.: *(Patientin kommt einige Minuten zu spät und ist außer Atem.)* Was ist geschehen?
P.: Mein Mann hat sich beeilt, nach Hause zu kommen. Ich habe mit Mühe ein Taxi erwischt. *(Seufzt.)*
A.: Machen Sie sich Sorgen darüber, daß Sie zu spät gekommen sind?
P.: Ich wollte nicht zu spät kommen, weil ich nicht wußte, ob ich nicht schnurstracks nach Hause würde zurückkehren müssen.
A.: Was meinen Sie damit?
P.: Ich meine, dreizehn Uhr fünfzehn ist abgemacht, und ich wußte nicht, ob Sie meinen Termin absagen würden, wenn ich zu spät käme.
A.: Sie wußten nicht, ob ich warten würde?
P.: Ich wußte es nicht. Ich dachte mir, wenn es erst einmal dreizehn Uhr dreißig wäre oder noch später –
A.: Die Zeit gehört trotzdem Ihnen.

P.: Aha.

A.: Erzählen Sie mir von sich… *(Ein paar Kinder sind immer noch krank, aber sie fühlt sich weiterhin recht wohl. In der Nacht vor dieser Sitzung hatte sie einen Alptraum und meint, daß er durch einen Film hervorgerufen worden ist, den sie im Fernsehen gesehen hatte.)*

P.: Ich wachte schweißgebadet auf, und mein Herz klopfte. Ich konnte sehen, wie meine Kinder in ein Loch fielen. Sie tranken gerade aus einem Springbrunnen, und der Boden sank einfach weg. Ich schaute nach unten, und sie waren im Wasser. Ein Mädchen konnte ich am Grund liegen sehen. Mein Bruder war zufällig in der Nähe, er sprang hinein und rettete sie. Dann wachte ich auf und schwitzte. Ich hatte einen Film übers Tiefseetauchen gesehen, das mag also etwas damit zu tun gehabt haben.

A.: Sie hatten diesen Alptraum, während Sie schliefen. Sagen Sie, waren alle Kinder an dem Trinkwasserbrunnen?

P.: Nein, drei waren da.

A.: Die drei Jüngsten?

P.: Die drei Jüngsten.

A.: Die drei Jüngsten waren am Trinkwasserbrunnen und holten sich etwas zu trinken. Und was geschah dann?

P.: Der Springbrunnen sank einfach ein, und sie gingen unter. Es schien irgendeine Art von Keller zu sein. Da war anscheinend Wasser, und ein Kind schwamm und versuchte sich zu retten. Das andere Kind am Grunde war der kleine Junge. Es war wie ein Aufzug. Es war ein verworrener Traum, aber sie haben es alle geschafft herauszukommen.

A.: Sie sind also herausgekommen?

P.: Als ich dann aufstand – und früher, wenn ich immer solche Alpträume hatte, dann weckte ich meinen Mann und war ganz außer mir.

A.: Dieses Mal nicht?

P.: Ich bin aufgestanden, habe ein Glas Wasser getrunken und bin wieder ins Bett gegangen.

A.: Haben Sie schon einmal so einen Alptraum gehabt?

P.: Daß die Kinder ertrinken?

A.: Ja, so was.

P.: Ja, ein paarmal.

A.: Können Sie sich an das letzte Mal erinnern?

P.: Das letzte Mal war, als wir jemanden besucht haben und meine kleine Tochter Tammy – sie ist jetzt sechs und war damals erst etwa zwei Jahre alt – in deren Schwimmbecken gefallen war. Aber wir waren alle dabei, deshalb konnte mein Mann reinspringen und sie herausziehen. Nach dieser Geschichte träumte ich immer wieder – ich konnte sie am Grunde des Beckens sehen.

A.: Das muß dann vor vier Jahren gewesen sein. Und seitdem?

P.: Nicht vom Ertrinken, nein.

A.: Nichts dergleichen?

P.: Nein, nicht daß ich mich erinnere. Nicht vom Ertrinken jedenfalls.

A.: Möchten Sie gerne wissen, ob wir herausfinden können, was dieser Alptraum möglicherweise mit Ihnen zu tun hat?

P.: Meinetwegen. Ich denke mir immer, daß es ganz normal war, Alpträume zu haben. Aber ich war nicht der Meinung, daß es normal war, so zu reagieren, daß ich mich nicht mehr in der Gewalt hatte, wenn ich erst einmal aufgewacht war.

A.: Sie wissen doch, daß diese Alpträume auch eine Bedeutung haben?

P.: Vermutlich schon.

A.: Ich meine, sie sind nicht nur Zufälle. Sie haben schon irgendeine Bedeutung. Sie haben mir tausendmal gesagt, wie sehr Sie Ihre Kinder behüten. Sie haben immer Angst, daß was Schreckliches passiert. Dieses Mal haben Sie einen Film gesehen über –

P.: Tiefseetauchen.

A.: Allein?

P.: Mein Mann schlief schon, und ich habe ferngesehen.

A.: Wir wollen mal sehen, ob ich die Ereignisse beisammen habe. Ihr Mann ist zu Bett gegangen, aber Sie nicht.

P.: Ich habe auf dem Stuhl gesessen und für eine Weile zugesehen. Dann bin ich zu Bett gegangen und wollte noch den Rest des Filmes anschauen, aber ich bin dabei eingeschlafen...

A.: Was halten Sie denn nun von diesem Alptraum?

P.: Er hatte keinerlei Bedeutung. Ich dachte mir, ich hatte eben den Film gesehen. Das war es. Das mit dem Grund war zu weit hergeholt. Ich glaube, er – sackte ein.

A.: In einem Gebäude?

P.: Ein Haus oder etwas Ähnliches wie ein Gebäude. Es sah so aus, als ob eine Menge Leute zu dem Trinkwasserbrunnen hinübergingen, um sich etwas zu trinken zu holen. Der Boden war weich, als ob er gerade neu gemacht worden wäre, und ich sagte immer wieder, daß er einsinken werde. Und manche gingen dann unter, und sie kamen wieder hoch. Ich sagte: «Na, also, ich gehe nicht da rüber, weil ich nicht einsinken will.» Jemand sagte: «Nein, Sie nicht, aber Ihre Kinder sind schon untergegangen.»

A.: Und dann sagten Sie –

P.: Ich konnte sie sehen.

A.: Wen haben Sie denn gesehen?

P.: Ich habe Tammy gesehen. Sie lag auf dem Grund.

A.: Was hat sie gemacht?

P.: Sie lag bloß da. Und Jessica ist geschwommen, und Wally saß in einem Schacht wie in einem Aufzug und aß etwas. Ich weiß nicht. Es machte ihm nichts aus. Er war im Wasser, aber es machte ihm nichts aus.

A.: In solch einem Aufzugsschacht zu sitzen.

P.: Als er hochkam, war es das Baby, es war also alles verworren.

A.: Als er hochkam, war es nicht –

P.: Es war nicht er, es war das Baby.

A.: Belustigt Sie das?

P.: Es hat mir eigentlich nichts ausgemacht wie sonst immer. Ich meine, ich bin aufgewacht, und ich habe gesagt: «Das ist verrückt», und ich schlief gleich wieder ein. Das war schlecht, denn ich habe verschlafen, und alle waren dann zu spät dran.

A.: Mir fällt auf, daß Sie sagen, Sie hätten deswegen Angst gehabt.

P.: Als ich aufwachte, schossen mir danach etwa fünf Minuten lang die Gedanken durch den Kopf.

A.: Können Sie sich erinnern, was Ihnen da durch den Kopf schoß?

P.: Ich erinnere mich, daß ich versucht habe, mir klarzumachen, daß es ein Traum war, und ich wachte auf. Man sitzt auf der Bettkante und sagt: «Also, ist es nun wahr oder nicht?» Und auf einmal ist man wach. Früher habe ich immer meinen Mann aufgeweckt, und das konnte dann Stunden dauern, aber ich konnte einfach nicht –

A.: Diesmal haben Sie es selbst als einen Traum angesehen.

P.: Als einen Traum, und dann bin ich wieder eingeschlafen, und das ist ungewöhnlich.

A.: Nun werde ich Ihnen eine sehr komische Frage stellen. Wie steht es mit der Beziehung zu Ihrem Mann? *(Das ist meine Assoziation zu einigen Traumelementen, die sowohl den Wunsch nach als auch die Angst vor einem Baby nahelegen.)*

P.: Ja, in welcher Hinsicht?

A.: Was, glauben Sie, könnte ich meinen?

P.: Sie meinen streiten?

A.: Nein.

P.: Wir kommen miteinander aus. Wir kommen gut miteinander aus. Solange die Kinder versorgt sind, gibt es keinerlei Streitereien. Und in unserer sexuellen Beziehung stimmen wir überein.

A.: Was ist mit Ihrer sexuellen Beziehung? Möchten Sie mir etwas darüber erzählen?

P.: Da gibt es bei mir nichts Besonderes. Wenn ich keine Patientin in der Psychiatrie wäre, würde ich gerne mehr Kinder haben.

A.: Ja?

P.: Ich möchte gern, aber ich glaube nicht –

A.: Wenn Sie kein psychiatrischer Fall wären.

P.: Na ja, bei meinem Zustand und dann noch mehr haben wollen! Aber wenn die Kleine erst einmal anfängt herumzulaufen, wissen Sie, dann möchte man gerne wieder ein Kleines im Kinderbettchen haben. Aber das geht wohl nicht gut.

A.: Was meinen Sie?

P.: Mein Mann sagte, ich solle es mir aus dem Kopf schlagen. Wir haben genug zu tun.

A.: Was tun Sie dazu?

P.: Wir beachten den Zyklus.

A.: Haben Sie das schon immer so gemacht?

P.: Mmmm.

A.: Hat es immer geklappt?

P.: Es hat immer geklappt. Ich glaube, einmal – aber ich weiß nicht mehr, welches es war.

A.: Es hat nicht geklappt?

P.: Es hat schon geklappt, aber der Zyklus war bei mir sehr unregelmäßig. Ich glaube, es war bei Wally.

A.: Sicher, wenn Sie einen unregelmäßigen Zyklus haben, dann erwischt es Sie. Ist es jetzt bei Ihnen regelmäßig?

210

P.: Ja.

A.: Wissen Sie, ob Sie in Ihrem Zyklus jetzt sicher sind?

P.: Was meinen Sie? Ob ich selber den richtigen Zeitpunkt bestimmen kann?

A.: Wann hatten Sie zum Beispiel das letztemal Geschlechtsverkehr?

P.: Gestern.

A.: Letzte Nacht?

P.: Mmmm. Damit wäre jetzt aber auch wieder Schluß. In der ganzen letzten Woche hatte ich meine Periode, und dann nehmen wir den Tag danach und sieben Tage vorher.

A.: Ihre Periode war wann zu Ende?

P.: Mittwoch.

A.: Vorgestern.

P.: Mmmm. Gestern also –

A.: Gestern waren Sie sicher.

P.: Sicher. Und dann sieben oder acht Tage vorher.

A.: Ich dachte mir schon, daß Sie in der letzten Nacht Geschlechtsverkehr hatten.

P.: Warum?

A.: Weil es Ihr Traum sagt.

P.: Ich habe Alpträume, weil ich –

A.: Nein. Sie möchten ein Kind haben.

P.: Also, ich weiß nicht. Das ist aber schlimm.

A.: Vielleicht. Aber Sie möchten wirklich eins.

P.: Ich möchte gerne noch eins.

A.: Ich glaube, es ist wichtig für Sie zu erkennen, daß Sie tatsächlich ein Kind haben möchten. Und Ihr Mann sagt?

P.: Er sagt nein. Er nimmt an, daß meine Gesundheit auf dem Spiel steht, das ist alles. Er liebt die Kinder auch. Er ist genauso verrückt danach wie ich, ein Kleines um sich zu haben.

A.: Da ist also im Moment in dieser Angelegenheit ein Konflikt zwischen Ihnen und Ihrem Mann.

P.: Ich würde es nicht einen Konflikt nennen.

A.: Ich aber.

P.: Nein. Ich meine, er würde genauso gerne wie ich eins haben.

A.: Ja, aber er sagt nein.

P.: Na ja, er muß nein sagen.

A.: Was meinen Sie damit?

P.: Es wäre nicht gut für mich, wenn er ja sagen würde... *(Daß der Wunsch nach einem Kind als Alptraum auftaucht, zeigt den Konflikt zwischen dem Wunsch und der überwältigenden Angst vor weiteren Lasten. Sie übernimmt gerne die Pflege von Säuglingen. «Wenn sie so klein sind, dann sind sie kein Problem.» Sie hat bereits sechs und meint, sie «sollte nicht so gierig sein». Bis ihre Kinder laufen lernen, sind sie für sie keine Last, und sie bleiben völlig unter ihrer Kontrolle. Sie äußert, daß das jüngste ihrer Kinder «anfängt, selbständig zu werden – sie sticht der Hafer». Sie meint, daß «ich vielleicht über eines von den sechsen Herr werden kann». Als sie hin und her schwankt und einmal zugibt, ein andermal verleugnet, daß sie sich selber Schwierigkeiten einhandelt, da konfrontiere ich sie.)*

211

A.: Sie müssen sich selbst gegenüber ehrlich sein. Sie sind erpicht darauf, noch ein Kind zu bekommen, da Ihre Kleine jetzt anfängt, größer und ein klein wenig unabhängiger zu werden. Ihr Mann sagt nein, aber Sie wissen Wege, ihn dazu zu bringen –

P.: Nicht gerade jetzt. Ich habe zuviel vor. Ich muß mir meine Zähne ziehen lassen, es kommt anscheinend eins nach dem anderen, wenigstens noch ein paar Monate, also lass' ich es besser.

A.: Ihre Kleine ist ein Jahr alt. Haben Sie bei Ihren anderen Kindern auch nach einem Jahr wieder ein Baby haben wollen?

P.: In dem Augenblick, in dem sie anfangen zu laufen, sage ich, daß sie keine Babies mehr sind.

A.: In dem Augenblick, in dem sie anfangen zu laufen.

P.: Wenn sie erst einmal ein Jahr alt sind, dann wollen sie nicht mehr gewiegt werden, weil das Schlafenszeit bedeutet. Bei so etwas werden sie unmutig. Wir beide mögen sie gerne aufnehmen und mit ihnen schmusen, aber sie wollen das nur, solange sie Säuglinge sind…

A.: Nun, sagen wir, daß Ihr Traum Ihnen im Schlaf einfach in verkleideter Form gesagt hat, daß Sie noch ein Baby haben wollen.

P.: Schon möglich. Wenn es so sein soll, dann wird es so sein.

A.: Was meinen Sie damit, wenn es so sein soll?

P.: Na ja, selbst wenn wir uns nach dem Zyklus richten. Wenn man schwanger werden soll, dann wird man schwanger.

A.: Besonders dann, wenn man es will.

P.: Ich warte also einfach ab, das ist alles. Wenn ich keins bekomme, dann werde ich einfach mit den sechsen, die ich habe, zufrieden sein müssen. Und das ist auch nicht schlecht.

A.: Ganz und gar nicht. Ich glaube, ich kenne einen Mann, der es zwar noch nicht weiß, der aber noch ein Kind bekommen wird.

P.: Ich weiß nicht, ob der Mann es weiß. Aber die Verwandtschaft, ich weiß nicht, ob denen das gefällt.

A.: Von seiner Seite?

P.: Nein, nicht von seiner Seite. Seine Seite hat überhaupt nichts zu sagen.

A.: Sie meinen Ihre Mutter?

P.: Die Verwandtschaft von meiner Seite muß mir helfen. Ich bin schrecklich, wenn ich schwanger bin. Ich brauche alle mögliche Hilfe. Und am Anfang liege ich drei Monate lang im Bett.

A.: Sie meinen also Ihre Schwestern.

P.: Ja, die müssen ran.

A.: Ihre Mutter nicht?

P.: Lieber Gott, nein, sie kann mir jetzt nicht helfen.

A.: Sie werden Ihnen alle helfen müssen, und wenn sie wüßten, daß Sie schwanger werden möchten, dann wäre bei denen die Hölle los.

P.: Sie werden das Weite suchen. Vielleicht werden sie mittlerweile nach sechs Kindern einfach sagen: «Geh und kümmere dich um dich selber.»

A.: Sie werden Ihnen nicht helfen?

P.: Ich glaube nicht, daß sie es können. Die eine ist durch die Pflege meiner Mutter erschöpft, und die andere lebt weit weg. Sie ist diejenige, die das schwerste Leben hatte, aber sie ist immer da, wenn ich sie brauche. Sie lebt in der Vorstellung, daß man sie bekommen soll und daß man gleich eins nach dem anderen bekommen soll.

A.: Zur Debatte steht folgendes: Ich weiß, Sie möchten sehr gern noch ein Kind haben oder versuchen zumindest, noch eins zu bekommen, und Sie können Ihren Mann dazu überreden.

P.: Ich weiß nicht, was der Traum bedeutet, aber ich weiß, daß ich über das Gefühl Herr geworden und wieder eingeschlafen bin. Das hat mich früher immer geplagt, deshalb habe ich es heute morgen, als ich aufstand, nicht in Frage gestellt. Ich war froh, daß ich wieder eingeschlafen bin und nicht mehr geträumt habe.

A.: Auf jeden Fall wissen Sie, daß Sie noch ein Baby haben möchten und daß Ihnen das am Herzen liegt.

P.: Nicht immer.

A.: Wie oft haben Sie Verkehr mit Ihrem Mann?

P.: Nun, wie gesagt, die eine Nacht nach meiner Periode und sieben Nächte vorher.

A.: Zweimal.

P.: Was meinen Sie, zweimal?

A.: Wie häufig haben Sie Verkehr mit Ihrem Mann?

P.: Sieben Nächte vorher.

A.: Jede Nacht?

P.: Mmmm.

A.: Dann haben Sie genügend Sex?

P.: Ich glaube ja. Ich weiß nicht, wie es bei meinem Mann ist, aber ich ja.

A.: Sieben Nächte vorher.

P.: Und eine Nacht danach.

A.: Ist das dann achtmal?

P.: Manchmal. Manchmal vielleicht nur zwei- oder dreimal.

A.: Aber nicht mehr als achtmal im Monat?

P.: Ja. Ich gehe kein Risiko ein. Nicht, wenn ich nicht noch ein Kind haben möchte.

A.: Wer rechnet nach?

P.: Ich.

A.: Ob es sicher ist oder nicht. Haben Sie je –

P.: Ich mache keinen Versuch zu lügen, weil er rausgeht und den Kalender überprüft, deshalb wage ich nicht zu lügen. Ich habe es sowieso im Kalender angekreuzt, er kann also draufgucken und es merken. Ein paarmal habe ich gesagt, daß es die richtige Zeit sei, und er hat nein gesagt, weil er im Kalender nachgeschaut hatte. Das war vor gut sechs Monaten, und sie war damals nicht sehr alt.

A.: Wußten Sie, daß Sie einen Fehler gemacht hatten?

P.: Ja, aber ich wollte nichts Falsches machen. Ich wollte keine Geburtenkontrolle anwenden.

A.: Haben Sie oder Ihr Mann je eine andere Methode als die Beachtung des Zyklus angewandt?

P.: Nein.

A.: Also gut. Sie möchten also ein Baby. Was ist denn nun sonst noch los gewesen? *(Sie ist im Hause sehr tätig, wie sie es seit Jahren nicht mehr gewesen ist. Sie geht*

weiterhin allein außer Haus. Sie nimmt eine wachsende Spannung wahr, sobald sie
in ein Geschäft geht, um dort ihre Einkäufe zu machen. Sie zwingt sich dazu weiter-
zumachen und ist sich dessen bewußt, daß die Angst verschwindet, wenn sie das tut.
Das führt sie dazu, über ihre Angst vor geschlossenen Räumen zu sprechen. Ihr Ver-
halten ist typisch phobischer Art. In der Kirche oder im Kino muß sie dort sitzen, wo
sie rasch zum Ausgang gelangen kann. Sie hat Angst, ihr könnte schlecht werden
oder sie könnte in Ohnmacht fallen. Vor elf Jahren ist sie einmal bei der Arbeit ohn-
mächtig geworden. Obwohl sie das seither nicht mehr erlebt hat, blieb ihr die Angst,
daß es passieren könnte.)

P.: Wenn ich ohnmächtig werde, dann kann es sein, daß ich nicht mehr aufwache. Ich fürchte mich vor dem Sterben.

A.: Die Angst, daß Sie sterben.

P.: Ich hatte immer Angst, daß ich nicht mehr herauskommen würde, wenn ich ohnmächtig werde. Ich wollte nicht im Bus ohnmächtig werden, und ich wollte nicht die Kinder bei mir haben.

A.: Und das ist schon wie lange so?

P.: Elf Jahre.

A.: Nie zuvor?

P.: Nein.

A.: Vor elf Jahren begann es – wissen Sie noch, wann es anfing?

P.: Als meine Tochter Jessica ein Jahr alt war.

A.: Wissen Sie noch, wo Sie waren?

P.: Das war im Kino.

A.: Was haben Sie gerade gesehen?

P.: Einen Film über eine Kopfoperation, Gehirnoperation.

A.: Und Sie mußten rausgehen.

P.: Ich ging nicht raus. Ich habe nur meinen Platz verlassen und bin mir einen Schluck Wasser holen gegangen und kam zurück und saß da. Ich war nicht allein da, und ich wollte nicht, daß sie meinetwegen gehen mußten.

A.: Jessica war ein Jahr alt. Tammy ist vier Jahre jünger als Jessica. Wissen Sie noch, warum Sie so lange gewartet haben zwischen Jessica und Tammy?

P.: Weil ich so krank war. Ich würde sagen, mindestens drei Jahre lang ging es mir schlecht, und ich habe alle möglichen Beruhigungsmittel und alle möglichen Tabletten eingenommen.

A.: Es ging Ihnen schlecht?

P.: Ich war bei einigen Ärzten gewesen. Deshalb bekam ich keine Kinder, und dann ging es mir ein bißchen besser.

A.: Erinnern Sie sich, wann Sie noch ein Kind wollten?

P.: Nicht genau. Ich würde sagen, vielleicht ein Jahr vor Tammys Geburt. Ich fühlte mich allmählich ein bißchen besser. Ich glaube, das war, als ich zum Doriden überging.

A.: Wofür haben Sie all diese Tabletten bekommen?

P.: Es waren Beruhigungsmittel. Jeder Arzt, zu dem ich ging, behauptete, das wären nur die Nerven.

A.: Was wären die Nerven?

P.: Die Reaktionen, das starke Herzklopfen und das Schwitzen und daß ich nachts

214

nicht schlafen konnte. Und sie haben ein Medikament nach dem anderen ausprobiert.

A.: Hatten Sie irgendeine besondere Schwierigkeit mit Jessica?

P.: Nein, nein. Sie war ein braves Kind. Sie war nicht krank oder dergleichen oder schwierig zu behandeln. Nein, es passierte einfach so. Wie gesagt, ich hatte einen schweren Arthritisanfall, und die Ärzte glaubten, es wäre rheumatisches Fieber, weil ich nicht laufen und meine Arme nicht bewegen konnte. Und sowie das vorbei war, bekam ich jenen Anfall im Kino.

A.: Mit wem waren Sie zusammen?

P.: Im Kino? Mit einer meiner Nachbarinnen.

A.: Ist sie immer noch Ihre Nachbarin?

P.: O ja. Sie hat vier Jahre neben mir gewohnt. Eigentlich kam sie wie immer zu uns und blieb bei mir. Ich hatte immer Angst, allein zu sein, und ich ging niemals außer Haus. Es ging mir so schlecht, daß ich noch nicht einmal die Stufen vor der Haustür hinuntergehen konnte. Ich ging zu meinem Gynäkologen, und er sagte mir, daß alles nur Schüsse nach hinten seien – die ganzen Beruhigungsmittel.

A.: Was ist Ihre benachbarte Freundin für ein Mensch?

P.: Sie ist ein sorgloser Mensch. Ich sehe sie jetzt nicht mehr oft, weil ihre Kinder alle erwachsen sind und sie arbeiten geht.

A.: Älter als Sie?

P.: Ich würde sagen, ungefähr fünf Jahre älter.

A.: Standen Sie ihr sehr nahe?

P.: Ich stand ihr nicht nahe, aber sie war einer von den Menschen, auf den man sich verlassen konnte, wenn man jemanden rasch brauchte – in einem Notfall.

A.: Hat sie Ihnen gesagt, was Sie tun sollen?

P.: Nein, so ist sie nicht. Sie würde einem nicht sagen, was man tun soll. Sie saß einfach da und redete, und man hat überhaupt nichts getan, während sie da war.

A.: Wurden Sie allmählich von ihr abhängig?

P.: Ich glaube, ich mußte sie nur zwei- oder dreimal in Notfällen rufen. Da mußte ich ausgehen – als mein Vater starb, und sonst noch ein paarmal.

A.: Ich erwarte Sie nächsten Freitag.

P.: Und hoffentlich komme ich nächsten Freitag nicht zu spät.

Die Patientin ist ein wenig zu spät gekommen und ist außer Atem, einmal, weil sie sich abgehetzt hat, zum anderen aus Angst, sie würde die ganze Stunde verlieren, und zwar als Strafe dafür, daß sie nicht auf die Minute genau gekommen ist. Ihr Bedürfnis, gut zu sein, durchdringt alle ihre Handlungen, die wichtigen wie auch die unwichtigen. Sie sieht wohl aus und fühlt sich «gut». Von besonderer Bedeutung ist das Auftauchen eines Alptraumes in der vorhergehenden Nacht. Er ist mindestens in zweierlei Hinsicht wichtig: 1. Sie war in der Lage, mit der Episode fertig zu werden, ohne bei ihrem Mann Hilfe zu suchen, und sie konnte wieder einschlafen. 2. Der Alptraum tritt zu diesem Zeitpunkt der Behandlung auf und erscheint in der Nacht vor diesem

Interview. In solchen Fällen kann man zu Recht annehmen, daß ein Hauptanreiz für den Alptraum das Wissen um das Interview am nächsten Tag war. Der Alptraum deutet recht unverblümt ihre konflikthaften Wünsche nach einem weiteren Kind an. Sie ist eine Frau, die Kleinkinder nur dann mag, wenn sie eine totale Kontrolle über sie ausüben kann. Auf der anderen Seite kann sie gerade während der Schwangerschaft ganz und gar ihr eigenes Abhängigkeitsbedürfnis befriedigen. Sie kriegt ihre Familie dazu, sie praktisch rund um die Uhr zu pflegen. Daher kann ihr Wunsch nach einem Kind zu diesem Zeitpunkt einmal als Wiederholung eines ähnlichen Wunsches, der fünfmal nach der Geburt ihres ersten Kindes auftauchte, gesehen werden. Zum anderen ist es aber auch eine Möglichkeit, auf annehmbare Weise krank zu sein, befreit von jeder Verantwortung, und eine kindliche Abhängigkeit zu gewinnen zu einer Zeit, da die Behandlung ihrem Ende zugeht. Ihre Ambivalenz mit Gesundheit und dazugehöriger Verantwortung auf der einen und Krankheit und Abhängigkeit mit ihren sekundären Gewinnen auf der anderen Seite kann als Spiegelung eines frühen Versagens verstanden werden. Dieses frühe Versagen bedeutet, daß sie sich nicht von ihrer Mutter trennen konnte und eine sinnvolle Individuation und eine Erwachsenenidentität erreichen konnte. Warum das nicht geschehen konnte, ist sehr klar in den Einzelheiten ihrer Beziehung zu ihrer Mutter beleuchtet worden. In der Behandlungssituation steht sie jetzt, wo die Zeit dem Ende zugeht, vor demselben Problem ihrer frühen Geschichte. In dem nächsten Interview müssen wir anfangen, dem Ende der Behandlung verstärkte Beachtung zu widmen.

Zehntes Interview

P.: Ich fühle mich wohl, sehr wohl.

A.: Es geht Ihnen gut?

P.: Mmmm. Außer, daß mir ein bißchen warm ist vom Sitzen hier draußen *(im Wartezimmer).*

A.: Ein bißchen zu warm?

P.: Auf dem Herweg war es auch schon im Bus heiß, aber draußen war es schön. Es ging mir recht gut in dieser Woche. Ich bin in die Schule gegangen.

A.: Sie sind allein in die Schule gegangen?

P.: Am Mittwochabend, ja.

A.: Wie ist es Ihnen ergangen?

216

P.: Gut. War seit letztem Oktober nicht mehr da.

A.: Letzten Oktober?

P.: Ja, genau, ehe meine Mutter ins Krankenhaus kam. Seither nicht mehr. Mittwoch bin ich also wieder hingegangen, und das war gut. Es hat gutgetan, rauszukommen. Und ich bin zum Zahnarzt gegangen. Habe mich die ganze Woche über wohl gefühlt.

A.: Wohl gefühlt. Und geschlafen?

P.: Nein. Das ging aber nicht auf mein Konto. Die anderen zwei Kleinen haben auch noch die Windpocken bekommen, da habe ich also nicht viel geschlafen. Ich schlafe zwischendurch – wenn sie auch schlafen.

A.: Immer was los.

P.: Solange ich es nicht bin, macht es mir nichts aus. Solange ich nicht nervös bin, kann ich aufbleiben, und es macht mir nichts aus.

A.: Haben Sie es manchmal nicht ein bißchen satt?

P.: Nein.

A.: Sie bringen eine Sache hinter sich – und noch eine –

P.: Und noch eine.

A.: Und dann wieder etwas Neues.

P.: Ich meine, das reicht nun für eine Weile, hoffe ich. Dann fangen die Erkältungen wieder an.

A.: Ach, dann haben Sie in Wirklichkeit nicht das Gefühl, daß damit –

P.: Ich hoffe, daß damit Schluß ist. Nun muß ich langsam an mich denken und den Zahnarzt.

A.: Was ist damit?

P.: Mir sind zwei gezogen worden, und ich muß nochmal hin und fünf ziehen lassen. Ich freue mich nicht gerade darauf, aber wenn sie rausmüssen, dann müssen sie eben raus. Wenn das mal geschafft ist, hoffe ich, daß die Dinge anders werden. Zumindest habe ich dann keine Zahnschmerzen mehr. Die bin ich dann wenigstens los.

A.: Sie haben sich also um Ihre Zähne gekümmert, und Sie fühlen sich wohl.

P.: Ich fühle mich wohl.

A.: Sie tun etwas.

P.: Wie gesagt, ich bin zur Schule gegangen, und ich habe wie wild gebacken.

A.: Ach, wirklich?

P.: Und das ist für niemanden gut.

A.: Warum nicht?

P.: Von uns kann das niemand gebrauchen. Eigentlich haben wir alle Übergewicht. Aber es ist etwas Neues, etwas zu tun, und ich habe die Kinder mir dabei helfen lassen. Das habe ich seit langem nicht mehr getan – wissen Sie, sie mit dem Mehl und allem herummanschen lassen.

A.: Na, Sie haben sich aber zweifellos sehr gut gemacht.

P.: Das Gefühl habe ich auch. Dann gehe ich heute allein einkaufen.

A.: Vielleicht habe ich es überhört. Sie lassen die Kinder mit dem Mehl herummanschen, und das ist etwas, was Sie –

P.: Seit langem nicht mehr getan habe – seit die Ältesten klein waren. Ich hatte nie die Geduld dazu.

A.: Sie ein klein wenig Dreck machen zu lassen?

P.: O ja. Sie haben Spaß daran.

A.: Davon bin ich überzeugt. Durften Sie das je tun?

P.: O ja, zu Hause durfte ich immer kochen.

A.: Das wenigstens durften Sie tun.

P.: Ja, und ich habe es immer gern getan. Vielleicht erlaube ich es jetzt den Kindern auch deshalb gern. Aber als ich – ich konnte mich nicht damit belasten, es ihnen zu erlauben. Wissen Sie, sie waren mir immer im Weg.

A.: Sicher.

P.: Ich habe sie weggeschubst – das tue ich jetzt nicht.

A.: Sie fühlen sich jetzt also auch glücklicher dabei.

P.: Ja, die Älteren auch. Die Älteren machen ihre Bemerkungen darüber – wie die Kleinen mit dem Schlimmsten davonkommen und Dinge tun dürfen, die sie ihrer Erinnerung nach nie getan haben. Sie erinnern sich nur, daß ich immer geschrien und mich beklagt habe.

A.: Na, Sie haben heute wirklich ein gutes Zeugnis.

P.: Ich fühle mich auch gut, daß ich all das erreicht habe.

A.: Das sollten Sie auch. Soll ich Ihnen eine Eins geben?

P.: Ich glaube, die habe ich in dieser Woche verdient. Und ich gehe nicht nach Hause. Ich gehe einkaufen.

A.: Eins plus... Sie können sehr zufrieden mit sich sein.

P.: Das bin ich auch. Ich habe das gemerkt, als ich mich am Mittwoch entschloß, in die Schule zu gehen. Obwohl ich nicht allein gegangen bin. Ich habe meine Tochter mitgenommen, weil sie auch zur Schule geht.

A.: Sie hat den –

P.: Nein, für die Kinder haben sie einen anderen Kurs. Ich habe sie mitgenommen, weil ich nicht alles allein tragen wollte. Ich hatte viel zu tragen.

A.: War es das, oder hatten Sie Angst?

P.: Nein, nein. Ich konnte es nicht selber tragen.

A.: Sie haben sich nichts vorgemacht?

P.: Nein, ich war bloß fest entschlossen, denn ich rief meine Nichte an, um zu hören, ob sie gehen würde, und sie sagte nein. Da bin ich trotzdem gegangen – das hätte ich früher normalerweise nie getan, es sei denn, ich konnte irgendwo mitfahren. Aber diesmal bin ich zu Fuß gegangen, und ich habe gemerkt, daß ich Übergewicht habe, weil ich gefaucht und geschnauft habe wie eine Dampflok. Ich denke daher, daß Diät da auch Abhilfe schafft.

A.: Sie erinnern sich, es ist nicht allzu lange her, daß Sie nicht einmal ein winziges bißchen essen konnten.

P.: Es scheint von einem Extrem ins andere zu gehen – früher konnte ich nicht essen, und jetzt kann ich nicht aufhören. Ich weiß nicht, ob sich ein Gebiß gut oder schlecht auswirkt. Ich kann dann alle Süßigkeiten essen, die ich seit Jahren nicht mehr essen konnte.

A.: Eine wahre Herausforderung an Ihre Willenskraft.

P.: Ich glaube, ich habe mich gut gemacht. Ich hoffe bloß, daß es so bleibt.

A.: Sie hoffen was?

P.: Daß es bleibt.

A.: Warum sollte es nicht?

P.: Ich weiß nicht. Ich glaube, daß es so bleiben wird. Wenn ich zurückdenke, ich glaube, es war ungefähr vor einem Monat, als ich nahe dran war aufzugeben. Aber jetzt habe ich es geschafft, vieles abzuschütteln.

A.: Was meinen Sie damit, Sie waren nahe daran aufzugeben?

P.: Eines Tages – ich weiß nicht mehr wann –, es muß vor einem Monat gewesen sein. Ich kam her und sagte, daß es mir nicht gutgegangen sei, und ich hatte das Gefühl, ich wäre zuvor schon halbwegs drüber weggewesen.

A.: Ja.

P.: Und als ich herkam, sagte ich, daß nun alles im Eimer wäre.

A.: Sie hatten das Gefühl, daß die Schlacht halb gewonnen war.

P.: Gewonnen war.

A.: Was war die andere Hälfte? Erinnern Sie sich?

P.: Das Herkommen.

A.: Ja. Sie erinnern sich also.

P.: Ich erinnere mich jetzt daran.

A.: Das Herkommen war die andere Hälfte. Wie steht es damit?

P.: Na, es war nicht so schlimm, wie ich dachte, weil es mir, fand ich, im Laufe der Wochen besser ging und ich mich jetzt mehr oder weniger darauf freute zu kommen. Wie ich zu meinem Mann sagte, ich weiß nicht, was ich mit dem Freitag anfangen soll, wenn ich ganz fertig bin. Ich kann ihn nicht weiterhin bitten, freitags nach Hause zu kommen, damit ich ausgehen kann. *(Sie vermeidet die Trennung von mir.)*

A.: Wann haben Sie Ihrem Mann gesagt, daß – Sie nicht wissen, was Sie mit dem Freitag anfangen sollen?

P.: Letzte Woche. Das ist jetzt schon zu einer Gewohnheit geworden. Ich gehe freitags weg, und ich gehe nicht immer gleich nach Hause. Er kann sich auch nicht immer von der Arbeit freigeben lassen.

A.: Einmal wird es zu Ende sein, nicht wahr?

P.: Das mit den Freitagen schon, das weiß ich sicher. Ich meine, wenn ich hier fertig bin.

A.: Wann ist das?

P.: Nun, wann immer Sie sagen, daß ich fertig bin, und ich meine, noch zwei Wochen – das sind dann zwölf Wochen.

A.: Noch zwei Wochen, und dann sind es zwölf Wochen, Sie haben recht. Das ist am 7. Februar. Machen Sie sich darüber noch mehr Gedanken?

P.: Sie meinen?

A.: Nur noch zwei Wochen.

P.: Noch zwei Wochen.

A.: Von jetzt an.

P.: Nicht so sehr über die zwei Wochen, die ich noch habe. Ich habe mehr oder weniger darüber nachgedacht, was ich in den übrigen Wochen erreicht habe. Ich glaube, ich habe viel erreicht.

A.: Das glaube ich auch. Daran ist kein Zweifel. Sie haben auch erwähnt, was Sie zu Ihrem Mann gesagt haben, Sie wissen nicht, was Sie nun anfangen sollen.

P.: Ich werde freitags das Weggehen vermissen.

A.: Lassen Sie mich das recht verstehen. Meinen Sie, Sie werden freitags das Weggehen vermissen?

P.: Ich habe mir nie einen Tag in der Woche frei genommen, wissen Sie. Wie er sagte, wenn ich nicht mehr herkommen muß, dann nimm doch den Samstag.

A.: Statt dessen.

P.: Und geh weg.

A.: Ich verstehe. Sie werden also den Freitag aus diesem Grunde vermissen.

P.: Na ja, es ist nicht richtige – ich weiß nicht, wie ich das sagen soll – Unterhaltung.
Aber man geht weg. Es ist anscheinend egal, wo ich – es ist eben einfach weg, aus
dem Haus.

A.: Glauben Sie, daß Sie mich vermissen werden? *(Das Thema der Beendigung, der
Trennung von mir muß weitergeführt werden.)*

P.: Ich werde das Gespräch vermissen. In der Regel spreche ich zu Hause nicht zu
jedem. Ich vertraue mich ihnen nicht an. Naja, meinem Mann schon. Aber ich
habe das Gefühl, ich schütte mein Herz aus und werde meine kleinen Sorgen
los.

A.: Es ist also nicht so, daß Sie mich vermissen werden, sondern daß ich jemand bin,
mit dem man sprechen kann.

P.: Ich war gerne mit Ihnen zusammen.

A.: Das hatten Sie auch gern.

P.: Ich mag gerne Leute kennenlernen.

A.: Ich versuche bloß, wissen Sie, Sie bei der Wahrheit zu halten.

P.: Mmmm.

A.: Es geht doch nicht einfach darum, daß man jemanden zum Reden hat, sondern
schließlich bin ich doch auch jemand.

P.: O ja.

A.: Ja, und Sie waren gern mit mir zusammen.

P.: Mmmm. Ich habe das Gefühl, daß ich Ihnen nicht mehr gefallen muß, wie ich
das anfangs mußte.

A.: Sie haben ganz gewiß das Gefühl gehabt, daß Sie mir gefallen müssen. Sie denken das jetzt nicht mehr?

P.: Nein. Ich habe nicht das Gefühl, ich müßte irgend jemanden zufriedenstellen.
Vielleicht meinen Mann, und das ist auch alles. Jetzt kann ich am Telefon sitzen
und sagen: «Es tut mir leid, aber ich kann nicht.» «Ich kann nicht dahin gehen»
oder «ich kann nicht dorthin gehen.»

A.: Und Sie werden mir nichts sagen, von dem Sie annehmen, daß ich es von Ihnen
erwarte.

P.: Nein. Da war etwas, was ich sagen wollte, und ich kann mich nicht entsinnen. Es
kann nicht allzu wichtig gewesen sein.

A.: Vielleicht war es sehr wichtig.

P.: Wenn es so wichtig wäre, dann würde ich es nicht so schnell vergessen. Mmmm.
Ja, was soll ich tun, wenn die zwölf Wochen vorbei sind? Ich meine, glauben
Sie, daß ich noch mehr brauche? *(Sie geht nun einen anderen Weg, um das
Ende zu vermeiden. Auch ist es eine solche Frage, die das Zutrauen des Thera-
peuten leicht erschüttert und ihn dazu verleitet, unangemessene Zugeständnisse
zu machen.)*

220

A.: Was meinen Sie denn?

P.: Ich glaube es nicht. Ich meine, ich habe nicht nur gelernt, über diese Gefühle hinwegzukommen, die ich früher hatte, zum Beispiel die Schwindelanfälle, und auch nicht nur auf die Schmerzen achtzugeben. Ich habe gelernt, eine ganze Reihe von Dingen zu akzeptieren, die wir mit Ihrer Hilfe verschiedentlich aufgezeigt haben. Wenn ich nach Hause kam, habe ich darüber nachgedacht und gemerkt, wie albern es von mir war, daß ich mich von ihnen habe unterkriegen lassen, wissen Sie.

A.: Aber Sie sind – Sie fragen sich aber doch, ob es mit Ihnen so bleiben wird, wenn wir fertig sind.

P.: Das stimmt und stimmt auch wieder nicht. Ich denke, es liegt mehr oder weniger an mir, ob es so bleibt. Solange ich, wissen Sie, fest auf dem Boden stehe und mich von den Leuten nicht ärgern lasse, wie ich es zurzeit tue. Denn ich weiß, daß ich eigentlich bestimmte Sachen tun müßte, bestimmte Dinge erledigen sollte, aber ich schiebe sie beiseite und tue, was ich will.

A.: Sie können es schaffen, wenn Sie wollen.

P.: Wenn ich will, ja. Ich glaube also, daß ich eine Menge erreicht habe.

A.: Das glaube ich auch.

P.: Aber – warum habe ich das selber nicht sehen können?

A.: Es ist nicht leicht, sich selber zu betrachten.

P.: Sie haben eine Menge zur Sprache gebracht, mein Mann auch. Aber warum habe ich nie auf ihn gehört? Das verstehe ich eben nicht. Er sagte immer: «Laß dich durch den da nicht ärgern! Sag ihm, er soll sich zum Teufel scheren!» und das hat mich immer gestört.

A.: Habe ich Ihnen das gesagt?

P.: Sie haben so ganz allgemein aus mir herausgebracht, daß es mich plagt, und ich sollte mir nichts drausmachen.

A.: Habe ich gesagt, Sie sollten sich nichts draus machen?

P.: Nein... *(Ich bespreche nochmal im einzelnen mit ihr, ob sie sich aus ihrem Bedürfnis heraus, meinen angeblichen Wünschen nachzukommen, zum Besseren hin verändert hat. Ich nehme ihre spontanen Antworten nicht als endgültig hin, damit sie weitgehend Gelegenheit hat, ihre Motive so sorgfältig wie möglich zu überprüfen. Schließlich sagt sie spontan und echt: «Ich tue das nicht Ihnen zu Gefallen. Ich tue mir das selber zu Gefallen oder um mir selber zu helfen. Das sind Sachen, die sich über Jahre hinweg angesammelt haben. Ich weiß, daß sie da sind. Wenn Sie mir Fragen stellen, dann brechen sie hervor. Und ich habe doppelt über sie nachgedacht, anstatt sie wieder beiseite zu schieben und zu versuchen, sie zu vergessen.»)*

A.: Sie haben vor einer kleinen Weile gesagt, daß Ihnen nicht viel Zeit bleibt.

P.: Nein. Am Anfang schien es wie eine Ewigkeit – zwölf Wochen. Und nun sind zehn Wochen vorüber, und ich glaube, daß es mir so viel besser geht als damals, als ich zuerst herkam. Noch zwei Wochen. Vielleicht erreiche ich noch viel mehr in den restlichen zwei Wochen. *(«Am Anfang schien es wie eine Ewigkeit»: wie direkt und wunderschön diese von Natur aus einfühlsame Frau die Zeit aus der Sicht des Kindes ausdrückt, eine Zeit, die sich unendlich ausdehnt in der Erwartung unaufhörlicher Wärme, des Wohlbehagens und der Nahrung.)*

A.: Lassen Sie uns zu jener bereits erwähnten Zeit zurückkehren, wo Sie gesagt haben, daß die halbe Schlacht gewonnen sei und daß Sie nun die andere Hälfte schlagen müssen, und die ist –

P.: Das Herkommen.

A.: Was bedeutet das Herkommen wirklich? Heißt das, daß Sie in diese Klinik kommen.

P.: Herkommen, um Hilfe zu kriegen. Herkommen, um Hilfe zu kriegen und mir selber zu helfen.

A.: Die andere Hälfte. Die halbe Schlacht ist gewonnen, die andere Hälfte ist das Herkommen. Was bedeutet das «her»?

P.: Hilfe. Ich weiß nicht, wie ich es ausdrücken soll. Die andere Hälfte ist, daß ich kommen muß, um Hilfe zu kriegen. Und wenn ich nicht kommen muß –

A.: Hierher – aber zu wem?

P.: Zu Ihnen, bilde ich mir ein. Ich sehe niemanden sonst hier drinnen.

A.: Sie bilden sich ein?

P.: Ich sehe niemanden sonst hier. Ich komme zu niemandem sonst, um Hilfe zu kriegen.

A.: Wenn Sie also sagen, die halbe Schlacht ist gewonnen und die andere Hälfte ist das Herkommen, und Herkommen ist –

P.: Kommen, um Hilfe von Ihnen zu kriegen, und dann stelle ich mir vor –

A.: Hierher – bedeutet, zu mir zu kommen.

P.: Und wenn ich damit fertig bin, dann werde ich mir selber helfen. Das habe ich jetzt seit – elf Jahren nicht mehr gekonnt. Ich glaube, daß es mir deshalb mehr oder weniger die ganze Zeit im Kopf herumgeht.

A.: Aber Sie haben gesagt, die halbe Schlacht sei geschlagen und die andere Hälfte sei, daß Sie zu mir kommen. Dann müssen Sie wohl auch das Gefühl gehabt haben, zu mir zu kommen, sei so etwas wie eine Schlacht.

P.: Ja, mehr oder weniger. Ich bin jede Woche gekommen und habe alles zur Sprache gebracht und eine ganze Menge noch einmal durchlebt. Das war am Anfang wie eine Plackerei und dann in der Mitte, da – jetzt macht es mir anscheinend nicht mehr so viel aus. Aber so war es zuzeiten, wenn ich kam. Dann habe ich über meine Mutter gesprochen und die verschiedensten Sachen – und es hat mich wirklich gequält. Und ich bin nach Hause gegangen und habe darüber nachgedacht, und dann bin ich darüber weggekommen. Ich bin also – denke ich mir – *(sie versucht angestrengt, die Konfrontation mit dem Therapeuten als einer bedeutsamen Person zu vermeiden).*

A.: Sie denken jetzt also, ja, da bleibt nicht mehr viel Zeit, und Sie wollen in den wenigen Zusammenkünften, die wir noch haben, versuchen, noch mehr zu tun.

P.: Na ja, mmmm…

A.: Haben Sie sich sonst noch Gedanken gemacht über die Tatsache, daß wir, abgesehen von heute, nur noch zwei Zusammenkünfte haben?

P.: Ich frage mich oft, ob Sie meinen, daß ich mich so gut mache, wie ich es selber von mir glaube. Meinen Sie, ich brauche nochmal irgendwelche Hilfe? Ich meine, ich sage immer zu meinem Mann, ich weiß nicht, ob nun alles vorbei ist oder ob ich nochmal irgendwo anders Hilfe in Anspruch nehmen muß.

A.: Was ziehen Sie vor?

P.: Also, heute kann ich sagen, daß ich glaube, ich brauche keine mehr. Ich habe immer das Gefühl, ich könnte in die Zukunft vorpreschen, aber ich muß einfach warten, bis ich dahin gelange, statt mir darüber Sorgen zu machen. Ich will einfach abwarten und sehen, was kommt. Es ist eine schlechte Angewohnheit, wenn man sich immer Sorgen macht über das, was kommt.

A.: Sie erwarten immer irgendein Unheil.

P.: Nein, diesmal kein Unheil. Ich möchte es nur gern wissen. Wie Sie sagen, ich möchte gern wissen, werde ich nun gesund sein oder werde ich –

A.: Nein, das habe ich nicht gesagt, das haben Sie gesagt.

P.: Als ich das mit den zwei restlichen Wochen erwähnte.

A.: Ja, und Sie wollten wissen, ob Sie gesund sein werden.

P.: Gesund sein, ja. Das ist etwas, was ich anscheinend einfach nicht abstellen kann – den Teil.

A.: Haben Sie überhaupt irgendeine Erklärung, warum Sie sich eigentlich fragen, ob Sie sich in der nächsten Woche oder in der Woche darauf genauso gut oder besser fühlen werden statt umgekehrt?

P.: Nein. Ich weiß nicht, warum ich das tue. Mein Mann sagt: «Leb doch für heute. Vergiß das Morgen. Laß es sein, wie es will.» Ich plane immer voraus. Zum Beispiel heute gerade habe ich schon mit der Ferienplanung angefangen, statt zu warten. *(Zum erstenmal in zehn Jahren plant sie einen kurzen Urlaub mit ihrem Mann und ohne eines der Kinder. Obwohl das offensichtlich ein Fortschritt ist, muß es ebenso als Kunstgriff zum Zwecke der Vermeidung angesehen werden, da es zu diesem Zeitpunkt kommt, mitten in meiner Bearbeitung des Behandlungsendes.)*

A.: Empfinden Sie etwas bei dem Gedanken, daß Sie hier aufhören und nicht mehr herkommen?

P.: Nichts, das ich nicht schon erwähnt hätte. Wenn ich erst hiermit fertig bin, dann werde ich anderes in Angriff nehmen. Es gibt verschiedene Dinge, die ich machen möchte und die meine Gesundheit betreffen.

A.: Was zum Beispiel?

P.: Ich möchte meine Zähne in Ordnung gebracht haben und meine Augen. Ich denke mir also, falls ich hier aufhöre – mich um meine Nerven gekümmert habe –

A.: Was meinen Sie damit, wenn Sie sagen, *falls* Sie hier aufhören?

P.: Habe ich das gesagt?

A.: Ja.

P.: Ich wollte sagen, wenn ich aufhöre.

A.: Sie wissen, wann Sie aufhören.

P.: In zwei Wochen. Ich denke mir also, wenn ich das besorgen kann, dann möchte ich meine Augen untersuchen lassen. Ich wußte nicht, ob meine Nerven irgend etwas damit zu tun haben, ich habe also damit gerechnet, daß ich mich danach um meine Augen würde kümmern müssen... *(Ein weiterer Versuch, das Thema Trennung zu vermeiden. Sie versucht, mich davon abzulenken, indem sie einen zusätzlichen konstruktiven Plan nach dem anderen einwirft. All das geht darauf hinaus, mir mitzuteilen, daß es ihr gutgeht und daß sie vorausplant. Alles, nur nicht die Trennung, die stattfinden muß, genau untersuchen.)*

A.: Hatten Sie Alpträume?

P.: Nein. Seit dem letztenmal keinen mehr, Gott sei Dank.

A.: Erinnern Sie sich, worüber wir im Zusammenhang mit dem letzten Alptraum gesprochen haben?

P.: Sie hatten das Gefühl, ich hätte den geträumt, weil ich noch ein Baby haben möchte – es ist mir schwergefallen, als ich versuchte zu –

A.: Sie wußten schon, was Sie sagten – daß Sie tatsächlich noch ein Baby haben möchten... *(Sie nimmt die Frage nach einem weiteren Kind wieder auf, besonders da alle ihre Pläne darauf hinauslaufen, daß sie «eine neue Frau» wird. Sie ist in der Tat voller Ideen, wie sie sich in Trab halten will. Das schließt die Möglichkeit einer Berufstätigkeit ein, obwohl sie seit ihrer Heirat nicht mehr gearbeitet hat. Es ist eine Atmosphäre von Überaktivität um sie herum. Wir können das als eine weitere Anpassungsbemühung verstehen. Das heißt, die Aktivität dient dazu, Depression vor sich selber zu verbergen. Depression wird verstanden als Ergebnis der bevorstehenden Trennung.)* Sonst irgend etwas, das Sie mehr als sonst getan haben?

P.: Mehr als sonst. Vom Telefon wegbleiben. Ich ignoriere das Telefon – rufe nirgends an.

A.: Anrufen bei –

P.: Als ich heute herkam, habe ich mich daran erinnert, daß ich meine Mutter nicht angerufen hatte. Und dann fiel mir ein, daß ich doch tatsächlich die ganze Woche über gar niemanden angerufen hatte. Ich bin sonst immer aufgestanden, habe den Kindern zu essen gegeben und sie in die Schule geschickt, dann habe ich mich gleich hingesetzt und jeden Morgen meine Mutter angerufen. Und dann habe ich meine Schwester angerufen. Aber ich habe mich nicht darum geschert, irgendwen anzurufen. Ich rufe meine Mutter einmal am Tag an, aber nicht zu einer bestimmten Tageszeit, wie ich es sonst immer gemacht habe. Es war Routine, und wenn sie nichts von mir hört, dann möchte sie wissen, was los ist. Ich sage ihr einfach, ich hatte zu viel zu tun.

A.: Also haben Sie sie heute doch angerufen.

P.: Nein.

A.: Wann haben Sie sie zuletzt angerufen?

P.: Ich habe sie gestern angerufen, aber ich habe nicht lange gesprochen.

A.: Das ist also auch anders. Sie rufen niemanden aus der Familie an, um –

P.: Und ich gehe morgen aus, aber ich weiß, sie ist in dem Glauben, ich gehe dahin. Aber ich gehe nicht.

A.: Wer ist in dem Glauben?

P.: Meine Mutter.

A.: Sie glaubt, Sie –

P.: Sie hat mich gefragt, ob ich am Samstag ausgehe, und ich sagte ja. Ich sagte, ich habe selber nicht oft die Gelegenheit auszugehen, also dann vielleicht bis Sonntag.

A.: Was hat sie gesagt?

P.: Nichts. Sie sagte: «Nein, du kommst nicht viel raus.» Ich sagte, wahrhaftig nicht – ich sagte, ich gehe nur zu Ärzten und in Krankenhäuser und zu Zahnärzten. Ich sagte, ich komme nicht rüber –

A.: Als sie fragte: «Gehst du am Samstag aus?» heißt das –

P.: Sie dachte, daß ich vielleicht sagen würde: «Ach nein, ich komme», und das habe ich nicht getan.

A.: Und sie hat nicht geschimpft.
P.: Nein. Und ich habe es meiner Schwester gesagt, und die sagt zu mir: «Hast du gesagt, du würdest hinkommen?» Ich sagte: «Nein, ich gehe aus.»
A.: Hat Ihre Schwester irgend etwas gesagt?
P.: «Schön.»
A.: Sie sagte: «Schön für dich»?
P.: Also gehe ich aus.
A.: Sie haben sich in die Höhle des Löwen begeben, und nichts ist passiert.
P.: Nein. Ich glaube, sie sieht jetzt ein, daß sie sich ein klein wenig ändern muß und uns nehmen muß, wann wir kommen können, sofern sie möchte, daß überhaupt jemand hinkommt. Ich habe genug zu tun. Ich gehe, wenn ich ausgeruht bin, und kümmere mich um sie und erledige ihre Arbeit. Aber wenn ich nicht ausgeruht bin, dann muß ich erst meine eigenen Sachen erledigen. Sie ist allein, bei ihr kann es gewiß nicht so unordentlich sein wie bei mir.
A.: Und sie ist ganz allein.
P.: Sie schafft es. *(Jetzt sehen wir, daß sie eine sehr befriedigende Trennung von ihrer Mutter erreicht. Zu ihrer Überraschung und Genugtuung entdeckt sie, daß sie das Reaktionsmuster ihrer Mutter gegenüber verändern kann und eine respektvolle Erwiderung ohne Vergeltungsabsichten erfährt.)*
A.: Also gut. Mal sehen, wir haben noch zwei Zusammenkünfte. Auf Wiedersehen bis nächste Woche.

Alles ist «gut», und sie macht sich sehr gut in jeder Hinsicht. Sie hat ihren Töpferkurs wieder aufgenommen, sie geht allein weg und veranstaltet offenbar ein volles Rehabilitationsprogramm für sich selber – sich die Zähne richten lassen, die Augen, eine Teilzeitbeschäftigung aufnehmen und «eine neue Frau sein». Sie ruft ihre Mutter nicht mehr jeden Tag an und auch nicht zu einer genauen Tageszeit. Sie nimmt keinerlei Medikamente. Entgegen dem ständigen Eindruck, sie wünsche sehr, mich zufriedenzustellen, scheint es doch, daß sie zum erstenmal ein neues Gefühl von Freiheit und Unabhängigkeit erlebt und genießt. Sie deutet an, daß ihr das bevorstehende Ende bewußt ist, wenn sie die Bemerkung macht: «Es wird mir fehlen, freitags frei zu haben.» Wir erörtern dann die Tatsache, daß nur noch zwei Zusammenkünfte übrig sind. Daraufhin will sie prompt wissen, ob sie gesund bleiben wird. Ich biete nichts an, was ihr nahelegen könnte, es gäbe nach den nächsten zwei Stunden noch irgend etwas. Daher beantwortet sie sich dann ihre Frage selber positiv. Es ist interessant festzuhalten, daß sie früher schon einmal geplant hatte, eine Arbeit aufzunehmen, und dann bei der Bewerbung schwanger war. Wird sie das noch einmal tun, um die Angst vor der Selbständigkeit abzuwehren?

225

Elftes Interview

Die Patientin kam heute mit einem neuen Kleid, und zum erstenmal sagte sie fünf Minuten lang kein Wort.

A.: Es tut mir leid, daß ich spät dran bin.

P.: Das kann man nicht gerade spät nennen.

A.: Warum nicht? Immerhin fünf oder sechs Minuten zu spät.

P.: Ich vergebe Ihnen. Ich bin rüber zur Klinik gegangen, um einen Termin festzumachen. Ich muß meine Augen überprüfen lassen. Ich fand, ich war heute ein bißchen nervös.

A.: Sie waren ein bißchen nervös? Wovon?

P.: Ich bin mehr oder weniger heute morgen so aufgestanden. Ich weiß nicht, worauf ich es zurückführen soll.

A.: So haben Sie sich gestern nicht gefühlt?

P.: Nein, nein. Es ist mir gutgegangen.

A.: Bis heute morgen.

P.: Ja. Und ich habe bemerkt, daß ich um die Periode herum – ich glaube, daß ich es schon vorher erwähnt habe –, wenn ich diesen Kopfdruck nicht habe, dann bin ich statt dessen angespannt.

A.: Wie lange ist es bis zu Ihrer Periode?

P.: Eine Woche. Und gestern war mir sehr warm. Mein Kopf war heiß. Dann ging das vorbei, und es ging mir gut. Heute morgen bin ich aufgestanden, und ich bin mit mir selber zu Rate gegangen, ob ich mich wohl genug fühlte, zu kommen oder nicht.

A.: Wirklich? Sie meinen, Sie fühlten sich so schlecht?

P.: Gereizt.

A.: Gereizt?

P.: Ja, ich nahm also ein Taxi und bin trotzdem gekommen, statt meine Sitzung zu versäumen.

A.: Sie sagten, Sie haben es sich hin- und herüberlegt, ob Sie kommen sollten?

P.: Ob ich mich wohl genug fühlte –

A.: Und wie spielte sich das ab?

P.: Wissen Sie, ich stellte mir vor, daß es vielleicht besser sei zu kommen, während ich mich so fühlte.

A.: Welche Möglichkeit hätten Sie denn sonst gehabt?

P.: Zu Hause zu bleiben. Aber dann habe ich mir auch wieder gesagt, wenn man Zahnschmerzen hat, wartet man ja auch nicht, bis die Zahnschmerzen vorbei sind, und geht dann erst zum Zahnarzt. So habe ich mich gefühlt.

A.: Beim Zahnarzt? Zahnärzte fügen den Leuten normalerweise Schmerz zu, wenn sie ihnen helfen, oder etwa nicht?

P.: Es hilft vielleicht. Es tut vielleicht ein bißchen weh, aber das ist ja meistens so.

A.: Glauben Sie, daß Sie hier Schmerzen zugefügt bekommen?

P.: Nein. Wie ich schon sagte, wenn ich käme, dann würde ich erfahren, ob ich wirklich – wie soll ich mich ausdrücken – Licht in die Angelegenheit bringe, wissen Sie.

A.: In welche Angelegenheit?

P.: In meine Nervosität und Gereiztheit.

A.: So fing es heute morgen an.

P.: Ja. Und nichts deutete darauf hin oder störte mich so, daß es mich in einen solchen Zustand hätte versetzen können.

A.: Was war denn heute morgen anders als gestern, vorgestern und vorvorgestern?

P.: Als ich heute aufstand, war mir ein wenig übel, und dann war ich ein bißchen benommen.

A.: Heute. Was war heute anders im Vergleich zu gestern?

P.: Neulich habe ich mich wohl gefühlt.

A.: Ist heute etwas anders?

P.: Sie meinen, als ich aufwachte?

A.: Ja, als Sie den Tag noch vor sich hatten.

P.: Nichts.

A.: Nichts anders, als Sie heute morgen aufwachten und an den heutigen Tag dachten?

P.: Nein, nicht daß ich wüßte.

A.: Ich weiß aber etwas.

P.: Hierher kommen.

A.: Natürlich.

P.: Ich glaube nicht, daß ich mir darüber Sorgen gemacht habe. Ich habe nicht daran gedacht, als ich aufwachte. Ich dachte bloß daran, daß mir schlecht war.

A.: Ich bin sicher, daß Sie nicht daran gedacht haben.

P.: Aber dann, als – naja, ich werde zu Hause bleiben und dann, vielleicht gehe ich doch lieber, obwohl ich mich nicht wohl fühle.

A.: Aber Sie werden sagen und mir darin zustimmen, daß in einer Beziehung beim Aufwachen etwas anders war als an anderen Morgen –

P.: Daß ich vorhatte, hierher zu kommen. Ich weiß nicht, ob mich das im Unterbewußtsein beunruhigt hat oder nicht.

A.: Und dann haben Sie sich selbst gefragt, ob Sie kommen oder ob Sie zu Hause bleiben sollten.

P.: Nicht, ob ich kommen sollte, sondern ob ich mich wohl genug fühlte, um hierherzukommen. Ich dachte mir, wenn ich ein Taxi nehme, würde ich schneller hier sein als mit dem Bus. Nun war ich also da, und unten am Schalter bei der Kassiererin habe ich mich etwas aufgeregt, und das lenkte meine Gedanken irgendwie von dem ab, was auch immer mich beunruhigt haben mochte.

A.: Sie meinen, als Sie hierherkamen – seit Sie hier sind, fühlen Sie sich besser?

P.: Ja. Weil ich so verwirrt war.

A.: Wie meinen Sie das?

P.: Ich ging runter, um meine Sitzung zu bezahlen, und ich gab dem Mädchen Trinkgeld, und sie brachte das alles durcheinander, und von einer Sekunde auf die andere war ich verwirrt, und ich dachte nicht mehr über mich selber nach.

A.: Wann haben Sie also angefangen, sich wohler zu fühlen?

P.: Als ich die Treppe hochging. Ich merkte, daß ich nicht mehr so gereizt war.

A.: Als Sie hochkamen?

P.: Dann saß ich da und wartete und wurde einfach vom Herumsitzen nervös. Ich muß in Trab bleiben.

A.: Mit anderen Worten, Sie haben gemischte Gefühle bei dem Gedanken, mich heute zu treffen.

P.: Nein, nein, nein. Ich saß da alleine. Ich bin gerne immer mit irgend etwas beschäftigt. Ich setze mich normalerweise nicht hin.

A.: Sie meinen, Sie mögen das nicht. Aber warum sollten Sie, wenn Sie dort alleine herumsitzen, nervös werden? Was haben Sie denn gemacht?

P.: Ich habe eine Zigarette geraucht.

A.: Ja, aber worauf haben Sie gewartet?

P.: Ich habe auf Sie gewartet.

A.: Sie haben auf mich gewartet.

P.: Und dann wußte ich nicht, ob ich nicht zu spät dran wäre, weil ich herumgerannt war, das war alles. Und dann fühlte ich mich wieder ein wenig benommen, wissen Sie. Und dann kamen Sie, und mit mir war alles wieder in Ordnung... *(Sie hat angefangen, recht heftig auf die bevorstehende Trennung zu reagieren. Sie erlebt sich verwirrt, als sie die Klinik betritt und verschiedene Formalitäten erledigen muß, obwohl sie mit dem Vorgang völlig vertraut ist. Dann kam ich, «und mit mir war alles wieder in Ordnung». Sie gewinnt ihr abwehrendes Gleichgewicht wieder und fängt an zu leugnen, daß man ihre Nervosität etwas Ungewöhnlichem zuschreiben müsse. Ich lenke ihre Gedanken wiederholt auf den Zusammenhang zwischen dem Beginn der Angst und ihrem heutigen Besuch. Sie platzt heraus: «Ich weiß, daß ich gestern abend beim Einschlafen daran gedacht habe.» Sie versteht nicht, warum sie der heutige Besuch beunruhigt haben sollte, weil sie sich in Wirklichkeit die ganze Woche darauf gefreut hatte. Aus ihrer inneren Beschäftigung mit einem besonderen Aspekt der Behandlung heraus hatte sie sich ihrem Mann gegenüber über den Besuch bei mir geäußert: «Wie die Zeit doch vergangen ist. So viele Wochen, und das alles ist schon vorbei. Es scheint eine Ewigkeit her zu sein, daß die Behandlung angefangen hat.»)*

A.: Wie viele Sitzungen haben wir?

P.: Übrig? Eine.

A.: Was empfinden Sie dabei?

P.: Ich weiß nicht, ich habe gestern darüber nachgedacht. Für mich ist es so, als ginge ich zur Schule.

A.: Oh, Sie haben gestern darüber nachgedacht?

P.: Gestern. Am Donnerstagabend, als ich zur Schule ging. Ich ging zum Töpferkurs und dachte daran, daß ich am Freitag hierherkommen würde, und ich sagte: «Mein Gott, das ist ja genauso, als würde man zur Schule gehen, wenn man eine Abschlußprüfung machen muß, aber – das – das macht mir nichts aus.»

A.: Aber Abschlußprüfungen sind manchmal ein sehr sorgenvoller Abschnitt im Leben. Was bedeutet für Sie Abschlußprüfung?

P.: Daß man eben die ganze Schule durchlaufen hat – College – und daß man eine Menge Bildung dazugewonnen hat. Nicht, daß ich etwas erreicht hätte.

A.: Was bedeutet Abschlußprüfung sonst noch?

P.: Das ist alles, was mir dazu einfällt.

A.: Sie beenden die Schule und erreichen einen gewissen Bildungsstand, und was kommt dann?

P.: Oh, man muß arbeiten, wenn man von der Schule abgeht. Man muß sich aufmachen und eine Arbeit besorgen, das nutzen, was man gelernt hat, und die Dinge selber in die Hand nehmen.

A.: Selbständig werden.

P.: Mmmm. Und ich versuche, selbst etwas herauszukriegen.

A.: Sind Sie deshalb im Zweifel – nach der nächsten Woche werden Sie auf sich selbst gestellt sein?

P.: Bloß mehr oder weniger neugierig, wie alles wird, aber ich muß einfach warten, bis es sich herausstellt.

A.: Aber Sie möchten es doch gerne wissen.

P.: Aber das muß ich doch, meine ich.

A.: Sie sagen, Sie müßten es. Ich werde Sie in diesem Kurs nicht durchfallen lassen.

P.: Ich könnte wirklich nicht hier sitzen und sagen: «Ach, es wird mir gutgehen nach der nächsten Woche.»

A.: Ich möchte, daß Sie mir genau sagen, was Sie empfinden.

P.: Ich habe eine Menge über mich selber herausgefunden, und nun meine ich, daß ich wahrscheinlich selbst damit fertig werden kann.

A.: Aber Sie haben Ihre Zweifel.

P.: Ja. Ich will noch wissen, ob ich dann immer noch so gut damit fertig werden kann wie jetzt.

A.: In der nächsten Woche bekommen Sie Ihr Diplom. Sie werden von dieser Schule abgehen. Sie werden auf sich gestellt sein, das ist ganz in Ordnung für Sie, aber manchmal fragen Sie sich, ob –

P.: Ich es schaffen werde. Ich werde es schaffen. Ich weiß, daß ich mich nicht soviel wohler fühlen werde, bloß weil ich nicht hierher zurückkomme, aber –

A.: Warten Sie. Wiederholen Sie das noch einmal.

P.: Ich meine, daß ich jede Woche herkam. Ich komme jede Woche, und ich bekomme Hilfe – Hilfe –, und die Hilfe reicht mir bis zur nächsten Woche. Es wird mir also nicht insgesamt besser gehen, als ob ich eine Erkältung hätte und sie in der nächsten Woche vorbei wäre, weil ich nicht mehr hierherkomme. Was mich plagt, wird immer noch dasein – ich muß es jetzt einfach selber bewerkstelligen –, so empfinde ich im Moment.

A.: Glauben Sie, daß Sie es vermissen werden, hierherzukommen?

P.: Schon möglich, wenn ich einen Anfall bekomme oder so. Ich werde nach Hilfe Ausschau halten, aber ich werde mir selber helfen müssen.

A.: Sie glauben, daß Sie nur bei einem Anfall oder dergleichen daran denken oder sich wünschen werden, hierherzukommen.

P.: Wenn ich das Gefühl habe, ich brauche –

A.: Sie sagten, es ginge Ihnen gut. Glauben Sie, daß es Ihnen fehlen wird, mich zu sehen?

P.: Nein. Ich glaube nicht, daß es mir fehlen wird hierherzukommen. Das sagte ich letzte Woche schon.

A.: Hierherkommen habe ich nicht gesagt.

P.: Ich bin gern mit Ihnen zusammen und alles, aber ich glaube nicht, daß ich Sie in der Weise vermissen werde.

A.: Sagen Sie mir die reine, aufrichtige Wahrheit?

P.: Ich weiß nicht, wie ich es ausdrücken soll.

A.: Drücken Sie sich doch ganz einfach und ehrlich aus.

P.: Nein. Ich möchte ebensogern nicht kommen. Wenn es mir nicht gutgeht, werde ich nicht dasitzen und sagen: «Ich wollte, ich könnte zu Dr. Mann gehen.» Statt dessen werde ich vielleicht meinen Mantel anziehen und rausgehen. Ich hoffe jedenfalls, daß es mir so geht.

A.: Das ist sehr gut.

P.: Ich habe die Erwartung, daß es mir so gehen wird.

A.: An Ihrem Lächeln kann ich erkennen, daß Sie gern zu mir kommen.

P.: Wie ich schon meinem Mann sagte – er fragte mich, wie ich vorankomme und so –, was mir wichtig erscheint, hält jeder in der Familie für so geringfügig, daß es mich eigentlich nicht beunruhigen sollte, aber Sie hören mir zu. Ich sagte ihm, daß ich das an den Sitzungen so mochte. Dinge, die mir wichtig erscheinen, erscheinen Ihnen auch wichtig.

A.: Ja.

P.: Wo sie doch keinem anderen irgend etwas bedeuten.

A.: So denken Sie bei sich. Wenn Sie sich wohl fühlen, ist das natürlich das, was Sie sich wünschen. Aber abgesehen davon – Sie glauben nicht, daß Ihnen die Sitzungen fehlen werden, daß ich Ihnen fehlen werde –, sind Sie da sicher?

P.: Ich weiß nicht, ob ich das Richtige sage oder nicht.

A.: Sie müssen das sagen, was Sie im Sinn haben und was aufrichtig ist. Es hat nichts mit meinen Gefühlen zu tun.

P.: Wie ich schon eben sagte, ich vermisse das Zusammensein mit Ihnen, aber es wird mir nicht fehlen, hier zu sitzen und über mich zu sprechen. Es ist so, als ob man einen Bekannten oder Freunde trifft, und man ist gern mit ihnen zusammen.

A.: Ja.

P.: Aber es liegt einem nichts daran, in der Weise an sie denken zu müssen: «Naja, ich muß zu diesem Menschen gehen, weil ich Hilfe brauche.» Ich meine, wenn ich sie auf der Straße treffe, bin ich erfreut und glücklich, sie zu sehen. So sehe ich das. Ich hoffe, ich habe Ihre Gefühle nicht verletzt, indem ich das gesagt habe.

A.: Was, glauben Sie, würde meine Gefühle verletzen?

P.: Daß ich Sie nicht vermissen werde.

A.: Manche tun es, manche nicht. Sie haben das Recht, das zu fühlen, was Sie eben fühlen.

P.: Ich habe alles gut gefunden. Sie haben mir geholfen. Ich glaube nicht, daß ich das selber hätte tun können, das ist mal sicher, weil ich jahrelang so war und nicht weitergekommen bin.

A.: Aber Sie fürchten, daß es meine Gefühle verletzen könnte, wenn Sie sagen, daß Sie mich nicht vermissen werden?

P.: Mmmm. Sie als Therapeuten. Sag' ich es mal so.

A.: Daß Sie mich als Therapeuten nicht vermissen. Heißt das, daß Sie mich als Privatperson vermissen werden?

P.: Als Privatperson, wie einen Bekannten.

A.: Aber nicht als Therapeuten. Sie hören ebensogern damit auf, über Ihre Probleme zu sprechen. Das leuchtet mir vollkommen ein, und ich kann verstehen –

P.: Manchmal muß ich nach Worten suchen. Früher fand ich es leicht, Dinge auszudrücken, aber bei den richtigen Worten bin ich wie vor den Kopf geschlagen.

A.: In der nächsten Woche ist also Ihr Abschluß.

P.: Oh, ich hoffe es.

A.: Natürlich, so ist es. Zweifeln Sie daran?

P.: In einer Woche kann viel passieren.

A.: Was kann in einer Woche passieren?

P.: Viel. Es wird einen Abschluß geben, wenn –

A.: Wenn –

P.: Wenn ich hierherkomme und alles in Ordnung ist. Ich hoffe, ich werde es erleben. Ich merke – ich habe eine Menge erreicht.

A.: Aber denken Sie daran, ob Sie die nächste Woche noch erleben, um hierherzukommen?

P.: Man kann nie wissen. Es hat mich früher mal beunruhigt, aber jetzt nicht. Das ist auch etwas, das ich gelernt habe, mit anderen Augen anzusehen.

A.: So daß, wenn bis etwa zum nächsten Freitag keine schweren Unfälle gewesen sind und wir uns nicht in einem Atomkrieg befinden –

P.: O, bitte.

A.: Oder dergleichen, Sie hiersein werden... *(Sie berichtet dann, daß sie mit ihrem Mann ein Abkommen getroffen hat. Er wird nach seinem Diplom an zwei oder drei Abenden in der Woche auf die Kinder aufpassen, damit sie arbeiten gehen kann. Ihre älteste Tochter arbeitet an drei Abenden in der Woche, und sie denkt nicht daran, irgendein junges Mädchen als Babysitter anzuheuern. Sie sagt, daß die Arbeit an einigen Abenden in der Woche für sie wie Unterhaltung wäre, ein Mittel, um aus dem Haus zu kommen und etwas andres zu tun, als jemanden zu besuchen.)* ...Sie reden wie jemand, der seine Abschlußprüfung hinter sich hat, nicht?

P.: Ich weiß nicht.

A.: Arbeit, Ihre Augen untersuchen lassen, die Zähne richten lassen und in die Welt hinausgehen.

P.: Und den Kampf aufnehmen. Nur so kann ich es sehen. Wenn man den Kampf nicht aufnehmen kann, kann man sich ebensogut in ein Zimmer setzen und dableiben. Und das habe ich schon allzu lange getan. Da habe ich mir gedacht, wenn ich den Kampf aufnehme, kann ich herauskommen und mich freuen...

A.: Ihr Ziel ist es, herauszukommen, den Abschluß zu machen und in die Welt hinauszugehen, wie man es von einem erwartet, der seine Abschlußprüfung gemacht hat.

P.: Ehe ich zu alt bin, denn dann werde ich noch früh genug auf nur ein Zimmer angewiesen sein.

A.: Wie viele Abschlüsse haben Sie gemacht?

P.: Nur die Schule, Grundschule und High-School.

A.: Erinnern Sie sich, wie Sie sich damals fühlten?

P.: Mmmm. Ich war gehobener Stimmung. Ich fühlte mich gut.

A.: Da bin ich sicher. Sonst noch irgendwelche Gefühle zu jener Zeit?

P.: Ich kann mich nicht erinnern. Ich stelle mir vor, ich war stolz auf mich, aber ich kann mich so weit zurück nicht besinnen. Es ist sehr lange her... *(Bemerkenswert ist der Stolz auf das Erreichte. In beträchtlichem Maße steht das Vertrauen des The-*

rapeuten in seine Fähigkeit, in einem so kurzen Behandlungsabschnitt helfen zu können, in unmittelbarer Beziehung zu einem erhöhten Selbstwertgefühl. Das erfahren alle Menschen, wenn sie mit nur einem kleinen bißchen Hilfe weitermachen und noch mehr für sich selbst tun können. Ihre Assoziation zur Beendigung als Abschlußprüfung gehört dazu.)

A.: In der letzten Woche haben Sie mir erzählt, daß Sie schon einmal einen Plan wie diesen, eine Arbeit aufzunehmen, gehabt haben, und dann ist etwas geschehen.

P.: Ich wurde mit meinem letzten Kind schwanger. Oder ich war schwanger zu der Zeit und wußte es nicht.

A.: Damit hatte sich's also mit der Idee zu arbeiten.

P.: In dem Sommer konnte ich nicht arbeiten. Ich war zu krank, aber ich habe es nicht vergessen. Ich habe mir immer wieder gesagt, sobald sich die Gelegenheit ergibt, werde ich es versuchen... *(Sie spricht von der Absicht, außer Hauses zur Arbeit zu gehen, und da wird sogleich noch einmal interessanterweise ihr Konflikt erkennbar, ob sie sich selber als unabhängig oder abhängig einrichten will. Sehr viel früher in ihrer Ehe wurden ihre Absichten, zur Arbeit zu gehen, von ihrer Schwangerschaft wirksam durchkreuzt. Sie beginnt nun über die zwei Möglichkeiten zu sprechen, nämlich entweder eine Arbeit aufzunehmen oder schwanger zu werden. Für das letztere lehnt sie jegliche Verantwortung ab: «Wenn ich schwanger werde, habe ich nur das Kind, und ich kümmere mich um das Kind. Da kann man nicht viel dran machen. Ich denke mir, wenn ich ein Baby bekomme, dann ist das Gottes Werk. Wenn es in den Sternen steht, soll es so sein. Wenn ich sie bekommen soll, dann soll ich sie bekommen.»)*

A.: Das ist genau das, worum es sich dreht. Ich glaube, das ist eine Möglichkeit, die Sie ans Haus binden kann.

P.: Mag sein, daß ich im Unterbewußten nicht arbeiten will. Ich weiß nicht, aber ich möchte gern rauskommen. Ich möchte gerne das Kind, und dann möchte ich aber auch wieder gerne rauskommen. Ich würde auch gerne arbeiten, aber ich kann nicht beides tun.

A.: Nein, weil Sie aus früheren Erfahrungen wissen, wenn Sie schwanger werden, wissen Sie, was passiert.

P.: Was mit mir passiert?

A.: Ja.

P.: Ich werde krank.

A.: Und was bedeutet das?

P.: Das bedeutet, daß ich mich für etwa drei Monate nicht vom Fleck rühre und nichts tun kann.

A.: Wer kümmert sich um Sie?

P.: Ich kümmere mich um mich selbst, und mein Mann hilft dabei. Wir zwei schaffen das. Aber manchmal geht es mir schlecht, und ich muß jemanden kommen lassen, um mir zu helfen. Die letzte Schwangerschaft war nicht so schlimm, aber das lag daran, daß mir meine Älteste geholfen hat. Ich brauchte niemanden sonst kommen zu lassen.

A.: Jetzt, da Sie und ich hier fast fertig sind – nur noch eine Sitzung –, haben Sie Pläne für sich selbst. Sie lassen Ihre Augen überprüfen, Sie lassen Ihre Zähne richten, und Sie denken, daß Sie im Frühjahr, wenn Ihr Mann alles hinter sich hat, vielleicht gerne eine Arbeit aufnehmen würden. Im Moment gehen Sie auch noch in einen Töpferkurs. All diese Dinge bringen Sie außer Haus. In der nächsten Woche werden Sie hier abgehen, und Sie könnten versucht sein, drinnen zu bleiben.

P.: Im Hause, meinen Sie?

A.: Ja, und wie könnte Ihnen das gelingen? Nun, eine Möglichkeit, um zu Hause zu bleiben, ist eine Schwangerschaft.

P.: Ich bleibe gar nicht soviel zu Hause, wenn ich schwanger bin.

A.: Sie werden aber doch krank.

P.: Wenn ich krank bin, bin ich drin, wenn ich nicht krank bin, bin ich draußen. Aber – o nein, ich möchte nicht dahin zurück und immer im Haus bleiben. Sie meinen, so wie ich früher war? Nein, ich müßte aber wirklich krank sein, um mir so etwas einfallen zu lassen.

A.: Wissen Sie, als Sie zu mir kamen, haben wir darüber gesprochen, wie unzufrieden Sie sind, gereizt – wovon?

P.: Vom Haus und von den Kindern.

A.: Ja, von all der Last auf Ihren Schultern, und Sie haben sich wie eine Sklavin gefühlt.

P.: Mmmm, so habe ich mich gefühlt.

A.: Sie mußten tun, was Ihre Mutter von Ihnen verlangte, oder alles, was Ihre Schwestern wollten. Der einzige Mensch, über den Sie Kontrolle ausüben konnten, war Ihr Mann. Sie fühlten sich schrecklich bevormundet, hatten Angst rauszugehen und mußten einfach am selben Fleck bleiben.

P.: So war ich, aber jetzt, da ich einmal rausgegangen bin, habe ich das bekämpft, denke ich. Ich glaube nicht, daß ich dahin zurück möchte.

A.: Ja, ich weiß, daß Sie dahin nicht zurück möchten, und ich sage Ihnen, daß Sie sich vor einem lieber in acht nehmen sollten, daß Sie nämlich schwanger werden und sich wieder ans Haus binden.

P.: Ich habe auch selbst daran gedacht und habe mich gefragt, ob ich mich jetzt als Schwangere irgendwie anders fühlen würde als zuvor.

A.: Ich weiß nicht.

P.: Weil ich nervös war und alle möglichen Tabletten genommen habe. Der Arzt meinte, daß die Tabletten, die ich genommen habe, viele meiner Schwangerschaftsbeschwerden verursacht haben. Deshalb möchte ich wissen, wie ich mich fühlen würde – aber das ist vielleicht auch keine so gute Idee. Um das herauszufinden, müßte ich schwanger werden.

A.: Nun, das könnten Sie einrichten.

P.: Ja. Gerade jetzt ist es, schätze ich, ein bißchen zuviel – zuviel im Gange. So gern ich auch noch eins möchte, ich glaube, ich warte lieber noch eine Weile.

A.: Tun Sie es nicht mir zuliebe.

P.: Nein, es sind zu viele Dinge im Gange. Ich möchte, daß mein Mann mit der Abendschule fertig ist, und ich glaube, daß ihn das noch ein bißchen mehr belasten würde – mehr als mich selber... *(Wir gehen zu der Betrachtung ihrer näherliegenden Gefühle über. Sie hat sehr viel besser geschlafen, hatte aber in der Nacht eine Episode mit Herzklopfen, die sie ängstigte. Sie hört ihr rasches Herzklopfen, als sie auf dem Kissen liegt, und steigt voller Angst aus dem Bett. Sie hat Angst, daß sie hört, wie ihr Herz aufhört zu schlagen, und daß sie stirbt. Sie gewinnt ihre Fassung wieder, als sie merkt, daß sich ihr Herzschlag verlangsamt.)* Die Angst vor dem Tod macht mir nicht einmal mehr halb soviel aus wie früher.

A.: Jeder Mensch hat ein bißchen Angst vor dem Tod. Diese ganze Geschichte mit dem Herzklopfen – Sie haben Angst, Ihr Herz könnte aufhören zu schlagen, und Sie warten darauf, das zu hören. Es schlägt langsamer, und Sie sind wieder erleichtert. Ich glaube, es war in der letzten oder der vorletzten Woche, daß wir über die Angst sprachen, die Besinnung zu verlieren – da würden Sie ohnmächtig werden, aber Sie würden es auch merken.

P.: Ich würde es merken.

A.: Ich glaube, Ihre Schwierigkeiten beim Einschlafen stehen auch damit im Zusammenhang – mit dem Wissen, was geschieht, wenn Sie einschlafen.

P.: Es könnte der Moment sein, wo man einfach gar nicht mehr aufwacht.

A.: Sie könnten am Morgen aufwachen und merken, daß Sie tot sind.

P.: Das wäre was – aufwachen und merken, daß man tot ist!

A.: Im Ernst, ich glaube, daß das Ihren Schlaf stört. Sie haben Angst einzuschlafen, weil Sie sterben könnten. *(Eine außerordentlich wichtige Mitteilung, was den Ursprung ihrer Schlaflosigkeit angeht.)*

P.: Und doch möchte ich schlafen ...

A.: Hatten Sie immer Angst vor dem Tod?

P.: Nein.

A.: Wann hat es angefangen?

P.: Es hat mich nie richtig beunruhigt bis zum Tod meines Vaters.

A.: Seitdem – seit seinem Tode hat es Sie geplagt. Erzählen Sie mir etwas über den Tod Ihres Vaters.

P.: Er hatte einen Herzanfall, und er starb nicht gleich. Etwa vier Tage später wurde er dann schnell ins Krankenhaus gebracht, und wir haben gewartet, bis der Arzt ihn untersucht hatte, aber er war schon tot, und wir wußten es nicht. Sie kamen raus und sagten uns, er wäre tot. Alles, was ich von seiner Krankheit noch weiß, ist, wie er sich immer vor Schmerzen die Brust rieb. Und unser Freund, dieser Priester, hat sich auch immer die Brust gerieben. Er hatte Schmerzen. Danach dachte ich jedesmal, wenn ich Schmerzen in der Brust hatte, ich würde sterben. Es muß mir schlechtgegangen sein. Ich bin nicht in das Krankenhaus gegangen, in dem sie beide gestorben sind. Jedesmal, wenn jemand dieses Krankenhaus erwähnte, sagte ich: «Wenn du dahin gehst, kommst du nicht mehr lebend heraus.» Diese Gedanken ließen mich eine ganze Weile nicht mehr los. Ich weiß noch, einmal hatte ich eine – ich weiß nicht mehr, wie man das nennt –, etwas unter den Rippen, eine Erkältung, und ich dachte, ich hätte einen Herzanfall, und mein Mann brachte mich schnell ins Krankenhaus. Aber es war kein Herzanfall. Ich brauche bloß einen Stich in der Brust zu haben, und schon fühle ich mich irgendwie – aber jetzt sage ich nur, ich habe einen Schmerz und gehe einfach darüber hinweg. Ich weiß noch, neulich hatte ich nachts einen schrecklichen Schmerz, und ich sagte mir: «Vielleicht stirbst du jetzt» –

A.: Wen haben Sie mehr geliebt, Ihre Mutter oder Ihren Vater?

P.: Ich glaube, ich war mit meinem Vater enger verbunden. Er war ein Mensch, zu dem wir immer gehen konnten, wenn uns etwas drückte.

234

A.: Er war ein netter Kerl.

P.: Mmmm, ich mochte ihn.

A.: Vielleicht haben Sie ihn sogar geliebt.

P.: Ich habe ihn geliebt. Er hatte seine Fehler, aber ich spürte, daß seine guten Seiten seine schlechten überwogen. Natürlich hat jeder eine oder zwei schwache Stellen, aber ich war ihm nahe.

A.: Sie vermissen ihn immer noch?

P.: Ja. Ich vermisse ihn auf komische Art. Ich gehe ihn suchen, wenn gewisse Dinge sich zutragen. Wenn zum Beispiel im Haus etwas auftaucht, das repariert werden muß, dann laufe ich zum Telefon und vergesse ganz, daß es sechs Jahre –

A.: Sie merken immer noch, daß Sie ihn anrufen wollen?

P.: Ihn anrufen wollen, ja. Und doch mußte ich nie etwas für ihn tun. Ich vermisse ihn wirklich; wir alle vermissen ihn.

A.: Ich kenne Ihre übrige Familie nicht, aber Sie –

P.: Er machte einen tiefen Eindruck auf mich. Ich weiß nicht, ob das nicht auch die Hälfte meiner Krankheit ausmacht. *(Wir haben gesehen, wie sehr sich der dynamische Behandlungsprozeß um die kontrollierende Beziehung, unter der sie bei ihrer Mutter gelitten hat, drehte, und die sich in der Art der Übertragung auf den Therapeuten widerspiegelt. Nun, da das Ende der Behandlung naht, wandert die Übertragung vom Therapeuten als Mutter zum Therapeuten als Vater. Der Verlust des Vaters wird innerhalb der Behandlung bald wiederholt.)*

A.: Wie meinen Sie das?

P.: Nun, wie ich Angst vor Herzanfällen habe, wo ich immer an ihn gedacht habe, jedesmal, wenn ich einen Schmerz verspürt habe. Ich habe mich immer gewundert, aber ich habe herausgefunden, daß ich Schmerzen haben kann und doch nicht tot bin.

A.: Sie können schlafengehen, ohne zu sterben, und Sie können nächste Woche herkommen, und Sie sind immer noch am Leben.

P.: Oh, das hoffe ich. Ich hoffe, daß ich noch länger als eine Woche am Leben bin. Ich möchte gern noch ein kleines bißchen länger leben. Ich glaube, daß ich nach diesen elf Jahren etwas aufzuholen habe.

A.: Aber Sie vermissen immer noch Ihren Vater, und Sie denken immer noch an ihn, wenn im Haus etwas los ist, und fast gehen Sie zum Telefon.

P.: Es vergeht kein Tag, an dem ich nicht an ihn denke.

A.: Gibt es da etwas, wenn Sie an Ihren Vater denken? Gibt es da irgend etwas Besonderes, über das Sie immer wieder nachdenken?

P.: Nein. Wenn er zu uns kam und er mit den Kindern geschimpft hat – wenn die Kinder, die Kleinen, etwas falsch gemacht haben, dann denke ich meistens an ihn. Ich denke: «Wenn euer Großvater hier wäre, würdet ihr das nicht tun.» In solchen Momenten denke ich an ihn. Wir haben nämlich immer gelacht, wenn er anfing, die Kinder anzuschreien. Er schrie sie an, und im nächsten Augenblick ging er hin und kaufte Bonbons für sie oder dergleichen. In der Weise denke ich an ihn, jeden Tag, weil mir die Kinder immer in die Quere kommen, und dann kommt es mir in den Sinn. Und wenn etwas getan werden müßte, sage ich zu meinem Mann: «Ach, wenn mein Vater noch lebte, dann würde das erledigt werden...»

A.: Er war jemand, mit dem Sie reden konnten?

P.: O ja. Wir konnten mit jedem Problem zu ihm kommen, und er hörte uns an. Meine Mutter hätte nie die Geduld dazu. Wenn mein Mann und ich uns über irgend etwas gestritten hatten, konnte ich zu meinem Vater gehen, aber nicht zu meiner Mutter. Sie gab es mir dann zurück und sagte: «Ich habe dir doch gesagt, du sollst ihn nicht heiraten.»

A.: Ihr Vater hörte zu.

P.: Und er sagte uns seine Meinung, ob wir sie hören mochten oder nicht. Wenn er meinte, daß wir, einer von uns, unrecht hatte, dann sagte er es uns.

A.: Vermissen Sie ihn noch auf andere Weise – außer bei der Gelegenheit, wenn etwas zu tun ist und Sie sich erinnern, daß er es tun würde, wenn er noch da wäre?

P.: Wir sind mit ihm ausgegangen.

A.: Wer ist wir?

P.: Mein Mann und ich. Wir sind gerne zusammengekommen und sind dann ausgegangen.

A.: Mit ihm ausgegangen?

P.: Wir haben Parties veranstaltet. Wir waren auf keiner mehr, seit er nicht mehr ist.

A.: Haben Sie diese Woche besonders an ihn – an Ihren Vater – gedacht?

P.: Diese Woche – nicht mehr als sonst.

A.: Heißt das, jeden Tag?

P.: Ja, aber ich meine – nur ein kurzer Gedanke, wenn etwas war. Ich habe mich nicht dabei aufgehalten. Es gab eine Zeit, da habe ich bloß gesessen und gegrübelt.

A.: Wann hat das aufgehört?

P.: Ich glaube, das dauerte ein Jahr oder so.

A.: Nach seinem Tod.

P.: Mmmm. Es ist schwer zu fassen. Er war nie kränklich, und er schien – und er ging so schnell.

A.: Wie alt war er?

P.: Siebzig, aber erschien uns wie jemand, der einfach nie stirbt, wissen Sie. Er war unverwüstlich, und er konnte alles – dem Tode nahe sein, und trotzdem würde ihm nichts geschehen. Ich meine, das war nicht allein mein Eindruck; jeder dachte so, der ihn kannte. Und er hat einen nie belastet. Er hat die Dinge immer von der heiteren Seite gesehen, und es sieht so aus, als hätte keiner von uns diese Lebensanschauung. Ich glaube, wir schlagen alle mehr oder weniger meiner Mutter nach. Ich wünschte, ich wäre ihm ähnlicher. Es wäre schön, seine Lebensanschauung zu haben.

A.: Er war Ihnen sehr wichtig, und Sie haben ihn seit sechs Jahren jeden Tag vermißt.

P.: Ich brauchte ihn und sonst niemanden, wenn ich krank war.

A.: Würden Sie ihn gerne sehen?

P.: Ob ich ihn gerne sehen würde? Nun, meine Zeit wird kommen. Ich werde ihn sehen, wenn ich dahin komme. Ich will nicht früher gehen. So eilig habe ich es nicht.

A.: Sie haben es nicht eilig?

P.: Er wird dort bleiben, wo er ist. Er kann eher auf mich warten, als daß ich zu ihm gehe.
A.: Das glaube ich auch.
P.: Ich werde ihn sehen, wenn die Zeit gekommen ist. Er muß glücklich sein dort, wo er ist. Er ist nicht zurückgekehrt.
A.: Er ist nicht zurückgekehrt?
P.: Es muß ihm recht gut gehen. Wenn sie fortgehen, kommen sie nicht wieder.
A.: Kennen Sie irgend jemanden, der zurückgekehrt ist?
P.: Nein, es kann nicht allzu schlimm sein, nehme ich an.
A.: Aber Sie vermissen ihn trotzdem?
P.: O ja.
A.: Am nächsten Freitag haben wir unsere letzte Sitzung.

Die Patientin ist von der Geschwindigkeit, mit der die Zeit vergeht, ganz in Anspruch genommen. Erst hatte es so lang ausgesehen, und nun haben wir bald alles hinter uns. Sie verweist auf den Schulabschluß, und in dieser Weise drückt sie die Wichtigkeit von Unabhängigkeit, Karriere, Ehe und so weiter aus, wie sie für Heranwachsende Bedeutung haben. Sie bezieht sich aber auch auf eher kindliche Ängste im Hinblick auf die Trennung von der nährenden, wärmespendenden Mutter. Sie hat einen Weg gefunden, ihr eigenes Bedürfnis nach Abhängigkeit aufrechtzuerhalten und gewissermaßen erwachsene Verantwortung zu umgehen, indem sie schwanger wird. Das scheint eine merkwürdige Bewertung dessen zu sein, was Verantwortung ist und was nicht. Für sie lohnt es sich, andere darum zu bitten, sich um sie zu kümmern und ein Kind an sich zu binden, wie sie an ihre Mutter gebunden war. An die war sie in ihrer Ambivalenz durch ihre Jugend und Erwachsenenzeit hindurch gebunden. Das bietet ihr jedoch in einem beträchtlichen Ausmaß einen Ausgleich für die Plackerei der tagtäglichen Belastungen, die die Sorge für viele Kinder mit sich bringt. Versuche, ihre direkten Gefühle mir gegenüber offenzulegen, haben nur teilweisen Erfolg. Sie wird «das Zusammensein mit mir» vermissen. Vielleicht ist das alles, was sich eine religiöse, etwas prüde Frau erlauben darf, wenn ihre Gefühle für mich und die Trennung von mir exploriert werden. Wir erfahren dann mehr von ihrer engen Beziehung zu ihrem Vater und dem Ausmaß, in dem er nach wie vor jeden Tag für sie anwesend ist. Ihr ständiger Impuls, ihn anzurufen, wenn sich im Haus tagsüber ein Bedarf ergibt, gibt einen Hinweis darauf, was sie nach der Beendigung der Behandlung vielleicht gerne tun möchte.

P.: Ich habe das Gefühl, ich bin schon den ganzen Tag hier gewesen.

A.: Wann sind Sie hier angekommen?

P.: Ich bin etwa um zwölf Uhr dreißig hier angekommen.

A.: Erzählen Sie mir etwas über sich. Wie geht es Ihnen?

P.: Nicht sehr gut heute.

A.: Ja?

P.: Und gestern und vorgestern auch nicht. Ich bekomme einen Brechreiz. Ich glaube, das sind meine Zähne.

A.: Warum sollten Ihre Zähne...

P.: Ich habe einen scheußlichen Geschmack im Mund. Das kommt von einem Zahn, der geöffnet worden ist, um den Eiter ablaufen zu lassen.

A.: Müssen Sie sich übergeben?

P.: Das habe ich schon.

A.: Appetit?

P.: Sehr wenig.

A.: Nervös?

P.: Nicht eigentlich nervös – verstimmt.

A.: So?

P.: Ich neige eher dazu, das zu sagen statt nervös, weil ich mich sonst gut fühle.

A.: Verstimmt weswegen?

P.: Weil ich den ständigen Brechreiz habe, und ich mag nicht aus dem Haus gehen, wenn ich mich so fühle.

A.: Wann hat das angefangen?

P.: Ich würde sagen, etwa Dienstag oder Mittwoch. Es war nicht sehr schlimm, aber dann Mittwochabend und Donnerstag, und heute war ich mehr oder weniger unleidlich.

A.: Hat der Eiter gerade erst angefangen abzulaufen?

P.: Nein. Das geht jetzt schon drei Wochen so, aber ich glaube, jetzt hat es mich geschafft. Und dann bin ich zu allem Übel noch erkältet.

A.: Dann ist er die ganze Zeit schon trockengelegt worden?

P.: Ja.

A.: Das ist dann also nichts Neues.

P.: Nein.

A.: Neu ist, daß etwas Sie fertigmacht.

P.: Ja, das ist nicht – ich hatte das schon vorher, aber da hat es mir nicht den Appetit verdorben.

A.: Seit Dienstag.

P.: Am Montag oder Dienstag. Ich habe gemerkt, daß ich nicht sehr viel gegessen habe.

A.: Meinen Sie, es hat etwas mit der Tatsache zu tun, daß Sie heute mit mir die letzte Sitzung haben?

P.: Nein, das glaube ich nicht.

A.: Ganz und gar nicht?

P.: Ich habe mit keinem Gedanken daran gedacht. Ich war wegen der anderen Sache verstimmt – ich habe einfach gewünscht, daß alles vorüber wäre.

A.: Sie haben noch nicht einmal daran gedacht.

P.: Ich war zu sehr mit meinen Zähnen beschäftigt. Ich bin am Mittwochabend zur Schule gegangen und habe ein Stück Schokolade gegessen. Das habe ich seit Monaten nicht mehr getan. Enden tat es damit, daß mein Unterkiefer anfing weh zu tun, und da habe ich dann den Mut verloren. Ich weiß nicht, welchen Dingen ich noch ins Auge blicken muß.

A.: Ich kann Ihnen sagen, welchen Dingen Sie ins Auge blicken müssen.

P.: Meinen Sie mit den Zähnen oder mit mir selbst?

A.: Sie, Sie selber.

P.: Ich weiß nicht.

A.: Wissen Sie, welcher Sache Sie ins Auge blicken müssen?

P.: Ich muß dem ins Auge blicken, daß ich meine Zähne ziehen lassen muß. Das wird mich plagen. Ich weiß nicht, was Sie sonst noch im Sinn haben.

A.: Das ist alles, woran Sie jetzt denken – an Ihr Gesicht.

P.: Ich denke jetzt gerade an nichts anderes, weil sie mich wirklich geplagt haben.

A.: Tun sie jetzt weh?

P.: Ich kann nicht essen. Wenn ich anfange zu essen, dann tun sie weh, und wenn sie anfangen weh zu tun, dann bin ich gereizt. Ich glaube, es ist soweit, daß sie heraus müssen. Ich muß morgen hingehen, da sagen die mir vielleicht etwas.

A.: Sie gehen morgen zum Zahnarzt?

P.: Ich sollte eigentlich morgen hingehen, um einen Abdruck machen zu lassen, aber ich glaube nicht, daß ich hingehe.

A.: Haben Sie irgendwelche Alpträume?

P.: Nein, ich habe ganz gut geschlafen.

A.: Das hilft sicherlich.

P.: Ich habe gemerkt, daß ich jetzt von elf oder zwölf Uhr abends bis sieben Uhr morgens durchschlafe, und das habe ich seit langem nicht mehr getan.

A.: Dann ist also die Hauptsache, daß Ihre Zähne Sie jetzt plagen, und dann ist da noch eine Reizbarkeit.

P.: Ich mag das Gefühl nicht.

A.: Sie meinen –

P.: Den Brechreiz.

A.: Das ist kein angenehmes Gefühl.

P.: Man hat ständig das Gefühl, schwanger zu sein.

A.: Ich möchte Sie noch einmal fragen: Sind Sie es?

P.: Nein, ich bin es nicht. Ich hätte nichts dagegen. Ich wäre lieber schwanger und wüßte, wo es herkommt, als bloß immer das Übelkeitsgefühl haben.

A.: Sie erinnern sich, daß Sie früher schon einmal einen Brechreiz und keinen Appetit hatten.

P.: Als ich noch die Tabletten nahm und dann damit aufhörte und –

A.: Und dann noch einmal etwas später.

P.: Ich glaube, das war, als meine Mutter im Krankenhaus lag.

A.: Es war gleich, nachdem Sie –

P.: Im November etwa.

A.: Das war gleich, nachdem Sie hier bei mir begonnen hatten. Erinnern Sie sich daran, daß Sie –

P.: Ich hatte acht Pfund abgenommen.

A.: Und Sie haben nichts gegessen, und Sie hatten tagsüber den Brechreiz. Ist das jetzt genauso?

P.: Nein.

A.: Was ist anders?

P.: Früher hatte ich den Brechreiz, aber jetzt muß ich mich übergeben.

A.: Wie oft?

P.: Gestern zwei- oder dreimal und zweimal heute früh. Und das ist ungewöhnlich, und die ganze Familie rätselt, und die Kinder gucken. Sie rätseln und gucken alle umsonst. Sie erinnern sich daran, daß ich während der Schwangerschaft morgendliche Übelkeit habe. Heute morgen haben sie alle auf ihren Vater geguckt.

A.: Wirklich?

P.: Aber er hat ihnen versichert, daß ich mich einfach nicht wohl fühle. Sonst fühle ich mich recht wohl.

A.: Wissen Sie, was ich denke? Ich glaube, daß Sie einen Brechreiz haben und daß Ihnen schlecht ist und daß Sie sich übergeben müssen, weil Sie das von einer anderen Sache ablenkt.

P.: Wovon?

A.: Von der Tatsache, daß Sie mich nach der heutigen Sitzung nicht mehr sehen werden.

P.: Das kann schon sein, aber es ist irgendwie verrückt.

A.: Nein, das ist gar nicht so verrückt. Es ist nicht so, daß Sie sich selber krankmachen. Für manche Leute ist es sehr schwer, schwieriger, sich den Verlust von jemandem vor Augen zu halten. Sie leiden lieber an einem kranken Magen und an wehen Füßen oder an was immer als an einem wehen Herzen.

P.: Also nein. Aber es ist schrecklich, sich zu – in solch eine Lage bringt man sich doch nicht!

A.: Sie tun es nicht deshalb, weil Sie es so lieber haben. Sie können Angst haben, jemanden zu verlieren. Haben Sie je jemanden vermißt?

P.: Nur meinen Vater.

A.: Hat es weh getan?

P.: Nein.

A.: Es hat nicht weh getan?

P.: Ja, weh tun – wie? Ich hatte keine Schmerzen oder so etwas.

A.: Was für Schmerzen gibt es?

P.: Schmerzen, die ich spüren würde. Ich hatte keine Schmerzen.

A.: Nein?

P.: Innerlich habe ich, glaube ich, gelitten, weil ich ständig nachgedacht habe. So könnte ich es allenfalls ausdrücken.

A.: Innerer Schmerz kann ziemlich weh tun, nicht wahr?

P.: Das kann er, weil man anscheinend nichts anderes tut oder denkt als das eine.

(Die Stärke ihrer Abwehr ist offensichtlich. Sie kommt beflissen fünfundvierzig Minuten zu früh zur Verabredung. Sie hat sich auf diese Sitzung mit einer Menge somatischer Beschwerden vorbereitet, die deutlich einem Ablenkungsmanöver die-

nen. Ein gewisses Maß an konkretem Denken wird ebenfalls zur Abwehr aufgeboten. Als ich sie danach frage, ob der Verlust ihres Vaters schmerzlich war, kann sie nur in solchen Begriffen denken, ob sie nun Brustschmerzen gehabt hat oder nicht. All das verstärkt für mich die Notwendigkeit, das Ziel fest im Auge zu behalten und die Gefühle der Patientin in bezug auf die Beendigung direkt zu bearbeiten, da uns keine Zeit bleibt, die Symptome einigermaßen ausführlich zu untersuchen. Darüber hinaus sind genügend Daten über die Symptome zusammengetragen worden, um ein klares Verständnis dessen zu bieten, was sie durchscheinen lassen.)

A.: Klingt Ihnen das völlig fremd oder unwahrscheinlich oder sogar möglich, daß Sie mich vermissen könnten?

P.: Ich weiß nicht. Sie meinen, hierherzukommen und Hilfe zu bekommen?

A.: Mich vermissen. Sie kennen mich jetzt allmählich. Was sage ich denn, was Ihnen so fremd scheint – daß Sie mich vermissen könnten?

P.: Ich weiß nicht. Ich weiß, ich habe mich darauf gefreut, wieder auf mich selbst gestellt zu sein. Das habe ich im Hinterkopf, und ich werde es schaffen.

A.: Aber kein Gefühl, daß Sie die Besuche bei mir vermissen.

P.: Nein, ich glaube nicht.

A.: Klingt Ihnen das fremd, wenn ich Ihnen das jetzt so sage?

P.: Nein, nein. Vielleicht kann ich das in ein paar Wochen besser beantworten. Aber jetzt gerade bin ich gespannt darauf, ob ich mit mir selber umgehen kann. Kann ich fertig werden, ohne zu kommen und mit Ihnen zu sprechen. Ich bin neugierig, das herauszufinden.

A.: Lassen Sie es mich so sagen – was für Fragen stellen Sie sich innerlich, wenn Sie gespannt sind, wie die Dinge laufen werden?

P.: Im Laufe der Woche, wenn mich etwas stört, dann sage ich mir immer: «Also gut, ich werde mich am Freitag damit befassen, wenn ich zum Arzt gehe.» Nun werde ich sagen müssen: «Gut, ich werde es jetzt einfach selber ins reine bringen müssen.» In den vergangenen paar Wochen habe ich immer die Dinge aufgehoben. Ich kam und konnte mit Ihnen sprechen. Aber nun werde ich – warten und zusehen, ob ich fähig bin, das selbständig zu tun.

A.: Jetzt wissen Sie, daß Sie nicht alles aufheben und bis zum Freitag warten können, bis Sie mich sehen. Wie ist Ihnen dabei zumute?

P.: Ein bißchen nervös. Ich bin mir da meiner nicht wirklich sicher – mehr oder weniger hoffe ich, daß ich es handhaben kann. Aber da ist eine leise Frage in meinem Hinterkopf: «Was ist, wenn ich es nicht kann?» Das ist es, was ich herauszufinden hoffe.

A.: Was antworten Sie sich selbst auf die Frage: «Was ist, wenn ich es nicht kann?»

P.: Ich konnte mir das nicht beantworten.

A.: Sie sind da nicht weitergekommen?

P.: Nein, ich denke, daß ich weg sein muß, ehe ich das beantworten kann. Ich werde das herausfinden müssen, wenn irgend etwas auftaucht, um zu sehen, was passiert. Das wird mich auf die Probe stellen. Ich hoffe also immer, daß ich, wenn etwas an mich herankommt – ich glaube, wenn ich einmal etwas schaffen könnte, dann würde es mir gut gehen – würde es mir Mut geben, wissen Sie, weiterzumachen. Es wird nicht leicht sein, weil es allzu einfach war, die Dinge aufzuheben und zu warten, bis ich am Freitag herkam.

A.: Es war allzu einfach?

P.: Bei allem, was auf mich zukam, sagte ich: «Naja, ich werde das bis zum Freitag sein lassen», anstatt wirklich, na – manches habe ich angepackt, aber alles, was mich wirklich geplagt hat, habe ich beiseite geschoben.

A.: Für den Freitag aufgehoben.

P.: Für den Freitag.

A.: Und nach der heutigen Sitzung wird es keinen Freitag mehr geben. Haben Sie irgendein Gefühl dabei?

P.: Nur ein bißchen nervös. Es ist so, als ob ich an einer neuen Arbeitsstelle anfinge oder so und nicht wüßte, ob ich es schaffe oder nicht...

A.: Es macht Sie nervös, daß Sie bisher bei allem, was auf Sie zukam, zu sich selber sagen konnten: «Also gut, ich warte bis zum Freitag.» Aber dies ist der letzte Freitag. Jetzt werden Sie nicht mehr sagen können: «Ich hebe das bis Freitag auf.» Sie werden sich also nicht mehr an mich wenden können. Meinen Sie das?

P.: Ja.

A.: Niemand, an den Sie sich also wenden können.

P.: Gut, ich habe meinen Mann, an den ich mich wenden kann.

A.: Wie ist das bisher gegangen?

P.: Viele Antworten, die ich von ihm bekam, habe ich in ähnlicher Weise auch von Ihnen bekommen, aber ich habe ihm einfach keine Beachtung geschenkt. Er hat mir zu vielem geraten.

A.: Was habe ich Ihnen geraten?

P.: Nicht geraten. Ich meine, wenn ich mit einem Problem zu ihm kam, hörte er mich an.

A.: Und er hat Ihnen Ratschläge gegeben?

P.: Keine Lösung, aber er hat mir eine allgemeine Antwort gegeben, ich habe sie aber nicht angenommen.

A.: Gab es sonst irgend jemanden, auf den Sie gehört haben, wenn Sie mit einem Problem gekommen sind?

P.: Die einzige, auf die ich je gehört habe, war meine Mutter.

A.: Sie haben alles getan, was sie –

P.: Egal, was für eine Antwort sie mir gab, ich habe es getan, ob es die richtige Lösung war oder nicht.

A.: Sie haben es getan.

P.: Ich kann zu meinem Mann gehen. Ich denke, gerade jetzt sollte ich das nicht tun. Ich sollte den Versuch machen, nicht zu irgend jemandem zu gehen, sondern versuchen, meine eigenen Probleme selber zu lösen.

A.: Sie haben in der letzten Woche gesagt, daß es früher jemanden gegeben hat, an den Sie sich immer wenden konnten.

P.: Oh, mein Vater.

A.: Haben Sie auf ihn gehört?

P.: O ja.

A.: Was ist daran anders, als wenn Sie auf Ihre Mutter hören?

P.: Ja, weil die Meinungen meines Vaters nicht notwendigerweise immer zu meinen Gunsten ausgingen. Wenn ich meiner Mutter dasselbe Problem vorlegte, dann gab sie immer meinem Mann die Schuld.

A.: Haben Sie die Meinung Ihres Vaters respektiert und die Ihres Mannes nicht?

P.: Wenn ich mich nicht wohl fühlte oder nervös war oder dergleichen, dann hatte ich einfach die Vorstellung, daß mein Mann nicht die medizinischen Kenntnisse hatte oder was immer.

A.: Ihr Vater auch nicht.

P.: Ich habe ihn nie mit meinem Gesundheitszustand behelligt. Es waren etwa Probleme mit dem Haushalt. Ehe ich hierher kam, habe ich einfach nach jemandem gesucht, der meine Partei ergriff, und das hat mein Mann nicht getan. Er sagte mir, was seiner Meinung nach das beste für mich wäre, und wenn ich nicht gut –

A.: In der letzten Woche haben Sie mir gesagt, daß es Zeiten gibt, in denen Sie sehr oft an Ihren Vater denken. Und es gibt Momente, in denen Sie tatsächlich daran denken, den Hörer aufzunehmen, um ihn wegen irgend etwas anzurufen. Und dann besinnen Sie sich natürlich, daß er tot ist. Wissen Sie, das heißt für mich, daß Ihr Vater nicht nur so sehr wichtig für Sie war, sondern daß Sie – in Ihrem Inneren ist es so, als ob er immer noch am Leben wäre. *(Sie hat ausreichend Belege geliefert, um diese direkte Konfrontation und Deutung ihrer vorbewußten, wenn nicht unbewußten Phantasie über ihren Vater zu rechtfertigen. Er ist bekannterweise tot, wird aber fortwährend als lebendig empfunden. Auf diese Weise kann sie ihn bei sich behalten. Das Ergebnis ist natürlich, daß sie nie eine Trennung von ihrem Vater erreicht hat, und wir kennen ihre enge Verbundenheit mit der Mutter. Ihre folgende Erwiderung spricht das direkt an.)*

P.: Das ist möglich. Aber ich kann in dieser Weise nicht immer an ihn denken.

A.: Nun, wenn Sie zum Telefon gehen, um ihn anzurufen –

P.: Ich glaube, es ist einfach ein so starkes Gefühl, das ich für ihn hatte, und ich kann ihn einfach nicht loslassen.

A.: Ja, genau. Menschen, für die wir starke Gefühle haben, möchten wir nicht loslassen.

P.: Und dennoch, wenn er am Leben wäre und leiden müßte, dann könnte ich ihn loslassen.

A.: Aber er ist nicht am Leben.

P.: Nur die Erinnerung. So denke ich jetzt darüber.

A.: So sehr, daß Sie, wie Sie sagen, zum Telefon laufen könnten.

P.: Wenn etwas passiert.

A.: Und sich dann natürlich darauf besinnen, daß Sie ihn nicht anrufen können.

P.: Und doch gibt es andere Leute, an die ich denke, aber nicht so stark.

A.: Sicher.

P.: Und trotzdem habe ich an ihnen gehangen.

A.: Aber Ihr Vater war offenbar –

P.: Bei meinem Vater sehe ich – fühle ich zutiefst: wenn er hier wäre, dann hätte ich nur halb soviel Verantwortung wie jetzt für meine Mutter. Ich glaube, deshalb empfinde ich so wie jetzt. Ich denke ständig an ihn.

A.: Ich glaube auch, abgesehen von der Sündhaftigkeit, daß Sie ihn lieben – oder klingt das nicht recht?

P.: O nein. Ich habe ihn geliebt, aber jetzt, da Sie es aussprechen, weiß ich nicht, weshalb ich so besitzergreifend sein soll, wenn ich so denke.

A.: Wie meinen Sie das, besitzergreifend?

P.: Daß ich ihn loslassen und nicht an ihn denken sollte. Ich weiß nicht. Jetzt, wo wir darüber gesprochen haben, denke ich, daß ich vielleicht unrecht tue.

A.: Unrecht? Meinen Sie, ich hätte gesagt, daß Sie unrecht tun?

P.: Daß es nicht recht ist, an jemanden zu denken –

A.: Warum nicht?

P.: Nein, deshalb frage ich Sie.

A.: Werden Sie tun, was ich sage?

P.: Nein, nein. Ich habe mich nur gefragt, ob etwas bei mir nicht richtig ist, wenn ich so denke. Wenn Sie mir sagen würden, ich solle aufhören, dann könnte ich natürlich nicht aufhören.

A.: Es geht nicht darum, ob daran irgend etwas unrecht ist. Wie Sie selber so schön gesagt haben, vielleicht können Sie ihn nicht loslassen, und das tun wir mit Menschen, die wir sehr oft nötig haben.

P.: Aber ich glaube nicht, daß es mir schadet.

A.: Wer sagt, daß es Ihnen schadet?

P.: Ja, ich dachte, daß Sie den Eindruck haben.

A.: Daß es Ihnen schadet?

P.: Mmmm.

A.: Wie kommen Sie auf die Idee?

P.: Es hat mich gestört, wie Sie darüber gesprochen haben.

A.: Ich habe versucht zu sagen, daß Sie ihn nicht vermissen müssen, wenn Sie derart an ihm festhalten.

P.: Ich vermisse ihn nicht so sehr.

A.: Und indem Sie ihn nicht so sehr vermissen, haben Sie sich selber einiges an Schmerz erspart.

P.: Schon möglich.

A.: Immerhin tut es nicht so weh, wenn Sie daran denken ihn anzurufen, obwohl Sie wissen, daß Sie es nicht können.

P.: Oh, es tut aber weh, wenn einem klar wird, daß man nicht mit ihm sprechen kann. Aber dann, nach so vielen Jahren – dann sagt man: «Es ist irgendwie albern, das Telefon aufnehmen zu wollen», und man erinnert sich –

A.: Es mag albern sein, aber mit Sicherheit empfinden Sie es. Wir sind darauf gestoßen durch diese Frage, die Sie sich immer wieder selber stellen: «Wie werde ich durchkommen, wenn wir hier fertig sind?» Sie sagen, daß Sie mit Ihrem Mann reden können. Und doch erinnern Sie sich daran, wie Sie mit ihm gesprochen haben, aber irgendwie haben Sie nicht respektiert, was er zu sagen hatte. Es hatte irgendwie nicht das gleiche Gewicht.

P.: Es ist vielleicht schrecklich, so etwas zu sagen, aber seit ich hierhergekommen bin und mit Ihnen gesprochen habe und viele Dinge, die Sie gesagt haben, hat er auch schon gesagt — ich habe jetzt das Gefühl, daß er vielleicht ein bißchen mehr weiß als ich, und ich sollte ihm wenigstens den Zweifel zu seinen Gunsten auslegen. Wenn er natürlich zu mir sprach und mir irgend etwas sagte, dann handelte es sich um Dinge, die er selber getan hatte. Er sagte zum Beispiel immer zu mir: «Warum wirst du nervös, wenn du nicht schlafen kannst?» Und das hat mich immer gestört. Denn er sagte, er könne nicht schlafen, aber er würde trotzdem nicht nervös deswegen.

A.: Und was habe ich Ihnen gesagt?

P.: Na ja, Sie haben mir nicht gesagt, daß Sie nachts nicht schlafen können. Sie haben nur herausgebracht – ich weiß nicht mehr, was Sie über meine Schlaflosigkeit herausgebracht haben. Ich weiß, daß wir vor ein paar Wochen darüber gesprochen haben –, weil ich Angst habe, daß ich nicht mehr aufwache, wenn ich erst einschlafe. Aber sehen Sie, mein Mann sagt immer, er hat dies versucht, er hat jenes versucht, und es hat geklappt. Und ich sage immer, was für den einen gut ist, ist für den anderen noch lange nicht gut, aber ich habe es nicht ehrlich versucht. Jetzt höre ich vielleicht auf ihn und sehe zu, wie es sich auswirkt, weil er nicht immer unrecht hatte.

A.: Nein, sicher nicht. Es ist also eine Möglichkeit, daß Sie mit Ihrem Mann sprechen. Könnten Sie sonst noch etwas tun?

P.: In bezug auf was?

A.: Wenn Sie merken, daß Sie wegen etwas nervös sind, über etwas nachdenklich werden.

P.: Ich kann nichts weiter tun, als was ich bisher getan habe. Ich kann versuchen, es zu bewältigen und ihm ins Auge blicken und es beiseite schieben und versuchen, etwas zu tun. Und das habe ich bisher getan. Ich hatte ein paar Anfälle, und ich habe mich einfach angezogen und bin außer Haus gegangen und habe versucht, darüber wegzukommen.

A.: Und Sie haben es geschafft.

P.: Mmmm. Aber ich finde immer noch, daß ich ein bißchen nervös bin, wenn ich ausgehen muß. Aber ich gehe trotzdem. Wenn ich soviel beherrsche, dann sollte ich mit der Zeit auch noch den Rest beherrschen lernen.

A.: Das ist wahr.

P.: Nur heute, als ich mich nicht wohl fühlte und hierher kam, sagte mein Mann: «Du wirst noch nicht fertig sein. Du wirst noch zwölf weitere Wochen hingehen müssen.» Und ich sagte: «Nein, das werde ich nicht», und er sagte: «Doch, das wirst du.» Er hat mich durch den Kakao gezogen, weil ich mich nicht wohl fühlte. Mit anderen Worten, ich sollte nicht daran denken, mich einfach aufraffen und es vergessen. Er meint, ich nutze es sehr weidlich aus.

A.: Warum sollte er so etwas sagen?

P.: Nur um mich aufzuziehen. Schließlich ging es bei uns hin und her, und für eine Weile habe ich es vergessen. Und dann gibt er es mir immer zurück und sagt: «Du bist nicht so krank, wie du gedacht hast.» Und dann werde ich wütend. Aber ich war doch krank.

A.: Er sagt, Sie sind nicht so krank, wie Sie gedacht haben?

P.: Ich habe bloß dagesessen, und er sagte immer wieder: «Los, sitz da nicht rum und denk darüber nach. Steh auf und tu was.» Und ich sagte immer wieder: «Ich fühle mich nicht wohl genug.» Und er sagte: «Einmal mußt du doch aufstehen und dich fertig machen und ins Krankenhaus gehen.» Dann sagte er: «Vielleicht mußt du weiter dahin gehen, wenn du da nicht rauskommst – darüber hinweg-kommst», und ich sagte: «O nein.» Er hat Unsinn gemacht, mich von A bis Z aufgezogen.

A.: Ist Ihnen der Gedanke überhaupt gekommen?

P.: Welcher?

A.: Daß Sie erneut zwölfmal kommen müssen.

P.: Nein, ich habe nie daran gedacht, weil – nun, ich komme her, aber niemand zwingt mich, und wenn der Vorschlag käme, dann hätte ich meine eigene Wahl zu treffen, denke ich mir.

A.: Wenn Ihnen was vorgeschlagen würde?

P.: Daß ich zur weiteren Behandlung würde kommen müssen.

A.: Nein, diesen Vorschlag werde ich Ihnen nicht machen.

P.: Ja, aber ich meine – ich glaube, daß es mir in dem Falle freistünde, also mache ich mir nichts daraus. Ich habe keinen Gedanken darauf verwandt, bis heute, als mein Mann damit anfing.

A.: Können Sie etwas darüber sagen, wie Sie sich jetzt fühlen?

P.: Jetzt gerade?

A.: Ja. Wissen Sie, was Sie jetzt empfinden?

P.: Ach, ich fühle mich ganz gut, aber ich weiß nicht, was Sie meinen.

A.: Was für ein Gefühl haben Sie im Moment?

P.: Ich fühle mich frei. Ich fühle mich innerlich frei.

A.: Gerade jetzt. Noch etwas?

P.: Mir ist jetzt gerade nicht schlecht.

A.: Natürlich nicht.

P.: Das ist aber nicht fair.

A.: Was meinen Sie mit fair?

P.: Wenn ich hier weggehe, dann ist mir wieder schlecht.

A.: Das muß nicht sein.

P.: Ich nehme an, bloß weil ich geredet habe, kann ich es mir glatt ausreden.

A.: Nein. Sie haben es sich nicht ausgeredet. Sie sind bei mir, und während Sie bei mir sind, vermissen Sie mich nicht.

P.: Ein Gefühl von Sicherheit?

A.: Sie vermissen mich jetzt nicht, aber wenn Sie hier weggehen, werden Sie mich vermissen. Aber so ein Mädchen sind Sie nicht, das sich gestattet, Leute zu vermissen.

P.: O doch.

A.: Das glaube ich nicht.

P.: Ich vermisse zum Beispiel meine Kinder, wenn sie nicht um mich sind.

A.: Oh, sicherlich. Aber ich meine Leute. Es ist verständlich, daß Sie als Mutter Ihre Kinder vermissen, wenn sie weg sind.

P.: Meinen Sie Bekannte?

A.: Nein, ich meine Leute, die Ihnen in einer sehr persönlichen Weise wichtig werden oder wichtig sind.

P.: Der einzige, den ich je vermißt habe außer meinen nächsten Angehörigen, war der Priester, mit dem wir bekannt waren. Als er starb, habe ich eine Erklärung abgegeben, daß ich nie wieder an jemandem so hängen werde.

A.: Ach, wirklich? Wann war das?

P.: Das war zwei Monate, bevor mein Vater starb.

A.: Nie wieder an irgend jemandem so hängen. Ich glaube, daß Sie an mir hängen, ob Sie es wissen oder nicht.

P.: Nun, mag sein, daß ich ein Gefühl der Sicherheit habe. Es ist – als ob ich ins Krankenhaus ginge, um meine Kinder zu bekommen.

A.: Ich glaube, daß es mehr ist als ein Gefühl der Sicherheit. Ich glaube, daß Sie mich mögen.

P.: Mag sein.

A.: Wollen Sie damit sagen, daß Sie es nicht wissen?

P.: Gut, ich mag Sie, ja. Ich war gern mit Ihnen zusammen. Aber wie ich schon sagte, ich bin froh, daß ich nicht mehr –

A.: Das weiß ich alles. Ich sage nur –

P.: Ich möchte nicht –

A.: Könnten Sie vor sich selber zugeben, daß Sie mich mögen?

P.: Mmmm.

A.: Können Sie es sagen?

P.: Ich wäre nicht das zweite Mal hergekommen, wenn ich Sie nicht hätte leiden können.

A.: Das tut alles nichts zur Sache. Ich stelle Ihnen lediglich eine einfache, kleine Frage. Können Sie vor sich selber zugeben, daß Sie mich mögen?

P.: Ja, also gut.

A.: Nun sagen Sie nicht, daß –

P.: Nein. Ich verstehe nicht, warum Sie überhaupt fragen, denn ich wäre nicht wiedergekommen, wenn ich Sie nicht leiden könnte.

A.: Das schert mich nicht. Ich frage etwas anderes. Ich frage Sie nur, ob Sie vor sich selber zugeben können, daß Sie mich mögen – ohne Wenn und Aber.

P.: Ich mag Sie wirklich.

A.: Ist das Ihre eigene aufrichtige Antwort?

P.: Ja.

A.: Daß Sie mich mögen. Wenn Sie mich mögen, dann werden Sie mich vermissen.

P.: Ich weiß, daß ich mich bei dem Wunsch ertappen werde – wissen Sie, ich weiß nicht, für wie lange, aber im Laufe des Tages –, daß ich zu Ihnen kommen könnte, um mit Ihnen zu sprechen, wenn etwas auftaucht. Ich weiß, daß mir das bevorsteht.

A.: Und ich behaupte, daß Ihnen etwas anderes bevorsteht oder daß Sie dem begegnen müssen – daß es nämlich nicht nur darum geht, daß Sie gern mit mir sprechen, sondern, daß Sie gern mit jemandem sprechen möchten, den Sie mögen.

P.: Mmmm.

A.: Und das ist zufällig dieselbe Person.

P.: Ja.

A.: Und deshalb werden Sie mich vermissen.

P.: Wenn Sie es so sagen – ich meine, vorhin, als Sie mich bloß fragten, ob ich Sie vermissen werde, wußte ich es nicht.

A.: Sie können so etwas nicht zugeben. Es ist sehr schwer für Sie, weil Sie Angst vor Schmerzen haben, wie Sie sagten. Ich meine keine körperlichen Schmerzen.

P.: Mmm. Seelische Schmerzen.

A.: Seelische Schmerzen. So wie beim Verlust von jemandem, zum Beispiel von dem Priester, den Sie erwähnt haben. Er hat Ihnen viel bedeutet, nicht wahr?

P.: O ja. Deshalb habe ich gesagt, ich mochte das Gefühl gar nicht, das ich nach seinem Tod hatte.

A.: Sie können es an- oder abschalten, ganz nach Belieben.

P.: Das stimmt, aber in diesem Fall ist es nicht so, als ob Sie –

A.: Sagen Sie es.

P.: Als ob Sie gestorben wären. Wo ich immer zu diesem Priester ging, wenn mich irgend etwas bedrückt hat – zu ihm konnte ich sprechen. Ob ich je anrufen und mit Ihnen einen Termin ausmachen könnte, wenn ich es nötig hätte, das weiß ich nicht. Es ist ein anderes Gefühl. Es ist kein Verlustgefühl.

A.: Es ist kein –

P.: Es ist kein Verlustgefühl, wie ich das bei diesem befreundeten Priester hatte.

A.: Nein, noch nicht, weil Sie immer noch hier sind. Aber es kann sein, daß Sie das Gefühl bekommen.

P.: Daß ich sprechen muß.

A.: Ja. Nicht, daß Sie es so sehr müssen, als daß Sie es gern möchten.

P.: Daß ich es gern möchte. Ja. Ich werde das eben mit mir selber abmachen müssen.

A.: Das ist wahr. Auf der anderen Seite versuche ich, Ihnen jetzt dabei zu helfen, damit Sie erkennen, daß Sie ein Mensch sind. Sie und ich haben über viele Dinge hier gesprochen, und ich weiß, daß Sie mich mögen. Wenn ich unrecht habe, sagen Sie es.

P.: Nein.

A.: Das ist keine Sünde. Menschen dürfen andere mögen –

P.: Oh, das weiß ich.

A.: Und ich weiß, daß Sie mich vermissen werden, aber Sie werden versuchen, sich das aus dem Kopf zu schlagen. Sie sind so ein Mädchen.

P.: Vielleicht, ich weiß es nicht.

A.: Sie schützen sich selber vor gewissen schmerzhaften Dingen. Ich kritisiere Sie nicht, ich sage Ihnen bloß, auf welche Weise Sie sich selber schützen müssen…

P.: Weil ich glaube, daß ich vor Jahren vielleicht an jedem hing.

A.: Das mag gut sein.

P.: Ich weiß noch, daß ich an den Leuten hing, mit denen ich zusammen gearbeitet habe. Als ich aufhörte zu arbeiten, ging es mir schlecht. Sogar als ich zur Geburt der Kinder ins Krankenhaus ging, hing ich an den Leuten, die mit mir zusammen in einem Zimmer waren.

A.: Und Sie hingen an Ihrem Vater.

P.: Mmmm.

A.: Und er hat Sie verlassen.

P.: Und so ist es nun mal.

A.: Und Sie hängen inzwischen an mir. Und wenn Sie vorgeben, daß es nicht so ist, ändert das gar nichts. Ich sage, daß Sie inzwischen an mir hängen und dann plötzlich – vorbei.

P.: Das ist schwer zu fassen.

A.: Wie Ihr Vater.

P.: Es sieht so aus, als ob alles, was ich tue – nicht alles, was ich tue –, aber es ist ein jäher Abbruch, die meisten Dinge, die mir passieren.

A.: Zum Beispiel –

P.: Zum Beispiel, wenn ich Leuten begegne und ich bin Jahre mit ihnen zusammen und dann auf einmal sind sie weg. Ich weiß, es gibt Leute, die haben Freunde, und das geht über Jahre und Jahre hinweg.

A.: Nun, so ist das mit Freunden.

P.: Aber meine ziehen entweder weg oder sie sterben.

A.: Das ist wahr. Aber Ihr Vater war wichtiger. Ihre Mutter auch.

P.: Ich habe sie immer noch bei mir.

A.: Richtig. Priester sind auch wichtig. Wie nennen Sie einen Priester?

P.: Was meinen Sie – wenn ich freundschaftlichen Umgang mit ihm habe? Pater.

A.: Pater.

P.: Ja, so hat man es mir immer beigebracht, so soll man sie ansprechen.

A.: Ja, natürlich. Was bedeutet Pater?

P.: Für einen Priester ist es eine Ehrenbezeugung.

A.: Was bedeutet es sonst noch?

P.: Und dann heißt es Vater, der eigene Vater.

A.: Ja. Sehen Sie, Sie denken so oft an Ihren Vater und sind so oft auf dem Sprung, ihn anzurufen. Das macht uns deutlich, wie sehr Sie an ihm gehangen haben, wie sehr Sie wünschen, er wäre da, um mit ihm zu reden oder ihm zu sagen: «Ach, bitte komm doch rüber und hilf mir mit diesem oder hilf mir mit jenem.» Die Tatsache, daß er tot ist und daß Sie daran denken, ihn anzurufen, unterstreicht sogar noch mehr, wie sehr Sie sich wünschen, daß er da wäre. Ich sage Ihnen nun, daß wir in ein paar Minuten am Ende sein werden, und Sie werden Ihren eigenen Weg weitergehen. Ich will damit sagen, daß Sie wissen sollten, daß Sie mich vermissen werden. Das ist menschlich – ebenso wie Sie Ihren Vater vermissen –, und Sie werden den Wunsch haben, mich anzurufen.

P.: Sie anrufen?

A.: Aber Sie werden es nicht können.

P.: Nein, ich weiß.

A.: Weil ich tot bin.

P.: Sie sind nicht tot. Sie sind hier.

A.: Ja, natürlich, aber genauso wie es mit Ihrem Vater war oder ist, Sie haben dasselbe Gefühl.

P.: Dasselbe Gefühl. Das stimmt.

A.: Und ich meine, es ist wichtig für Sie zu wissen, daß Sie solche Gefühle haben und daß Sie doch selbständig sein möchten.

P.: O ja.

A.: Aber Sie haben auch das Gefühl, daß Sie nur dann selbständig sein können, wenn Sie sich selber keine Anhänglichkeit gestatten.

P.: An jemanden.

A.: An mich.

P.: Aber ich weiß trotzdem, daß ich an Sie denken werde, wenn ich so für mich weitermache.

A.: An mich denken?

P.: Ja.

A.: Sie haben recht. Und was werden Sie von mir denken? Was für ein Gefühl wird das sein?

P.: Ich weiß es nicht. Ich stelle mir vor, daß ich mir in Zukunft wünsche, ich könnte Sie einfach anrufen und Ihnen erzählen, was mich bedrückt. Aber ich weiß, daß das nicht möglich ist.

A.: Genau wie bei Ihrem Vater. Sie sind womöglich manchmal ärgerlich auf mich.

P.: Ich wüßte nicht warum.

A.: Warum nicht?

P.: Sie haben nichts getan, was mich ärgerlich machen könnte.

A.: Vielleicht.

P.: Ich bin gekommen und habe mit Ihnen gesprochen, aber ich glaube, daß ich mir selber auch viel geholfen habe.

A.: Das ist wahr.

P.: Ich glaube also, daß es nichts gibt, wofür ich Ihnen die Schuld geben könnte.

A.: Außer in einer Sache.

P.: Möglicherweise für den freundlichen Umgang, die Verbundenheit.

A.: Nein, ich glaube, vielleicht weil Sie wissen, daß ich nicht tot bin.

P.: Dann wäre ich also darüber ärgerlich?

A.: Nicht darüber. Aber wenn ich nicht tot bin, was folgt daraus?

P.: Ich weiß es nicht.

A.: Ich bin da, nicht wahr?

P.: Ja.

A.: Und trotzdem können Sie nicht anrufen.

P.: Das wäre dann eben, als ob ich Medizin hätte und wüßte, ich soll sie nicht nehmen.

A.: Zu wissen, daß Sie sie nicht nehmen können, nicht nehmen dürfen – das wird Ihnen manchmal gar nicht lieb sein.

P.: Ich werde darüber wegkommen müssen. Ich meine, ich war schon einmal in dieser Lage.

A.: Ich will damit sagen, daß es meiner Meinung nach wichtig für Sie ist, wenn Sie Ihre aufrichtigen Gefühle kennen. Es kann Zeiten geben, in denen Sie wütend auf mich sind, weil ich Ihnen nicht weiter zur Verfügung stehe.

P.: Das kann ich verstehen.

A.: Da bin ich nun nur einen Telefonanruf entfernt.

P.: Das stimmt, und ich kann nicht –

A.: Ich glaube, daß Ihnen das manchmal ganz und gar nicht lieb sein wird.

P.: Vielleicht nicht. Wenn etwas wirklich –

A.: Wenn Sie ehrlich mit sich sind, dann werden Sie das erkennen, und es mag Ihnen helfen. Und es wird Zeiten geben, in denen Sie nicht wütend auf mich oder auf irgend jemanden sonst sind, sondern in denen Sie mich sehen möchten, weil Sie mich dann vermissen. Und dann ist es wichtig, daß Sie sich selbst gegenüber darin ehrlich sind.

P.: Das leuchtet ein.

A.: Aber Sie sind nicht aus Holz, wissen Sie.

P.: O nein, hoffentlich nicht.

A.: Sie haben Gefühle.

P.: Ich habe Gefühle, aber sie wirken manchmal in die falsche Richtung.

A.: Da haben Sie recht.

P.: Und darin liegt ein großer Teil meines Problems.

A.: Wenn Sie sagen, sie wirken in die falsche Richtung, was meinen Sie damit?

P.: Ich weiß nicht. Ich glaube, daß ich vieles bekämpfe.

A.: In welcher Weise?

P.: So aus dem Stegreif weiß ich das nicht.

A.: Nun, dann will ich Ihnen ein Beispiel geben. Wie haben Sie sich gefühlt, ehe Sie hierherkamen?

P.: Mir war schlecht.

A.: Das ist *eine* Art, wie Sie Ihre Gefühle bekämpfen.

P.: Aber, wie gesagt, ich glaube nicht – ich wußte, daß es mir nichts ausgemacht hat, heute hierherzukommen.

A.: Ich *weiß* aber, daß es Ihnen etwas ausgemacht hat.

P.: Die ganze Woche über habe ich an nichts anderes gedacht als an den Zahnarzt. Und ich will da nicht hingehen.

A.: Ich weiß, daß Sie an den Zahnarzt gedacht haben, damit Sie nicht daran denken mußten, daß Sie zum letztenmal hierherkommen.

P.: Kann sein, aber ich weiß, daß ich nur den Zahnarzt im Kopf hatte.

A.: Das ist Ihre Art, gewisse Gefühle abzuwehren. Sie konnten nur an den Zahnarzt denken, Ihnen war schlecht, Sie hatten Brechreiz, und Sie haben sich übergeben. Aber kein Gedanke daran, daß dies Ihr letzter Besuch sein würde bei jemandem, von dem Sie meinen, er habe Ihnen etwas geholfen, und bei jemandem, den Sie mögen – kein Gedanke daran.

P.: Also habe ich den Zahnarzt benutzt.

A.: Das ist eine Art, wie Sie Ihre ehrlichen Gefühle vermeiden. Wenn Sie das nächstemal einen Brechreiz oder Kopfschmerzen haben – nicht jedesmal –, aber besonders dann, wenn sich bei Ihnen andere Symptome einstellen, dann fragen Sie sich selbst –

P.: Warum?

A.: Welches Gefühl für einen Menschen oder eine Sache, wollen Sie sich nicht gestatten – und setzen etwas anderes an seine Stelle.

P.: Übelkeit.

A.: Ja, Übelkeit. Was ist es, das Ihnen widerstrebt?

P.: Anstatt ohnmächtig zu werden, erfinde ich also eine Krankheit.

A.: Seien Sie nicht so hart gegen sich selbst. Wissen Sie, es ist nicht so, daß Sie eine schlimme Person sind, die Krankheiten erfindet. Es fällt Ihnen einfach schwer, zu den Gefühlen zu stehen, die Sie Menschen gegenüber haben.

P.: Mmmm.

A.: Verstehen Sie mich? Es mag Zeiten geben, wo Sie reizbar und wütend sind und nicht recht wissen warum. Und Sie werden sich zu fragen haben, auf wen Sie wütend sind. Oder es mag sein, daß Sie sehr traurig sind, und Sie fragen sich, über wen Sie denn traurig sind.

P.: Warum bin ich nicht selber darauf gekommen? Wenn es gesagt ist, klingt es so einfach, und dennoch konnte ich es nicht sehen. Es war da, und ich konnte es nicht sehen.

A.: Sie sind menschlich. So sind die Menschen. Wir alle versuchen, Schmerzen zu vermeiden.

P.: Mmmm.

A.: Seelische Schmerzen.

P.: Das ist doch aber eine komische Art, sie zu vermeiden.

A.: Ja, aber es ist eine sehr menschliche Art. Wenn jeder das von sich aus wüßte –
P.: Ich verstehe, was Sie meinen.
A.: Ich hätte dann nichts zu tun.
P.: Sie hätten keine Arbeit.
A.: So ist es. Also gut, Sie haben jetzt noch die Gelegenheit zu einer Frage, ehe wir Schluß machen.
P.: Das einzige, was mir einfällt – wenn mich etwas *wirklich* quält und ich kann dem nicht begegnen, was soll ich dann tun?
A.: Ich glaube, daß Sie dem begegnen können und daß Sie dazu fähig sein werden.
P.: Ich bin froh, daß Sie so viel Vertrauen in mich setzen. Ich werde vielleicht mit der Zeit ebensoviel Vertrauen in mich selbst haben. Das ist die einzige Frage, die mir einfällt.
A.: Haben Sie vielen Dank.
P.: Danke, Herr Doktor.

Im Blick auf den zähen Widerstand, den die Patientin in diesem letzten Interview aufbietet, könnte man sich leicht eine weitere Interviewserie vorstellen, die dann auf ihre affektverhüllende Abwehr gerichtet wäre. Das letzte Interview sollte jedoch verstanden und gehandhabt werden ausschließlich im Blick auf die angesammelten Daten und die Folge unbewußter dynamischer Geschehnisse, die durch den Behandlungsprozeß in Gang gesetzt worden sind. Die Macht ihres unbewußten Verharrens auf der Fortsetzung früherer ambivalenter Beziehungen wird sofort erkennbar in der Tatsache, daß sie in den 24 Stunden vor diesem letzten Termin Symptome entwickelt. Brechreiz, Übergeben, geringer Appetit und das ständige Gefühl, schwanger zu sein, sprechen beredt von mächtigen oralen Phantasien, sowohl in ihren einverleibenden als auch in ihren ausstoßenden und daher ambivalenten Aspekten. Sie unternimmt verschiedene Versuche, die Behandlung fortzusetzen, zunächst über die Bemerkung ihres Mannes und dann unverhohlen selber. Ganz zum Schluß des Interviews macht sie noch einen letzten aussichtslosen Versuch: Was soll sie tun, wenn sie sich selber *wirklich* nicht ertragen kann? Sie bekommt eine Antwort, die ihr bedeutet, daß sie nicht in dieser Bindung verharren kann, und darüber hinaus, daß die wichtige Bezugsperson volles Zutrauen in ihre Fähigkeit hat, fern von ihm erwachsen zu werden. Indem sie sich im Verlaufe der Behandlung langsam ein gutes Objekt einverleibt, macht sie einen letzten Versuch, an mich gebunden zu bleiben und damit sowohl die guten als auch die bösen Objekte zu behalten. Ihr wird die Erlaubnis verweigert, das Schlechte zu behalten, und ihr wird die Erlaubnis gegeben, das Gute mit sich fortzunehmen. Sie rea-

252

giert mit Wohlbehagen und mit der Annahme des Vertrauens, das der Therapeut in sie setzt.

Meine Aktivität spricht für sich. Suggestion, Abreagieren, Manipulation (in dem Sinne, daß ihr geholfen wird, durch Erfahrung zu lernen), Klärung und Deutung werden aktiv eingesetzt, um eine Trennung zu ermöglichen. Sie wird darüber belehrt, daß es menschlich ist, gewisse Gefühle zu empfinden, und daß es menschlich ist, unwissentlich bestimmte Manöver zu unternehmen, um seelischen Schmerz zu vermeiden. Ihr wird gesagt, daß künftig möglicherweise Wut und Trauer in ihr aufkommen können. Es sei jedoch angemerkt, daß jeder dieser therapeutischen Eingriffe mit den von der Patientin im Verlaufe der Behandlung bereits erhobenen Daten im Zusammenhang steht. Ebenso sind sie mit den Erfahrungen der Patientin und den dazugehörigen Gefühlen innerhalb der Behandlung verknüpft.

Ich habe hier die Aktivität unterstrichen, die nötig ist, um der Patientin zur Trennung zu verhelfen. Alles, was zuvor gewesen ist, wird in konzentrierter Form wiederholt. Ich setze noch für die Patientin die Erlaubnis hinzu, daß sie die wütenden und die liebevollen Gefühle empfinden darf, die sie doch hat und nach der Behandlung weiterhin haben wird. Das gestattet die Einverleibung eines Objektes, das als weniger ambivalent erfahren wird, und es gestattet damit die Freiheit, sich mit weniger Schuldgefühl von mir fort zu bewegen. Das wird dann die Vorbedingung für weiteres Reifen hin zur unabhängigen Erwachsenen – eine Reifung, die sie in den Kontrollinterviews beweisen wird.

Kontrollinterview
fünf Monate nach Beendigung der Therapie

Die Patientin hatte keine Ahnung, daß ich sie wiederzusehen beabsichtigte. Meine Sekretärin rief sie an und fragte, ob sie herkommen könne, um sich mit mir an einem bestimmten Datum zu treffen. Sie erklärte ihr, daß ich von ihr wissen wollte, wie sie zurechtkäme. Die Patientin war einverstanden und kam.

A.: Erzählen Sie mir von sich.
P.: Da ist nicht viel zu erzählen. Es ging mir recht gut. Ich komme gut zurecht.
A.: Sind Sie aufgeregt wegen unseres Treffens?
P.: Nein, nur ein bißchen müde, weil ich heute morgen zum Zahnarzt gerast bin. Ich war heute sehr beschäftigt. Es hat mir nichts ausgemacht zu kommen. Es war eine

ziemliche Überraschung, als ich den Anruf bekam. An dem Tag hatte ich gerade zu meinem Mann gesagt, daß ich mich seit langem nicht mehr so gut gefühlt habe, und dann kam der Anruf. Er sagte, du mußt das irgendwie im Gespür gehabt haben, daß du diesen Anruf bekommst. Ich bin sehr gut zurechtgekommen.

A.: Ich möchte gerne wissen, wie alles so bei Ihnen lief, seit ich Sie zuletzt gesehen habe.

P.: Ja, mal sehen. Körperlich ging es mir recht gut. Meine Arthritis hat mich geplagt, aber ich schaffe es, damit fertig zu werden. Die Kinder sind neuerdings sehr brav gewesen. Ob sie etwas wahrnehmen oder nicht, weiß ich nicht. Möglicherweise habe ich mich auch verändert.

A.: Gehen Sie aus?

P.: Vielleicht ein wenig zu oft – zu viele Feste und dann vielleicht noch zuviel anderes.

A.: Gehen Sie alleine aus?

P.: Ja, wenn es sein muß. Ich gehe nicht oft mit meinem Mann aus. Das heißt, ich gehe mit den Kindern spazieren, ich mache Einkäufe – ich besorge alles alleine, weil jedes meiner Kinder eine Teilzeitbeschäftigung hat. Statt daß ich arbeiten gehe, nehmen sie Teilzeitbeschäftigungen an, um sich Geld zu verdienen, und ich kümmere mich ums Haus, was mir nichts ausmacht. Es ist für mich – ich weiß nicht – eine neue Erfahrung.

A.: Was ist neu?

P.: Na ja, das zu tun, was ich jetzt tue, und mich dabei so zu fühlen, wie ich mich fühle. So gut habe ich mich in den vergangenen Jahren nicht gefühlt. Ich konnte das nicht tun, was ich tun wollte. Aber jetzt schaffe ich es. Es gibt noch immer Tage, an denen ich mich noch nicht so sicher fühle. Dann merke ich, daß ich mich damit abfinden muß. Ich habe niemanden, zu dem ich Zutrauen habe, also werde ich einfach damit fertig.

A.: Sie haben zu sich selber Zutrauen.

P.: Stimmt. Ich sitze einfach da und überlege hin und her, anstatt den Hörer in die Hand zu nehmen und jemandem zur Last zu fallen. Ich fechte es aus.

A.: Und was kommt dabei heraus?

P.: Ich werde müde, mir zuzuhören, so daß ich mir vorstellen kann, wie alle anderen vom Zuhören müde geworden sind. Mein Mann sagte, daß ich enorme Fortschritte gemacht habe.

A.: Und Ihre Mutter?

P.: Es geht ihr noch immer gut. Ich rufe sie dann und wann an. Ich bin nicht mehr so anhänglich wie früher. Vor etwa drei Monaten habe ich ihr gesagt, daß ich mich nicht dauernd für sie abhetzen kann, und sie, die immer und überall im Sterben lag, raffte sich auf und fing an, Taxis zu benutzen.

A.: Ausgezeichnet.

P.: Da ist sehr viel passiert von einer Woche auf die andere. Mir kommt es so vor, als ob ich mich jetzt immer auf etwas freuen kann, und früher – und früher ließ ich nur widerwillig etwas auf mich zukommen, weil ich keine Lust hatte. Jetzt erwarte ich schon mit Spannung, was in der nächsten Woche auf mich zukommt, so daß ich mich auf den Weg machen kann. Sonntags besuche ich jetzt wieder die Messe. Ich kann wieder in die Kirche gehen, und das konnte ich seit einem Jahr nicht mehr. Alles in allem kann ich doch wohl sagen, daß ich ziemlich viel erreicht habe.

A.: Es hört sich sicherlich so an.

P.: Es gibt so Tage, da habe ich noch meine Zweifel. Aber ich nehme an, daß ich einfach nicht außer Haus gehen will, oder ich will nicht in den Bus steigen. Aber am nächsten Tage gebe ich mir einen Ruck und komme darüber hinweg.

A.: Haben Sie Schlafstörungen?

P.: Nein, ich schlafe gut.

A.: Erinnern Sie sich, daß Sie darüber gesprochen haben, möglicherweise eine Arbeit anzunehmen?

P.: Wie gesagt, meine Kinder haben mir die Arbeit abgenommen... Ich sagte also, ich werde mich nicht von der Stelle rühren, solange sie glücklich sind, und werde bei den Kleinen bleiben. Das ist meine Beschäftigung für diesen Sommer. Wenn meine Tochter am Spätnachmittag nach Hause kommt, übernimmt sie die Verantwortung, und mein Mann und ich gehen aus. Wir gehen zwei-, dreimal in der Woche aus, machen Besuche oder gehen spazieren. Morgen abend gehen wir essen.

A.: Gehen Sie ins Kino?

P.: Nein, das kommt als nächstes dran. Es sind bestimmt schon zwei Jahre her, seit ich im Kino war. Ich war aber im Auto-Kino. Mein Mann würde gerne gehen, so daß ich langsam bereit bin, es zu versuchen.

A.: Glauben Sie, daß es Sie aufregen würde, egal, was für ein Film läuft?

P.: Nein, vielleicht die bloße Tatsache, unter so vielen Leuten zu sein. Ich bin zur Messe gewesen, und ich war auf Festen mit sehr vielen Leuten, so daß mich der Kinobesuch vielleicht gar nicht so stören würde. Natürlich habe ich keine Lust, einen schaurigen Film zu sehen. Ich möchte mir lieber ein Lustspiel anschauen.

A.: Deshalb habe ich Sie gefragt, ob Sie ein beliebiger Film aufregen würde. Wenn das das einzige ist, was Sie nicht tun können, dann geht es Ihnen ja sehr gut. Das ist gar nicht so übel.

P.: Ich kann fernsehen. Ich mag es, daß ich mich wohl genug fühle, um einkaufen zu gehen.

A.: Was ist mit dem Herzklopfen?

P.: Das habe ich nicht mehr. Ich habe nicht mehr so viel Angst. Wenn die Kinder an den Strand gehen, lasse ich sie gehen, aber habe doch etwas Sorge. Aber dann finde ich doch irgendeine Beschäftigung.

A.: Sie halten sich zurück.

P.: Ich sage nichts mehr. Ich lasse sie einfach gehen. Ich sage ihnen «tschüs», und dann kommen sie nach Hause.

A.: Sie berichten mir viele gute Dinge. Und wie steht es mit den schlechten?

P.: Es gibt keine.

A.: Sind Sie ganz zufrieden?

P.: Alles geht anscheinend so, wie ich es mir vorstelle. Mein Sohn ist mit einem guten Zeugnis versetzt worden, und mein Mann hat seinen Abschluß gemacht. Und da war noch eine andere Sache – ich ging zu seiner Abschlußfeier, vor der ich mich vier Jahre lang gefürchtet habe, und ich habe da mit all diesen Leuten gesessen. Es ist mir sehr gut gelungen.

A.: Haben Sie Hautausschlag gehabt?

P.: Nein, er bricht an Handgelenk und Fingern aus, das ist alles. Es sieht aus wie Wasserbläschen, und dann verschwindet er wieder.

A.: Nehmen Sie irgendwelche Medikamente ein?

P.: Nein, nur Excedrin gegen Kopfschmerzen.

A.: Was ist mit Ihrer Schuppenflechte?

P.: Ich habe sie noch. Es macht mir nichts aus. Ich habe es nun schon so lange, und es wird anscheinend nicht schlimmer.

A.: Wissen Sie noch, daß Sie sich bei unserem letzten Treffen darüber Sorgen machten, ob Sie es schaffen?

P.: Es hinkriegen? Ich glaube, das habe ich.

A.: Es klingt sicherlich danach.

P.: Ich weiß noch, daß Sie mir sagten, daß ich mich vielleicht mit Ihnen in Verbindung setzen möchte. Es gab so einen Tag. Ich kann mich nicht mehr besinnen, was da war. Ich weiß noch, daß ich zu meinem Mann sagte, wenn ich den Doktor erreichen könnte, würde ich ihn anrufen. Er fragte mich, ob ich möchte, daß er sich mit Ihnen in Verbindung setzt. Aber ich sagte: «Nein, laß das, ich muß mit der Situation selber fertig werden.» Das war ziemlich am Anfang.

A.: Haben Sie mich vermißt?

P.: Ob ich die Besuche bei Ihnen vermißt habe? Nein, ich habe mir oft Gedanken darüber gemacht, wie es Ihnen geht.

A.: Das meine ich.

P.: Nein, das heißt, als Arzt nicht, persönlich ja, Sie fehlen mir. Es gibt Zeiten am Tage, da sage ich: «Ich möchte wissen, wie es Dr. Mann geht.» Ich spreche viel von der Klinik, und wenn die Rede darauf kommt, erwähne ich Sie. Ich habe mich gefragt, ob Sie noch immer hier sind.

A.: Ich lebe noch.

P.: Diese Gedanken kommen jedem. Ich möchte wissen, wer hier ist und wer weggegangen ist und wie es ihnen geht. Es klingt komisch, aber ich habe gesagt, was ist, wenn wirklich etwas passiert und ich zurückkommen müßte und Sie wären nicht da – zu wem würde ich gehen? Ich nehme an, ich würde hier irgendwo Hilfe bekommen. Gott sei Dank ist alles vorangegangen.

A.: Wissen Sie auch noch, wie Sie mir sagten, Sie möchten gern zum Telefon gehen, um jemanden anzurufen? Erinnern Sie sich, wer das war?

P.: Nein.

A.: Dann erinnern Sie sich vielleicht, daß Sie ihn nicht anrufen können.

P.: Oh, meinen Vater. Bei dem Gedanken ertappe ich mich jetzt nicht mehr. Ich habe versucht, ihn aus meinem Denken zu verbannen. Ich sagte zu meinem Mann, vielleicht sollte ich ihn in Ruhe lassen, vielleicht möchte er gar nicht von mir zurückgezerrt werden. Ich habe mich wirklich nicht mehr mit Toten befaßt, und das sieht mir gar nicht ähnlich. Wir hatten drei Todesfälle in meiner Familie, und ich bin noch nicht einmal hingegangen. Sie wollten wissen warum nicht. Ich sagte: «Es liegt mir daran, sie so in Erinnerung zu behalten, wie sie waren», und ich ging einfach nicht hin. Ich mußte Kritik einstecken, aber es war mir egal.

A.: Können Sie besser nein sagen?

P.: Ich habe es gelernt und mich darin geübt, nein zu sagen. Es gab verschiedene Sachen, und ich habe mir einfach nicht die Mühe gemacht. Einzig und allein bei meinem Mann überwinde ich mich und sage ja, wenn er mich bittet, irgendwohin zu gehen. Ich gebe mir einen Ruck und gehe ihm zuliebe.

A.: Ich erinnere mich, daß Sie noch beim letzten Mal ganz erpicht darauf waren, schwanger zu werden.

P.: Jetzt aber nicht.

A.: Nein?

P.: Ich glaube, ich habe im Moment genug zu bewältigen. Ich denke, daß es vielleicht eine Ausflucht war. Ich sagte zu meinem Mann, wenn ich vielleicht schwanger würde und wieder ins Krankenhaus käme – aber ich glaube, ich kann bleiben, wo ich bin, und mich um das kümmern, was ich habe.

A.: Erkennen Sie, daß es eine Ausflucht war, schwanger zu werden, ins Krankenhaus zu gehen und sich versorgen zu lassen?

P.: Ich glaube, daß mir das vorschwebte, weil es mir nie so gut gegangen war, bis ich das letzte Kind bekam und im Krankenhaus war. Und es kam mir wie ein Wunder vor, daß es mir so gut ging. Aber ich habe gemerkt, daß ich allein durchkommen kann, ohne dahin zurückzukehren. Ich glaube nicht, daß ich mir noch mehr aufhalse, als ich sowieso schon habe. Ich weiß nicht, ob mein Mann mit den Kindern gesprochen hat oder was geschehen ist – sie scheinen alle eine neue Seite aufgeschlagen zu haben.

A.: Berichten Sie mir über die Sorgen, die Sie sich über all die schrecklichen Dinge gemacht haben, die Ihnen zustoßen könnten.

P.: Ich mache mir anscheinend keine allzu großen Sorgen mehr darüber. Ich überlege mir so: Wenn sie nach draußen gehen und etwas passiert, dann passiert es eben, ob ich mir darüber Sorgen mache oder nicht. Und Sorgen nützen dabei sowieso nichts.

A.: Natürlich. Das stimmt.

P.: Da kann ich nicht viel machen, außer daß ich meiner Arbeit nachgehe und den Dingen ihren Lauf lasse. Bis jetzt hat es geklappt, deshalb denke ich doch, daß ich große Fortschritte gemacht habe.

A.: Das glaube ich auch. Ich muß Ihnen eine Eins geben.

P.: Eine Eins für meine Anstrengung.

A.: Einen goldenen Stern auf Ihr Zeugnis.

P.: Genau dasselbe hat mein Sohn gestern gesagt. Er hat eine Eins verdient. Er bekommt ein Fahrrad dafür, deshalb sollte ich vielleicht ein Auto bekommen. Ich muß das meinem Mann sagen.

A.: Ich glaube, damit sollten Sie sehr zufrieden sein.

P.: Ja, das bin ich auch.

A.: Mit dem, was Sie tun und was Sie mit eigenen Kräften erreicht haben.

P.: Einfach ausgehen ist an sich schon ein Vergnügen, ausgehen und Spaß haben.

A.: Ich möchte Ihnen vielmals danken, daß Sie hergekommen sind.

P.: Ich danke Ihnen, daß Sie mich hergebeten haben. Ich dachte, Sie hätten mich ganz vergessen.

A.: Sie sehen, man hat Sie nicht vergessen.

P.: Es ist schön, zu wissen, daß man sich an mich erinnert. Sie meinen nicht – Sie wollen nicht, daß ich noch mal wiederkomme?

A.: Müssen Sie wiederkommen?

P.: Nein, aber ich habe auch nicht gedacht, daß ich dieses Mal zurückkommen würde.

A.: Ich habe Sie nur gebeten zurückzukommen, um zu sehen, wie es Ihnen geht... Es war sehr schön, Sie wiederzusehen.

P.: Sehr schön, Sie wiederzusehen, Herr Doktor.

A.: Ich bin sicher, daß Sie so weitermachen werden.

P.: Das hoffe ich auch. Ich wünsche Ihnen einen angenehmen Sommer.

Kontrollinterview
eineinhalb Jahre nach Therapieende

Um bei der Patientin keinerlei Hoffnungen zu erwecken, daß ein zweiter Besuch bei mir etwa eine Fortsetzung der Beziehung zu mir bedeutet, bat ich eine unserer Sozialarbeiterinnen, die die Behandlung ebenfalls über die Videoanlage mitangesehen hatte, die Patientin statt meiner zu empfangen. Die genannte Sozialarbeiterin war fähig und sensibel in ihrer Arbeit, daher hatte ich Zutrauen zu ihrer Beurteilung der Patientin. Interessanterweise sagte die Patientin, als die Sozialarbeiterin anrief und einen Termin vereinbaren wollte, daß es für sie schwierig sei, einen Babysitter aufzutreiben. Daraufhin nahm sie sofort das Angebot der Sozialarbeiterin an, zu ihr nach Hause zu kommen.

Die Kinder kamen anscheinend ganz gut zurecht. Tochter Jessica ist das Kind geblieben, das weiterhin Sorgen macht und viel klagt. Über dieses Kind hatte die Patientin einst gesagt, es sei genau wie sie selber. Die Patientin hoffte, daß Jessica keine psychiatrische Unterstützung würde in Anspruch nehmen müssen. Sie erkannte ihren Impuls, Jessica in dieselbe Situation zu bringen, in der sie sich im gleichen Alter befunden hatte. Sie stellte fest, daß sie Jessica nicht mehr sehr oft zur Hilfe heranzieht und daß sie sich daran erinnert, daß Jessica Zeit braucht, um draußen zu spielen.

Die Patientin sagte, daß sie es mehr genossen habe, mit ihrem Mann zusammenzusein als in vielen vorangegangenen Jahren. Seitdem sie nachts durchschlafen kann, ohne ihn zu wecken, ist er jetzt viel entspannter. Sie gehen gemeinsam aus, aber oft geht sie allein einkaufen oder spazieren. Sie nimmt keinerlei Medikamente ein. Sie ist der Meinung, daß hin und wieder ein Gläschen besser für sie ist als Tabletten. Sie hat keine Kopfschmerzen mehr und wacht nachts nicht mehr mit

Todesängsten auf. Sie hat etwa 18 Pfund abgenommen, und ihr Verhältnis zu den Kindern, dem Mann und der Mutter ist viel entspannter.

Sie sagte, daß sie eines in den Gesprächen mit Dr. Mann erkannt habe, nämlich daß sie Angst hatte vor einem Zerwürfnis mit der Mutter und daß sie sich später sehr darüber ärgerte. Sie konnte ihrer Mutter gegenüber nein sagen und kann für ihre Kinder eintreten, wenn die Mutter mit deren Verhalten oder deren Kleidung nicht einverstanden ist. Die Patientin hat ihre Mutter ermuntert, Freundschaften mit gleichaltrigen Frauen zu schließen. Wenn die Patientin daher jetzt einmal ihre Mutter anruft, ist die Mutter häufig mit Freunden auswärts.

Sie denkt oft an Dr. Mann und ihre Besuche im Krankenhaus und ist dankbar, daß sie hingegangen ist. Sie bedauert, daß sie es nicht schon viel früher getan hat, weil sie das Gefühl hat, sie habe zehn Jahre ihres Lebens vergeudet. Sie hatte das Gefühl, daß sie mit Dr. Mann reden konnte, obwohl die ersten paar Minuten jedesmal schwer waren, weil sie nicht wußte, wo sie anfangen sollte. Sie fügte hinzu, daß er immer hören wollte, was ihr so einfiel. Die Sozialarbeiterin fragte, ob sie glaube, sie würde Dr. Mann wieder anrufen, wenn sie je eine weitere Behandlung brauchte. Sie drückte die Hoffnung aus, sie werde es nicht nötig haben. Hinzu komme, daß sie nicht wisse, ob sie Dr. Mann überhaupt erreichen könne, da er sehr beschäftigt sei. Aber sie glaube, daß sich ihr jemand widmen würde. Die Patientin bat die Sozialarbeiterin, Dr. Mann Grüße von ihr auszurichten.